증산도문화사상연구 3

한국의 신선사상

후천 仙 문화와 상제

증산도문화사상연구 3
한국의 신선사상

발행일   2022년 5월 13일 초판 1쇄
저 자   이봉호, 조민환, 김정은, 황경선, 윤창열, 원정근, 데이비드 메이슨, 넬리 루스 공저
발행처   상생출판
발행인   안경전
주 소   대전 중구 선화서로 29번길 36(선화동)
전 화   070-8644-3156
F A X   0303-0799-1735
홈페이지   www.sangsaengbooks.co.kr
출판등록   2005년 3월 11일(제175호)
ISBN   979-11-91329-36-0
          979-11-91329-16-2(세트)

본 책자는 상생문화연구소가 개최한 2021년 가을, 증산도 문화사상 국제학술대회에서 발표
된 논문을 편집하여 간행하였습니다.

증산도문화사상연구 3

한국의 신선사상

후천 仙 문화와 상제

이봉호 · 조민환

김정은 · 황경선

윤창열 · 원정근

데이비드 메이슨

넬리 루스

상생출판

간행사

요즘 코로나-19의 기세가 절정에 달했습니다. 전국적으로 하루 60만 명이 넘는 확진자가 발생하였고 누적 환자수는 1천만 명을 넘어섰습니다. 참으로 무서운 기세입니다. 물론 '극즉반極即反'이란 말이 있듯이 코로나 질병대란은 시간이 지날수록 수그러들 것입니다. 그러나 코로나는 끝이 아니며 개벽시대를 맞아 더 크고 무서운 병란이 올 것이라고 합니다. 증산 상제님께서는 "앞으로의 난은 병란病亂이니라. 난은 병란이 제일 무서우니라."(『도전』5:412)고 하셨습니다. 감염병 전문가들 역시 코로나 이후 반드시 새로운 병이 닥쳐올 것이라고 경고하고 있습니다. 더욱 증산 상제님의 말씀에 귀를 기울여야 할 때입니다.

코로나로 정치, 경제, 문화 등 전 사회가 위축되어 있던 지난 가을, 증산도 교육문화회관은 진리를 추구하는 많은 학자와 연구자들로 그 열기가 뜨거웠습니다. 그 이유는 11월 23일부터 5일간 〈후천 선 문화와 상제〉라는 주제로 증산도 문화사상 국제학술대회가 열리고 있었기 때문입니다. 우리나라 학계에서 5일간 일정의 국제학술대회는 그 규모면에서 찾아보기 어려운 큰 행사가 아닐 수 없습니다. 국내외 이름 높은 학자들이 '선仙'과 '신선神仙' 그리고 '수행'을 주제로 매우 훌륭한 논문을 발표하였으며, 격조 높은 논평과 토론이 진행되었습니다. 또한 증산도 진리를 연구하고 대중화하는 상생문화연구소 연구원들은 증산도의 핵심 진리인 '상제'를 주제로 심도 깊은 연구 결과를 발표하였습니다. 참으로 한국 뿐 아니라 세계에 영생불사永生不死하는 '신선神仙' 문화의 참뜻을 전한 뜻깊은 시간이었습니다. 진리탐구의 열정이 넘치는 학술대회는 5일의 일정으로 끝이 났지만 그 결과는 이렇게 영원히 남을 단행본으로 편집이 되어 출간되기에 이르렀습니다.

상생문화연구소에서는 지난 2021년 봄에 국제학술대회를 개최하였고 이미 그 결과를 『삼신, 선, 후천개벽』이란 제목의 단행본으로 묶어낸 바 있습니다. 우리나라를 대표하는 종교학자인 김종서 서울대 명예교수는 그 책의 추천사에서 "(이번 학술대회는) 대안으로서의 증산사상을 열어놓고 있다... 도교적 전통들을 수용해내면서 신론과 선과 개벽 및 주문 수행 등을 중심으로 새로운 길을 제시하고 있는 증산사상이 바로 그 대안인 셈이다."라고 하여 선과 수행에 있어 증산도 진리의 중요성을 강조한 바 있습니다.

2021년 가을 〈후천 선 문화와 상제〉라는 주제의 학술대회에서 발표된 발표문들은 2022년 봄을 맞아 지금 세 권의 단행본으로 세상에 그 결실을 맺게 되었습니다. 5일간의 학술대회에서 발표된 논문들을 세 가지 주제로 묶어 출간한 것입니다. 각 권의 제목은 『중국과 인도의 신선문화』, 『한국의 신선문화』, 『증산도의 문화와 사상』입니다. 이 세 권의 단행본 시리즈는 선 문화의 종주국인 한국의 신선사상뿐 아니라 중국의 신선사상, 그리고 인도의 신선문화까지 담고 있으며, 나아가 인류에게 후천 선경이라는 선의 보편세계, 신선들의 이상세계를 열어주신 증산 상제님에 대한 중요한 내용들이 들어있습니다. 말 그대로 인류 선 문화를 이해하는 가장 중요한 참고서라고 해도 과언이 아닐 것입니다.

이번 학술대회를 개최하면서 상생문화연구소 안경전 이사장님은 '후천 선 문화와 상제'라는 주제에 대해 "'후천 선後天仙'이란 지금까지의 선천 수행법과는 전혀 다른 신선문화 도통수행법을 전수받아 대우주 삼신의 성령으로 거듭난 인간 '삼랑선三郞仙'을 뜻합니다. 동시에 신과 인간이 하나 되어 열어나가는 후천가을의 조화문명을 말합니다. 가을개벽을 넘어 이 땅에 펼쳐지는 '후천 선경'은 영원한 생명, 불멸의 존재인 삼랑선이 건설하는 선의 세계입니다. 상제上帝는 동방에서 지존하신 하느님, 천주를 가리키는 말입니다. 천지만물을 낳고 기르시는 우주성령 삼신三神과 하나 되어 삼계三界 우주를 다스리시는 분이기에 삼신일체 상제님으로 불립니다. 또한 1871(辛丑)년 가을, 이 땅에 인간의 몸으로 강세하셔서 병든 천지를 뜯어고쳐 선천 상극의 질서 속에 원한 맺힌 인간과 신명을 널리 건지는 천지공사天地公事를 통해 상생의 새 세상으로 이끌어주신 조화주 개벽장 하느님, 증산 상제님을 가리킵니다. 후천 선과 상제는 서로 떼어놓고 말할 수 없습니다. 상제님께서 내려주신 무극대도가 곧 후천 삼랑선이 되는 수행의 길이요, 나아가 후천가을 통일문명 시대를 열고, 조화선경을 건설하는 무극대도인 까닭입니다."라고 그 중요성을 간결하고 쉽게 설명하였습니다. 이렇게 선 문화를 강조하는 이유는 바로 『도전』이 전하는 큰 가르침 중의 하나가 바로 선 문화이기 때문입니다.

> 이제 온 천하가 큰 병大病이 들었나니 내가 삼계대권을 주재하여 조화造化로써 천지를 개벽하고 불로장생不老長生의 선경仙境을 건설하려 하노라.(『도전』2:16)
> 나의 도道는 사불비불似佛非佛이요, 사선비선似仙非仙이요, 사유비유似儒非儒니라. 내가 유불선 기운을 쏙 뽑아서 선仙에 붙여 놓았느니라.(『도전』4:8)

(후천에는) 수화풍水火風 삼재三災가 없어지고 상서가 무르녹아 청화명
려淸和明麗한 낙원의 선세계仙世界가 되리라.(『도전』7:5)

  증산도 『도전』에서 찾은 선仙과 관련된 구절들입니다. 사실 『도전』은 선
仙 사상의 보고寶庫, 선 문화의 교과서입니다. 인류 선 문화의 원형과 미래
선 문화의 참모습이 상제님의 말씀으로 자세히 기록되어 있어 누구나 정
성을 다해 읽으면 선과 수행의 올바른 길을 찾을 것입니다.

  세권의 책자에 들어갈 간행사를 쓰면서 많은 분께 감사의 말씀을 전하
는 것은 당연한 도리일 것입니다. 우리 연구소 안경전 이사장님께서는 학
술대회를 개최할 수 있도록 물심양면으로 지원과 배려를 아끼지 않으시면
서, 또 학술대회에 참가하시는 발표자 한분 한분께 증산도 진리를 담은
책자를 기증하여 글 작업에 어려움이 없도록 도움을 주셨습니다. 큰 은혜
입니다. 2021년 봄에 이어 가을 학술대회에서도 소중한 강연을 해주신 정
재서 영산대 석좌교수님은 연구소가 기대는 큰 언덕입니다. 또 실무적으
로는 도교문화학회 회원분들과 소통하면서 학술대회 발표자로 여러분을
소개해 주신 이봉호 경기대 교수님께도 감사의 마음을 전합니다. 항상 연
구소의 어려운 일을 도맡아 해주시고 학술대회의 전 과정을 잘 이끌어 주
신 원정근 박사님께는 항상 감사하는 마음을 갖고 있습니다. 특히 이번
세권의 책자에 들어갈 추천사를 흔쾌히 보내주신 김백현 강릉원주대 명예
교수님, 감사합니다. 매번 연구소의 책을 출간할 때마다 그 많은 양과 번
잡함을 마다하지 않고 훌륭한 편집을 해주시는 상생출판 강경업 편집실
장님의 노고에도 인사를 전하겠습니다. 물론 제일 감사의 마음을 전해야

할 분은 바로 학술대회 발표를 해주시고 또 이 책자에 옥고가 실리도록 허락하신 교수님들이라고 생각합니다. 정말 감사드립니다.

　이제 연구소는 해를 바꿔 2022년 올해도 두 번의 국제학술대회를 기획하고 있습니다. 한 번씩 학술대회를 개최하고, 그것이 쌓여 하나의 전통으로 정립된다고 생각하니 어깨가 무거워집니다. 하지만 진리를 전하는 사명감으로, 또 여러 교수님과 학자, 깨달음을 추구하는 수행자분들과 늘 함께 한다고 생각하면 즐거운 일이고 뜻있는 일이라고 믿으며 큰 힘을 얻게 됩니다. 앞으로도 증산도 문화사상 국제학술대회에 깊은 관심과 애정을 부탁드리면서 두서없는 간행사를 마무리할까 합니다. 다시 한 번 감사의 인사를 올립니다.

2022년 춘분에 즈음하여
상생문화연구소 연구실장 유 철

추 천 사

코로나19 전염병의 유행으로 인한 여러 가지 악조건에도 불구하고 증산도 상생문화연구소에서는 2021년 봄 '삼신, 선, 후천개벽'이라는 주제로 국제학술대회를 개최하여, 국내외 최고 수준의 학술마당을 펼쳤습니다. 상생문화연구소에서는 이러한 국제학술대회를 일회성에서 멈추지 않고 더욱 심화시켜, 2021년 가을 증산도 문화사상 국제 학술대회를 11월 25일 화요일에서 11월 27일 토요일까지 닷새 동안 후천 선 문화와 상제라는 주제를 중심으로 진행하였습니다. 이번 2021년 가을 증산도 문화사상 국제학술대회를 통해 증산도의 후천 선 문화를 발양할 뿐만 아니라 증산도 사상의 알짬이 무엇인가를 팔관법으로 나누어 제시한 것이 큰 성과였다고 생각합니다.

증산도의 후천 선사상은 인간이 우주만물과 하나가 되어 영원히 살 수 있는 길을 모색합니다. 증산도에서 선仙은 단순히 유불선의 선仙이 아닙니다. 후천의 선도仙道를 중심으로 하여 선천의 유불선 삼교를 초월하면서도 포함하고 있기 때문입니다. 유불선의 모체로서 인류 태고 시대의 원형문화인 신교의 선사상과 동학에서 좌절된 지상신선의 꿈을 완성하려는 참동학의 선사상을 창조적으로 계승하여 한국 선도의 새로운 부활을 꿈꾸는 것입니다. 한마디로 선의 원시반본原始返本을 추구하는 것입니다.

증산도의 후천 선사상은 유불선의 정수를 모아서 후천의 신세계, 즉 조화선경세계를 여는 새로운 기틀을 마련하였습니다. "내 세상은 조화선경이니, 조화로써 다스려 말없이 가르치고 함이 없이 교화되며 내 도는 곧 상생이니, 서로 극剋하는 이치와 죄악이 없는 세상"(『도전』 2:19:1-2)을 열려는 것입니다. 후천의 조화선경造化仙境, 지상선경地上仙境, 현실선경現實仙境 문

9

화를 열어가는 열매문화로서의 선仙입니다.

증산도의 후천 선사상은 선도의 조화造化로 불로장생과 불사장생의 선경세계를 만들어 모든 사람들로 하여금 선풍도골仙風道骨이 되게끔 하는 데 그 궁극적 목표가 있습니다. 후천의 지상신선으로서의 태일선太一仙 또는 태을선太乙仙입니다. 태일선 또는 태을선은 우주만물과 하나가 되어 신천지와 신문명을 새롭게 여는 창조적 주체로서의 신인간을 뜻합니다. 후천의 선 문화는 조화주 개벽장 하느님께서 내려주신 무극대도의 신선공부를 통해 선천세상의 상극질서를 개벽하여 온 생명이 독자적 자유를 맘껏 누리면서도 우주적 조화를 이루면서 살아갈 수 있는 지상선경地上仙境을 열고 태을신선太乙神仙으로서 거듭나는 데서 완성됩니다.

증산도의 후천 선 문화는 우리 주위에 흔하게 널려 있는 돌 속에 숨어 있는 옥玉과 같습니다. 2021년 가을 증산도 문화사상 국제학술대회의 결과물을 『후천 선 문화와 상제』로 발간하는 이 책은 돌 속에 숨어 있는 옥을 캐내는 소중한 작업이라고 할 수 있습니다. 무한한 우주 생명과 하나가 되는 천지일심天地一心으로 이러한 작업을 계속해 나간다면 머지않아 인류가 새롭게 살아가야 할 길을 조명해 줄 수 있는 보석같이 빛나는 옥玉이 우리의 눈앞에 펼쳐질 것입니다.

강릉원주대 명예교수 **김 백 현**

목 차

❀ 번역 원문

한국의 신선사상과
발해인 이광현의 『참동계』 연단술

이봉호

`필자 약력`

이봉호

경북대 철학과 졸업

성균관대 대학원 동양철학과 석사, 동대학원 박사

서울대, 성균관대, 한양대 강사 역임

덕성여대 초빙교수

인천대학 연구교수

경기대학 교양대학 겸 일반대학원 동양문화학과 교수

저서

『정조의 스승, 서명응의 철학』,『최초의 철학자들』,『주역의 탄생』

역서

『중국도교사』,『도교백과』,『도교사전』,『발해인 이광현의 도교저술 역주』
『종려전도집』,『참동고』

논문

〈노자의 도와 소쉬르의 언어학; 잘못된 만남〉

〈공자의 '正名'과 노자의 '非常名'-노자의 도와 소쉬르의 언어학: 제대로 된
만남〉

〈노자의 '소국과민'과 '허생의 섬'-노자의 '無名'과 관련하여;노자의 도와 소
쉬르의 언어학: 완전한 이별〉

〈노자사상과 초기 도교의 민중성〉

〈조선시대 노자주석의 연구 경향과 전망- '闢異端論'과 '以儒釋老'라는 관점
을 중심으로 -〉

〈도교에서 몸과 기〉

〈조선 유학자 어느 누구도 노자를 주석하지 않았다.-푸코의 담론이론에 따라
읽은 '闢異端論'과 '以儒釋老'〉

〈老莊'에서 아기(赤子) 메타포(metaphor) -온전한 삶(全生)을 살기 위한 방법〉

1 들어가는 말

증산도의 『도전』에는 총 39개 절에서 신선을 언급하고 있으며, 선경에 대한 언급은 111개 절에 해당한다. 이를 통해 보면, 증산 상제께서 추구하신 세계는 불로장생不老長生의 선경仙境[1]이며, 이 선경은 신인합일神人合一의 선경이다.[2] 이 선경은 선천 상극의 도수를 뜯어고치고, 개벽하여 후천에 세운 조화선경造化仙境[3]이다. 후천 선경의 세상에서 참여하는 신선의 일원이 되기 위해서는 태을주 공부[4]를 해야 한다.

이처럼 증산도의 교리는 선경과 신선 사상을 중시한다. 증산도의 교리에서 말하는 선경과 신선은 선천의 증산 상제께서 상극을 개벽하여 후천에 세운 선경이며, 증산도의 교리를 믿고 실천하는 도반들에 의해 완성된 세상이다.

거칠게 증산도의 선경과 신선 사상을 중국 도교의 그것과 비교해보자. 증산도의 선경은 증산 상제께서 새 천지를 개벽하는 대공사[5]를 통해 이룩한 현실계의 세상인 지상선경이고, 신선은 증산 상제님에 대한 신앙과 수련을 통해서 이루어지는 것이다.

반면에 중국 도교는 도인 기에 의해 이룩된 천계天界가 있고[6], 도를 터득

---

1) 『도전』 2:15:5, 나는 조화로써 천지운로를 개조改造하여 불로장생의 선경仙境을 열고 고해에 빠진 중생을 널리 건지려 하노라." 하시고
2) 『도전』 2:19, 신인합일神人合一의 지상 선경
3) 『도전』 2:19:1, 내 세상은 조화선경이니, 조화로써 다스려 말없이 가르치고 함이 없이 교화되며
4) 『도전』 7:75:4, 태을주 공부는 신선神仙 공부니라.
5) 『도전』 2:65:1, 상제님께서 새 천지를 개벽하는 대공사를 행하시며 말씀하시기를 "이제 상놈 도수를 짜노라." 하시고
6) 도교의 천계의 구조와 해당 천계를 주관하는 신들의 계보는 『진령위업도眞靈位業圖』에 상세하게 묘사되어 있다. 이 천계와 천계를 주관하는 신들의 계보를 대략적으로 묘사하면, 제1천계는 원시천존元始天尊을 주신으로 하고, 제2천계는 옥신대도군玉晨大道君을 주신으로

해 도록圖籙[7]을 받은 신선은 천계에서 올라 선관仙官으로서 활동을 하게 된다.[8] 다시 말해 중국 도교의 선경은 현실 세계에 존재하는 것이 아니며, 신선도 최종 목표가 현실 세계를 구제하는 것이 아니라 천계에 올라 선관이 되는 것이다.

이 글에서는 중국 도교에서 말하는 선경과 신선사상을 소묘하고, 한국의 역사에서도 신선사상이 있었는지를 질문으로 논의하고자 한다. 이러한 논의만으로도 도교의 신선, 한국 선도의 신선사상이 증산도의 선경과 신선사상과의 차이점을 드러낼 수 있다고 판단하기 때문이다. 증산도에 공부가 깊지 않은 필자의 입장에서 증산도의 신선사상과 도교의 신선사상에 대한 비교 연구는 차후의 과제로 남겨 둔다.

이러한 연구 목적을 다루기 위해, 중국의 신선 사상의 성립 과정을 소묘하고, 선경仙境과 삼신산三神山에 대한 생각을 정리하면서 논의를 시작하였다. 이러한 소묘를 바탕으로 신선사상이 한반도 역사에서 어떠한 양태로 전개되는지를 삼국시대의 유물을 중심으로 살피고, 발해인 이광현의 연단술을 해명하고자 한다.

고구려와 신라의 역사적 유물과 몇 줄에 지나지 않는 기록을 통해, 당시의 연단술을 해명하고자 하는 시도는 무모한 것일지도 모른다. 연단술이 존재했는지에 대한 질문에 제대로 된 해명도 없는 상황에, 그 연단술의 종

하며, 제3천계는 태극금궐제군성이太極金闕帝君姓李를 주신으로 한다. 이러한 천계는 제7천계까지 구성되어 있으며, 각 천계에는 주신과 주신을 보좌하는 좌우의 신, 그리고 여러 신들이 존재한다. 상세한 내용은 사카데 요시노부 주편, 이봉호 등 번역, 『도교백과』(파라북스, 2018), "도교의 세계와 신들", 항목 참조.

7) 도록圖籙은 연단을 통해 도를 터득한 수련자에게 천신天神이 신선이 되었음을 확인하는 증표로 주는 신물로서 부적을 의미한다. 이와 관련된 내용은 『주역참동계』 명자성궐지장제이십팔明省者省厥旨章第二十八에 나온다.

8) 도교에서 신선은 지선, 수선, 천선 등으로 구별되지만, 도를 터득해 최종적으로 도달하고자 하는 목표는 천계에 올라 선관이 되는 것이다. 이와 관련해서 사카데 요시노부 주편, 이봉호 등 번역, 『도교백과』(파라북스, 2018), "도교의 지옥" 항목 참조.

류를 해명한다는 것이 어불성설처럼 보인다.

그러나 전자에 대한 문제는 역사학계의 선행연구[9]와 정재서의 연구로 해소하고자 한다.[10] 또한 이광현李光玄(당말오대의 인물)의 자료들를 통해 고대 한반도에서 『주역참동계周易參同契』(이하 『참동계』)의 연단술이 존재했음을 해명하는 내용으로 글을 구성하고자 한다. 필자는 이미 발해인 이광현의 도교 서적들을 번역하고 해제 논문을 발표한 적이 있다.[11] 그 글에서 이광현의 연단술이 바로 『참동계』의 연단법이고, 이 연단법이 신선에 도달하기 위해 행해진 연단술을 대표한다는 점에서, 고대 한반도에서 신선사상이 중요한 사상으로 작동하고 있음을 해명하였다. 이 글에서는 이광현의 『태상일월혼원경太上日月混元經』의 내용을 검토하면서, 이 책에서 등장하는 연단술이 『참동계』의 연단술임을 해명하고자 한다.

조선시대 『참동계』의 주석들에 대한 연구는 그 연구 성과가 제법 축적되어 있다.[12] 반면에 발해인 이광현에 대한 연구가 미진하기에 이광현의 연

---

9) 이에 관해, 김태식(「신선의 왕국, 도교의 사회 신라」, 『문화재』 36호, 2003)의 논문을 참조하라. 김태식은 신라의 고분들에서 일반적으로 출토되는 운모, 주사, 단칠된 바둑알 모양의 자갈, 돌절구, 금동신발 등에 주목하면서, 이것이 장생불사의 신선사상이 4-6세기에 신라에 만연한 사상이라는 점을 주장한다. 이 시기는 동진과 남조시대와 그 시기가 겹쳐, 갈홍과 도홍경이 활동하던 시대이다. 또한 적석목곽분에 주사와 운모가 출토된 것을 두고서 몬다 세이치(門田誠一)의 선행 연구도 소개하고 있어서 본 논문에서 전제하는 문제를 해소하고 있다.
10) 정재서, 『한국 도교의 기원과 역사』, 이화여자대학교출판부, 2006, p.29를 참조하라.
11) 이봉호, 「渤海人 李光玄의 鍊丹理論-『주역참동계』의 연단론의 전개-」, 『도교문화연구』 32집, 한국도교문화학회, 2010.
12) 김윤수, 「서명응의 『참동고』와 『주역참동계상석』」, 1991: 『한국도교와 도가사상』, 아세아문화사, 1991.
김윤수, 「『금단정리대전』과 『도서전집』의 원류」, 『도교문화연구』 11, 한국도교문화학회, 1995.
이대승, 「주희의 『참동계고이』 저술과 그 배경」, 『태동고전연구』 제36집, 2016.
이대승, 「팽효의 『분장통진의』 연구 (1)」, 『도교문화연구』 43집, 2015.
이대승, 「『주역참동계고이』 남구만본과 『참동계토주』 연구」, 『장서각』 27, 한국학중앙연구원, 2012년.
이봉호, 「갈홍은 『포박자』에서 왜 『참동계』의 연단법을 소개하지 않았나」, 『동양철학연구』

단술이 『참동계』에 근거하고 있음을 해명하고자 한다.

아울러 청하자靑霞集 권극중權克中(1585-1659)의 『청하집靑霞集』권2의 칠언고시七言古詩에 보이는 두류산가頭流山歌와 삼신산가三神山歌를 번역해 첨부하고자 한다. 권극중은 증산 상제의 성부와 성모의 조상이기도 하지만, 조선 최고의 단가[13]이기도 하다.

그런데 권극중 선생은 한반도를 지상의 선경으로 노래하고 있으며, 권극중 선생 자신은 옥황상제께서 자신을 동국인 조선으로 보낸 사람[14]이라고 말하고 있기도 하다. 권극중은 한반도를 지상선경으로 이해하고 있어서 중국의 선경과는 다른 이해를 보여준다. 또한 권극중 자신이 스스로를 선관仙官으로 인식한다. 권극중이 한반도를 지상선경으로 인식하고, 스스로를 선관으로 인식한 것과 증산 상제님이 제시한 지상선경이 묘하게 겹쳐 보이는 지점이 있기에 신비로운 느낌이 든다.

78, 동양철학연구회, 2014.

이봉호, 「조선시대 『참동계』 주석서의 몇 가지 특징」, 『도교문화』 29집, 한국도교문화학회, 2008.

이봉호, 「徐命膺의 先天學 體系와 西學 解釋에 관한 硏究」, 성균관대 박사논문, 2004.

최재호, 「『주역참동계주해(周易參同契註解)』에 인용된 도교서와 그 유통 정황」, 『한국철학논집』 50권, 한국철학사연구회, 2016.

13) 『도전』 1:15:3, 마을 이름 서산리는 조선에서 손꼽히는 단가(丹家) 청하(靑霞) 권극중(權克中)이 낙향하여 공부할 때, 마을 사람들이 '책을 쌓아 놓음이 산과 같다(積書如山).'고 이른 데서 유래하니라.

14) 권극중, 『靑霞集』卷 2 〈七言古詩〉, "三神山歌", 옥황상제께서 내 머리를 어루만져 동국에 태어나게 하셨네(玉皇撫頂生東國).

2 신선 사상과 삼신산

'신선神仙'은 동아시아 문화권에서 공유하는 신인神人 혹은 선인仙人에 대한 추구로 나타난 사상적 개념이자, 도교 신학의 핵심이다. 신선神仙이라는 용어는 신인神人과 선인仙人이 결합한 것이지만, 신선이라는 말에는 천인天人, 지인至人, 진인眞人이라는 말도 포함된다. 신선을 무어라 표현하든 이들은 모두 도와의 합일을 이룬 존재라는 공통점을 갖는다.

이를 확인할 수 있는 내용은 『장자莊子』에 나온다. "도의 본원에서 떠나지 않은 자를 천인이라고 하고, 도의 정수로부터 떠나지 않은 자를 신인이라고 하며, 도의 본진에서 떠나지 않은 자를 지인至人이라고 한다."[15]

『장자莊子』에서 말하는 신선은 도와 합일을 이룬 존재로 그려져 있다. 동아시아의 사상에서 도를 추구하고 도와 합일하는 삶은 이상적인 삶으로 그려진다. 따라서 도와의 합일을 이룬 신선은 이상적 존재일 터이다. 그래서 신선은 범인凡人을 초월한 존재이자, 범인들이 추구해야 할 이상적인 존재로 그려진다.

도와의 합일을 이룬 존재로서 신선은 이제 불사의 관념과 결합한다. '불사'의 관념은 춘추시대에 처음 나타난다. 『춘추좌씨전春秋左氏傳』 소공昭公 20년의 기사에는 불사不死[정확한 표현은 무사無死이다]의 삶이 얼마나 즐거울 것인지를 두고 논의하는 내용이 나온다.[16] 아마 동아시아 고대인들의 관념에서 불사는 강력한 바램이었을 것이다.

책의 성립 시기가 의심스러운 『산해경山海經』에는 불사의 산과 불사의 나

---

15) 『莊子』, 「天下篇」, 古之所謂道術者, 果惡乎在? 曰无乎不在. 曰神何由降? 明何由出? 聖有所生, 王有所成, 皆原於一. 不離於宗, 謂之天人. 不離於精, 謂之神人. 不離於眞, 謂之至人.
16) 『春秋左氏傳』, 景公問古而無死, 其樂若何.

라와 그 백성, 불사의 약이 기록되어 있다. 『산해경』에 기록된 불사의 약과 불사의 나라는 이제 적극적으로 추구하는 대상이 되어, 그 기록들이 역사적 문헌에 나타나기 시작한다.

『전국책戰國策』에는 어떤 사람이 형왕에게 불사약을 헌상하는 기록이 있다.[17] 『한비자韓非子·외저설좌상편外儲說左上篇』에는 "식객 중에 연나라 왕에게 불사의 도를 말한 자가 있다[客有教燕王爲不死之道者]"라는 기록을 언급하고 있다. 전국말기에 방선도方仙道라고 불리는 일군의 연단술사[方士] 무리가 나타나 불사를 직접 추구하면서 불사약을 만들거나, 수련을 통해 불사의 징후들을 드러냈다. 방선도의 "방方"이란 불사의 처방을 가리키고, "선仙"이란 장생불사하는 신선을 가리킨다.[18] 이렇게 보면, 전국시대에는 신선과 불사가 결합한 실천들이 본격화된 것으로 볼 수 있다.

불사에 대한 추구는 '신선은 불사의 존재'라는 명제를 형성한다. 이 명제는 전국말에 형성되고, 한대에는 신선 개념이 '불사의 신인'으로 정립된다. 신선을 불사의 신인으로 이해한 기록은 한대의 서적에 두드러지게 나타난다. 신선은 장생하면서 이 세상에서 저 세상으로 옮겨가는 것[19]이라거나 늙어서도 죽지 않는 존재[20]라는 표현이 등장한다. 이는 도와의 합일이라는 신선 개념에 불사의 관념이 결합한 것이다.

도와의 합일과 불사의 결합으로 새롭게 정의된 신선은 전국말에는 믿음의 영역으로 자리를 옮긴다. 믿음의 영역으로 자리를 옮긴 신선은, 도교 신학 교리에서 중핵으로 자리한다. 도교는 신선에 대한 정의를 세련되게

---

17) 『戰國策』, 「有献不死之药于荆王者」, 有人獻不死之藥於荆王者, 謁者操以入. 中射之士問曰 '可食乎?' 曰,'可'. 鴐奪而食之. 王怒, 使人殺中射之士.
18) 쫑자오펑(鍾肇鵬) 주편, 이봉호 외 옮김, 『도교사전』, 파라아카데미. 2018, p.70 '방선도' 항목 참조.
19) 『說文解字』, 仙, 長生遷去也.
20) 『釋名·釋長幼』, 老而不死曰仙.

해낸다. 물론 이전의 도와 합일한 존재로서 신선과 불사의 관념, 『장자』의 막고야邈姑射산의 신인이 보여주는 무애無碍 자유한 모습도 수용한다. 도교에서 새롭게 정의한 신선 개념은 『한서漢書·예문지藝文志』에 보인다. 『한서·예문지』에 보이는 신선에 대한 정의는 도교의 정치한 신학과 수련이론의 결합이 반영된 것이다. "신선이란, 성명의 참됨을 보존하면서 육합의 밖에 노니는 자"21라는 정의가 그것이다. 이 정의에는 두 가지 개념의 결합이 나타난다. '성명의 진眞을 보존하는 것'과 '육합의 밖에서 자유롭게 노니는 것'이 그것이다. 여기서 '성명의 진眞'이란, 사람이 태어나면서 가지는 선천의 바탕이라는 의미이다. 이러한 정의는 『노자』와 『장자』에 근거한 것이다. 『장자莊子』「경상초庚桑楚」에는 성性을 사람이 태어나면서 가지고 있는 바탕으로 보고, 이 바탕을 오래 간직하면 명命이 된다22는 논리를 펼친다.

『장자』의 성명性命 개념에 『노자』의 '반박귀진反樸歸眞'의 수행론이 결합한다. 노자는 대도를 형체도 없고 이름도 없는 혼돈 상태로 여겼으며, 이러한 상태를 "박樸"이라고 하였다. 도는 "가마득하고 아련한데[惟恍惟惚]" 하지만 그 가운데 정精이 있고, "그 정은 매우 참되기에[其精甚眞]" 도의 존재는 절대적으로 진실하다. 이 때문에 도를 배우는 자는 도를 법칙으로 삼아 마음을 청정하고 통나무와 같이 돈후하게 하며, 본성을 온전히 하고 참됨[眞]을 보존해야 한다. 여기에서 박樸과 진眞은 생명을 부여받을 때의 선천적인 성명, 도의 본체 등의 의미로 이해된다. 이러한 성명과 진은 이후 도교 수행론에서 핵심적인 개념으로 사용된다. 신선 개념은 도교에서 성명을 간직해 기르며[存養] 진을 닦아 도를 체득하는 수행론을 형성하고, 내단이론에서는 성명쌍수론으로 체계화된다.

이제 『한서·예문지』에 보이는 신선에 대한 정의 중에 '육합의 밖에서 자

---

21) 『漢書·藝文志』, 神仙者 所以保性命之眞而游求於外者.
22) 『莊子』「庚桑楚」, 性者, 生之質也. 長乎性, 成乎命.

유롭게 노님'에 대해서 살펴보자. 『장자』에는 '막고야 산에 거처하는 신인은 피부는 눈과 같이 희고 깨끗하며 용모는 처녀처럼 부드럽고 아름답다. 신인은 오곡을 먹지 않고 바람과 이슬을 먹고 구름을 타고 비룡을 부리며 사해 밖까지 노닌다.'라고 말한다. 이 신인은 범인과 전혀 다른 존재로, 구름을 타고 비룡을 부리며 육합을 자유롭게 노니는 존재로 묘사된다. 이러한 묘사는 『한서·예문지』에 그대로 수용되어, 육합의 밖에서 노니는 존재로 수용된다.

여기서 하나 더 언급할 것은 '구름을 타고 비룡을 부리는' 신선의 이미지는 『산해경』에 등장하는 우민국羽民國의 '우민' 이미지와 결합[23]하여, 신선의 구체적인 형상까지 그려지게 된다는 점이다. 한대 문헌인 왕충의 『논형論衡』에는 신선의 모습이 구체적으로 묘사되어 있다. 『논형』에는 신선의 형상은 몸에서 털이 나고, 어깨가 변하여 날개가 되며 구름 속을 날며, 천 살이 되어도 죽지 않는다[24]고 묘사하고 있다. 『논형』에서 묘사하는 신선은 『산해경』에 등장하는 우민과 『장자』에서 말한 막고야산의 신인이 결합한 것이겠지만, 신선을 형태적으로 묘사한 것에서 전형이 된다.

『신선전神仙傳』에서 묘사하는 신선 모습 역시 『논형』에서의 묘사와 다르지 않다. 『신선전』에서 묘사하는 신선은 다음과 같다. '선인은 몸을 솟구쳐 구름에 들어가 날개 없이 날기도 하며, 용을 부리며 구름을 타고 위로 천계天階까지 이르기도 한다. 날짐승으로 변화하여 푸른 구름 위를 떠다니기도 하며, 강이나 바다 속을 헤엄쳐 다니거나 명산 위를 날아다니기도 한다. 원기를 먹고 영지를 먹기도 한다. 인간 세상에 들어와도 사람들이 알지 못하기도 하고 그 몸을 숨겨 볼 수가 없다. 낯선 얼굴에 기이한 골격을

---

23) 『산해경』에는 海外南京, 大荒南京에는 우민국이 結匈国의 동남에 위치하고 있고, 羽民은 인간의 모습을 하지만, 몸에 깃털이 난 것으로 묘사되어 있다.
24) 王充, 『論衡』, 「無形篇」제7, 圖仙人之形, 體生毛臂, 變為翼, 行於雲, 則年增矣. 千歲不死.

가지고 있으며 몸에는 기묘한 털이 있다. 대개 깊고 궁벽한 곳을 좋아하며 세속과 교류하지 않는다.'[25]

　이러한 신선사상은 춘추시기 불사의 관념과 전국시기 도가의 신선 개념이 결합하면서 우리가 익히 알고 있는 신선의 모습이 되었다. 그러면서 신선을 추구하는 일련의 이론과 수행이 형성되면서 신선사상은 도교라는 종교를 형성하게 하였다. 신선은 도교에서 도사들이 추구해서 도달해야 할 궁극적 목표이기도 하고, 신선의 세계인 이상적인 공간의 세계 역시 형성된다.

　신선이 사는 선경은 여럿이지만, 삼신산을 중심으로 논의를 진행해 보자. 『장자』와 『초사楚辭』에는 선인仙人과 선경仙境에 대한 각종 묘사가 나타난다.[26] 이는 모두 고대 중국인의 불사에 대한 믿음과 열망을 반영하는 것이다. 전국시대에는 장생불사를 추구하는 방사들의 무리가 점차 형성되었다. 그들은 통치자의 마음에 영합하여 신선장생설을 강력하게 주창하였다. 전국시대 중후기부터 한무제漢武帝 시기에 이르기까지, 방사들이 제왕을 부추겨서 바다에 나아가서 신선을 찾는 사건을 불러일으켰다. 제齊나라 위왕威王과 선왕宣王, 연燕나라 소왕昭王 및 진시황秦始皇, 한무제 등은 모두 방사들을 바다로 파견하여 삼신산인 봉래蓬萊, 방장方丈, 영주瀛洲에 가서 신선과 불사약을 찾아오게 하였다. 불사의 신선을 추구하는 방사 무리

---

25) 쫑자오펑(鍾肇鵬) 주편, 이봉호 외 옮김, 『도교사전』, 파라아카데미. 2018, 606쪽 '신선' 항목 참조.
26) 『장자』에 나타난 신선에 대한 묘사는 거론하였다. 『초사』에 나타난 신선과 선경에 대한 묘사 몇 가지를 거론해보면 다음과 같다. 『이소』에는 자기가 하늘로 상승한 것을 상상하면서, "앞에는 월어[망서望舒]로 길잡이를 삼고, 뒤에는 풍사[비렴飛廉]에게 따라오도록 하네. 난새와 봉황은 나를 위해 앞서가며 알려 주고, 뇌사雷師는 내게 부족한 점을 일러주네. 나는 봉황새로 하여금 날아오르게 하여, 밤낮으로 계속 날아다니게 하네"라고 하고 있으며, 『구장九章』에는 도를 노래하면서, "푸른 용과 흰 용이 이끄는 수레를 타고, 나는 순임금과 함께 옥으로 만들어진 동산에서 노니노라. 나는 곤륜산에 올라가서 옥화를 따먹으며 천지와 더불어 오래 살고, 일월과 함께 빛나고 싶도다"라고 하고 있다.

를 방선도方仙道라고 한다. 방선도가 흥성했던 시기는 전국시대 후기에서 한무제 때까지이다. 이 시기의 대표적인 인물로는 송무기宋毋忌, 선문고羨門高, 서복徐福, 노생盧生, 이소군李少君, 이소옹李少翁, 난대欒大, 공손경公孫卿 등이 있다. 방선도에서 신봉하는 신선장생설은 후세 도교의 가장 기본적인 신앙이 되었고, 그 신선방술도 후세 도교에 의해 계승 발전되었다. 방선도는 도교의 탄생을 위한 조건을 마련했다.

선경仙境에 대한 이미지는 『장자』와 『초사』 뿐만 아니라 『산해경』의 불사국과 불사초에 기인한 것으로 볼 수 있다. 도교에서 선경의 이미지는 신인 혹은 진인이 다스린다는 동천洞天과 복지福地의 개념을 형성한다. 동천과 복지는 『운급칠첨雲笈七籤』 27권 동천복지洞天福地 『천지궁부도天地宮府圖』에서 10대동천十大洞天, 36소동천三十六小洞天, 72복지七十二福地로 체계화된다.[27] 이들 동천과 복지는 속세와 무관한 명산에 위치하는데, 이는 중국 고대 산악신앙에 기초한 것으로 평가된다.[28]

동천과 복지와는 달리, 십주十洲와 삼도三島라는 신선이 사는 공간도 존재한다. 『운급칠첨』 26권에는 신선이 사는 장소로써 조주祖洲, 영주瀛洲, 현주玄洲, 염주炎洲, 장주長洲, 원주元洲, 유주流洲, 생주生洲, 봉린주鳳麟洲, 취굴주聚窟洲의 십주와 곤륜崑崙, 방장方丈, 봉구蓬丘(蓬萊)의 삼도三島(삼신산)가 거론되고 있다.

십주로 거론되는 장소는 불사의 선초仙草가 자라거나, 불사의 샘물[玉醴泉]이 나오거나, 신비한 영지[五芝]가 자라는 곳이다. 십주에서는 죽은 사람에게 선초를 덮어주면 다시 살아나고 옥예천을 마시거나, 영지를 먹으면 죽지 않고 장생한다고 한다.

삼도三島(삼신산)는 여러 책에서 그 명칭과 묘사에서 차이를 보인다. 북송

27) 張君房, 『雲笈七籤』 27(중화서국, 2003), '동천복지' 항목 참조.
28) 쭝자오펑(鍾肇鵬) 주편, 이봉호 외 옮김, 『도교사전』, 파라북스. 2018.

시기에 도교 경전을 요약한 『운급칠첨』에는 그 명칭이 곤륜崑崙, 방장方丈, 봉구蓬丘 혹은 봉래蓬萊로 되어 있다. 반면에 삼신산이 최초로 기록된 『사기史記』「진시황기秦始皇記」에는 신선이 있는 장소로써 바다의 삼신산, 즉 봉래, 방장, 영주瀛洲로 기록하고 있다.[29] 이는 『사기』에서 삼신산으로 거론된 '영주瀛洲'가 『운급칠첨』에서는 '곤륜崑崙'으로 바뀌었고, 영주는 십주에 포함되어 있다. 『사기』와 『운급칠첨』에서 삼신산의 명칭이 다르게 된 이유는 알 수 없으나, 두 책의 중간 시대인 동진東晉 시기 왕가王嘉의 『습유기拾遺記』[30]에는 곤륜, 봉래, 방장, 영주 등이 수록되어 있고 그 선경이 묘사되어 있다. 하지만 이 책에는 동천과 복지, 십주와 삼도의 구분은 없다.

도교에서 36천이라는 천계가 『위서魏書』「석노지釋老志」[31]에 처음 나타나고, 선경仙境으로서 동천, 복지, 십주, 삼도의 체계가 정리되면서 『운급칠첨』에 수록된 것으로 추측할 수 있다. 다시 말해, 도교에서 말하는 선인이 거처하는 선경은 현실 세계를 초월한 곳으로 말해진다. 선경은 삼청경三淸境과 같이 천계天界에 있기도 하고, 십주삼도十洲三島처럼 일반인이 도달할 수 없는 바다에 있기도 하며, 십대동천十大洞天, 삼십육소동천三十六洞天, 칠십이복지七十二福地처럼 세속을 초월한 산의 동굴에 있기도 하다. 이들 선경이 위치한 공간과 그 공간을 주관하는 선인들에 따라 재분류하는 과정에서 『사기』의 삼신산이 『운급칠첨』 속에서 재편된 것으로 추측해 볼 수 있다.

한반도에도 동천이라고 불리는 장소가 전국적으로 분포되어 있다.[32] 복

---

29) 『史記』「秦始皇本紀」에는 "제나라 사람 서시 등이 임금에게 글을 올려 바다 가운데 삼신산이 있는데 이름을 봉래蓬萊·방장方丈·영주瀛洲라고 하고 선인이 거처한다고 하였다.[齊人徐市等上書, 言海中有三神山, 名曰蓬萊·方丈·瀛洲, 仙人居之.]"고 한다.

30) 『拾遺記』 권 제 1, 『漢魏叢書』, 吉林大學出版社, 1992.

31) 『魏書』「釋老志」, 佛者, 昔於西胡得道, 在三十二天, 爲延眞宮主.

32) 한반도의 동천에 대한 연구는 체계적으로 진행되지 않았다. 2010년에 전국의 동천을 답사하고, 이를 연구하기 위한 프로젝트를 한국연구재단에 제출하였으나 선택되지 못해 이후

지라고 불리는 장소도 존재한다.[33] 청하자 권극중(1585~1659)은 한반도를 삼신산으로 이해한 시를 남기고 있다. 권극중이 한반도를 삼신산으로 묘사한 것은 단순히 『사기』「진시황기」[34]와 『한서』「교사지郊祀志」[35]에 수록된 삼신산은 발해라는 바다의 가운데 있다는 기록에 근거하여, 이를 노래한 것이 아니다. 앞에서도 언급하였듯이 선경은 선인의 거주 장소이고, 선인이 주관하는 공간이다. 이는 권극중 스스로 말하고 있듯이 옥황상제에 의해 한반도에 권극중 선생이 탄강한 것이라는 인식에서 이해해야 한다. 권극중은 옥황상제로부터 선관의 직책을 받고 한반도에 탄강하였기에, 선관이 거주하는 공간으로서 한반도는 삼신산이 될 수 밖에 없다. 권극중은 한반도는 상고시대부터 신선부에 속해 있었다[36]고 말한다. 그래서 "저 신신과 천신의 세계를 이 문명한 동토에 두었구나."[37]라고 노래한다. 이러한 권극중의 선경에 대한 이해는 중국의 그것과 달라 현실의 한반도를 선경으로 인식하고 있는 점이 특색이라고 할 수 있다.

의 연구가 진행되지 못하고 있다.

33) 『鄭鑑錄』과 같은 비기류에 복지 개념이 나온다.

34) 『史記』「秦始皇記」, 齊人徐市等上書, 言海中有三神山, 名曰蓬萊·方丈·瀛洲, 仙人居之.

35) 『漢書』「郊祀志」, 此三神山者, 其傳在渤海中, 去人不遠, 蓋嘗有至者, 諸仙人及不死之藥皆在焉.

36) 권극중, 『靑霞集』卷 2 〈七言古詩〉, "三神山歌", 유래를 생각하니 우리 동쪽 땅은 상고시대 모두가 신선부에 들어있네. 옥황상제 말하길, 청구는 천리나 되어서 모두 다 청도로 만들 수는 없다고 하였네(由來憶得吾東土, 上古皆入神仙府, 帝謂靑丘千里區, 不可盡損爲淸都).

37) 권극중, 『靑霞集』卷 2 〈七言古詩〉, "三神山歌", 將彼靑眞梵天窟, 間此衣冠禮樂州.

3 신선의 추구와 연단술

불사의 약을 제련해, 이를 복용하고 신선이 되려는 일련의 행위를 연단술이라고 한다. 『참동계』 이전에도 다양한 연단술들이 존재했다. 『참동계』 이전에 다양한 연단술이 존재했다는 것은 『참동계』 경문들에서 연단에 사용된 약물들을 나열하고 그것들을 비판하는 내용에서 찾을 수 있다.[38] 다른 한편으로는 갈홍葛洪이나 도홍경陶弘景 등의 저술에서, 『참동계』의 연단술을 거론하지 않고 금단제련을 말하고 있다.[39] 이는 적어도 『참동계』가 세상에 유포되었을 당시, 유포된 이후에도 다양한 연단술이 성행했음을 증거한다.

불사약인 금단金丹의 제련을 위해 어떠한 광물질을 사용할 것인지, 어떠한 공정을 거칠 것인지에 따라 다양한 연단법이 존재했음은 주지의 사실이다. 금단의 제련에서 핵심으로 사용한 광물질(약물)이 무엇이든 간에, 그것들의 화학적 변화 과정[返還]을 통해 금을 생성해 내는 일련의 과정이 연단술이다. 다양한 연단파가 존재했음에도 동일하게 '금단'이라는 용어를 사용하는 것은 금이 가지고 있는 불변성과 영원성을 불사 욕망과 겹쳐서 이해했기 때문이다.

그래서 금단을 제련하고 이를 복용하여 불사를 추구하는 것은 변화 속에서 불변하는 영원성을 희구한다는 점에서 인류의 영원한 '꿈'일 수 있다. 불사의 꿈은 신선사상으로 발전하고, 그것의 구체적인 실현으로서 불사약을 제련하고 그것을 복용하는 방향으로 귀결된 것으로 볼 수 있다.

---

38) 『參同契』, 擣治羌石膽, 雲母及礜磁. 硫黃燒豫章, 泥汞相鍊治. 鼓下五石銅, 以之爲輔樞. 雜性不同種, 安肯合體居.

39) 이에 관해서는 陳國符의 『道藏源流攷』(臺北 : 古亭書屋, 民國64[1975]), '附錄6 說周易參同契與內丹外丹'을 참고하라.

그렇다면 신선사상의 발원지로 발해만을 중심으로 한 연·제 지역이 거론된다. 그리고 불사약이 존재하는 삼신산은 발해 바다의 가운데 있다. 중국의 연제지역과 한반도는 발해만을 공유한다. 따라서 한반도에도 신선사상이 있으며, 신선을 이루기 위한 연단술이 존재했을 것이라는 추론은 가능하다. 『사기』「봉선서」의 일부를 옮겨보면 이러한 사실은 명확하다.

"제나라의 위왕, 연나라의 소왕 때부터 사람을 시켜 바다에 들어가서 봉래, 방장, 영주를 찾게 하였다. 이 삼신산은 그 전하는 바에 따르면 발해 속에 있는데 인간 세상과 거리가 멀지 않다. (...) 일찍이 거기까지 간 사람도 있는데, 여러 선인 및 불사약이 모두 거기에 있었다."[40]

이러한 전제 위에서 고구려高句麗 벽화에 나타난 단약丹藥을 들고 하늘을 나는 신선의 모습(집안 오회분 4호묘 벽화)이나, 하늘을 나는 신선의 모습(집안 오회분 5호묘 벽화)을 이해하면, 신선과 불사약을 제재로 한 벽화를 통해 고구려인들의 불사를 향한 영원한 꿈을 표현한 것으로 이해된다.[41]

또한 '본초本草'류의 책들에는 금을 복식하여 수명을 연장하거나 신선이 되는 사례는 거론한다. 본초류에서 금가루[金屑]는 그 맛이 신맛이며, 독이 있다고 말한다. 그러나 제련된 금을 복용하면, 정과 신을 진정시키며, 골수를 단단하게 하고, 오장을 모두 이롭게 하며, 독기를 제거하고 복용

----

40) 『史記』「封禪書」, 自威宣燕昭, 使人入海, 求蓬萊方丈瀛洲. 此三神山者, 其傳在渤海中, 去人不遠. … 蓋嘗有至者, 諸僊人及不死之藥, 皆在焉
41) 필자는 2012년 집안集安에 위치한 고분들을 직접 답사하였다. 고분에서 사진 촬영은 금지되었다. 무덤은 사방이 잘 깎인 돌로 되어있고, 천정에 벽화가 그려져 있었다. 돌에 염료가 잘 안착되게 한 안료는 중동지역에서 수입한 것이라고 하였다. 벽화는 생동감이 있게 그려졌고, 신비로운 느낌을 들게 하였다. 참고로 씨름 그림이 그려진 고분은 일부 붕괴되어 입장이 허락되지 않았다.

하면 신선이 된다[42]고 말한다. 제련된 금을 복용해 신선이 된 유명한 사례
는 위화존 부인이다. 『태평어람太平御覽』에서는 금을 복식해 신선이 된 경우
로 위화존魏華存 부인을 거론한다.[43]

이처럼 제련된 금가루를 복용하는 것이 신선이 되는 방법으로 제시되었
다. 양나라 도홍경은 고려인들이 제련된 금가루를 복용하는 사례를 거론하
고 있다. 도홍경은 『증류비용본초證類備用本草』「금설金屑」편에 주석을 내면서,
고려인들이 금을 제련해 복용한다고 말하고 있다. 그 내용을 가져와 보자.

> "금이 생산되는 곳은 곳곳에 모두 있는데, 양주와 익주, 영주 이 세
> 주에 금이 많다. 물속의 모래에서 나오는데, 이를 가루로 만든다. 이
> 를 생금이라고 한다. 악한 기를 몰아내지만 독이 있다. 제련하지 않
> 은 것을 복용하면 사람을 죽인다. … 쇠를 녹이고 두드려서 '와'를 만
> 들어 금이 불길을 입되 익지 않게 하고, 다시 제련해야 한다. 고려와
> 부남, 서역의 외국에서 '와'라는 그릇을 만들고 모두 금을 제련하니,
> 복용할 수 있다.…『방선仙方』에서는 금을 '태진'이라고 부른다."[44]

도홍경이 고려인들이 제련된 금가루를 복용한다고 거론한 『증류비용본
초』「금설」편의 맥락은 복용하여 신선이 되는 약재들을 거론하고 그 성질
과 효과를 기록한 것이다. 따라서 도홍경이 고려인이 제련된 금을 복용한
다는 것은 신선이 되는 성선成仙의 맥락에서 이해할 수 있다.

---

42) 『圖經衍義本草』卷之三,「金屑」, 味辛, 平, 有毒. 主鎭精神, 堅骨髓, 通利五臟, 除邪毒氣, 服之
神仙.
43) 『太平御覽』, 『南岳魏夫人內傳』曰: 夫人名華存, 字賢安. 任城人也. 晉成帝時, 服金屑得道.
44) 『證類備用本草』「金屑」, 陶隱居云金之所生, 處處皆有, 梁, 益, 寧三州多有, 出水沙中, 作屑, 謂
之生金. 辟惡而有毒, 不煉即之殺人. 建平, 晉安亦有金砂, 出石中, 燒熔鼓鑄爲鍋. 雖被火亦未熟,
猶須更煉. 高麗, 扶南及西域外國成器皆煉熟, 可服.…《仙方》名金爲太眞.

신라의 경우, 천마총이나 황남대총에서 발견된 주사와 운모는 연단술의 주요 약물이었다는 점에서, 신라 역시 연단술이 존재했었다[45]는 방증으로 삼을 수 있다. 그렇다면 구체적인 약물을 확인할 수 없는 고구려 벽화는 그렇다 치고, 신라 두 고분에서 출토된 주사와 운모라는 약재와 고려인들이 '금을 제련해 복용하였다'는 기록을 가지고 어느 연단술파인지 확인할 수 없을까? 이에 대한 해명을 시도해보자.

대체적으로 연단파를 크게 세 가지 파로 구분한다. 황금과 단사를 중시한 '금사파'와 납과 수은을 약물로 사용한 '연홍파', 유황과 수은을 약물로 사용한 '유황파'로 구분할 수 있다.[46] 이 중에서 황금과 단사를 약물로 사용한 '금사파'는 갈홍의 연단술을 계승한 파로, 이들의 연단술은 백금과 황금을 합하여 금을 이루고, 이것이 화학적 변화를 이루어 적색의 진금眞金을 완성하는 것이다.[47] 갈홍이 적색의 진금眞金을 금단으로 여기는 것은, 황금은 소멸되지도 썩지도 않는 항구성을 지닌 물질이기에 이를 복용하여 우리의 몸도 항구성을 얻을 수 있다고 보기 때문이다.[48]

그렇다면, 고려의 금 제련에 관한 기록은 금사파의 연단술일 가능성이 높다. 그 내용이 도홍경의 저술에서 기술되고 있다는 점과 도홍경이 갈홍의 연단술을 계승하고 있다는 점에서 '금사파'일 가능성이 높다.

이제 신라 고분에서 발견된 운모와 주사에 대해 살펴보자. 신라의 고분에서 발견된 운모와 주사는 『포박자』에서는 상품上品의 연단재료로 제시된다.[49] 물론 최상품의 연단재료는 진금眞金이다. 그러나 『참동계』는 운모

45) 정재서, 상계서 p.29.
46) 서명응 저, 이봉호 역주, 『참동고』(예문서원, 2009)의 「해제」 참조.
47) 陳國符, 『中國外丹黃白法考』, 上海古籍出版社, 1997, pp. 5~6.
48) 이봉호, 「갈홍은 『포박자』에서 왜 『참동계』의 연단법을 소개하지 않았나」, 『동양철학연구』 78, 동양철학연구회, 2014 참조.
49) 『抱朴子』, 「仙藥」 권11에서, "선약 중에 으뜸은 단사丹砂이다. 그 다음이 황금黃金이며, 그 다음은 백금白金이고, 그 다음은 영지靈芝이고, 그다음은 오옥五玉이며, 그 다음은 운모雲母

를 통한 연단은 불가능한 것이라고 비판하고 있기도 하다. 또한 주사의
경우는 언급하지도 않는다. 그렇다면 이 재료로 연단을 시행하는 것은 적
어도 『참동계』류의 연단술은 아니라고 해명할 수 있다. 『참동계』의 경문
에서는 "강석담을 부수어 가공하고 운모 및 예장도 그렇게 하였다는 등,
유황을 예장으로 불태우고 니홍을 서로 연마하여 가공하였다는 등, 오석
동을 두들겨 재련하여 그것으로 추뉴를 보조하였다는 등, 하지만 잡다한
속성은 동류가 아니니, 어찌 체와 합해 있으려고 하겠는가."[50]라고 한다.
『참동계』는 동류상응이라는 원칙에 따라 운모, 예자, 유황, 오석동은 동류
가 아니기에 서로 결합하지 않는다고 비판한 것이다. 운모를 부정적으로
표현하고 있다는 점에서 『참동계』류의 연단술은 아니라고 볼 수 있다.

주사의 경우는 중당中唐 시기 인물인 장구해張九垓의 『금석영사론金石靈砂
論·석환단편釋還丹篇』에서 "환단이란 주사가 수은을 생성하고 수은이 도리
어 사砂를 이루고, 사가 다시 수은을 내는 것(言還丹者, 朱砂生汞, 汞返成砂,
砂返出汞.)"으로 표현하고 있어서, 이것 역시 『참동계』의 연단이론은 아니
다. 주지하다시피, 『참동계』의 연단 약물은 연鉛과 홍汞이다.[51]

이상의 서술에서 확인할 수 있는 것은, 고구려와 신라에서 행해졌던 연
단술은 적어도 『참동계』류의 연단술은 아닌 것이 된다. 도교에서 『참동
계』류의 연단술 이외에도 수많은 연단술이 존재했음과 결부지어 보면, 고
구려와 신라, 고려 당시에 도교의 다양한 연단파가 활동하였고, 이러한 연
단술을 통해 신선을 추구한 것으로 이해할 수 있다.

이다."라고 하여 운모를 상품의 약으로 거론한다.
50) 『參同契』, 擣治羌石膽, 雲母及礜磁. 硫黃燒豫章, 泥汞相鍊治. 鼓下五石銅, 以之爲輔樞. 雜性
不同種, 安肯合體居.
51) 상동, 胡粉投火中, 色壞還爲鉛. 氷雪得溫湯, 解釋成太玄. 金以砂爲主, 稟和于水銀. 變化由其
眞, 終始自相因.

4 이광현의 『참동계』 연단술

그렇다면 『참동계』류의 연단술은 존재하지 않았는가? 이 질문은 발해인 이광현[52]의 저술을 통해서 확인할 수 있다. 필자는 수년 전에 "발해인渤海人 이광현李光玄의 외단이론外丹理論"이라는 제목으로 논문을 발표했었다.[53] 이광현의 저술들을 분석하면서 이광현의 연단술은 『참동계』의 연단이론에 근거한 것임을 해명하였다. 또한 그의 저술들은 당대에 행해졌던 수 많은 연단술들을 정리·비판하고 있다는 점에서 도교사에서 가치를 평가했었다.

이광현은 당시에 연단 재료로 사용되던 다양한 약석들을 제시하고, 이들이 연단의 재료가 될 수 없음을 강조한다. 연단의 재료가 될 수 없다면

----

52) 李光玄의 생몰연대는 확인할 수 없다. 『중화도장』에서는 당말오대 시기의 발해인으로 규정하고 있지만, 정확한 생몰연대를 추산할 수 없다. 다만 당중기의 도사인 陶植의 글들을 인용하고 있거나(『金液還丹百問訣』), "기사년(889년) 8월 3일에 숭고산의 소실에 도착하여 승려들의 거처에서 10여일 머물러 있었다."(『海客論』)라는 내용을 기준으로 보면, 『중화도장』에서 추산한 생몰연대가 사실에 근접한다고 볼 수 있겠다.
그의 저술들의 통해 일생을 정리해보면, 그는 발해인이고, 어려서 부모를 잃었지만 거만금의 재산가이며, 발해와 신라, 당나라와 일본의 여러 나라들과 해상무역을 하다가 도사를 만나 도교적 수련을 수행하고, 불사약을 찾기 위해 중국의 이름난 산들을 유람하다가 도사 玄壽선생을 만나 연단술을 얻게 된다는 내용이다.
다른 한편으로 고대 신라, 발해, 당, 왜 사이의 해상무역과 인적교류를 설명하는 중요한 인물이 이광현으로 거론되기도 한다. 일본의 동대사에는 이 당시 외국의 인물들이 왜와 교류한 내용과 명단을 적고 있는 문서가 발견되었는데, 이 문서에도 이광현이 등장한다. 이러한 이유로 고대 동아시아 해상무역과 인적교류를 설명하는데, 이광현은 중요한 인물로 거론된다. 이와 관련하여 朱越利, 『唐氣功師百歲道人赴日考-以『金液還丹百問訣』爲據』(『世界宗教研究』, 1993년 제3기), ----, 『渤海商人李光玄について』『亞世亞遊學』, 제6호, 1999. 王勇, 「渤海道士李光玄事迹考略」, 『中日文化交流集刊』, 1992. 등의 논문을 참조하라.
이광현의 저술로는 『金液還丹百問訣』, 『金液還丹內篇』, 『太上日月混元經』, 『海客論』이 있는데, 모두 『도장』에 수록되었다. 이 책들을 이봉호가 역주하여 한 권의 책으로 묶어 출판하였다. 이광현 저, 이봉호 역주, 『발해인 이광현 도교저술 역주』, 한국학술정보, 2011.
53) 이봉호, 「渤海人 李光玄의 錬丹理論-『주역참동계』의 연단론의 전개-」, 『도교문화연구』 32집, 한국도교문화학회, 2010.

서 제시한 그의 이유는 『참동계』의 '용약설'의 원칙인 '동류상보설同類相補 說' 때문이다. '동류상보설'이란 "같은 부류로 자연을 도우면 물이 이루어 져 쉽게 도야된다."[54]라거나, "여러 성질이 뒤섞여 그 종류를 같이하지 못 하니 어찌 체와 합해 있으려고 하겠는가?"[55]라고 한 말에 근거한 것이다. 이는 동일한 종류의 약물을 음양과 오행으로 분류하고 이들을 결합하는 것이다. 가령 양약陽藥에 속하는 유황과 음약陰藥에 속하는 수은을 결합시 켜내는 식이다. 이렇게 동일한 약물 종류를 음양으로 나누고 이를 조합하 여 새로운 물질을 만들어 내는데, 이때 사용되는 원칙이 상류상보相類相補 의 원칙이다. 이는 양인 약이 음인 약을 제압하거나 음인 약이 양인 약을 보완하는 것이다. 또한 약물간의 화학적 변화 과정을 설명하는 논리[56]는 오행의 상생과 상극의 논리로 설명된다. 가령 『참동계』의 "금은 수의 어머 니가 된다[金爲水母]"에 대해, 팽효彭曉가 "수水는 금金에서 생겨나니 금은 수의 어미이다."라는 식으로 해석하는 것이다. 『참동계』는 오행의 상생상 극의 성질을 이용해, 상류상보의 원칙을 수립하고 있다.

이제 이광현의 글을 끌어와 보자.

> 수은은 순수한 음陰의 체體이고 유황硫黃은 가시적인 양陽의 형태인데, 순수한 음陰이 가시적인 양陽의 제압을 받아서 잠시 동안 형태가 변 화한 것이므로 끝내 고정되어 있지 않다. 만약 순수한 양에게 복제되 면 시종 서로 의지하니 이것이 음양의 큰 이치이다. 또 유황은 반석礬 石의 액이고 이때의 반석礬石은 철鐵의 정화津華인 진액이며, 자석磁石은 철鐵의 어미이다. 그리고 주사는 자석으로 유황을 복제하여 만들어진

---

54) 『參同契』, 以類輔自然, 物成易陶冶.
55) 상동, 雜性不同種, 安肯合體居.
56) 상동, 演五行數, 較約而不煩.

붉은 가루이니 이것은 모두 같은 부류의 성질을 가지고 있다. 유황은 이미 철鐵의 장손長孫이 되고 수은은 본래 금金의 정혼精魂이니 두 기氣가 비록 잠시 서로 합치되더라도 끝내 일이 이루어지지는 않는다.[57]

위 인용문은 『금액환단백문결金液還丹百問訣』에서 인용한 것이다. 밑줄 친 두 내용은 『참동계』의 "동류상보설"을 적시하고 있는 것이다. 여기서 음양론과 동류설로서 약물이 서로 보완적이면서 합치되도록 한다는 내용을 드러내 보인 것이다. 또한 "수은은 본래 금金의 정혼精魂"이라는 표현에서 오행의 성질을 이용하고 있음을 알 수 있다. 연단술에 음양과 오행을 적용한 경우는 『참동계』의 경우만 해당한다. 따라서 이광현의 『금액환단백문결』은 『참동계』의 연단술을 따른 것으로 볼 수 있다.

그런데 이광현이 저술할 당시에 『참동계』의 이러한 "용약설"의 원칙들인 음양론과 오행론을 이해하지 못하거나, 연과 홍이라는 약재를 사용하지 않는 연단파들이 존재했다. 그래서 이러한 연단파들의 연단술 역시 '동류상보설'에 의해 비판한다.

내가 염려하는 것은 세상 사람들이 연홍과 오행에 대해 알지 못하고 사황四黃을 가지고서 수은을 제조하고 팔석八石[58]을 지극한 약으로 사용하려 하는 것이다. 뇨硇·반礬·자황·웅황과 같은 류를 어떤 것이나 두루 찾아보기도 하고, 자磁·비砒·담膽·록綠의 따위들을 모두 쓰려고 한다. 신부상神符霜을 흑석黑錫이라고 가리키고, 성무지聖無知=적염을

57) 『金液還丹百問訣』, 水銀者 正陰之體 硫黃者 假陽之形 正陰被假陽之制 暫變身形 終無所住 若遇正陽伏制 終始相依 此陰陽之大理也 又硫黃是礬石之液 礬者乃鐵之津華 磁石乃鐵之母 朱砂, 磁石伏制硫黃 立成紫粉 此一根也 硫黃既爲鐵之孫胤 水銀本是金之精魂 二氣雖暫相合 終無成事

58) 연단가들이 금단을 이루기 위해 사용한 광물들로, 硃砂、雄黃、雌黃、空青、云母、硫黃、戎鹽、硝石 등을 말한다.

청염靑鹽이라고 오인한다. 약재를 불로 백 번을 단련하고, 물로 천 번
을 걸러낸 다음에 어느덧 삼년이 가도록 솥을 지키고 오년이 되도록
화로가에 앉아 있다. 불을 때느라 나무를 해대어 산골짜기가 텅 비게
되고, 고심하느라 형체와 정신이 마르지만 아무것도 성취되지 않으
므로 다만 신방神方만을 원망하게 된다.[59]

『금액환단백문결』의 이 인용문에서는 오금과 사황, 팔석 등의 광물 약
재들 역시 연단의 재료로서 적절하지 않다고 본다. 그 이유는 이들 광물은
대단大丹을 만드는 원리가 없어서 수은과 합치되지 않기 때문이다.[60] 여기
서 '대단을 만드는 원리가 없다'라는 것과 '수은과 합치되지 않는다'라는
것은 그 내포가 동일한 것으로 보인다. 왜냐하면 "오금을 궤로 삼아 수은
을 제압하느라 세월을 보내거나 천만 가지 기교를 사용해도 성취가 없는
경우"[61]와 "순수한 음의 체인 수은을 이들 광물이 복제하고 있는 경우도,
일시적인 순간에 지나지 않기"[62] 때문이다. 결국 이들 광물은 가시적인 양
에 지나지 않아, 순수한 음과 순수한 양의 결합이 아니다. 그래서 이들 광
물들은 연홍(음양)의 기준으로 보면, 철과 동처럼 거리가 먼 것이다.[63]

또한 오행의 원리를 이해하지 못한 경우도 단약을 성취할 수 없다. 왜냐
하면 연홍과 오행은 동일한 종류이기 때문이다. 연과 홍의 화학적 반응과

59) 『金液還丹百問訣』, 竊恐世人不曉鉛汞, 不識五行, 將四黃以制水銀, 使八石用爲至藥, 硇礬雄
雌之類, 無不遍尋. 磁毗膽綠之徒, 悉將入用. 指神符霜於黑錫, 認聖無知作青鹽, 火鍛百迴, 水飛千
遍, 忽三年守鼎, 五載臨爐. 運火即山谷空虛, 苦心則形神枯槁, 都無所就, 但怨神方.
60) 상동, 先生云 四黃八石, 全無大道之理, 不與水銀合同.
61) 상동, 切見世人多假五金爲櫃, 伏制水銀, 亦是經歲經年, 千機萬巧, 皆無所成, 多是虛費工夫,
是何理也.
62) 상동, 水銀者, 正陰之體, 硫黃者, 假陽之形, 正陰被假陽之制, 暫變身形, 終無所住. 若遇正陽
伏制, 終始相依, 此陰陽之大理也.
63) 상동, 水銀者, 金之魂魄, 綠礬者, 乃是鐵之津華. 體五金即二氣同根, 議鉛汞則鐵銅疏遠.

그 변화 과정이 단의 성취에 이르기까지 오행의 상생과 상극의 논리로 설명되기 때문에, 연홍의 원리와 오행의 원리는 같은 것이다.[64]

그래서 제시한 약물이 바로 연과 홍이다. 앞서도 언급하였지만, 연홍은 바로『참동계』에서 제시한 환단의 약물이다. "환단이란 별다른 약이 아니다. 진일眞—을 터전으로 삼아 연홍이 서로 의지하게 하되, 황아가 근본이 되면 환단을 이룰 수 있다. (⋯⋯) 연鉛은 연 가운데에서 나와야만 지극한 보배가 되고, 홍汞은 변하여 금홍이 된다. 이 연과 홍이 만드는 기를 황아라고 부른다.[65]

이처럼『금액환단백문결』에서는 황아를 '연[납]과 홍[수은]이 만든 기'로 규정한다. 그런데 여기서 황아의 핵심적인 요소는 연이다. 그러나 연과 황아는 동일한 물질은 아니다. 연에서 도출되지만 연이 아닌 것이 황아이다. 그래서 "황아는 연이지만 연에서 만리萬里나 떨어졌도다. 황하는 연이 아니지만 연에서 시작되었네. 연은 황아의 아비요, 황아는 연의 자식이라네. 자식이 어미의 뱃속에 숨어있고, 어미는 자식의 태에 숨겼네. 흰 것을 알아 검은 것을 지키면 신명이 저절로 온다네'"라고 한다.[66] 이렇게 황아를 납에서 도출되고, 수은과 화학적 결합으로 이루어진 것이라는 정의는『참동계』의 논리와 동일하다.

그래서 완성된 "단은 1년 10개월 동안 충분히 과정을 거친 뒤에 화로를 열어보면 자분이 금이 되어 있고, 솥을 열어보면 황아가 찬란하게 빛나 오색을 머금고 있으며 백령이 모여 있다. 환단이 완성되었는지 시험해 보려

64) 상동, 此之五行 是鉛汞本類 乃得成丹 若有非類 卽不成也
65) 상동, 先生曰 夫還丹者 且非別藥. 眞一爲基 鉛汞相依 黃芽是本乃可成也 . 光玄起 再拜而問. 先生曰 以見世上道人 皆說黃芽 未知至理. 黃芽者將何物之所爲 以何藥而製造. 先生曰 鉛出鉛中 方爲至寶. 汞傳金汞 鉛汞造氣 乃號黃芽.
66) 상동, 黃芽是鉛 去鉛萬里. 黃芽非鉛 從鉛而始. 鉛爲牙父 牙是鉛子. 子隱母胞 母隱子胎. 知白守黑 神明自來.

면 먼저 이것을 가지고 수은에 떨어뜨렸을 때 황금을 이루는 것으로 증험을 삼는다. 그것을 복식한 후에 영원히 근골이 단단해지니 목숨을 구제하고 집안을 구제한다는 말이 헛소리가 아니다."[67]라고 한다.

　이광현의 연단술은 결국 『참동계』의 약재藥材와 동일한 연홍을 사용한다는 점과 『참동계』의 '동류상보설'에 근거하여 논리를 펼친다는 점에서, 『참동계』의 연단술을 따르고 있다고 볼 수 있다.

----

67) 상동, 此丹 一年滿足十月周圓 開爐而紫粉成金 啟鼎而黃芽發耀 包含五彩 聚集百靈 先將點制於水銀 以成黃金為驗 服食之後 永固筋骸 濟命濟家 且非虛說

5 맺는 말

도교에서 신선사상은 핵심요소이다. 중국에서 교단 도교가 형성될 때, 신선사상에 기초한 연단술을 추구하는 신선도神仙道와 무축문화巫祝文化를 수용해 도교화한 귀무도鬼巫道가 주요한 요인이었다. 신선도는 발해만을 중심으로 한 지역인 연나라와 제나라를 중심으로 형성되었고, 귀무도는 양자강 남쪽의 남방문화에서 기인한다.[68]

발해만을 중심으로 한 신선문화는 불사의 신선 추구로 이어졌고, 신선의 추구는 다양한 연단법으로 나타난다. 이러한 신선문화는 한반도에서도 실천되었고, 그 실천의 방법들은 신라와 고구려의 유물에서 보인다. 고려인들은 금을 제련해 불사를 추구하였고, 발해인 이광현은 『참동계』류의 연단법을 남기고 있다. 이렇게 보면 한반도 고대에도 다양한 연단법을 통해 불사의 신선을 추구한 것을 확인할 수 있다. 이는 한국의 고대 사유에 신선문화가 광범위하게 실천되었음을 증거한다.

조선시대 학자들은 여러 종의 『참동계』 주석을 남기고 있다. 이는 다양한 연단법에서 『참동계』류의 연단법이 주류가 되고, 주희에 의해 주석(서명은『주역참동계고이』이다)되면서 조선학자들이 도교의 『참동계』를 이단서로 보지 않게 된 이유 때문이다. 다른 이유로는 일본 사신이 조선에 『참동계』를 전해주기를 부탁해서 조선에서 『참동계』가 출간되고 일반에 배포되었기 때문이다. 이러한 정황을 기록한 글을 보면, 조선시대에 어떠한 『참동계』 주석이 유통되었는지 확인할 수 있다.

남구만南九萬(1629~1711)의 『약천집藥泉集』에서 가져온 글이다.

---

68) 胡孚琛, 『魏晉神仙道教』, 인민출판사, 1989. pp.16~22 참조.

옛날 선왕(효종) 재위 초기에 일본 사람이 『참동계』를 얻고자 하자, 교서관(운관)에 명하여 활자로 인쇄한 것이 몇 백 본이 되었다. 이런 이유로 신하들에게 나누어 주었다. 이때 나는 어려서 남의 집에서 그 책을 보았는데, 책을 펼쳐보았으나 무슨 말인지 알 수 없었다. 중년이 되어 또 한 번 읽었다. 비록 그 심오한 내용을 알 수는 없었지만, 그 문구의 청아함을 좋아하여 처음부터 끝까지 반복해서 읽으면서 손에서 놓지 않으려 했다. 운관에서 인쇄한 것이 『도서전집』 가운데 진일자, 포일자, 상양자의 삼가의 주해인 것이 한스럽다. 진일자의 주해는 비록 옛날에 가까워 조금 좋긴 하지만 그 사이에 황당한 잠꼬대 같은 말을 면하지 못하였고, 포일자의 주해는 지나친 점이 있고, 상양자의 주해는 오로지 범어를 계승하여 연문에서 탁발하는 스님의 모양새가 되었으니 더욱이 볼만한 것이 없다. 그 이후에 또 다른 여러 주석가들의 책을 보았는데, 모두 새롭게 발명한 것이 없었다. 들기로 주자의 주해가 있다고 하는데 아직 보지 못했다. 신해년(1671, 현종 12년) 봄에 비로소 유염의 『주역참동계발휘』 한 책을 얻었는데, 주자의 주해가 그 속에 들어 있었다. 아울러 황서절의 부록도 있었다. 유염의 서술과 진일 등 삼가의 주해를 살펴보니, 노둔하기 이를 데 없었다. 주자의 주해도 또한 소략하여 완비되지 않아, 비집고 들어갈 핵심처에 이르러서는 거의 들판에서 길을 잃었다고 탄식할 만하다.

昔在孝考初, 日本人求參同契, 命校書館印以活字凡累百本. 因分賜朝臣. 時余尙少, 得見其書於人家, 開卷不省爲何語. 中歲又得一閱. 雖未能探賾其蘊奧, 愛其文句之鏗鏘, 反復首尾, 不欲釋手者久之. 第恨芸館所印, 乃道書全集中眞一抱一上陽三家解也. 眞一雖近古稍善, 間不免爲荒唐夢囈之語, 抱一則有甚焉, 至於上陽, 專襲梵語, 爲沿門持鉢

之態, 尤無足觀. 其後又見他注數家, 皆無所發明. 聞有朱子所解而獨
未之見. 辛亥春, 始得兪石澗琰發揮一冊, 則朱子解參入於其中. 而兼
有黃氏瑞節所附錄者. 觀兪氏所述, 與眞一等三家魯衛耳. 朱子所解,
亦略而不備, 而至於孔穴肯綮之地則幾於襄野迷塗之嘆矣. 『藥泉集』
第27)

위의 글에 따르면, 조선에서 유통한 『참동계』의 판본들은 『도서전집』 속
에 있던 진일자(팽효), 포일자(진현미), 상양자(진치허)의 주석과 유염과 주
자 등의 여러 판본이다. 그리고 일본에 전수한 판본은 『도서전집』 속에 있
는 주석서들이다.

최근 어제 본 『주역참동계』가 무덤에서 발굴되어 국보로 지정되기도 했
으며, 이를 기념하는 논문발표회도 열렸다.[69] 조선시대 『주역참동계』 주석
중에 권극중의 『주역참동계주해』와 서명응의 『역참동고』가 완전한 형태
로 전해진다. 이 두 책들은 각기 특색을 지니지만, 권극중의 『주역참동계
주해』는 중국의 내단이론을 수용하면서, 유불도의 합일을 이루어낸 역작
이다. 서명응의 『역참동고』는 선천역 선천역의 관점에서 자신의 사상을을
체계화한 것으로 이 역시 중국에서는 보기 힘든 자신만의 관점을 보여준
다. 물로 두 분은 모두 내단 수련을 행한 분이다.

이상을 통해 한반도에서도 면면히 이어진 신선사상이 존재했으며, 신선
에 도달하기 위한 방법으로 『참동계』류의 연단술도 존재했음을 살펴보았
다. 특히 발해인 이광현으로부터 조선시대 권극중과 서명응으로 이어지는
『참동계』류의 연단술은 한반도 역사에서 하나의 흐름을 형성하고 있음을
확인할 수 있다.

----

69) 이봉호, 「朝鮮御製本 『周易參同契』와 조선시대 『참동계』 이해」, 『공자학』 제35호, 2018 참조.

≡ 참고문헌 ≡

• 증산도 도전편찬위원회,『道典』, 대전:상생출판, 2003.

• 이광현 저, 이봉호 역주,『발해인 이광현 도교저술 역주』, 파주:한국학술정보, 2011.

• 정재서,『한국 도교의 기원과 역사』, 서울:이화여자대학교출판부, 2006.

• 서명응 저, 이봉호 역주,『참동고』, 서울:예문서원, 2009.

• 쫑자오펑(鍾肇鵬) 주편, 이봉호 외 옮김,『도교사전』, 서울:파라북스. 2018.

• 사카데 요시노부 주편, 이봉호 외 옮김,『도교백과』, 서울:파라북스, 2018.

• 권극중,『青霞集』(서울대 규장각 소장본)

•『山海經』

•『春秋左氏傳』

•『楚辭』

•『戰國策』

•『老子』

•『莊子』

•『說文解字』

•『韓非子』

•『漢書』

•『拾遺記』(『漢魏叢書』에 수록), 길림:吉林大學出版社, 1992.

•『周易參同契發揮』

•『周易參同契闡幽』

•『史記』

•『釋名』

•『魏書』

•『抱朴子』

•『紫陽真人悟真篇三註』

•『雲笈七籤』

•『圖經衍義本草』

•『證類備用本草』

- 『太平御覽』
- 陳國符, 『中國外丹黃白法考』, 상해:上海古籍出版社, 1997.
- 陳國符, 『道藏源流攷』, 臺北 : 古亭書屋, 民國64[1975].
- 胡孚琛, 『魏晉神仙道教』, 북경:人民出版社, 1989.
- 김태식, 「신선의 왕국, 도교의 사회 신라」, 『문화재』 36호, 2003.
- 김윤수, 「서명응의 『참동고』와 『주역참동계상석』」, 1991:『한국도교와 도가사상』, 아세아문화사, 1991.
- 김윤수, 「『금단정리대전』과 『도서전집』의 원류」, 『도교문화연구』 11, 한국도교문화학회, 1995.
- 이대승, 「주희의 『참동계고이』 저술과 그 배경」, 『태동고전연구』 제36집, 2016.
- 이대승, 「팽효의 『분장통진의』 연구 (1)」, 『도교문화연구』 43집, 2015.
- 이대승 「『주역참동계고이』 남구만본과 『참동계토주』 연구」, 『장서각』 27, 한국학중앙연구원, 2012.
- 이봉호, 「갈홍은 『포박자』에서 왜 『참동계』의 연단법을 소개하지 않았나」, 『동양철학연구』 78, 동양철학연구회, 2014.
- 이봉호, 「渤海人 李光玄의 鍊丹理論-『주역참동계』의 연단론의 전개-」, 『도교문화연구』 32집, 한국도교문화학회, 2010.
- 이봉호, 「조선시대 『참동계』 주석서의 몇 가지 특징」, 『도교문화』 29집, 한국도교문화학회, 2008.
- 이봉호, 「徐命膺의 先天學 體系와 西學 解釋에 관한 硏究」, 성균관대 박사논문, 2004.
- 이봉호, 「朝鮮御製本 『周易參同契』와 조선시대 『참동계』 이해」, 『공자학』 제35호, 2018.
- 최재호, 「『주역참동계주해(周易參同契註解)』에 인용된 도교서와 그 유통 정황」, 『한국철학논집』 50권, 한국철학사연구회, 2016.
- 朱越利, 「唐氣功師百歲道人赴日考-以『金液還丹百問訣』爲據」 『世界宗教研究』, 第3期, 1993.
- 王勇, 「渤海道士李光玄事迹考略」, 『中日文化交流集刊』, 1992.
- 王勇, 「渤海商人李光玄について--『金液環丹百問訣』の史料紹介を兼ねて」 『亞世亞遊學』, 第6號, 1999.

부록

청하자 권극중의 삼신산가

【저자】權克中(1585-1659)
【출전】『青霞集』卷之二 七言古詩

1. 頭流山歌(一名智異, 古名方丈)

頭流之山在海東	두류산이 해동에 있는데
根蟠厚地高天通	뿌리는 두터운 땅에 서리고 높기는 하늘과 통하네
一脈西馳勢未已	한 줄기는 서쪽으로 치달려 그 끝이 없고
南與白雲相對起	남쪽으론 백운산[70]과 짝하여 우뚝하네
巑岏露立碧千秋	깎아지른 듯 우뚝 서 천추에 푸르고
影落鶉湖流不流	그 그림자 순호[71]에 떨어져 흐르는 것 같지만 흐르지 않네
一支蜿蜒東走海	한 가닥 구불구불 동해로 달려가서
直厭海口凌滄洲	해구에 머물러 창해를 능멸하네
首峰雄特近赤霄	제일봉우리는 웅장하여 하늘에 가깝고
天王般若鬱岧嶤	천왕봉 반야봉은 울창하게 드높네
風雨不能上絶頂	바바람도 정상에 오를 수 없어
雲霞只自起中腰	구름안개 산허리에 일어난다네
世傳玆山多異靈	세간에 전하길 이 산엔 신이한 신령이 많다고 하는데
鬼神慳秘人猶聆	귀신이 꼭꼭 감추어둔 것을 사람이 들었나보네
上巓石室祀太乙	산꼭대기 석실에선 태을(북극성)에게 제사를 지내는데

---

70) 아마도 광양 백운산인 듯하다.
71) '순호'라는 이름의 호수는 일본 홋카이도에 있는 호수 이름으로만 확인된다. 아마도 지리산의 산그림자가 북해도에 이른다는 의미이지 싶다.

月戶星樞雲作屛　　달로 문을 삼고 별로 지도리를 삼아 구름으로 병풍을 치네
眞官夜降集群精　　선관[72]이 밤에 내려와 정령들을 모으니
綠雲時下笙蕭聲　　푸른 구름 때맞춰 내리고 피리소리 울리네
復聞道士黔丹師　　도사에게 다시 들으니 금단黔丹의 선사는
年貌不知何代時　　어느 때 사람인지 나이와 모습으론 알 수가 없네
往來山中無定所　　산 속을 왕래하여 정처定處가 없는데다
羽衣毛體何怪奇　　털북숭이 깃털 옷 어찌 그리 이상한가
世人遠望不相語　　세상사람 멀리서 바라다보니 서로 말없이 있더니
石上時見彈碁處　　때때로 바위 위에 바둑 두던 곳만 보이었네
湖嶺二路山下屬　　영호남의 두 지역은 산 아래에 속하니
九邑鱗次環山足　　아홉 고을 비늘처럼 정연하게 산자락을 둘러쌌네
仙人此間藏一縣　　선인이 이 사이에 한 마을을 숨겨 놓았으니
山上卽見下不見　　산 위에선 보이지만 내려오면 보이지 않네
竹葉長大五六尺　　오륙척 되는 대나무 잎이
往往浮掛溪中石　　간간이 계곡 돌 사이에 떠 있는데
尋源竟無竹生地　　근원을 찾아봐도 끝내 대나무 생겨난 곳 없으니
的應來自三淸裏　　틀림없이 삼청[73]에서 왔는가 보다
想見仙家隱深谷　　신선의 집은 깊은 골짜기에 숨어있을 터인데
白玉坮榭黃金屋　　백옥 정자에다 황금의 집이겠지
瑤階側畔種何物　　옥계단 옆에다 무엇을 심었는가
千樹蟠桃萬竿竹　　복숭아 대나무 수없이 늘어섰네

----

72) 신선 가운데에서 관직을 맡은 자를 말한다.
73) 옥청, 상청, 태청으로 신선이 사는 곳이다.

琅玗一葉有時墮	댓잎이 때때로 하나씩 떨어져
流出溪波驚世目	물결따라 흘러가 세상 이목 놀래키네
且聞巨羽委山岡	듣자하니 산등성이 걸쳐있는 큰 깃털
五彩燁然成文章	오색 찬란하게 무늬를 이뤘다네
長亘人身濶蕉葉	사람 키 길이에다 넓이는 파초 잎
見者傳翫皆嗟傷	사람들이 돌려보며 탄식을 한다네
嶺南廉使以爲瑞	영남의 안찰사 상서롭게 보았는지
馳驛上奏何奔忙	어찌 그리 바쁘게도 역마 달려 상주하나
疑是千年王次仲	아마도 천년 전 왕차중 그 사람이
化作今時五色鳳	오늘날 오색봉황으로 변화했겠지
背跨女仙老麻姑	늙은 여신선 마고의 등을 타고
按行三嶽頒天符	삼악을 순행하며 천부를 반포하다
偶然一羽落於翩	우연히 깃털하나 겨드랑에서 떨어지니
播說塵寰成異跡	세상에 소문나서 이적이 되버렸네
古語三山海中列	옛말에 삼신산이 바다가운데 늘어섰는데
頭流乃是三山一	두류산이 그 중에 하나였다네
由來憶得吾東土	유래를 생각하니 우리 동쪽 땅은
上古皆入神仙府	상고시대 모두가 신선부에 들어있네
帝謂靑丘千里區	옥황상제 말하길, 청구는 천리나 되어서
不可盡損爲淸都	모두 다 청도로 만들 수는 없다고 하였네
中年許得耕與種	나중에 씨뿌리고 김매기를 허락하니
檀君露王始入居	단군과 수로왕이 비로소 들어와 살았다네
典章禮樂一人間	예악문물은 한 사람 손에 일어나고

兼有蓬萊方丈山　봉래와 방장 두 산을 아울러 두었네

秦皇漢武誠可惜　진시황과 한무제는 정말로 애석하이

隔海遙望空盤桓　바다 건너 바라보며 부질없이 서성댔지

吾生夙抱山水癖　내 생애 일찍이 산수를 좋아하는 병이 있었더니

玉皇撫頂生東國　옥황상제 내 머리를 어루만져 동국에 태어나게 하셨네

遠遊之冠靑玉杖　삿갓쓰고 대 지팡이 짚고서

三八頭流人未識　한 달[74]을 두류산 거닐어도 남들이 알지 못하네

只恨前身重俗緣　한스럽게도 전생이 세속인연 얽매어서

空賞仙山不成仙　헛되이 신선산만 감상하고 신선이 못되었네

路迷藏縣花色疑　장현에서 길을 잃으니 꽃들도 의심하고

雲阻玉壇天聲遲　구름이 옥단을 가로막으니 하늘소리 더디 들리네

樵柯欲爛亦安得　도끼자루 썩도록 신선놀음 보고 싶지만

仙翁爲余莫圍碁　신선이 나를 위해 바둑 두지 않았네

卽今溪流山上頭　이 계곡물은 산머리에서 흘러올텐데

巨羽不落葉不浮　큰 깃털 떨어지지 않고 댓잎도 뜨지 않네

我願得此二神物　내가 이 두 신물 얻는다면

羽以爲幢葉作舟　깃털로 날개삼고 댓잎으로 배를 삼아

庶能麾登閶闔門　높이 날아 하늘 문에 다가가고

庶能泛泝銀河源　배 띄워 저어서 은하수에 다가가리

不然一洞一壑何須窮　그렇게 못할 바에야 동굴과 골짜기를 일일이 찾을 것 없이

直上毗盧靑鶴峯　곧바로 비로봉과 청학봉에 오르겠네

峯頭五通八達處　사방이 툭 트인 산머리에 앉아서

---

74) 三八: 한 달 가운데 3번째 8, 즉 28일이다.

披襟盡日當天風	옷깃 풀고 종일토록 하늘 바람 쏘인다네
風飄飄兮吹我身	바람이 표표히 내 몸에 불어대어
盪滌平生塵土胸	한 평생 속세인연 깨끗이 씻어내리

2. 三神山歌

南海之中有神山	남해 가운데에 신령한 산이 있으니
水道計道千由旬	바닷길 어림잡아 수 천리라네
鴻荒以上無記牒	태고적 이전에는 기록이 없으니
不知何代是居民	언제부터 사람이 살았는지 알 수가 없네
設官置牧自前朝	고려조로부터 관직을 설치하여 목민관을 두었으니
土出海貨兼山珎	그 땅에는 바다와 산에서 갖은 재화 나온다네
裨海環之氣不散	바다가 에워싸서 기운이 흩어지지 않으니
磅礡淸淑和而純	맑은 기운 서리어 온화하고 순수하네
房星降精地産馬	방성75)이 정기를 내려서 땅에는 준마가 생산되고
岳伯去害山無寅	산신령이 해를 제거하여 산에는 호랑이가 없다네
鹿丰麋脂爲常饌	사슴뿔과 고라니 기름은 평상시에 자주 먹고
牛黃麝臍用生眞	우황과 사향은 생약76)으로 사용하네
何況聖草與珎木	게다가 신성하고 보배로운 초목이
羅生海畔山之垠	바닷가에서 산 끝까지 지천으로 널려있네
所以此土足耆壽	그래서 이 땅은 천수를 누리기에 족하니
上古或有齊龜椿	상고에는 거북이나 대춘처럼 장수하는 사람 있었지

75) 천마를 상징한다. 말의 시조를 나타내는 별이다.
76) 生眞: 고대의 진약이다,

異哉三山此其一	기이하구나 삼신산이여! 이 산이 그 중 하나인데
一在海中二海濱	하나는 바다 가운데 있고, 둘은 바닷가에 있다네[77]
造物亭毒聚拳石	조물주가 조약돌 만들어서 모아놓으니
堪坏富媼幾苦辛	감배와 부온[78]이 그 산 만드느라 얼마나 고생을 했나
世傳久遠盤古時	세상에 전하기를 아득한 그 옛날에
六鼇贔鳳戴三神	여섯 마리 큰 거북이 삼신산을 이고 있다가
低仰抃舞海水蕩	덩실덩실 춤추니 바닷물이 출렁여서
魚鼈啁啾傷介鱗	물고기며 자라가 상처입어 울부짖었지
須臾鼇沈山亦沒	일순간에 자라가 물속으로 들어가자 다른 산들 사라지는데
九溟浸之猶嶙峋	온 바다가 가라앉아도 삼신산은 오히려 우뚝 서 있었네
怪底鼇神是何物	괴이하구나 자라신이여, 이 무슨 물건인가
頭載三山如戴巾	머리에 건 쓰듯이 삼산을 이고 있네
北方崝人擧一粒	북방의 선인이 알갱이 모양의 이 섬을 들어 올리니
發赤頸脰汗流身	목덜미가 붉어지고 온 몸에 땀 흘렀지
斯言不經縱難信	이 말은 불경스러워 그대로 믿기 어려우나
可作寓語恢輪囷	우화로 생각하면 마음이 툭 트이지
始知小大各有分	이제야 알았네. 크고 작음이 분수가 있음을
人笑崝人鼇笑人	사람은 신선을 비웃고 자라는 사람을 비웃으니
豈無大於六鼇者	어찌 여섯 마리 자라보다 큰 것이 없겠는가?
鼇視蟭螟山視塵?	자라를 초파리처럼 산을 티끌처럼 본다네
君不見大地浮浮積氣上	그대는 못 보았는가, 대지는 둥실둥실 허공에 떠 있고

----

77) 지리산과 금강산은 바다에서 가까움을 말한다.
78) 〈제주도 전설집〉에 따르면, 감배는 반인반수의 신이고, 부온은 대지의 신이다.

最下有物扶持風水輪　맨 아래는 어떤 것이 풍륜과 수륜을 붙들고 있는 것을

右瀛洲俗名漢拏　이상은 영주이니 세상에서는 '한라'라고 한다

3.

維湖雄鎭帶方府　호남의 큰 진은 대방부인데

去府十里東南陬　이로부터 동남쪽으로 십리 떨어진 모퉁이에

有山突兀從此起　산하나 우뚝 솟아 있으니

古名方丈今頭流　옛 이름은 방장이고 지금이름 두류라네

根盤兩路界分處　영호남 경계가 나눠진 곳에 자리 잡고 있는데

二川六縣爲環周　두 강과 여섯 고을로 둘러싸였지

興雲養雨利萬物　구름일고 비내려 만물을 이롭게 하니

四面皆蒙山蔭庥　사방이 모두 산의 음덕을 입었다네

左右諸山勢難共　주변의 여러 산세 따라갈 수 없는데

等夷獨有蓬瀛洲　봉래와 영주만이 필적한다네

萬二千峰羅碧落　만이천봉 창공에 펼쳐져 있는데

天王盤若爲雄酋　천왕봉 반야봉이 가장 위풍당당하지

風雨絶頂本不到　비바람 몰아쳐도 결코 산꼭대기 이를 수 없어

雲霞半腹生還收　구름안개 산허리에 일었다 걷히고 말지

陽崖陰谷各殊候　양지바른 절벽과 그늘진 골짜기 각각 기후 다르니

一日迭衣絺與裘　하루에도 삼베옷과 가죽옷을 바꾸어 입네

山木擺磨自出火　산 나무들 부딪혀 저절로 불이 나니

百竅衆穴風颼颼　온갖 구멍에선 바람소리 휭휭나네

其中勝處不可悉	그 중에 빼어난 곳 이루 다 표현할 수 없으니
只記道釋之依投	신선 부처 노닌 곳만 기록한다네
七佛大乘覺王住	칠불에는 대승의 각왕이 머무르고
雙溪青鶴仙人遊	쌍계에는 청학 탄 선인이 노닐지
巖垂飛瀑雷萬古	바위에 드리워진 폭포는 만고에 울리고
石帶大字苔千秋	바위에 새겨진 큰 글자엔 천년의 이끼가 끼어있네
古來異跡固無數	예로부터 기이한 흔적 셀 수 없이 많지만
但從聞見略蒐搜	들은 바를 따라서 대략 모아 보았네
仙翁大碁看不見	신선의 바둑판은 보이지 않는데
子聲依舊鳴紋楸	바둑돌 소리 여전히 바둑판을 울리네
羅漢騰空剎猶隱	나한은 승천하여[79] 한순간에 사라지고
時聞鍾磬殷山樓	은산루 종소리만 때때로 들리었네
瑞羽墮風五色燁	바람결에 내려오는 상서로운 깃털은 오색이 찬란하고
竹葉浮溪一丈脩	계곡에 떠내려 온 댓잎은 한 발정도 되었네
且聞山中有別域	듣자하니 산 속에 별천지가 있다는데
闢國可作邾與鄒	나라를 연다면 주나라나 추나라 정도이겠지
遙從山頂望其處	산꼭대기에서 저 멀리 그곳을 바라보다가
下尋青壁無攀由	내려가 길찾으니 푸른 절벽 기어오를 수 없네
安得飛梯跨鳥路	어찌하면 하늘 사다리 얻어서 새의 길에 걸쳐놓고
賫持五谷束馬牛	오곡을 가지고 가 마소를 길러볼까?
大都濱海好風土	신선의 땅은 바닷가에 접해있어 풍토가 좋으니
一山無不良田疇	온 산의 농토는 좋지 않은 것이 없네

---

79) 羅漢騰空: 나한이 깨우쳐서 바리때를 떨쳐버리고 승천함을 의미한다.

年年野火燒木葉	해마다 들판에 불을 놓아 나뭇잎을 불사르니
壤地膏腴生物稠	토양이 기름져 만물이 빽빽이 자라나네
紫蔘老處人精守	오래 묵은 자삼에는 사람 정기 들어있고
靑玉抽時崖意柔	대나무 움틀 때는 새싹이 부드럽네
柿栗秋登如獲稻	가을이면 감과 밤이 풍년들어 벼처럼 수확하니
山居生計百不憂	산중의 생애도 근심할 것 전혀 없네
閭閻卜宅洞府谽	마을이 자리잡은 골짜기는 툭 트여있고
寺觀選勝烟霞幽	사관 경치 빼어난[80] 곳 안개가 그윽하네
奇哉物理好靳嗇	이상도 하지, 사물의 이치는 인색한 법인데
獨於東土偏優優	유독 동쪽 땅에만 넉넉히 주었네
將彼靑眞梵天窟	저 신선[81]와 천신[82]의 세계를
間此衣冠禮樂州	이 문명의 동토에 두었구나
吾聞刦火燔世日	듣자하니 겁화가 세상을 태울 적에[83]
兜率三神獨見留	도솔천 삼신만이 남아있다지
西天萬國皆發願	서천만국에서 바라는 것은
一生震朝看三丘	한번 동쪽 나라에 태어나서 삼신산 보는 것이라네
秦皇漢武誠可惜	진시황과 한무제는 참으로 애석하이
弱水萬里空寒眸	약수[84]너머 만리에서 부질없이 바라봤지

---

80) 사관: 절과 도관을 가리킨다.
81) 靑眞은 道敎의 구천 중에 구청제(九靑帝) 가운데 한 신이다.
82) 梵天: 佛經中稱三界中的色界初三重天爲"梵天". 其中有"梵眾天"、"梵輔天"、"大梵天". 多特指 "大梵天", 亦泛指色界諸天.
83) 劫火:亦作"刦火". 亦作"刧火". 亦作"刼火". 佛教語. 謂壞劫之末所起的大火.
84) 『山海經·西山經』: "勞山, 弱水出焉, 而西流注於洛."指今陝西北部洛水上遊某支流. 『山海經·大荒西經』: "〈昆侖之丘〉其下有弱水之淵."

神山咫尺如履閾　신선산이 가까워서 수시로 드나드니

此地居人有底愁　이 땅에 사는 이는 무슨 근심있겠는가

雖然物情賤目見　세상에선 늘 보는 것 하찮게 여기는 법이지만

仙區在近不知求　신선의 땅 가까이 두고 구할 줄을 모르네

棄置瑤草食烟火　신선의 풀 버려두고 세속음식 먹으며

空殺寶坊居閻浮　신선세계 비워두고 인간세상에 산다네

所以眞凡各異趣　그래서 진인과 범인은 각기 취미 다르니

同處一器如水油　한 곳에 있더라도 물과 기름같다네

不然目前見靈隱　그렇지 않으면 눈앞에 영은[85]이 보일 것이니

桃花豈迷漁人舟　복숭아꽃이 어찌 어부의 배를 헤매게 하겠나

千尋竹下養瑞鳥　천 길의 대나무 아래는 상서로운 새를 기르고

橘裏碁仙皆我儔　귤 속에 바둑두는 신선[86]은 모두 나의 짝이라네

嗚呼爲仙爲佛摠由志　아, 신선되고 부처되기 모두 내 뜻에 달렸으니

蓬萊方丈謾悠悠　봉래, 방장산은 끝없이 유구하리

右方丈俗名智異山 이상은 방장산(세상에서 '지리산'이라 부른다)이다

4.

客有來自關東者　관동에서 온 객이

勸我更作蓬萊歌　내게 다시 봉래가를 지으라 권하네

瀛洲方丈皆有詩　영주와 방장에 시를 모두 써버려서

辭殫奈此蓬萊何　할 말을 다 해버렸으니 봉래산은 어찌할꼬

---

85) 신선세계를 말함.
86) 진나라 때 어떤 큰 귤이 있었는데, 열어보니 신선이 바둑을 두고 있었다고 함.

三丘本與玉京近　삼신산은 본래 옥경과 가까우니

比論凡土元殊科　다른 곳과 비교해보면 차원이 다르다네

況復玆山搏聚日　게다가 이 산을 만들 때에

塊壤積少瓊瑤多　흙덩이보다 옥덩이를 더욱 많이 쌓았다네

胚暉以來幾歲月　배태되었을 때부터 그 세월 얼마인가

雨以洗之風以磨　비로 씻고 바람으로 깎아냈네

皮消肉盡露眞面　살가죽이 다 없어져 진면목을 드러내니

禿似老仙頭皤皤　노신선의 두상같은 봉우리 환하게 빛나네

行休香木愛忘去　향목사이에 쉬면서 좋아서 떠날 줄 모르고

步踏丹崖無汚靴　단풍언덕을 다녀도 가죽신 더럽히질 않네

林淸澗潔不受穢　숲 속의 맑은 시내 깨끗하여 더럽혀지지 않았는데

有時屎溺愁神訶　때때로 오줌을 누니 신선이 꾸짖을까 걱정되네

當中斗起斷髮嶺　그 가운데 단발령이 우뚝 솟아서

一山形勢森然羅　산의 형세가 삼연하게 펼쳐져 있네

靑雲霞裏白玉骨　푸른 구름안개 속 백옥 같은 바위는

散爲列嶂高嵯峨　흩어져 뾰족뾰족 드높이 솟아있네

遊人到此俗緣盡　유람하는 이 여기에 이르면 세속인연 다하니

不披道脈爲頭陀　도맥과 인연 없어도 절로 수행 되겠네[87]

憶昔汾歌采眞日　옛적 분수가에 노래하며 진을 캐던 때 생각하니[88]

亦欲剃落從曇摩　머리깎고 불법을 좇고 싶었네

---

87) 頭陀 : ①번뇌煩惱와 의식주衣食住에 대對한 탐욕貪慾을 버리고 깨끗하게 불도佛道를 닦는 수행修行 ②산야山野를 다니면서 밥을 빌어먹고 노숙露宿하면서 온갖 쓰라림과 괴로움을 무릅쓰고 불도를 닦음 또는 그 중.
88) 汾歌: 분수가에서 한무제를 노래한다.

斷髮之名自此始　단발령이란 이름은 여기서 시작되어

永爲遺跡傳山阿　영원히 유적되어 산동네에 전해졌네

三山自古仙窟宅　삼신산은 예로부터 신선살던 곳인데

卽今分與僧籃伽　이제는 스님들 도량으로 나눠 줬네

聞一招提在深處　듣자하니 산 깊은 곳 객사 하나 있는데

有僧長坐念彌迦　스님 한분 장좌하며 미가[89]를 생각할 때

毛人每夜逼火爐　깃털달린 사람이 밤마다 화로가에 찾아와

自云我仙非邪魔　나는 마귀가 아니라 신선이라고 했다네

少日山中采栢實　젊었을 때 산 속에서 잣열매 먹었는데

甲子難以窮烏娥　회갑이 되어도 늙지를 않았네

已將飢渴得自在　이미 배고픔과 갈증에서 자유로운데

惟於寒暑未超過　추위와 더위를 초월하지 못했네

始知仙類亦非一　비로소 신선도 한 종류가 아님을 알았으니

首楞分別無差訛　능엄경에서 등급을 분별한 것 틀림이 없구나

壯哉九龍萬瀑洞　웅장하구나 만폭동 구룡폭포여

飛雨白日洒滂沱　대낮에 비 날리듯 물줄기 쏟아지네

緣流壁面掛素練　절벽타고 흐르는 물 흰 비단 걸친 듯

迸落空中飜玉河　공중에서 쏟아져 은하처럼 보이었네

雷警霤散竦神骨　우레가 울리고 우박이 쏟아지는 듯 모골이 송연하고

地軸恐裂天維頗　지축이 흔들려 하늘이 기울어지는 듯하네

山深雲氣常結構　산이 깊어 구름 기운 늘 엉겨 있으니

---

89) 彌迦: 범어의 표기는 Mekā. 부처시절의 소치는 여인이었음. 부처가 성도하였을 때 와서
우유를 드렸다고 함.

北面嚴凝南面和　북쪽은 얼음 서리고 남쪽은 따듯하네

白留窮谷萬年雪　만년설은 깊은 골짜기 흰 빛으로 남아있고

黑入太陰千歲蘿　천년된 등나무는 달빛을 가리웠네

奇觀最有洛山寺　장관은 무엇보다 낙산사가 최고라

俯見日月生海波　바다위로 떠오르는 해와 달을 볼 수 있지.

氷輪影轉白蓮萼　얼음수레바퀴는 흰 연꽃받침위에서 돌아가고

火珠光爛扶桑柯　붉은 구슬 부상목에 찬란히 빛나네

世間那得有此景　세상 어디에서 이러한 경치를 볼 수 있으랴

畵工摹寫詩人哦　화공의 그림에 시인이 읊조리네

蒐羅異跡入讚述　이적을 대략 모아 찬술했지만

恨無筆力齊黎坡　필력이 창려 동파만 못해서 한스럽구나

嬴皇劉帝昔悵望　진시황과 한무제 안타까이 멀리서 바라봤는데

弱水萬里橫鯨鼉　약수너머 만리에는 사나운 물고기 가로 막아 있었네

堪羨東人富淸福　동방사람 청정한 복 누림이 부러워라

賞翫只得乘驢騾　그저 노새만 타더라도 산수를 즐길 수 있다네

嗟吾身在道俗間　아, 이 내 몸은 선계와 속계의 사이에 있어서

相與齟齬猶楯戈　창과 방패처럼 서로가 어긋났네

咫尺名山未得去　명산을 지척에 두고도 미처 가보지 못하니

神仙富貴俱蹉跎　신선도 부귀도 모두 다 틀렸구나

閻浮煩惱火裏宅　세상의 번뇌는 불난 집 속에 있는 것과 같으니

此生局束甁中鵝　이 삶에 얽매여서 병 속에 든 새와 같네

安得飛車駕風伯　어찌하면 신선수레에 올라서 풍백에게 재갈을 채우고

安得天馬秣玉禾　어찌하면 천마를 얻어서 신선의 곡식을 먹여볼까

遍訪今仙與羽客　　신선과 선객들을 두루 방문하여서

上乘旨訣詳講劘　　상승의 비결을 상세히 강론하고 닦아보리라

次喫山崖不死草　　그 다음엔 산언덕의 불사초를 만끽하여

洗滌丹田葷血痼　　단전에 엉겨있는 더러운 피 씻어내겠네

安能服食獨利己　　어찌 혼자 먹어서 나만 이롭게 할까

又得賫持隨歸駄　　나눠 줄 것 한 짐 싣고 돌아와

分賜季葉夭促輩　　세상의 단명할 사람들에게 나누어주어

坐令四海無扎瘥　　이 세상에 요절하는 이 없게 하겠네

右蓬萊　　　　　　위는 봉래산이다

(又名金剛, 俗呼楓岳山) ('금강산'이라고도 한다. 세속에서는 '풍악산'이라고 부른다)

조선조 유학자들의 신선문화에 관한 연구

조민환

[필자 약력]

조민환

춘천교대 교수 역임

중국산동사범대 외국인 교수 역임

현재 성균관대 동아시아학과 교수 겸 성균관대 유학대학원장

1 들어가는 말

霞明洞裏初無路　　하명동 안에는 애초에 길이 없었는데

春晚山中別有花　　늦 봄 산중엔 기이한 꽃들 피었네

偶去眞成搜異境　　우연히 갔다가 좋은 기이한 경치를 찾았으니

餘齡還欲寄仙家　　늘그막에 돌아가 신선같은 집을 짓고 살리.[1]

　위 시는 조선조 유학자 가운데 그 누구보다도 이단異端 배척의식이 강했던 퇴계退溪 이황李滉(1501~1570)이 42세 때 어느 늦은 봄날에 꾼 꿈을 읊은 시[足夢中作]다. 이황은 현실에서는 理를 중시하면서 철저하게 유가 윤리지향의 삶을 살고자 했지만 꿈속에서는 신선神仙[2] 같은 삶을 살고자 한다. 이 같은 이황의 시는 조선조 유학자들이 마음속으로 품은 신선 문화를 이해하는데 중요한 단초를 제공한다.

　사후의 천당을 상정하는 기독교의 생사관과 같은 특별한 경우를 제외하면 현실에 살고 있는 사람치고 불로장생하는 신선이 되고 싶지 않은 사람이 있겠는가? 하지만 실리實理에 입각해 천도天道를 이해하는 유학자들은 기본적으로 불로장생의 신선을 부정한다. 이이李珥(1536~1584)는 「신선책神仙策」에 대한 답에서 신선의 존재를 부정하고 유가 성인 차원의 장생불사長生不死에 대한 견해를 밝힌 적이 있다.[3] 하지만 대부분의 조선조 유학자들은 이황의 시에서 보듯 '신선처럼 살고자 하는 것'을 도리어 바랐던 것을 알 수 있다. 유학자들이 천도를 실리 차원에서 이해할 때 역대 신선의 존

---

1) 李滉, 『退溪文集別集』卷1「足夢中作」(a031_015d. 한국문집총간본, 韓國古典飜譯院刊 권수와 페이지임. 이하부터는 권수와 페이지만 표시함.)
2) '神僊'이라고도 한다.
3) 자세한 것은 본문에서 논한다.

재 유무는 논란 거리에 해당한다. 즉 자연의 변화를 포함한 인간의 생사를 천지의 실리 및 기氣의 취산聚散으로 이해하는 유학자들에게 신선의 존재는 인정될 수 없다. 이처럼 이기론理氣論의 입장에서 신선의 존재 유무를 결정하는 유학자들에게 이른바 당대 오균吳筠(?~778)이 말한 '후천적인 학습을 통해 신선이 될 수 있다[神仙可學論]'[4]라는 것과 같은 논의도 없다.

하지만 중국역사에 나타난 다양한 『신선전神仙傳』[5]에 이른바 신선으로 추앙받는 많은 인물들을 게재하고 있는 것을 보면 신선에 대한 열망이 매우 강했다고 할 수 있다. 그런데 『신선전』 등에서 거론된 인물들의 실질적인 삶을 보면 실제 불로장생 차원의 신선이기보다는 '신선이 상징하는 삶'을 산 인물들이 대부분이다. 이처럼 불로장생 차원의 신선의 존재 유무를 논하지 않고 말한다면 신선처럼 살았던 인물들에 대한 추앙이 있었는데, 신선처럼 사는 이같은 삶은 유학자들이 추구한 은일적 삶과 일정 정도 관련이 있다. 하지만 한대 갈홍葛洪(283?~343?)이 말하는 바와 같이, 스스로 노동하면서 청빈함을 기준으로 한 은일적 삶을 사는 것[6]하고 유학자들이 말하는 '신선처럼 사는 것'은 차이가 있다. 유학자들이 '신선처럼 사는 것'을 추구하는 사유에는 이미 세속적 부귀영화를 누리다가 적당한 때에 그런 부귀영화를 추구하는 삶에서 벗어나 자연의 산수공간에서 은일隱逸 지향적 삶을 사는 양태와 관련이 있기 때문이다.

----

4) 吳筠, 「神仙可學論」, "昔桑矯問於涓子曰, 自古有死, 腹云有仙. 何如. 涓子曰, 兩有耳. 夫言兩有, 則理無不存. 理無不存, 則神仙可學也. 稘公言神仙以特受異氣, 稟之自然, 非積學之所能致. 此未必盡其端矣. 有不因修學而自致者, 稟受異氣也. 有必待學而後成者, 功業充也. 有學而不得者, 初勤而中惰, 誠不終也. 此三者, 各有其旨, 不可以一貫推之. 人生天地中, 殊於眾類明矣."
5) 劉向, 『列仙傳』, 葛洪의 『神仙傳』, 李昉의 『太平廣記』에 기록하고 있는 神仙에 관한 것이 그것이다.
6) 葛洪, 『抱朴子』(外篇)의 「嘉遁」에서 말하는 懷氷 선생 같은 경우가 그것이다. "抱朴子曰, 有懷氷先生者, 薄周流之棲遑, 悲吐握之良苦. 讓膏壤於陸海, 爰躬耕乎斥鹵. 祕六奇以括囊, 含琳瑯而不吐." 참조.

정약용丁若鏞(1762~1836)은 마음을 깨끗이 하고 욕심을 적게 갖는 것이 신선 되는 근본이라고 하는데,[7] 관료 지향적인 삶을 살면서도 그런 삶에서 벗어나고자 했던 조선조 유학자들이 추구한 신선풍의 삶은 도성都城 혹은 인경人境에 살아도 마음먹기에 따라 신선처럼 산다고 여긴 '마음의 신선[心仙]'의 경지를 추구했음을 확인할 수 있다. 아울러 신선처럼 사는 삶과 관련된 '신선경神仙境'은 도연명陶淵明(=陶潛, 365~427)이 『도화원기桃花源記』에서 말한 이상향을 실제 현실에서 실현하고자 하는 바람 및 공간 선택과 관련이 있음도 알 수 있다. 본고는 이런 점을 조선조 유학자들의 문집에 나타난 신선문화와 관련해 그들이 바란 신선경과 더불어 추구하고자 한 신선문화의 특징에 맞추어 논하고자 한다.[8]

---

7) 丁若鏞, 『與猶堂全書』第一集 詩文集 권17「傳:曹神仙傳」, "外史氏曰, "道家以淸心寡慾, 爲飛昇之本."

8) 문학쪽에서 遊仙詩와 관련된 다양한 논의를 제외하면 철학 측면에서 조선조 유학자들의 신선문화에 대한 구체적인 논의는 거의 없다. 신선논의와 관련해 인간이 후천적인 노력에 의해 신선이 될 수 있는가' 혹은 '인간이 후천적인 학습에 의해 신선이 될 수 있는가' 하는 것과 관련된 질문에 대해 嵆康은 「養生論」에서 "신선은 특별한 氣를 자연적으로 타고난 사람만이 도달할 수 있는 경지이지 학습의 축척에 의해 얻을 수 있는 경지는 아닌 것 같다[似特受異氣, 稟之自然, 非積學所能致也]"라고 하여 氣稟論 입장을 제기한 적이 있는데, 이후 이같은 논의는 葛洪『抱朴子』(內篇)「論仙」에서 '신선은 후천적인 학습을 통해 이룰 수 있다[神仙可學而成]'는 이른바 신선가학론으로 정리되고, 이런 논의를 당대 吳筠는 보다 심층적으로 접근하고 있다. 관련된 자세한 것은 이용주, 「神仙可學 : 갈홍 신선론의 논리와 한계」(『종교와 문화』 6권, 서울대학교 종교문제연구소, 2000.), 이진용, 「葛洪『抱朴子內篇』과 『神仙傳』의 神仙사상 연구」(『철학논총』 45집, 세한철학회, 2006 3권.), 김현수, 「葛洪의 '神仙可學論'과 '神仙命定論'의 관계에 대한 고찰 인용」(『중국학보』 82집, 2017.) 등 참조.

2 신선 존재 부정과 불로장생 비판

매천梅泉 황현黃玹(1855~1910)은 『매천집梅泉集』 제6권 「왕소금수서王素琴壽序」에서 신선의 존재 유무 및 유학자들이 추구한 신선의 즐거움에 대해 다음과 같이 압축적으로 정리한다.

세상에는 과연 신선이 있는가? 있다고 말할 수 있다. 세상에는 정말
신선이 없는가? 없다고 말할 수 있다. 어째서 있다고 하는가? 전기傳
記에 실려 있는 악전偓佺이나 팽조彭祖 같은 인물들이 전혀 없었다고
단정할 수는 없다. 그래서 있다고 한 것이다. 그렇다면 어째서 없다
고 하는가? 신선 역시 사람일 뿐이다. 어찌 옛날에만 있고 지금은 없
다면 그래서 없다고 한 것이다. 그렇다면 신선의 유무는 어디에서 결
정되는가? 그대는 잠시 그 유무를 말하지 말라. 가령 진짜 있다 해도
나는 그게 하잘 것 없다고 장담할 수 있다. 어째서 이렇게 말하는가?
'오래 사는 것'을 신선이라 하는데, 오래 사는 데에 중요한 것은 예전
처럼 처자식과 잘 지내고 예전처럼 봉양을 잘 받으며, 예전처럼 친구
와 잘 지내면서 내 육신을 지탱하고 내 욕구를 발산하는 데 있다. 그
래야 '오래 사는 즐거움'을 느낄 수 있는 것이다.[9]

황현이 신선의 존재 유무에 대해 언급한 간단한 글은 중국철학사에서

---

9) 黃玹, 『梅泉集』 卷六 「王素琴壽序」(a348_498d), "世果有神仙乎. 曰有. 世果無神仙乎. 曰無.
曷謂有, 傳記所載偓佺, 彭祖之屬, 不可盡歸烏有, 故曰有. 曷謂無, 神仙亦人耳. 奚古有而今無, 故
曰無. 然則有無惡乎定, 曰子姑勿言其有無, 藉曰眞有, 吾將大言不足爲也. 何以言之, 長生之謂神
仙, 而所貴乎長生者, 謂其妻子之好猶夫昔, 飮食之奉猶夫昔, 朋友之會猶夫昔, 扶吾血肉之軀, 紓
吾嗜好之情, 然後可認以長生之樂."

논의된 신선의 존재 유무에 관한 것을 압축적으로 정리한 것에 해당한다. 황현이 신선의 존재 유무를 잠시 말하지 말라는 것은 그 존재 유무는 유학자들의 관심사가 아닌 점도 있지만 입증하는 것도 쉽지 않기 때문이다. 유학자들은 기본적으로 오래 사는 신선의 존재를 부정하면서 강조하는 것은 '신선처럼 산다는 것이 무엇인지 하는 것'이다. 그 신선처럼 사는 것의 핵심 중의 하나는 자신 주변에 있는 모든 사람과 관계를 유지하면서 어떻게 하면 건강하게 오래 사는 즐거움을 누릴 수 있는가이다. 이같은 인간의 현실적 삶을 벗어나지 않고 관계 지향적인 삶과 욕망 표출을 통한 즐거움을 누리면서 신선처럼 살고자 하는 것은 도교 차원에서 말하는 '홀로[獨]' 궁벽진 자연공간에서 불로장생을 추구하면서 사는 신선의 삶과 차별화된 사유에 속한다.

조선조 과거 시험과 관련된 책문策問에서도 신선의 존재 유무와 불로장생과 관련된 논의가 출제된 적이 있다. 이런 점을 이이가 '신선에 대한 책문[神仙策]'에 대해 행한 답을 통해 살펴보자. 먼저 「신선책」의 질문 요지를 정리하면 대략 다음과 같다.

> 책문策問: 불로장생하면서 영구히 천지의 변화를 지켜본 이는 몇 사람이나 있는가. 그것을 낱낱이 지적하여 말할 수 있겠는가? 웅경熊經과 조신鳥伸, 후허呴噓와 호흡呼吸, 옥례玉醴와 금장金漿, 교리交梨와 화조火棗가 과연 선태蟬蛻와 우화羽化의 도리에 보탬이 있는가. 삼청진인三淸眞人의 여덟가지 행선行仙법을 낱낱이 열거하여 다 셀 수 있겠는가. 정신을 편안히 하고 성품을 기르며 목숨을 연장하는데 어찌 다른 방법이 없겠는가. 삶이 있으면 죽음이 있고, 처음이 있으면 끝이 있음은 주야의 필연적인 것과 같고, 리理와 수數의 당연한 귀결이라 여기서

스스로 벗어날 수는 없는 것인가?[10]

이이는 책문에 대한 답에서 일단 천지의 이치는 기본적으로 '실리實理'라는 입장에서 신선의 존재를 부정하고 아울러 신선술과 관련된 모든 것을 부정한다.

천지의 이치는 실리일 뿐이다. 사람과 만물의 생성함은 실리에 의하지 않음이 없으니, 실리 이외의 설은 사물의 이치를 궁구하여 깨닫는 군자의 믿을 만한 바가 아니다... 만약 불로장생하면서 영구히 천지의 변화를 실제로 지켜본 그런 사람이 있었다고 한다면 정도에 어긋난 서적과 근거가 없는 학설을 모두 다 믿을 수가 있겠는가? 이른바 정호에서 단정이 이루어지고 용을 타고 하늘로 올라갔다는 것은 필시 후세의 우괴迂怪한 선비가 그 사술邪術을 펼치고자 하여 황제를 칭탁한 것이니, 천하의 이치로 볼 때 어찌 그런 일이 있을 수 있겠는가.[11]

'실리'를 통해 신선의 존재를 부정하는 것은 유가가 제시하는 전형적인 신선관이다. 그렇다면 생사는 어떤 근거를 가지고 설명할 수 있는가? 이이는 이런 점에 대해서는 구체적으로 기氣의 취산聚散과 관련된 논의를 통해 불로장생의 신선 존재를 부정한다.

---

10) 李珥, 『栗谷全書拾遺』卷五 「雜著·神仙策」(a045_550a), "問: 長生不老, 久視灰劫者, 有幾人耶. 其可歷指而言之耶. 熊經鳥伸, 煦噓呼吸, 玉醴金漿, 交梨火棗, 果有補於蟬蛻羽化之道耶. 三淸眞人, 八種行仙, 其可枚擧而悉數之耶. 怡神養性, 延年益壽, 豈無他術乎. 有生有死, 有始有終, 晝夜之必然, 理數之當至, 自不能逃耶."
11) 李珥, 『栗谷全書拾遺』卷五 「雜著·神仙策」(a045_550c) "對: 天地之理, 實理而已, 人物之生, 莫不依乎實理, 則理外之說, 非格物君子之所可信也. ..若以爲長生不老, 久視灰劫者, 實有其人, 則不經之書, 無稽之說, 皆可盡信乎. 所謂鼎湖丹成, 乘龍上天者, 必後世迂怪之士, 欲行其術而託之黃帝也. 天下之理, 寧有是乎."

아! 낮과 밤은 죽음과 삶의 도리입니다. 낮이 있으면 반드시 밤이 있고 삶이 있으면 반드시 죽음이 있게 마련이다. 사람의 삶이란 기가 모인 것이요 그 죽음이란 기가 흩어진 것이다. 자연적으로 모이고 자연적으로 흩어지는 것이니, 어찌 그 사이에 인위적인 힘을 용납할 수 있겠는가. 만약 그렇다면 웅경과 조신, 호흡과 후허는 반드시 그런 도리가 없어도 수명을 연장할 수 있고, 옥례와 금장, 교리와 화조는 반드시 그런 사물이 없어도 죽음을 면할 수 있다. 어찌 선태와 우화의 도리가 있을 수 있겠는가.[12]

이이는 결국 죽고 사는 것의 문제는 하늘에 달려 있을 뿐이지 인간이 관여할 영역이 아니라는 인명재천人命在天 사유를 강조한다. 인위적 차원에서 행하는 도교의 다양한 수련법을 통하지 않고서도 수명연장이나 죽음을 면할 수 있다고 하면서 기의 취산을 거론하는 것은 장자莊子가 기의 취산에 의한 생멸生滅을 강조하는 것[13]과 일정 정도 통한다. 차이는 장자는 기의 취산을 통해 우주자연의 변화를 설명하지만 유가는 그런 기의 취산 이외의 리의 세계를 강조한다는 점이다. 이이는 결론적으로 모든 자연 현상과 변화가 천지의 실리 아닌 것이 없다는 입장에서 유가의 도기법導氣法을 제시하고 도교에서 행하는 양생법을 부정한다.

대저 하는 바가 있어 인위적으로 그렇게 하는 것은 인간이요, 하려

12) 李珥, 『栗谷全書拾遺』卷五「雜著·神仙策」(a045_551b), "嗚呼, 晝夜者, 死生之道也. 晝必有夜, 生必有死, 人之生也. 氣之聚也. 其死也. 氣之散也. 自然而聚, 自然而散, 豈容人力於其間哉. 若然則態經鳥伸, 呼吸煦噓, 必無其道, 而可以益其壽, 玉醴金漿, 交梨火棗, 必無其物, 而可以免其死. 又豈有蟬蛻羽化之道耶."
13) 『莊子』「知北遊」, "生也死之徒, 死也生之始, 孰知其紀. 人之生, 氣之聚也. 聚則為生, 散則為死. 若死生為徒, 吾又何患. 故萬物一也."

하지 않아도 자연적으로 그렇게 되는 것은 하늘이다...죽고 사는 문제에 이르러서는 하늘에 달려 있을 뿐이다. 우리 인간이 거기에 무슨 관여할 바가 있겠는가. 천지가 영원히 봄이 될 수 없기 때문에 사시가 차례를 바꾸고, 육기가 혼자서만 운행할 수 없기 때문에 음양이 가지런히 유행하는 것이다. 해가 가면 달이 오고, 추위가 가면 더위가 오며 왕성함이 있으면 쇠퇴함이 있고, 처음이 있으면 끝이 있는 것은 모두가 천지의 '실리' 아닌 것이 없다. 하늘에서 기운을 받고 땅에서 형체를 받아 이 이치의 범주 안에 들어 있으면서 '리'와 '수' 밖으로 벗어나려고 하는 것이 어찌 잘못된 판단이 아니겠는가. 다만 사람의 혈기에는 왕성함이 있고 쇠약함이 있는데, 그것은 보양保養을 어떻게 하느냐에 달려 있다. 형기가 왕성하면 정기가 풍족해지고 정기가 풍족해지면 외부의 질병으로부터 침입을 받지 않으니 이것이 바로 장수하는 방법이다. 공자는 소년 시절에 여색을 경계해야 하고, 장년 시절엔 싸움을 경계해야 하고, 노년 시절엔 탐욕을 경계해야 한다고 말하였으니, 이것이 또한 우리 유가의 도기법이다. 하필 구부리고 우러러보고 굽혔다가 폈다 하기를 팽조같이 하여야만 양생할 수 있는 것이겠는가?[14]

혈기의 보양과 수양론 차원의 유가 도기법을 통한 도교 양생법에 대한 비판은 유가가 지향하는 몸 건강 철학의 핵심에 해당한다. "하늘에서 기운

---

14) 李珥,『栗谷全書拾遺』卷五「雜著·神仙策」(a045_551c), "夫有所爲而然者, 人也. 莫之爲而然者, 天也. .. 至於死生則在天而已, 吾何與焉. 天地不可以長春, 故四時代序, 六氣不可以獨運, 故陰陽竝行, 日往則月來, 寒往則暑來, 有盛則有衰, 有始則有終, 莫非天地之實理也. 稟氣於天, 受形於地, 圍於是理之中, 而欲逃於理數之外者, 豈不謬乎. 但人之血氣, 有旺有憊, 在於保養之如何, 血氣足則精足, 精足則不爲外病所侵, 是乃益壽之方也. 夫子所謂戒之在色, 戒之在鬪, 戒之在得, 此亦吾儒之導氣也. 何必傴仰屈伸若彭祖, 然後乃可以養生耶."

을 받고 땅에서 형체를 받아 이 이치의 범주 안에 들어 있으면서 '리'와 '수' 밖으로 벗어나려고 한다는 것이 어찌 잘못된 판단이 아니겠는가"라는 발언은 기 아닌 리를 통한 총체적인 세계판단을 제시한 것은 노장과 구별되는 우주론이다. 결론적으로 이이는 천지만물은 나와 한몸이라는 사유를 제시하면서 유가 차원의 장생불사에 대한 견해를 밝혀 단명과 장수로 그 생사를 논할 수 없다는 것을 강조한다.

들은 바에 의하면, 천지만물은 본래 나와 한 몸이니 나의 마음이 바르면 천지의 마음도 바르고, 나의 기운이 화평하면 천지의 기운도 화평하다고 한다. 그러므로 성스러운 제왕은 그 마음을 바르게 하여 조정을 바르게 하고, 조정을 바르게 하여 천하를 바르게 하며, 그 마음을 화평하게 하여 조정을 화평하게 하고, 조정을 화평하게 하여 천하를 화평하게 하는 것이다. 이와 같이 한다면 천지는 제자리를 자리잡고 만물은 화육이 된다. 일월은 이것으로 법도를 따라 순행하고, 사시는 이것으로 절후에 따라 순응한다. 음양은 조화를 이루고 바람과 비는 제 때에 온다. 천재·시변과 곤충·초목의 재앙은 모두 사라지고 온갖 복된 물건과 상서로운 일들이 모두 이르러서 내 한몸의 덕이 마치 하늘이 만물을 덮어주지 않음이 없는 것과 같고 땅이 만물을 싣고 있지 않음이 없는 것과 같아질 것이다. 그렇다면 이것은 천지의 화육에 참여하고 협찬하여 천지와 더불어 영원하게 존재할 것인데, 어찌 단명과 장수로 그 생사를 논할 수가 있겠는가. 우리 유가 도리의 장생불사란 이와 같은 데 지나지 않을 뿐이다.[15]

----

15) 李珥, 『栗谷全書拾遺』 卷五 「雜著·神仙策」(a045_552b), "蓋聞天地萬物, 本吾一體, 吾之心正, 則天地之心亦正矣. 吾之氣順, 則天地之氣亦順矣. 是故, 聖王正其心以正朝廷, 正朝廷以正天下, 和其心以和朝廷, 和朝廷以和天下, 夫如是則天地位而萬物育, 日月以之順其度, 四時以之順其節, 陰陽調風雨時, 天災時變, 昆蟲草木之妖, 莫不銷息, 諸福之物, 可致之祥, 莫不畢至, 而一身之

이이가 강조하는 유가 차원의 천지의 화육에 참여하고 천인합일을 통한 장생불사는 도교의 신선술이 제시하는 장생불사가 한 개인 차원에 머무르는 것과 다르다. 천지만물은 나와 한몸이라는 사유에는 천지만물이 생멸을 한다면 나도 그런 이치에서 벗어날 수 없다는 사유다. 이에 장생불사는 불가능한 것이고, 이에 살아 있을 때 한 몸을 건강하게 잘 보존할 것을 강조한다. 단명과 장수로 그 생사를 논할 수가 있겠는가라는 사유에는 어떤 삶을 사는 것이 진정한 불후不朽의 삶인가 하는 질문이 담겨 있다. 이이는 이밖에 「의약책醫藥策」에서 제시한 신선술과 관련된 답에서도 앞과 동일한 사유를 제시한다. 「의약책」의 질문 요지는 다음과 같다.

책문: 신선의 무리는 뼈를 바꾸고 몸을 가볍게 하여 대낮에 하늘로 솟구쳐 오르기도 한다는데, 무슨 약을 먹어서 그렇게 되는 것인가. 금단金丹을 정련하고 이슬을 먹는 법은 또한 무슨 학설인가.[16]

금단金丹을 정련하고 이슬을 먹는 법은 도교에서 추구하는 양생술과 관련된 가장 기본적인 법에 해당한다. 이이의 이런 질문에 대해 기본적으로 천지간에는 실리가 있다는 점과 일음일양의 이치 및 사계절의 운행을 통해 도교에서 신선되기 위한 핵심인 금단을 정련한다는 사유를 비판한다.

답: 낮과 밤이란 것이 생사의 이치다. 태어남이 있으면 반드시 죽음이 있는 것이니 그 죽음은 약으로 구제할 수 있는 것이 아니다. 그렇

德, 如天之無不覆, 地之無不載, 則可以參贊化育, 而與天地長終矣. 豈可以夭壽, 議其死生耶. 吾道之長生不死, 不過乎如此而已, 旣得此壽, 而又推之於天下, 使天下之人, 亦有此壽, 則聖王壽民之靈丹, 不在彼而在此也."

16) 李珥, 『栗谷全書拾遺』卷六「雜著·醫藥策」(a045_566b), "神仙之徒, 換骨輕身, 白日沖天, 服何藥而能至是歟, 鍊金鼎飱沆瀣之法, 亦何學歟."

다면 죽지 않고 오래 사는 방도라든지, 매미처럼 허물을 벗고 뼈를 바꾸는 방술이 어찌 있을 수 있는 것이겠는가. 대낮에 하늘로 솟구쳐 오르는 사람도 결코 없을 것이요, 영단으로 원기를 되돌린다지만 그런 약도 반드시 없을 것이다. 황금을 단련해서 약을 만들 수 있겠는가. 이슬을 먹을 수 있겠는가. 천지간에는 실리뿐이다. 이치 밖에 있는 말은 공격할 것 없이 저절로 부서지는 것이다.[17]

이이와 유사하게 '실리'와 '천도' 사유를 통해 신선술을 비판하는 것은 윤휴尹鑴(1617~1680)가 주희朱熹(1130~1200)의 「제거감흥齋居感興」을 거론하면서 인용한 하문정何文定[何瑭, 1474~1543][18]의 말에도 나온다.

하문정이 이르기를, "나면 죽음이 있는 것은 변할 수 없는 천도이다. 그러니 인간으로서는 그 천도대로 순순히 따르는 것이 원칙이다. 그런데 지금 신선이 되겠다는 자들은 세상사 다 버리고 구름 짙은 산에 숨어 살면서 죽지 않는 방법을 찾기 위해 괴로운 수련을 쌓고 있다. 그러나 이렇게 하는 그들의 정체를 살펴보면, 사실 죽기가 무서워 살기를 탐하고 자기 사리를 위해 하늘을 거역하는 것이지 무슨 이치를 따른다고 할 수 있겠는가. 대체로 자기 할 일을 하다가 죽을 때가 되면 죽는 것은 성현들이 천명을 지키는 일이고, 수련을 통해 목숨을 연장하려고 하는 것은 도가道家에서 살기만을 탐하는 일인 것이다." 하였다.[19]

---

17) 李珥, 『栗谷全書拾遺』 卷六 「雜著·醫藥策」(a045_567c), "然而晝夜者, 生死之道也. 有生必有死, 則非藥餌之所可救也. 夫如是則長生久祝之道, 蟬蛻換骨之術, 豈有其理乎. 白日沖天, 必無其人矣. 靈丹大還, 必無其藥矣. 黃金其可成乎. 沆瀣其可飧乎. 天地之間, 實理而已, 理外之說, 不攻自破矣."
18) 字 粹夫, 號 柏齋.
19) 尹鑴, 白湖全書 권32 「雜著·白鹿洞規釋義」, "何文定曰, 生則有死, 天道之常, 人但當順受其

유가 성인의 입명立命과 도가에서 신선되기를 통해 투생偸生하는 것의 차이점의 핵심은 바로 천도의 항상됨을 따르는 이른바 순리적 삶이다. 이이가 「신선책」과 「의약책」 등에 대한 답에서 보인 신선술에 대한 비판은 유학자들에게는 공통적인 것에 해당한다.

이밖에 군주의 입장에서 본 신선술에 대한 부정적인 견해도 확인할 수 있다. 『태조실록』을 보면 태조가 좌산기상시左散騎常侍 유경劉敬이 '학선學仙'한다는 이유를 들어 사직을 윤허해 달라는 것에 대해 충효의 논리에 입각해 군신관계와 부자관계를 저버리는 행위라고 비판한 것[20]이 그것이다. 이런 발언은 마치 송대 및 조선조 유학자들이 노불老佛을 비판한 것과 유사함이 있는데, 유가윤리의 입장에서 본 신선에 대한 대략적인 사유를 보여주는 예에 속한다.

이이가 모든 자연 현상과 변화가 천지의 실리 아닌 것이 없다는 입장에서 출발하여 신선의 존재 유무 및 도교의 장생, 양생과 관련된 것을 부정하는 이같은 견해는 유학자의 신선관의 기본에 속한다. 그런데 이이는 신선의 존재를 부정하고 신선술과 관련된 장생불사 등은 기본적으로 부정하지만 현실에서 신선처럼 사는 것은 부정하지 않는다. 따라서 신선과 관련하여 장생불사를 추구하는 것은 신선처럼 사는 것은 구별하여 이해할 필요가 있다. 그럼 신선처럼 산다는 것은 과연 무엇을 의미하는지를 살펴보자.

正. 今神仙家, 遺棄事物, 遁迹雲山, 苦身修煉, 以求不死. 究其旨意, 如比貪生怕死, 逆天私己, 豈是循理. 蓋修身俟死者, 聖賢所以立命也. 保煉延年者, 道家所以偸生也."

20) 『太祖實錄』 4권, 「太祖 2年 11月 5日」(丙午), "左散騎常侍劉敬進曰, 臣蒙至恩, 職居顯秩, 無補國家, 但糜廩祿, 心實卑陋, 乞辭本職, 退學仙術. 上曰, 爾之遇知於我, 固非一日, 臣庶亦謂我相待甚厚, 今爾忽然遁去, 人將謂何. 且學仙者, 必遺君父, 爾棄我則不忠, 棄親則不孝, 爾欲學仙, 何也."

3 '신선처럼 산다'는 것의 의미

앞서 황현黃玹이 신선의 존재 유무와 상관없이 어떤 삶을 사는 것이 신선처럼 오래 사는 즐거움을 누릴 수 있는가 하는 것을 화두로 제시한 것을 보았다. 황현은 신선처럼 사는 사람의 예를 들어 신선처럼 사는 즐거움이 무엇인지를 밝히고 있다.

> 그런데 지금의 신선은 바람과 기운을 타고 세상 밖으로 날아가 노닐며, 일체의 인간사를 혹덩이나 쭉정이로 여기면서 전부 다 버리는 존재이다. 그것이 비록 천지보다 뒤에 사라지고 해와 달과 별보다 늦게 시든다 해도 사실은 귀신일 뿐이다. 귀신에게 무엇을 부러워할 게 있겠는가. 세상에서는 항용 눈앞의 쾌락을 즐기는 자를 일러 '신선'이라고 한다. 그 논리가 제법 근사하기는 하나, 그것은 잠깐은 몰라도 오래 지속될 수는 없으며, 그 일이 끝나면 흔적조차 남지 않는다.[21]

황현은 지금의 신선이 지향하는 문제점을 지적하는데, 그 핵심으로 일체의 인간사를 가볍게 보고 방외적 삶을 사는 것을 지적한다. 그런 삶을 귀신이라고 규정하는 것은 현실에서 즐거움을 추구하는 것과 괴리된 삶은 아무리 좋은 것이라도 의미가 없다는 것이다. 이에 황현은 과거 어떤 사람이 자신이 생각하는 신선의 즐거움을 누리고 산 인물인가를 찾고자 하는데, 이런 사유에는 신선처럼 산다는 것이 무엇인가에 대한 사유가 담겨 있다.

---

21) 黃玹, 『梅泉集』 卷六 「王素琴壽序」(a348_498d), "今夫神仙者, 馭風騎氣, 翔游八極之表, 凡一切人間之事, 視之如贅疣粃糠, 袪之猶恐不盡. 是雖後天地而凋三光, 其實鬼耳, 於鬼何羨之有. 世之恒言, 指眼前快樂者曰神仙. 其立義頗近, 然此可暫而不可久, 事過則索然無跡."

그래서 나는 고금을 넘나들면서 그런 사람을 찾아보려 하였다. 한말의 두 사람이 있는데, 공문거孔文擧[22]가 그중 한 사람이다. 그는 말하기를, "자리에 손님이 항상 가득하고 술동이에 술이 비지 않으면, 내 소원은 그것으로 족하다" 하였느니, 이것은 하나의 쾌락이다. 또 중장공리仲長公理(=仲長統)[23]라는 사람이 있다. 그는 말하기를, "근심은 천상天上으로 부치고 걱정은 땅속에 묻었다. '육합六合[=天地四方]의 안'에서 오직 나는 이 세상에서 내 하고 싶은 대로 한다" 하였다. 이 것은 하나의 쾌락이다. 아아, 이 말들을 극대화시켜 보면 어찌 실로 신선이 아니겠는가.[24]

인간관계망을 유지하는 가운데 세상만사 걱정거리 하나 없이 술과 함께 쾌락적인 삶을 극대화하면 결국 신선이 아니겠는가 하는 것은 신선이란 멀리 있는 것이 아니라 바로 우리가 사는 삶 그 자체에 있다는 것이다. 어떤 삶을 사는 것이냐 하는 삶의 지향 여부가 중요하다는 것이다. 방외方外적 공간이 아닌 '육합[=天地四方]의 방내方內적 공간'에서 자유로운 영혼이 깃든 삶을 유지하면서 세속의 즐거움을 누리는 것이 바로 신선이라는 것이다. 중장공리仲長公理(=仲長統)가 『낙지론樂志論』에서 말한 부모가 살아계시고 가산이 풍족한 상태의 풍요롭고 안락한 은일적 삶[25]은 전형적인 '풍

---

22) 후한 때의 학자 공융孔融(153~208)의 자이다.
23) 公理는 중장통仲長統(179~220)의 字로, 은거하는 삶의 즐거움을 그린 『樂志論』의 저자이다.
24) 黃玹, 『梅泉集』 卷六 「王素琴壽序」(a348_499a), "故吾嘗上下古今, 欲求其人而充之, 於漢末 得二人焉. 曰孔文擧, 其言曰座上客常滿, 樽中酒不空, 吾願畢矣. 此一快樂也. 曰仲長公理, 其言曰 寄愁天上, 埋憂地下, 六合之內, 惟心所欲, 此一快樂也. 嗚呼, 極其言, 豈不誠神仙哉." 孔融의 말은 『後漢書』 권 70 「孔融傳」에 나오고, 仲長統의 말은 「見志詩」에 나온다.
25) 仲長統, 「樂志論」, "使居有良田廣宅, 背山臨流, 溝池環匝, 竹木周布, 場圃築前, 果園樹後. 舟 車足以代步涉之難, 使令足以息四體之役, 養親有兼珍之膳, 妻孥無苦身之勞, 良朋萃止, 則陳酒肴 以娛之. 嘉時吉日, 則烹羔豚以奉之." 참조.

요로운 가운데의 은일적 삶'이라는 점에서 후대 청빈한 삶과 연계된 은일적 삶과는 구별된다. 이것은 도교에서 방외적 공간에서 신선이기를 바라는 것과 다른 영역에서의 신선같은 삶을 추구한 것인데, 황현은 이런 점을 현재 상황에 적용하면 소금素琴[26]이란 인물이 즐긴 삶이 바로 그것이라고 논증한다.

내가 형으로 모시는 벗 중에 소금이라는 노옹老翁이 있다. 그는 신선에 대한 학설을 믿지 않고 세상 속의 즐거움을 누리는 것이 신선이라 생각한다. 태평하고 호탕하며 자잘한 일에 얽매이지 않는 성격이다. 소싯적부터 술을 좋아하고 도박을 좋아하고 잠을 즐겼다. 멀리 유람하기를 좋아하고 협객俠客의 신의를 좋아하였다. 당세의 큰 책략을 말하기는 좋아해도 부패한 유학자들은 좋아하지 않았다. 그는 술이 얼큰히 취하면 수염을 휘날리며 말하기를, "남자라면 모름지기 반정원班定遠(=班超)처럼 만리를 평정하여 후侯에 봉해질 정도는 돼야 한다. 그렇지 않으면 진晉나라 현자들의 고사대로, (阮籍이 한 것처럼) 왼쪽에는 300섬의 술을 놓아두고 마시며, 오른쪽에는 100만 전의 판돈을 놓고 저포樗蒲를 즐기는 것[27]도 한 방법이다"라고 말하곤 하였다. 지금은 이미 늙어 성취할 수 없게 되었어도 그 뜻만은 여전히 꺾이지 않고 당당하다. 그런데 금년 11월 초하루가 바로 그의 61세 생일이다. 그의 조카 장환璋煥이 나에게 축수하는 글을 청하기에, 내가 웃으면서 대답하였다. "세상에 신선이 없으면 모르지만, 있다면 자네

26) 小琴은 왕사천王師天(1842~1906)이다. 왕사천은 황현의 스승인 川社 王錫輔의 둘째 아들이다.
27) 晉의 공신인 劉毅는 劉裕 등과 수백만 錢의 판돈을 걸고 樗蒲라는 도박을 하였다고 한다. 『太平禦覽』「人事部109·憂上」, "沈約宋書曰, 武帝起, 桓玄聞便憂懼無復計. 或曰, 劉裕等眾力甚弱, 豈能有成, 陛下何慮之甚. 玄曰, 劉裕自足爲一世之雄, 劉毅家無擔石之儲, 樗蒲一擲百萬."

숙부일걸세. 쓸데없이 신선에게 무슨 축수를 한단 말인가."[28]

세속의 즐거움을 누리는 것이 신선이라는 사유에서 출발하여 과거 신선의 불로장생 등과 같은 학설을 믿지 않는다는 것은 도교에서 말하는 연단법이니 양생법이니 하는 것을 통해 수명을 연장하는 식의 삶을 살지 않겠다는 것이다. 도교의 신선이 지향하는 삶은 세속적인 것과의 단절을 의미하는데, 황현이 생각하는 신선의 삶은 다르다. 황현이 소금의 성격 및 행동거지를 신선과 연관하여 거론한 '태평하고 호탕하며 자잘한 일에 얽매이지 않는 성격으로서 소싯적부터 술을 좋아하고 도박을 좋아하고 잠을 즐겼다. 멀리 유람하기를 좋아하고 협객의 신의를 좋아하였다'라는 것은 경외敬畏의 마음가짐을 통해 신독愼獨 차원의 계신공구戒愼恐懼를 추구하면서 유가의 예법을 지키고자 하는 선비의 행태와 전혀 관계없는 일종의 호걸풍 신선에 해당한다. 이런 신선풍은 장유張維(1587~1638)가 만년에 이유간李惟侃(1550~1634)의 소유자재하는 삶을 신선처럼 사는 삶으로 보는데, 그같이 소요자재하는 현재적 삶 이전에 누렸던 장수에 다복, 풍부한 가산, 고위 관직 역임, 자식이 잘됨 등을 거론한 신선풍과 관련이 있다.[29] 장유가 읊은 이유간의 신선처럼 사는 삶은 모든 유학자들이 바라던 삶을 단적으로 표현한 것에 해당한다.

황현이나 장유가 제기한 신선처럼 사는 것 혹은 신선 경지는 은일 지향의 담박함이 담긴 신선풍과 차이가 있는 사유로, 유학자들이 신선처럼 산

28) 黃玹,『梅泉集』卷六「王素琴壽序」(a348_499a), "吾所兄事之友, 有素琴翁者, 不信神仙之說, 而以人世之樂爲神仙. 性坦蕩不拘小節, 自少時便好酒, 好博好睡, 好遠游, 好任俠然諾, 好談當世大畧, 而但不好腐儒, 嘗酒酣, 奮髥言男子當萬里封侯如班定遠, 否則左邊步兵三百斛, 右邊樗蒲百萬, 追晉賢故事, 亦一道耳, 旣老無所成, 其志猶落落不衰, 今歲十一月吉日, 卽其六十一初度也. 其侄子章煥, 徵吾以壽文, 吾笑而應曰, 世無神仙則已矣. 有則子之叔也. 於神仙乎. 何壽之贅爲."
29) 張維,『谿谷集』권31「李同知惟侃挽」a092_517b), "高年厚福獨能全, 萬石家風孝謹傳. 中歲交遊總霄漢, 暮途優逸卽神仙. 官躋二品銜恩重, 子擬夔珠幹蠱賢, 乘化歸眞更無憾, 兵陰秋柏蔚蒼煙."

다는 것이 무엇을 의미하는지의 한 단면을 보여주는 예에 해당한다. 특히 세속적인 쾌락을 추구하면서 호걸풍의 신선처럼 산다는 것을 긍정적으로 여기는 이상의 발언은 청빈함을 기본으로 하는 은일자가 지향한 삶과 더욱 차별화된다. 이제 이런 신선처럼 사는 삶을 추구하는 것과 관련된 신선경에 대해 알아볼 필요가 있다.

4 인경人境에서의 신선 추구적 삶 지향

"산천은 본래 신선이 사는 곳이다[山川自是神仙窟]"[30]라고 하지만 산천에 산다고 다 신선처럼 사는 것은 아니다. "금강산 본래 신선굴이라, 신선들이 사는 곳[洞府]은 극히 맑아 인간 세계 아니네"[31]라고 읊는데, 어디 금강산이 쉬 갈 수 있는 곳인가. 그곳에 산다는 것은 더욱 어렵다. 이런 점에서 신선굴은 우리 곁에서 멀리 있는 것이 아니라는 사유가 나타나고,[32] 아울러 봉래산 · 방장산만이 신선굴이 아니라는 사유[33]에서 출발하여 '인경'에서의 신선처럼 사는 삶을 지향하는 것으로 나타난다.

최립崔岦(1539~1612)은 징영당澄映堂(=高參議)이 남산에 두채의 집을 짓고 사는 정경을 신선처럼 사는 삶이라 기술하고 있는데, 이런 기술에는 궁벽한 자연공간이 아닌 인경에서 추구한 신선처럼 사는 삶의 정황을 잘 말해준다.

이 세상에서 이른바 신선을 본 사람이 누가 있기야 하겠는가마는 신
선이 사는 곳이야말로 그지없이 즐거울 것이라고 생각하면서 그곳
의 정경을 극구 묘사하는데, 안개와 노을에 잠겨 아스라이 떠 있는

---

30) 전후 문맥은 다음과 같다. 李健命,『寒圃齋集』권2「別安東李使君正臣」(a177_359c), "古人重居內, 今人多外求, 豈是人情異, 時勢或不猶, 況復安東大都護, 雄冠嶺南七十州, 山川自是神仙窟."
31) 金允植,『雲養集』권6「遠遊篇贈李君斌承」(a328_330b), "金剛自是神仙窟, 洞府淸絶非人界."
32) 周世鵬,『武陵雜稿』권30「淸凉山路中口占」(a026_502d), "一入華陽洞裏天, 桃花杳杳出幽川, 神仙窟宅元非遠, 莫向世人容易傳."
33) 金履萬,『鶴臯文集』권3「詩晩稿·雪月戲賦」(b065_070b), "雪, 月, 天晴, 地潔, 冷侵肌, 淸入骨. 玉山嵬峩, 金波蕩瀁, 三尺積已深, 十分圓無缺, 南巷北巷鹽鋪, 千溪萬溪鏡徹. 風頭觸樹散瓊花. 露腳飛空洗銀闕. 銷金帳裏羔酒宜斟, 廣寒宮中兔藥誰啜. 人聲寂寂幾家睡正闌, 夜色迢迢獨自歌未闋, 飄飄乎浩浩乎天上人間, 又何必蓬萊方丈神仙窟."

바닷속의 삼신산이라든가 궁실이 영롱玲瓏하게 솟아 있는 땅 위의 각
종 동천洞天에 대한 기록을 접하면 자신도 모르게 탄식하면서 부러워
하지 않을 수가 없다. 이런 세계를 추구한다는 것이 황당무계한 일일
수도 있으나, 가령 신선이 없다면 몰라도 있다면 이 즐거움을 누리
고 있는 것은 분명하다. 사람이 이 세상의 진애塵埃와 동떨어진 기이
하고 수려한 산수의 어떤 구역을 만나면 그곳을 일컬어 선경仙境이라
고 한다. 그리고 이런 멋진 곳을 차지하고서 혼자 살 만한 그윽한 집
을 짓고 종신토록 소요逍遙하는 사람을 만나면 그를 일컬어 지선地仙
이라고 한다. 진짜 선경이 어떠한 곳인지 알지도 못하는 판에 선경과
비슷한 곳인지 어떻게 알 것이며, 천선天仙이 어떠한 사람인지 알지도
못하는 판에 그가 지선인지 어떻게 알 수 있겠는가마는, 가령 신선이
없다고 한다면 몰라도 만약 있다고 한다면 이와 비슷할 것이라는 점
만은 또한 분명하다고 하겠다.[34]

신선이 있다는 전제 조건에서 출발했을 때 가장 의문시 되는 것은 신선
이 누리는 즐거움이 무엇인가 하는 점이다. 그리고 신선이 누리는 즐거움
은 신선이 사는 공간과 밀접한 관련을 갖는데, 그것은 바로 세상의 진애塵
埃와 동떨어진 기이하고 수려한 궁벽진 산수 공간이라고 설정한다. 문제는
그런 산수 공간에 살더라도 어떤 삶을 영위하느냐 하는 것이 중요하다.

그러나 여기에도 또 어려운 점이 있다. 일천 바위 일만 골짜기 속에
수목이 울창하고 샘물이 뿜어 나오는 곳을 은자가 얻었다 할지라도,

---

34) 崔岦, 『簡易文集』 卷3 「澄映堂十詠序」(a049_271a), "世豈有覩所謂神仙者, 而意其居之可樂,
極言以狀之, 則洲島煙霞之縹緲, 洞天宮室之玲瓏, 蓋令人嗟羨, 其究夸誕爾. 然使無仙則已, 有則
必樂此也. 人遇奇山秀水塵埃隔絶之區, 則謂之仙境, 得此境者, 而爲迥築幽樓身世逍遙之所, 則謂
之地仙, 夫未知眞仙境, 焉知似仙境, 未知天仙人, 焉知地仙人, 然使無仙則已, 有則此必似之也."

겨우 머리 하나 덮을 만한 띳집을 짓고 산다면 누대樓臺에서 거처할 때와 같은 툭 터진 경지를 어떻게 맛볼 수가 있을 것이며, 문과 창마다 안개와 구름이 서리는 곳에 허공 속으로 우뚝 솟아 수면 위로 그림자를 던지는 누대를 현달顯達한 귀인이 세웠다 하더라도, 종신토록 여기에 와서 거처하지 않는다면 '멀리 오랫동안 세속을 떠난[長往]' 높은 흥치를 어떻게 느낄 수가 있겠는가. 그런데 지금 이 두 가지 난점을 모두 극복하고서 두 가지 흥치를 모두 갖춘 분이 실제로 계시니, 징영당澄映堂 선생이 바로 그분이시다. 선생의 저택은 도성의 안에 있으면서도 바로 남산 아래쪽에 자리하고 있다.[35]

신선처럼 살고자 할 때의 산수공간이 반드시 인경과 거리가 있는 궁벽진 공간일 필요는 없다. 더 중요한 것은 그같은 산수공간에서 어떤 삶을 사는 것이 신선처럼 사는 것에 해당하는가이다. 즉 옹색한 공간이 아닌 전망이 툭 터진 경지로서, 어쩌다 와서 지내는 공간은 아니다. 그 공간에서 항상 살지만 세상을 피해서 살 수 있는 삶을 영위할 수 있는 두가지 여건이 갖추어졌을 신선처럼 살 수 있는 흥취를 느낄 수 있다는 것이다. 이런 점은 신선 공간이 있더라도 결국 그 공간에서 어떤 삶을 영위하느냐가 중요하다는 것을 말해준다. 도성 안의 남산이 그런 공간에 해당한다고 진단하는 것은 신선경은 인경과 멀리 있지 않다는 것이다.[36] 그런데 이같은 공간에서 사는

---

35) 崔岦,『簡易文集』卷3「澄映堂十詠序」(a049_271b), "抑且有難焉. 千巖萬壑, 攢樹飛泉, 隱者得之, 而蓋頭一把茅, 不足以喩樓居之敞, 霧戶雲牖, 凌虛倒影, 貴顯者爲之, 而終身不曾到, 何足以侔長往之高. 乃今有雙全而兩免焉者, 澄映堂先生是也. 先生卽都城之內, 直南山之下屋焉."
36) 그 자세한 정경에 대해서는 다음과 같이 묘사하고 있다. 崔岦,『簡易文集』卷3「澄映堂十詠序」(a049_271c), "是山石老而土亦肥, 其稍穹隆者, 皆楓松之屬被之, 而斤斧者有禁, 故積翠蔥蘢然獨盛於他山, 都中之第宅, 遙得其半面, 輒享以甲乙, 先生乃領要而逼眞也. 山又多泉脈, 其稍窈深者爲磵若塘, 比比居人好事者有, 然出高而不竭, 無如丫溪者, 二道赴谷如爭, 合行泪之于磯, 懸瀑而下有聲, 先生乃取而專之也. 積翠之北, 有石多盤, 而古苔密鋪, 自成錦紋之縟, 懸瀑之西, 有巖

인물이 이전에 어떤 인물이었는가를 알면 유학자들이 신선처럼 산다는 것이 무엇을 의미하는가 하는 일면을 잘 알 수 있다.

> 아, 선생은 무려 사십 년 동안이나 조정에서 맑게 봉직奉職하였으니 현달한 귀인이라는 이름을 얻기에 충분하다고 하겠다. 그런데 밖으로 반걸음도 나가지 않아서 그지없이 아름다운 땅을 얻어 은자와 같은 생활을 할 수 있게 되었을 뿐만 아니라 툭 터진 누대樓臺의 전망을 함께 감상할 수가 있게 되었다. 그러고 보면 꼭 '멀리 오랫동안 세속을 떠난[長往]' 뒤에야 높은 흥취를 느끼게 되는 것만은 아니라는 것을 알겠다. 선생과 같은 분이야말로 세상에서 말하는 지선과 같은 분이요, 또 세상에서 말하는 선경仙境을 만난 분이 어찌 아니라고 하겠는가. 신선의 즐거움을 나는 다행히도 여기에서 보았다고 하겠다.[37]

현달한 귀인을 중심으로 하여 신선처럼 사는 삶을 기술한 이런 발언은 청빈함을 근간으로 하는 '피세 차원의 장왕長往[=長往而不返]'의 은사의 삶과 차원이 다른 신선의 삶의 삶을 규명한 것에 해당한다. '피세 차원의 장왕'에 대해 유학자들은 자칫하면 '결신난륜潔身亂倫'의 문제점이 있을 수 있다고 지적한다. 예를 들면, 유방선柳方善(1388~1443)이 지리산의 '청학동靑

屛立, 而晴露時滴, 宛然丹碧淋漓, 先生之屋二, 大屋在北之少東, 東岡北走之所窮, 有曲軒而名者, 滴翠堂也. 小屋在西之少北, 北洞西窺之所豁, 而扁其虛檻者, 橫翠閣也. 鑿池岡上, 而滋翠蓋之亭亭, 開徑洞中, 而夾紅霞之爛熳, 其又屋之居岡臨池, 以凌風雨, 而客至洞迷徑疑, 俄而突兀者, 乃澄映堂也. 屋悉輪奐之侈, 噢涼之異, 而飛亭之勢, 隱見之形, 非尋常棟宇者所能髣髴也. 問霜後何佳, 則紅葉似染, 問雪裏何奇, 則虬枝受壓, 蘸水之梅, 先桃而已春, 當軒之竹, 共蓮而宜夏, 凡是數者, 或因造物之變態, 或容人力之潤色, 所以足玆堂四時之觀, 而自夫積翠也, 懸瀑也, 紋石也, 屛巖也. 天固設之, 若以有待於堂者."

37) 崔岦, 『簡易文集』卷3「澄映堂十詠序」(a049_272a), "蓋先生幷而目之爲十景, 以爲羣公賦詠之赤幟焉. 嗚呼, 冊載淸俸餘, 足爲貴顯者之爲, 而跬步大佳地, 復得隱者之所得, 與樓居而同敵, 匪長往而後高, 豈所謂地仙之人而遇所謂仙境者非耶. 神仙之樂, 吾幸而覩之."

鶴洞'을 읊으면서 '결신난륜'이 갖는 문제점을 지적한 것[38]에는 선경을 바라보는 불편한 시선이 담겨 있다. 신선처럼 사는 삶과 관련해 먼저 현달한 귀인으로 산 것을 언급한 것은 조선조 유학자들의 신선처럼 사는 문화를 이해하는 한 관건이 된다. 기본적으로 신선처럼 산다는 것은 방내적 공간에서 관료적 삶을 살고자 했던 삶의 방식을 버린 상황과 관련이 있다. 하지만 함부로 관료적 삶을 포기할 수 없고 아울러 장왕할 수 없는 상태에서 기껏해야 증점曾點의 '욕기영귀浴沂詠歸'[39]식의 삶을 추구할 수밖에 없는 유학자들에게 보다 더 중요한 것은 도성의 인경에서도 신선처럼 살 수 있는 자연공간을 선택해 그곳에서 탈속적인 삶을 사는 것이다.

이처럼 인경과 방내 영역에서 신선처럼 살고자 하는 사유는 특히 신선굴神仙窟로 여겨지는 관동 지역의 자연 정경[40] 및 정자 등과 관련되어 읊어지는 경우가 많다. 서거정徐居正(1420~1488)이 읊은 「평해팔경平海八詠」의 「영송정越松亭」[41]을 보자.

平沙十里鋪白罽　　편평한 백사장 십 리는 흰 담요 깔아 놓은 듯
長松攙天玉槊細　　하늘에 닿은 장송은 옥창 끝처럼 가느다랗네

---

38) 柳方善, 『泰齋文集』卷1「靑鶴洞 知異山洞名. 諺傳僊境. 李相國奎報尋之不得, 留題一首, 以寓逃世之志」(a008_582c), "疑是昔時隱者居, 人或羽化山仍空, 神僊有無未暇論, 只愛高士逃塵籠, 我欲卜築於焉藏, 歲拾瑤草甘長終, 天台往事儘荒怪, 武陵遺迹還朦朧, 丈夫出處豈可苟, 潔身亂倫誠悾悾, 我今作歌意無極, 笑殺當日留詩翁."
39) 관련된 자세한 것은 조민환, 「曾點의 '浴沂詠歸'에 대한 조선조 유학자들의 견해와 수용」, 『동양예술』47집, 한국동양예술학회, 2020. 참조할 것.
40) 六寓堂遺稿册一「奉送丁士元之任三陟」(b039_008d), "關東自昔神仙窟, 遼鶴幾年丁令還, 峯捴萬千楓嶽近, 川當五十竹樓寒."
41) 徐居正, 『四佳詩集補遺』(三)「輿地勝覽·平海八詠」(a011_188c)[越松亭]. 越松亭은 경북 울진군 평해읍 월송리 362-2(월송정로 517)에 있는 고려 시대부터 있었던 정자이다. 고성의 삼일포三日浦, 통천의 총석정叢石亭, 고성의 청간정淸澗亭, 강릉의 경포대鏡浦臺, 양양의 낙산사洛山寺, 삼척의 죽서루竹西樓, 울진의 망양정望洋亭과 더불어 관동팔경關東八景 중의 하나로 꼽혀왔다. 경치가 빼어나 화가들에 의해 그림으로도 많이 그려졌다.

仰看明月黃金餠	쳐다보니 밝은 달은 황금 떡과도 흡사한데
碧空如水浩無際	맑은 물 같은 푸른 하늘은 가없이 넓구나
客來一捻吹洞簫	손이 와서 퉁소를 한번 쥐고 불어대니
風流盡是神仙曹	그 풍류가 모두 신선의 무리들이로다
我欲從之讌瑤池	나는 그들을 따라서 요지연瑤池讌에 가려는데
飛來靑鳥銜碧桃	마침 파랑새가 벽도碧桃를 물고 날아오누나

'평해팔영' 중 월송정 앞에 펼쳐진 자연 정경과 밝은 달이 뜬 밤에 정자 안에서 풍류를 즐기고 있는 무리들을 신선의 무리라고 규정하는 것은 방외 차원의 신선 문화와 거리가 있다. 옥동玉洞 이서李漵(1662~?)는 '삼일포三日浦'를 신선경이라고 한다.[42] 이런 신선경이 있으면 당연히 그림으로 그리고 싶은 생각이 날 것이다. 선경이라 일컬어진 '관동팔경'을 그림으로 그려진 이유 중 하나다.

이밖에 자연의 산수공간에서 신선경을 찾을 수 없는 경우 자신이 거처하는 공간에서 이른바 '마음의 신선[心仙]'을 꿈꾸기도 한다. '산과 계곡에 마음과 뜻을 자유스럽게 내팽개치면서 언젠가 숲 아래에서 속세와 인연을 끊고 세상을 버린 선비를 만나게 될 때 이 책을 꺼내 가지고 서로 즐겨 읽고자 한 내용'을 기록한 허균許筠(1569~1618)의 『한정록閑情錄』에서는 이같은 심선의 정황을 다음과 같이 게재하고 있다.

서재는 그윽한 것이 좋고, 난간은 굽이진 것이 좋고, 수목은 성긴 것이 좋고, 담쟁이 덩굴[薜蘿]은 푸르게 드리워진 것이 좋다. 궤석·난간·창문은 가을 물처럼 깨끗한 것이 좋다. 좌탑坐榻 위에는 연운煙雲

---

42) 李漵, 『弘道遺稿』 卷3, 「東遊篇, 贈高城使君權汝仰曁其弟汝重, 汝久, 幷序」(b054_067c). "澄光十里平, 淡掃琉璃開玉鏡, 開玉鏡, 丹靑畫出千峯影, 危亭縹緲四松間, 眞是神仙境."

이 떠 있는 것이 좋다. 묵지墨池와 필상筆牀에는 수시로 꽃향기가 풍겨
있는 것이 좋다...독서하는 데 이상과 같은 호지護持를 얻는다면 만권
의 서책에 모두 다 환희를 느끼게 되어서, 낭현琅嬛의 선동仙洞이라도
부러워할 나위가 없을 것이다.[43]

'무고無故'하면 금서琴書를 곁에서 놓지 않을 것을 강조하는 독서인으로
서 문인사대부들은 서재를 꾸미고 기타 예술적 삶을 향유하는 과정에서
신선경 못지않은 아취雅趣와 즐거움을 누리고자 하였다. 이런 점은 독서인
으로서 문인사대부들의 지향한 '심선'에 해당한다고 할 수 있다.

조선조 유학자들은 신선처럼 살 수 있는 신선경은 굳이 궁벽진 산수공
간일 필요가 없다고 여겼다. 신선처럼 산다는 것은 결국 자신이 사는 공간
에서 어떤 삶을 누리는가 하는 것과 관련이 있다고 여겼고, 그런 삶은 때
론 쾌락 추구적인 것으로 나타나기도 하였다. 이런 점은 결과적으로 '선경
은 사람에게 멀리 있지 않다[仙境不遠人]'는 사유로 나타난다.

---

43) 許筠, 『閑情錄』 제19권 「書憲·護持」, "齋欲深, 檻欲曲, 樹欲疏, 蘿薜欲青垂. 几席, 闌幹, 窗
竇, 欲淨滑如秋水. 榻上欲有雲煙氣, 墨池, 筆床, 欲時泛花香...讀書得此護持. 萬卷盡生歡喜. 琅嬛
仙洞, 不足羨也." 이 글은 명대 吳從先의 『賞心樂事』에 나오는 글을 허균이 그대로 옮긴 것이
다. 琅嬛[혹은 琅環]은 天帝의 書庫가 있는 곳이라고 한다.

5 '선경불원인仙境不遠人' 사유

　신선처럼 살고자 한다면 일단 인경을 떠난 궁벽窮僻진 산수공간에서 세속과 일정한 거리를 두는 것을 모색하면 될 것이다. 하지만 산수공간에서 신선처럼 살 수 없는 정황에 처한 유학자라면 주위에 신선의 정경을 느낄 수 있는 정자나 정원을 조성하고 신선처럼 살고자 하는 속내를 모색하면 된다. 이처럼 외적 환경을 신선처럼 살고자 하는 인위적 공간을 조성하여 신선처럼 사는 방식도 있지만 유학자들은 한 걸음 더 나아가 자기가 사는 공간이 신선 공간이라 여기는 사유를 강조한다. 이런 사유와 관련하여 먼저 이이의 신선풍 삶과 관련된 시를 보자.

> 「신망군 응시 황목백 경문 정욱과 함께 호연정에 올랐는데, 다시 중추에 달을 구경하자고 약속하였다.」
>
> 選勝開慳祕　좋은 곳 골라 신비의 경치 열었고
> 誅茅闢翠巓　풀 베고 푸른 산꼭대기 개척하였다
> 乾坤四圍遠　하늘과 땅은 사방이 탁 트였고
> 窓戶半空懸　창과 문은 반공중에 매달렸네
> 雨霽山成畵　비가 그치니 산이 그림을 그렸구나
> 潮平水作天　조수 펀펀하니, 물이 바로 하늘일세
> 三山不須覓　삼신산도 찾을 것이 없다.
> 棲此卽神仙　여기서 살면 곧 신선이 되거니
> 一丘專勝賞　한 등성이 좋은 경치 독차지하여
> 飛閣架危巓　날 듯한 누각 높은 꼭대기 걸쳐 있네

迥壓西溟盡　저 멀리 사해를 모두 눌렀고

平看北斗懸　북두성이 수평으로 바라보인다.

明沙斜耀日　환한 모래는 햇빛에 반짝이고

碧岫細浮天　푸른 봉우리는 아득하게 하늘에 뜬다.

更得風將月　여기에 바람과 달을 얻는다면

應成玉界仙　아마도 선경에 사는 신선 되겠지.[44]

　　도교에서는 신선이 사는 공간으로 흔히 봉래산蓬萊山·방장산方丈山·영주산瀛州山과 같은 삼신산을 거론한다. 하지만 자신이 사는 공간의 자연 정경이 삼신산과 같은 선경이라고 여기면 굳이 삼신산과 같은 것을 찾을 필요가 없다는 것이다.

　　「청풍계동에서」

新知兼舊友　새 친구에 옛벗과 동반하여

携手得天游　손을 맞잡고 한가롭게 즐기네

雨後千峯淨　비 온 뒤라 온 봉우리 깨끗하고

松閒一逕幽　소나무 사이엔 한 오솔길 그윽하구려

仙區纔半日　신선 사는 곳 겨우 반나절이건만

塵世定三秋　속세의 세월로는 정녕 3년이 되겠네

咫尺蓬萊在　봉래산이 바로 지척에 있는데

何須海外求　무엇하러 바다 밖에서 찾을 것인가[45]

---

44) 李珥,『栗谷全書』권2「與辛君望應時, 黃牧伯景文廷彧, 登浩然亭, 更約仲秋翫月」(二首)(a044_036d).

45)『栗谷全書拾遺』卷1「淸風溪洞」(丙辰)(a045_472c).

鄭敾 〈청풍계지각淸風溪池閣〉

청풍계淸風溪는 인왕산 동쪽 기슭의 북쪽 종로구 청운동靑雲洞 54번지 일대의 골짜기를 일컫는 이름이다. 원래는 푸른 단풍나무가 많아서 청풍계靑楓溪라 불렀는데 병자호란 때 강화도를 지키다 순국한 우의정 선원仙源 김상용金尙容(1561~1637)이 별장으로 꾸미면서부터 맑은 바람이 부는 계곡이라는 의미인 청풍계淸風溪로 바뀌었다 한다.

이이는 한성 성안의 '청풍계동'[도판 1]이 바로 신선이 사는 곳이라고 한다. 인경에서 살면서 그 인경에서 조금만 벗어나 산수공간에 처할 수 있는 최소한의 자연 정경이 마련된 상태에서 신선처럼 사는 것은 모두 마음먹기에 달려 있다. 이런 점에서 이홍유李弘有(1588~1671)는 인간에는 스스로 신선경이 있다고 말한다. 구체적으로 경치 좋은 산수공간에서 '가둔佳遯[=嘉遯]'[46]의 삶을 살면서 세속적인 걱정거리를 다 끊어버리고 책을 읽고 술 한잔 마시면서 사는 것이 바로 신선경이라는 것을 말한다.[47]

---

46) 『周易』「遯卦」, "九五, 嘉遯. 貞吉. 象曰, 嘉遯貞吉, 以正志也." 참조.
47) 李弘有, 『遯軒文集』卷2「謹次諸先輩相和玉溪韻」(b023_036a), "人間自有神仙境, 九曲靈溪

신선처럼 산다는 것은 구름 낀 산에서 바람과 달을 가슴 가득히 살면서 세상사 공명을 초월하는 삶이기도 하다. 물론 굳이 구름 낀 산이 아니어도 된다. 중요한 것은 마음가짐이다. 하지만 이런 삶의 경지는 세속적인 권력·명예·재물 등을 누려본 사람이 말할 때 설득력이 있음을 기억할 필요가 있다. 조면호趙冕鎬(1803~1887)는 바쁜 일이 없는 것이 신선경이라고 한다.[48] 이직李稷(1362~1431)은 마음이 편안하면 사는 '그곳'이 바로 '신선의 땅[신선경]'이라고 한다.

隱居何必天台嶺　어찌 하필 천태산령에 은거하리오
心安卽是神仙境　마음이 평안하면 그곳이 바로 신선의 땅이지
會營菟裘老桑鄕　남은 여생의 경영은 고향 땅에서 늙어 가리라
幸有先人田十頃　다행히도 선조가 남겨 준 십 경의 밭뙈기가 있다네[49]

최소한의 경제적 생활을 누릴 수 있는 여건이 마련된 고향 땅에서 마음 편히 살면 그곳이 바로 신선경이란 이런 사유는 청빈함과 직접 경작을 요구하면서 은일을 추구하는 삶과 일정 정도 차별화 된다. 따라서 이런 정황에서 추구하는 부귀관도 다르다. 구름 낀 산에 머물면 신선이 되거나 마찬가지라고 읊는 아래 시어는 알고 보면 세속적인 부귀를 누려본 이후의 경지를 읊은 것에 해당한다..

萬景臺. 山勢北來飛鳳舞, 水流東去怒龍迴. 平生活計書千卷, 半世忘憂酒一盃. 佳邂十年塵慮斷, 草鞋藜杖任徘徊."
48) 趙冕鎬, 『玉垂集』卷19「復次忙字」, "山屋元無一事忙, 何如玉室與金堂. 是吾自有神仙境, 不向丹廚用力長."
49) 李稷, 『亨齋詩集』卷一「奉次章天使詩韻」

「장난삼아 성력서에 적다[戲題星曆書]」

人言禍福繫星躔	사람들 화복은 별자리에 매여 있다 하지만
我說人心自有天	나는 사람 마음에 절로 천명이 있다 말한다오
風月滿懷眞富貴	바람과 달 가슴에 충만함이 참된 부귀이니
雲山住跡是神仙	구름 낀 산에 머물면 이것이 신선일세
閑中事業能千古	한가로운 가운데 사업은 천고에 이어지고
世上功名祇百年	세상사 공명이야 백년이면 끝나는 것을
此意欲傳誰信得	이런 생각 전해도 누가 믿으려 할까
掩書微笑獨欣然	책 덮고 미소 지으며 홀로 기뻐하네[50]

'세상사 공명이야 백년이면 끝나는 것을 안다'는 것은 그것을 누려본 사람만이 할 수 있는 발언이다. 공명을 누리지 못한 사람들은 이런 경지를 알 수 없다. 즉 공명을 이루기 위해 바삐 살았던 삶에서 벗어나 한가로운 가운데 신선처럼 살고자 하는 삶은 이미 공명을 누리고 난 이후의 경지에 해당한다는 것이다. 따라서 이같은 신선경에서 사는 것과 관련하여 상기할 것은 이른바 도연명이 「음주飮酒」5수首에서 읊은 '심원心遠' 차원에서 신선 풍류를 추구하는 것이다. 이이가 이지번李之蕃(?~1575)이 벼슬자리 사직을 통한 일취逸趣를 추구한 것을 선풍과 연결한 것은 그 하나의 예다.

逸趣人誰識	자유롭게 은둔해 사는 정취는 아는 이 누구인가
仙風我所師	그대의 신선풍류는 내가 본받을 점이라네
秋天歸雁日	가을 하늘 기러기 돌아가는 시절에
神武掛冠時	신무문에 갓을 걸고 사직했구려

---

50) 林泳, 『滄溪集』권1 「戲題星曆書」.

樽酒愁分手　술상 앞에서 헤어짐을 슬퍼하니

山川繞夢思　꿈속에서도 그리워 산천이 보이리

何當蠟雙屐　언제나 밀칠한 나막신을 신고

蘿逕共娛嬉　담쟁이 덩굴 오솔길을 함께 거닐며 즐거워할 것인가.[51]

　사직한 정황이 다르지만 도연명도 팽택彭澤의 관리를 그만두고 「귀거래
사歸去來辭」를 읊으며 고향으로 돌아가 은일적 삶을 추구한 적이 있다. 임
금이 계신 쪽인 '신무문에 갓을 걸고 사직했다'는 말은 그동안 관료로 산
삶을 정리한 것을 의미한다. 관료적 삶을 그만두고 자유롭게 은둔의 삶에
대한 지향을 신선의 풍류로 이해하는 것은 유학자들이 추구한 신선처럼
산다는 것의 한 전형에 해당한다.

　이런 정황에서 때론 사직을 하지 않더라도 관료의 부임지가 신선굴택神
仙窟宅[52]으로 알려진 관동 지역이면 신선처럼 살 수 있다는 것[53]을 말하기도
한다. 그만큼 관동 지역의 자연산수정경이 아름답다는 것을 의미하지만
다른 차원에서는 관동 지역이 조정에서 멀리 떨어져 있어 조정의 관리 감
독을 덜 받는 정황에서 자연의 화려한 정경을 누릴 수 있는 기회가 많다는
것도 의미한다. 이밖에 이른바 도연명의 도화원경桃花源境을 신선경과 연계

---

51) 李珥, 『栗谷全書拾遺』 卷1 「送李司評之蕃」(a045_473a).

52) 張維, 『谿谷集』 권8 「鏡浦臺記」(a092_138b), "三韓山水之美, 名於天下, 幅員八路, 各有勝
境, 而嶺東爲之最. 嶺之東九郡, 北自歙通, 南盡平蔚, 各占山海之勝, 稱神仙窟宅, 而臨瀛爲之最,
環臨瀛百餘里, 官私亭樹, 據形勝擅瑰奇者, 不一其所。而鏡浦臺爲之最."

53) 崔岦은 江原監司로 부임하는 朴子龍을 전송한 글에서 도교의 영산인 蓬萊·瀛洲 같은 三神
山이 이 세상에 실제로 존재하지 않는다면 모르지만, 만약 있다고 한다면 바로 강원도에 있다
는 것을 말하면서 기막힌 유람이 될 것임을 말한다. 崔岦, 『簡易文集』 卷3 「送朴子龍公江原監司
序」(a049_297c), "今夫江原一道之內, 有六六千峯以爲山, 而九龍以瀦淵, 萬瀑以疏洞, 歸天下之水
以爲海, 而日月所生出, 鯨鰲所沉浮, 凡寺刹以要領之, 樓臺以呑納之者, 不可區記而品論. 所謂蓬萊
瀛洲之屬, 世果無有已矣, 有則必在於斯焉. 雖神仙之說, 秦漢之君所褰裳而濡足者, 夸誕不足信, 而
縱觀於其間, 邃之又邃, 曠之又曠, 直與顥氣者游於萬象之外, 不以奇乎. 此公今之遊也." 참조.

하여 이해하는 경우도 있다.

水襲山重一路通　　겹쌓인 물과 산에 한 줄기 길이 뚫려

桃坪籬落翳新紅　　도리평 담장 따라 붉은 꽃이 싱그럽네

不緣鄕社常來往　　이웃 마을 사람들과 평소 왕래 없으니

應恐神仙住此中　　아마도 이 가운데 신선이 살고 있나[54]

　　이상 거론한 내용을 보면 유학자들은 불로장생의 신선을 추구하지 않지만 그렇다고 신선처럼 사는 것을 부정하지 않았음을 알 수 있다. 도리어 '가둔'의 삶과 관련된 신선경에서 신선처럼 사는 것을 추구하고자 하였음을 알 수 있다. 이런 점에서 유학자들은 선경이란 인경과 떨어진 궁벽진 먼 곳에 있는 것이 아니라 바로 무욕과 허정의 마음 상태에서 자신의 주위 환경을 선경으로 여기느냐의 여부에 있음을 강조한다. 즉 방내적 공간과 인간관계를 포기할 수 없었던 유학자들은 선경불원인仙境不遠人의 사유를 제시하면서 신선처럼 살고자 했는데, 이런 점은 『중용中庸』에서 말하는 '도불원인道不遠人'[55] 사유를 신선적 삶에 적용한 것에 해당한다. 이런 정황은 금강산 등과 같은 산수공간을 여행한 것을 기술한 다양한 유선풍遊仙風의 시를 통해 확인할 수 있다.

---

54) 金昌協, 『農巖集』 卷4 「詩:上元夜, 石室書院, 同諸生觀月, 呼韻共賦 丙子」(a161_375a). 이밖에 鄭斗卿, 『東溟集』 권3 「送金城南使君」(a100_419d), "峽裏雲山鐵嶺來, 訟庭瀟灑絶塵埃. 春還便是神仙境, 一縣桃花處處開." 참조.
55) 『中庸』 13장, "子曰, 道不遠人. 人之爲道而遠人, 不可以爲道."

6 맺는 말

『장자莊子』「양왕讓王」에서 "몸은 강과 바닷가에 은둔해 있어도 마음은 큰 궁궐의 임금 아래에서 벼슬하는 것에 있다[56]"라고 말한 것은 중국뿐만 아니라 조선조 유학자들에게도 그대로 적용된다. 『장자』「양왕」의 말은 흔히 "몸은 산림에 은둔해 있어도 마음은 임금이 있는 궁궐에서 정치에 참여하는 것에 있다[身在山林而心存魏闕]"는 표현으로도 응용되는데, 이같은 정황에 은일 문화와 관료문화가 동시에 공존하고 아울러 신선처럼 사는 문화도 들어갈 수 있는 여지가 있게 된다. 즉 산림과 강호에서 사는 삶에 본고에서 논하고자 한 신선처럼 사는 문화가 개입될 수 있는데, 문제는 산림과 강호에서의 은일 및 신선처럼 살 수 없는 정황이다. 이런 정황에서 유학자들은 방내적 공간에서의 신선처럼 살고자 하는 문화를 추구하고자 하였던 것이다.

유가가 제시한 삼강오륜 및 예법에서부터 자유롭지 못한 조선조 유학자들은 도교에서 추구하고자 한 방외적 신선문화를 제한적으로 받아들일 수밖에 없었다. 이에 도교의 신선관에서 제시하는 장생불사를 인정하지 않은 상태에서 일취逸趣 및 탈속을 통해 신선처럼 사는 즐거움을 찾고자 했다. 그런 즐거움은 때론 호걸풍 신선의 쾌락 차원으로 전개되기도 하였다. 이런 점은 청빈을 기본으로 하는 은일적 삶과 세속에서 신선처럼 사는 삶의 차이점을 드러내는 핵심이다. 이에 방외 차원의 궁벽진 산수공간이 아닌 방내 차원에서 도성 혹은 인경에서 신선경에 해당하는 산수공간을 찾고자 하거나 주변 꾸미는 것을 추구하였고, 때론 '선경불원인仙境不遠人'

---

56) 『莊子』「讓王」, "身在江海之上, 心居乎魏闕之下."

과 '심선心仙'이란 사유를 제기하였다. 이밖에 주자학의 권위가 일정 정도 약화되는 18세기 이후 〈요지연도瑤池宴圖〉 등에 표현된 신선풍은 유학자들이 암암리에 추구하고자 한 삶이기도 하였다. 그런데 신선문화에 대한 바람에는 현실에서 얻을 수 있는 즐거움만 관련하여 말해진 것이 아닌 경우도 있다. 간혹 신선처럼 사는 것을 통해 현실의 고통이 멈추길 바라는 마음을 표현하여[57] 때론 사회비판적인 견해를 띠는 경우도 있다. 이처럼 조선조 유학자들의 신선문화는 매우 다양한 모습으로 전개된 것을 알 수 있고, 이런 정황은 다양한 그림을 통해 표현되기도 하였다.[58]

그럼 조선조 유학자들이 신선처럼 살고자 한 삶의 방식을 오늘날 현대인의 삶에 적용한다면 어떤 지혜로움을 얻을 수 있을지 생각해보자. 과학과 의학의 발달에 따라 미래에는 불로장생의 신선처럼 살 수 있는 가능성은 풍부하다. 예를 들면 인공장기 발달 및 노화 방지에 탁월한 효과가 있는 약품 개발은 이런 가능성을 높여 줄 것이다. 물론 이런 혜택은 경제적으로 부유한 사람에게 한정된다는 문제점이 있지만, 이같은 불로장생의 신선 가능성은 인류에게 축복일까 재앙일까 하는 질문을 던질 필요가 있는데, 재앙일 확률이 높다. 하지만 유학자들이 추구한 신선처럼 살고자 하는 삶은 이런 질문으로부터 자유롭다. 특히 주장하는 것에 대한 논란거리

---

57) 崔岦, 『簡易文集』 卷7 「松都錄·和五山反元意二首(a049_444c), "人在藐姑耶. 綽約膚如雪, 侍立皆霞衣, 一春無四節, 我欲往從之, 忍與窮民絶, 但願乞靈壽, 分之活時月, 一服九轉丹, 世慮湯沃雪, 再服還童顏, 八百春秋節, 嗟嗟當世人, 干戈生理絶, 安能共拔宅, 鷄犬雲外月." 참조. "鷄犬雲外月"에 대해서는 淮南王 劉安이 신선술을 터득하여 온 가족을 데리고 白日에 昇天하였는데, 이때 그릇에 남아 있던 丹藥을 개와 닭이 핥아먹고 함께 하늘로 올라가서 닭은 천상에서 울어대고 개는 구름 속에서 짖어대었다(『神仙傳』「淮南王」, "時王之小臣伍被, 曾有過, 恐王誅之, 心不自安, 詣闕告變, 證安必反, 武帝疑之, 詔大宗正持節淮南, 以案其事, 宗正至, 八公謂王曰, 伍被人臣, 而誣其主, 天必誅之, 王可去矣. 此亦天遣王耳, 君無此事, 日復一日, 人間豈可舍哉. 乃取鼎煮藥, 使王服之, 骨肉近三百余人, 同日升天, 雞犬舐藥器者, 亦同飛去.")는 전설을 참조.
58) 특히 관동지역을 그린 그림들은 단순 자연정경을 그린 것이 아니라 일정 정도 신선처럼 살고자 했던 조선조 유학자들의 바람을 그림으로 형상화한 것이라고 할 수 있다.

는 있지만 흔히 '피로사회'⁵⁹로 규정되기도 하는 오늘날 과거 조선조 유학자들이 추구한 '신선처럼 살고자 하는 삶'은 올바른 심신 건강을 유지하는데 많은 지혜를 얻을 수 있다고 본다.

59) 한병철, 『피로사회』, 문학과지성사, 2012.

조선 시대 회화에 나타난 팔선

넬리 루스

번역: 손경희(상생문화연구소)

필자 약력

Nelly Russ

불가리아 태생의 고고미술사학자

러시아의 국립 상트페테르부르크 대학교에서 미술사학과를 졸업하였고 상트페테르부르크시 소재 유럽 대학교에서 같은 전공으로 석사학위를 취득하였다. 그 후 한국으로 건너와 한국학중앙연구원에서 한국학과 석사과정, 문화예술학과 박사과정을 마쳤다.

유럽 한국학 학회지의 「한국의 회화와 문학에서의 여동빈의 양상」 등 국내외 주요 학술회의에서 여러 논문을 발표하였는데, 그녀의 관심분야는 한국고고미술, 회화에 나타난 한국 도교, 한국 불교미술이다.

현재 고려대학교 고고미술사학과 초빙교수로서 학생들을 가르치고 있으며, 서울대학교와 중앙대학교에서 각각 러시아어 강좌를 진행하고 있다.

서울대, 고려대, 중앙대 강사

논문

Facets of Lu Dongbin in Korean Painting and Literature, European Journal of Korean Studies, Vol. 20, No. 1 (2020), pp. 85-133

1 들어가는 말

　동아대학교 박물관의 소장품 중에는 김홍도의 작품으로 추정되는 파도 위에 떠 있는 팔선을 그린 그림이 있다. 조밀하게 그려진 팔선이 전체 공간을 채우고 있고 아래에 있는 파도는 거의 눈에 띄지 않는다. 그림은 정사각형이며 네 면이 잘려나가 있다. 종리권鐘離權은 만취 상태로 묘사되어 있으며 한상자韓湘子가 그를 떠받치고 있다. 이 작품은 18~19세기에 유행했던 한국의 팔선도와 극명한 대조를 이룬다. 인물들을 서로 가깝고 조밀하게 묘사한 이 그림은 중국 명청 시대 팔선도와 오히려 비슷하다. 이 작품의 가장 본질적인 특징은 한국 전통에서 매우 이례적이게도, 다른 인물을 포함하지 않고 팔선만이 등장한다는 점이다. 이 작품을 그릴 당시 김홍도는 아마도 중국 원작에서 영감을 받았을 것이다.

　한국 미술에 있어 팔선은 중국에서 유래한 수많은 주제들 중 하나일 뿐이다. 그러나 한국에서 팔선이 가지는 지위와 그에 대한 관심으로 인해 팔선은 변형되고 재해석되었다. 한국 화가들이 그린 팔선도와 관련해 고찰해볼 몇 가지 사항이 있다. 17~20세기 초 한국의 인물화에서 팔선도가 많이 등장한다는 사실이다. 다수의 도교 신선들을 표현한 소규모 혹은 대규모의 신선도들 대부분은 팔선 중 일부 혹은 전체를 다 포함하고 있다. 그러나 팔선만이 독립된 주제로 등장하는 회화는 없다.

　이 연구는 이러한 모순점을 밝히고자 조선시대 팔선도에 대해 더 깊이 연구하고자 한다. 팔선이 한국에 전승된 이후로 그 성격이 얼마만큼 온전하게 보존되었는지, 조선 화가들은 그 주제에 어떻게 적응했는지, 그리고 국내의 담론에 부응하여 얼마나 특별한 한국적인 팔선도가 탄생되었는지에 대한 문제를 다룰 것이다. 또한 한국 화가들의 도상학 및 성인전聖人傳

관련 지식에 참고가 된 중국측 원형에 대해서도 알아볼 것이다.

이러한 질문에 대한 답을 제시함으로서 조선회화에서의 팔선의 지위를 설명 가능하리라 본다. 또한 중국 미술에서 각별한 관심을 받은 주제가 한국의 화가들에 의해 어떻게 다루어졌는지도 파악할 수 있을 것이다. 이외에도 조선 팔선도의 발전 초기 단계에서부터 팔선에 부여된 매우 다양한 도상학적 특징에 이르기까지 의문점에 대한 실마리를 제공하고자 한다.

2 배경

　팔선도는 조선시대 인물화의 상당 부분을 차지하는 신선도神仙圖라는 장르의 한 부분이다. 신선도는 도교의 신선들을 개별적으로 혹은 무리로 표현하며 그 신선들의 전기傳記에 등장하는 유명한 일화의 삽화도 포함한다. 많은 전문화가들과 문인화가들이 신선도를 그렸으며 상당한 수의 작품이 현존한다. 이 작품들은 다양한 형식과 회화 기법들을 통해 신선을 개별적으로 혹은 무리로 묘사하고 있다.

　조선 시대 신선도 회화의 배경은 상당히 복잡한데 이는 도교에서 유래했음에도 종교적 성격은 지니지 않는다는 점에 기인한다. 기도나 의례에 사용되지도 않았고, 그림 속의 신선이 지닌 초자연적인 힘을 담고 있는 도구로도 이해되지 않았다. 그 이전 고려 시대는 이와는 달랐는데, 고려 신선도는 현재 남아 있지 않지만, 문헌에 따르면 도교 신전의 그림이 고려 궁중에서 행해진 도교 의식에 사용되었다는 증거가 있다. 조선 중기에 의례적인 도교가 폐지된 후 종교적인 목적의 신선도는 더 이상 필요하지 않게 되었고 제작도 중단되었다.

　결과적으로 도교적 주제를 다룬 그림은 예술 감상, 상서로운 가택 장식, 새해맞이 그림, 또는 생일 및 축제 시에 장수와 행복을 기원하는 선물로서 광범위하게 제작되었다. 18-19세기에 인기를 얻으면서 신선도는 불교 사찰의 벽화 장식에도 유입되었다.

　신선도에 대한 이러한 인식 변화는 중국 명나라 초기에 도교 전진교파全眞教派[1]의 쇠퇴와 함께 시작된 도교 신선 숭배의 세속화 과정의 일부였다.

---

1) 전진교파에 대한 세부 내용과 그 교리가 중국 회화에 끼친 영향에 대해서는 조인수의 저서 (2009) 참고

조선 초기의 신선도는 현재 한 점 만이 전한다.[2] 조선 중기에는 내단사상이 주목을 받으면서 신선도의 수와 작품성도 올라가기 시작했다.

이는 조선 내에서 성인전기문학의 양산이 증가하고 『열선전전列仙全傳』(한나라 유향의 저작, 1600년 출판)이나 『홍씨선불기종洪氏仙佛奇蹤』(홍자성, 1602년 출판)과 같은 도교 신선들을 그린 중국 삽화책들이 많이 유입된 영향이기도 했다. 팔선을 포함한 신선도의 모든 인물들은 그들의 상징물들과 함께 중국으로부터 전래되었으며 이 두 가지 개론서에 크게 기반하고 있다.

중국에서 팔선은 원元 왕조 때까지 도교의 종교적 성격과 결부되어 있었다. 팔선의 개념은 원나라 극작가들에 의해 잡극雜劇(다양한 주제의 공연)을 통해 발전되었는데, 이러한 잡극은 도교적 깨달음과 불로불사의 성취라는 전진교파의 기본 교리를 잘 설명하면서 또한 대중화했다. 신선세계로 인도하는 안내자로서의 팔선의 기능은 현존하는 금金, 원元 왕조 초기 시대 무덤의 회화에도 시각적으로 드러나 있다.

동시에 팔선은 그들의 종교적 역할과는 관련성이 희박한 맥락에서도 사용되었는데, 경수연慶壽宴 또는 현세에서의 행운, 장수, 그리고 복을 기원하는데 활용되었다. 생일잔치에서 이러한 연극을 공연하거나 일상 용도의 도자기 등에 팔선을 장식으로 활용하는 것을 보면 알 수 있다. 원 왕조 초기에 이미 이러한 세속화된 종교적 주제가 원나라 사회 전반에 영향을 미치고 있었으며 팔선은 그 좋은 예이다.

팔선은 종리권鍾離權, 여동빈呂洞賓, 이철괴李鐵拐, 장국로張國老, 한상자韓湘子, 남채하藍采何, 조국구曹國舅, 그리고 유일한 여자 신선인 하선고何仙姑를 일컫는다. 이들 팔선은 중국 역사에서 서로 다른 시대에 살며 도를 통했으

----

2) 마고 여신을 그린 작자미상의 작품으로 간송미술관에 전시되어 있다.

며 초기 기록에는 개별적으로만 나타난다.

　이들을 함께 다룬 최초의 문학 작품이 저작된 때가 원나라인데 이때부터 팔선이 대중의 관심을 받기 시작했다. 중국 문화에서 팔선이 특히 중요한 이유는 중국사회의 다양한 모습과 계층들을 다 포괄하기 때문이다. 팔선은 부자(조국주)와 걸인(이철괴), 노인(장국로)과 청년(남채하), 여성(하선고), 그리고 장수(종리권)와 학자(여동빈)를 포함하여 모든 인간이 불사신이 될 수 있다는 희망을 상징한다.[3]

---

3) 지왕汪伋의 『사물원회事物原會』 1796년에 출간, Yetts의 저서(1922, p. 399)에 재인용.

3 팔선의 한국으로의 전래

문헌과 고고학적 증거에 따르면 원나라의 팔선은 고려 말기에 한국에 소개되었다. 다만 팔선 중의 한 명인 한상자韓湘子 경우는 이미 12세기부터 고려시대 시가에 등장하는데 바로 당나라의 유명한 문장가인 한유韓愈와 의 관계 때문이다(한유의 조카임). 고려시대에 궁중의 열렬한 후원으로 도 교가 번성하면서 그러한 문화적 배경을 업고 팔선 또한 그 저변이 확대되 었다.

『고려사』와 『고려사절요』에는 중국의 팔선과는 다른 한국 토착의 팔선 이 고려 초기부터 존재했다는 기록이 실려 있다. 팔선 숭배는 한국의 산악 숭배 전통과 밀접한 관련이 있다. 산악 숭배는 신라 이후로 고려의 수도인 개경의 송악산松嶽山과 연관되어 있으며 도교 불교의 신들과 토착신들간의 융합을 보여준다. 1160년경 김관의金寬毅가 편찬한 태조 왕건의 족보인 『편년통록』[4]에 따르면 개경 송악산은 팔진인八眞仙의 거처로 알려져 있는데 팔진인은 원나라의 팔선과는 다르다. 또한 고려 건국 시기에 팔선궁八仙宮 을 비롯해 산천의 여덟 신을 모시는 사당을 창건했다는 기록도 있다.[5]

---

4) 『편년통록編年通錄』은 현존하지 않으나 『고려사』 권1에서 많이 인용된다. 태조 왕건의 6대 조상까지 밝히고 있다.
5) 신라시대 풍수의 대가인 팔원八元이 송악산을 팔선이 기거하는 곳으로 여겨 숭앙했다고 김관의는 밝히고 있다. 또한 당나라 숙종이 17세 나이에 여러 명산을 순례하던 중에 바다를 건너 송악(신라 시대에는 개성으로 불림)에 있는 곡령산鵠嶺山에 올랐다는 내용도 전한다. 아 름다운 산의 풍광에 매료되어 숙종은 이렇게 외쳤다. "이 땅은 필시 수도가 되리라. 실로 팔선 이 기거할 만한 곳이라."(『고려사』 권1, 태조) 결론지을 수는 없으나 이 전설에 따르면 팔선 숭 배는 적어도 8세기부터 이 지역에 존재했던 것으로 보인다.

〈고려사 127권에 기록된 팔진선八眞仙〉

護國 白頭嶽 太白仙人 實德文殊師利菩薩
호국 백두악 태백선인 실덕문수사리보살

백두산 태백선사, 문수사리보살, 백두산과 관련됨

龍圍嶽 六通尊者 實德釋迦佛
용위악 육통존자 실덕석가불

용위악산의 육통존자 중의 한 분이며 또한 석가불, 평안북도 용골산龍
骨山의 다른 이름인 용위악산과 연관됨[6]

月城嶽 天仙 實德大辨天神
월성악 천선 실덕대변천신

월성악의 천신이면서 대변천신, 황해도의 토산兔山과 연관됨[7]

駒麗 平壤仙人 實德燃燈佛
구려 평양선인 실덕연등불

구려 평양의 불사신이며 연등불, 평양의 수호산인 금수산錦繡山과 연관됨

駒麗 木覓仙人 實德毗婆尸佛
구려 목멱선인 실덕비파시불

평양 근교 목멱산의 신선이면서 비파시불

松嶽 震主居士 實德金剛索菩薩
송악 진주거사 실덕금강색보살

개성 송악산의 거사, 금강색 보살

甑城嶽 神人 實德勒叉天王
증성악 신인 실덕늑차천왕

증성악의 신선, 사천왕 가운데 남방을 수호하는 늑차천왕, 평양 인근의
국령산과 연관됨

頭嶽 天女 實德不動優婆夷
두악 천녀 실덕불동우파이

두악산의 천녀, 불교의 부동의 우파이 —독실한 여성 평신도, 강화도의
마리산과 연관됨, 팔진선 가운데 유일한 여신

---

6) 이병도가 이와 같이 비정比定했다. 그의 저서 p.204-207(1980).
7) 황해도黃海道는 한반도 북쪽에 있으며 조선왕조 행정구역인 팔도의 하나였다.

그 이름에서 알 수 있듯 팔진선은 평양과 수도인 송도(개경) 부근의 북쪽 국경지대 산과 연관되어 있으며 산악 숭배와 불교의 융합을 보여준다.

팔선궁은 이재현李齊賢(1288-1367), 이색李穡(1328-1396), 이숭인李崇仁(1347 -1392) 등 여러 고려 문인들의 시집에도 언급되었는데 이들의 시는 고려 문인의 팔선에 대한 인식과 숭배 방식에 대해 많은 내용을 내포하고 있다. 호국불교의 개념과 유사한 국가수호 신앙의 틀 안에서 팔선을 나라의 수호자로 보고 있으며 일상생활에서는 백성을 삶의 우여곡절과 질병으로부터 구하고 축복과 장수를 내려주는 존재로 그리고 있다. 전자의 기능은 수세기에 걸쳐 쇠퇴하여 사실상 사라졌지만, 후자의 성격은 조선 후기에 그 영향력이 증대되었다. 팔진선이 그러했듯이 중국에서 유래한 팔선도 역시 행운과 장수를 기원하는 전통적인 상서로운 상징이 되었다.

팔선궁은 16세기 초까지 600년 이상 존재했는데 이는 한국의 토착 팔선 숭배의 유구하고 살아있는 전통을 말해준다. 고려 인종仁宗(재위 1122-1146) 시대에 한국의 팔선 숭배는 새로운 차원으로 올라섰고 당시 정쟁에서도 적극적으로 사용되었다. 당시 큰 영향력을 지녔던 승려 묘청妙淸(?-1135)의 권유로 1131년 평양의 새 궁궐 안에 팔성당(여덟 성인을 모신 사당)을 세웠는데 팔선의 초상이 그 안에 모셔져 있었다. 인종의 후계자인 의종毅宗(재위 1146-1170) 재위 기간에도 한국의 팔선 숭배는 각별한 관심을 받았으며 정치적 안정을 위해서도 가장 중요한 것이었다.

고려의 문인들은 14세기 경에 원나라의 팔선을 접했다. 팔선에 대한 가장 초기의 언급은 이숭인李崇仁(1347-1392)의 시 〈사문도회고沙門島懷古〉에 나타나는데 여기에서 팔선은 동해에 있는 신선의 섬으로 가는 중인데 하늘에 떠 있는 모습으로 묘사된다. 팔선이 누구를 지칭하는지는 명시적으로 언급되어 있지 않으나, 동해에 있다는 전설적인 다섯 개의 섬(방장方丈, 영주瀛州, 봉래蓬萊, 대여岱輿, 원교員嶠)과 관련이 있는 것은 원나라의 팔선이

유일하다. 그 다섯 섬은 팔선의 거처로 여겨졌다. 이 시를 통해 원나라의 팔선이 어떤 맥락에서 한국에 소개되었는지, 그리고 팔선이 제례의 기능도 갖고 있었던 고려시대 때 팔선에 대한 인식은 어떠했는지에 대한 단서를 제공하고 있다.

위에 인용된 이숭인의 시에서는 팔선이 동방의 낙원과 관련되어 있다. 고려 시대 때 팔선은 특히 봉래산과 긴밀한 연관을 지닌다. 곤륜산 서방 정토에 있는 서왕모의 거처에서 열린 연회에 참석한 후 팔선이 돌아가는 곳도 봉래산이다. 이와 같이 이숭인의 시에 나타난 팔선은, 원나라의 팔선이 지닌 성격―전진교가 지닌 요소라든지 도교적 수양과 깨달음으로 신도를 인도한다든지 하는 종교적 요소―은 없었다. 원나라의 팔선은 한국에 처음 유래되었을 때부터 곤륜산과 봉래산 신화 및 생일을 맞이해 장수와 번영을 기원하는 행위 등과 관련이 있었다. 조선 후기에 제작된 신선도 역시 같은 기능을 가졌다.

고고학적 증거도 그러한 관계를 암시한다. 원나라 팔선을 묘사한 현존하는 유일한 고려시대 유물이 있는데 한국의 국립중앙박물관에 있는 청동 거울이 바로 그것이다. 가운데를 중심으로 팔선을 대칭적으로 배치해 인물 및 장식을 묘사했으며, 상단에는 남극노인南極老人이 묘사되어 있다. 수명과 장수의 상징인 남극노인을 표현함으로써 장수를 기원하는 의미를 담았다. 네 개의 큰 글자 '백수단원百壽團圓(평화롭고 조화로운 백 년의 인생)'이 원 중심의 주변 네 방위에 새겨져 있다. 이 거울은 중국에서 들여온 것일 가능성이 큰데, 이로써 이미 고려 시대에 팔선과 남극노인을 한데 묘사하는 기풍이 알려져 있었다는 사실과 그들에 대한 인식이 어떠했는지를 더 잘 알 수 있다.

원나라의 팔선을 묘사한 조선 초기 회화는 현존하지 않는다. 그러나 〈팔선양기도八仙養氣圖〉(기 수양을 하는 팔선을 그림)라는 그림에 대한 중요한 증거를 조선 초기 학자 서거정徐居正(1420-1488)이 남기고 있다. 신성하고 다른 세상 같은 풍경이 그의 시에 묘사되어 있는데 이것은 팔선이 있는 서방 정토를 의미하는 것으로 보인다.

4 조선 시대의 팔선도

앞서 언급한 바와 같이 동아대학교 박물관에 소장되어 있는 김홍도 추정 작품—하지만 거의 아마도 중국 저작물—인 〈과해군선도過海群仙圖〉를 제외하고는 팔선을 독립적인 주제로 다룬 현존하는 한국인 화가의 작품은 없다. 그럼에도 팔선은 필수적으로 존재하며 다른 신선들이나 인물들과 함께 묘사되는 회화에서도 핵심적 역할을 담당한다. 이러한 형태는 17세기 중반에 처음 나타났으며 18-19세기 후반에는 영향력을 지니게 된다. 팔선이 등장하는 회화 작품은 다음과 같다.

1) 군선경수도群仙慶壽圖: 장수長壽의 신인 수성壽星 또는 마고 여신을 향해 신선들이 생일을 축하하는 모습
2) 파상군선도波上群仙圖
3) 요지연도瑤池宴圖: 곤륜산 서방 정토에서 열리는 연회에 참석하기 위해 모여드는 팔선이 묘사됨
4) 군선도群仙圖: 단순한 배경 또는 이상적인 풍경과 대비시켜 신선들을 묘사함

하나의 그림 속에 다수의 신선을 표현한 것은 그들의 신비한 능력과 힘을 결합시켜 복을 배가시키려는, 그리하여 신선도가 지닌 영험함의 상징성을 높이려는 목적에서였다. 이러한 회화작품은 모두 행운과 복, 장수를 기원하는 생일 예식과 밀접한 관련이 있으며, 이러한 기능적 측면은 신선을 묘사하는 일 자체보다 더 중요한 부분이었다. 때문에 회화에서 팔선이 중심적 역할을 담당했음에도 불구하고, 대개는 서로 긴밀히 연관되어 있

지 않거나, 다른 신선들과 섞여 있거나 팔선의 일부만 묘사되곤 했다.

군선도群仙圖에 묘사된 팔선은 중국 원형과는 구분되는 다른 정도의 수용과 거리를 보여준다. 팔선은 놀랍게도 주로 파도에 떠 있는 모습으로 묘사되어 있는데 바다를 건너는 것이 한국화된 팔선의 주요 관행임을 보여준다.

사실, 남송南宋의 청동거울과 원元의 영락궁永樂宮 순양전純陽殿 벽화에도 드러나 있지만 팔선 또는 팔선의 구성원을 표현하는 초기 방식에 있어서 바다를 건너는 모습도 종종 사용되었다. 과해過海는 팔선의 등장 초기때부터 있었던 주요 개념이면서 상징적 주제임을 알 수 있다. 중국 회화에서 바다를 건너는 팔선 모티브는 원나라 시대부터 연극의 영향을 받아 유행했다.

바다나 강을 건너는 초월적 여행이라는 개념에는 도교적 변화(Daoist transformation) 사상이 내포되어 있으며 원나라 잡극의 모든 공연에 그 요소가 포함되어 있었다. 물을 건넌다고 할 때 쓰이는 한자 '건널 도渡'의 동음이의어가 '법도 도度'인데 이것은 영적 회심을 통한 구원을 뜻하는 종교의 기본 개념이다. 또한 도度는 불교의 바라밀과 같다. 물을 건너는 것은 고해와 윤회(samsara)의 바다를 건너 해탈(nirvana)의 해변에 도달하는 여정이며 무명을 건너 깨달음(enlightenment)으로 가는 과정이다.

이러한 불교 용어는 도교에 차용되어 도교 가르침의 본질적 부분을 이루게 된다. 불교의 해탈은 불사불멸의 성취라는 개념으로 대체되었다. 도교의 구원 개념이 불교에 뿌리를 두고 있을 뿐만 아니라, 구원을 의미하는 도교의 도상학적 공식—바다를 건너는 팔선 혹은 팔선의 일부—역시 '바다를 건너는 나한들'에 그 배경을 두고 있다. '바다를 건너는 나한들'의 이미지는 불교의 구원을 상징하며 송나라 초기에 등장하여 명대에 많은 인기를 끌었다.

특히 조선 후기에 바다를 건너는 신선도가 대중의 인기를 받았다. 파도 위에 떠 있는 팔선을 개별적으로 묘사한 그림이 17세기부터 남아 있어 이미 조선 중반에 이 주제가 유행했음을 알 수 있다. 신선의 초월적 본성과 신비한 능력을 묘사하는 하나의 방법이었다. 파도에 떠 있는 신선의 무리를 묘사함으로써 상서로운 효과를 더했는데 이는 신선도가 생일을 맞이한 이에게 장수와 복을 기원하는 용도로 쓰인 것과 깊은 관련이 있다. 신선들이 파도 위에 서서 수명장수의 신 또는 마고 여신에게 경의를 표하는 군선경수도 형태의 18세기 작품은 이러한 그림이 생일 축하인사와 관련이 있음을 잘 보여준다. 바다를 건너는 신선 그림은 18세기 후반에 유행했고 19세기에는 그 관심이 눈에 띄게 증가했다.

군선경수도群仙慶壽圖(장수를 축하하는 신선들)는 수명을 관장하는 신인 수성壽星(한국어로는 수노인 또는 남극노인)에게 경의를 표하는 신선들을 그리고 있다. 남극노인은 천문에서 유래한 신으로서 중국의 전통 문화에서 천체가 어떻게 신격화되고 의인화되는지를 잘 보여준다. 수성壽星은 남쪽 별자리인 용골자리에서 가장 큰 별이자 시리우스 다음으로 두 번째로 밝은 별인 카노푸스Canopus를 가리킨다. 수성壽星과 장수의 연관성은 7세기 기록인 『진서晉書』에 기록되어 있으며 나라의 운명, 그리고 군주를 포함한 지상의 모든 인간의 수명을 관장하는 별로 믿어졌다.

장수長壽의 신의 의인화된 도상학은 당나라와 북송 시대 사이에 발전했다. 그 후 몇 세기 동안 수노인은 장수와 천복天福의 기본적이고 대표적인 상징이 되었으며 계절회화 및 응용미술의 기복적인 디자인의 필수 모티브가 되었다. 주로 생일이나 신년인사에 축복을 기원하는 의미로 수노인의 이미지를 활용했으며 이는 매우 실용적 성격을 지닌다.

장수의 신은 고려시대부터 한국에서 숭배되었지만 현존하는 가장 오래된 한국의 수성도壽星圖는 17세기 중반의 것으로 김명국이 그린 네 점의 회화이다. 남극노인도는 섣달 그믐날이나 연말을 앞둔 특별한 날에 왕이 고위 관리들에게 보내는 전형적인 선물이었으며 문인들의 가택에서 열리는 생일잔치에서 장수를 기원하는 선물로 널리 유행했다.[8] 그러나 팔선이 장수의 신에게 경의를 표하는 군선경수도 형태의 그림은 다만 몇 점 밖에 남아 있지 않아 18세기에 그 주제가 짧은 시기 동안 관심을 받았음을 알 수 있다.

군선경수도群仙慶壽圖

윤덕희尹德熙(1664~?)가 그린 군선경수도는 그의 화첩 『윤옹화첩尹翁畵帖』(1732-33)에 수록되어 있다. 그리고 김홍도의 스승이었던 강세황(1713~1791)의 작품으로 추정되는 군선경수도 한 점과 작자미상의 18세기 작품 한 점이 전하고 있다.

파상군선도波上群仙圖에도 팔선이 그려져 있다. 이러한 유형으로는 조선시대 작품 약 20여점이 전한다. 이 작품들은 바다를 건너는 수많은 신선들의 행렬을 그리고 있는데, 모두가 파도 위를 걷고 있고 같은 한 방향으로 이동하고 있다. 그들의 목적지는 작품에 드러나 있지 않다. 배경은 자세히 묘사하지 않았고 그대신 파도에 초점이 맞춰져 있다. 거품이 이는 파도와 상서로운 구름을 다채롭게 묘사함으로써 인물들을 강조한다. 팔선혹은 팔선 중 일부가 행렬의 중심이 되어 다른 신선들과 동행한다. 위에 언급한, 수명의 신과 마고에게 경의를 표하는 신선들을 그린 18세기 회화 작품 세 점 이 파상군선도 회화 전통에도 영향을 끼쳤음은 명백한 사실이다. 이러한 파상군선도는 18세기에 정교하게 다듬어져 19세기에 널리 유

---

8) 회화에 나타난 남극노인. 간송미술관 〈추남극노인도秋南極老人圖〉. 조선 후기 화가인 장승업張承業(1843-1897)이 고종 황제(재위 1897-1907)에게 바침. 그림에는 "남극성이 보이면 임금께서 오래 사시고, 천하도 태평합니다."라고 적혀 있다.

행했다.

형식에 있어서 전기와 후기의 차이점이 있다. 18세기의 과해군선도過海群仙圖는 족자 형식인데 반해 19세기는 8폭~10폭 병풍 형식이 많았다. 이 두 형식은 도상학적으로나 예술적으로나 큰 차이점을 지닌다. 18-19세기의 족자는 문인화의 특징인 수묵담채화가 주를 이뤘다. 도상학적 구성적 측면에서 다양성을 지녔으며 표현되는 인물의 수도 일곱에서 열 명 정도로 적었다. 19세기에 유행한 병풍의 경우 주로 비단에 채색 기법으로 제작되었고 스무 명 이상의 인물을 묘사하는 보다 조밀한 구성이었다. 또한 규격화되고 반복성을 띄었다.

김홍도의 작품에서는 이 두 형식이 교차하는데 김홍도는 병풍식 파상군선도의 도입 초기에 활동했다. 그의 회화는 다음 세대 화가들에 의해 세심하게 재생산되었고 이는 병풍 형식의 신선도의 관례화로 이어지며 다수의 익숙한 모티브를 양산해냈다. 이러한 김홍도의 영향으로부터 벗어난 시기는 19세기 말 수십 년 동안 뿐이었다. 20세기 초 신선도의 인기는 사그러들었고 다수의 신선 무리를 표현한 신선도는 더 이상 제작되지 않았다. 그 대신 개별적인 신선 혹은 소규모 단위의 신선들 이미지가 결합된 병풍이 제작되었다.

18세기 족자 형식의 신선도는 팔선들 중에서 선호되는 몇몇 신선들을 묘사하는데 중점을 두었으며 팔선 전부를 다 등장시킨 작품은 없다. 종리권과 여동빈을 중심 인물로 강조했는데 이 두 신선의 특징을 『선불기종仙佛奇蹤』의 삽화를 따라 묘사했다. 종리권은 복부가 드러나 있고 머리에는 두 개의 상투를 튼 모습이다. 여동빈은 학자의 의복과 두건을 착용하고 등에는 칼을 찬 모습이다. 이러한 족자들에 나타난 여동빈의 특징은 버드나무 정령(Willow Spirit)과 함께 묘사된다는 점이다. 『선불기종』에서 버드나무 정령은 주인인 여동빈의 뒤에서 몸을 기울이고 있는 모습으로 표현되는데 반해, 이러한 족자에서는 여동빈과 약간 거리를 두고 떨어져서 피리를 부는 독립적인 인물로 그려진다.

족자 형식의 파상군선도 회화에 등장하지 않는 팔선 세 명이 있는데 바로 장국로, 남채하, 조국구이다. 그 대신 남채하와 조국구는 군선경수도에 등장한다. 족자 형식에서는 더 적은 수의 인물을 표현해야 하므로 신선들 중에서 등장인물을 의식적으로 선택해 맞췄음을 알 수 있다. 다른 신선보다 더 선호되는 신선이 생긴 점도 중국 전통과 분리되어 점차적으로 한국화되면서 생긴 특징들 중 하나이다. 다수의 19세기 과해군선도가 병풍 형태로 제작되었는데 이는 김홍도의 영향을 크게 받은 것으로 신선도가 다음 발전 단계로 들어섰음을 나타낸다. 이로써 이례적으로 더 크고 다수의 인물을 묘사한 신선도가 제작된다.

19세기 동안 궁정 화가들은 김홍도의 화풍과 도상학을 따르는 한편 그것을 수정하고 규범화시켰다. 신들의 행렬은 한 방향으로 나있으며 병풍의 각 폭의 그림들이 독립적이면서 자체적으로 작품성을 지녔다. 팔선은 각각 다른 폭의 그림에 흩어져 그 화폭에서 중심적 지위를 지니게 되었다.

요지연도瑤池宴圖 병풍화 또한 바다를 건너는 팔선이 등장하는 군선도의 한 형태이다. 회화의 주제로서 요지연도는 조선 중기 때 명나라로부터 유래했다. 중국에서 기원한 주제이면서 등장 인물 역시 중국 인물임에도 불구하고 요지연도는 한국 토양에서 독자적인 발전을 이루면서 독립적인 도상학 체계를 만들어냈다. 현존하는 조선시대 요지연도는 서른 점이 넘는데 아마도 앞으로 더 많이 발견될 것으로 보인다. 18세기 작품이 다섯 점, 19세기의 작품이 열아홉 점, 20세기의 작품은 두 점이 전한다. 어느 정도의 변형은 있지만 이 작품들 모두 유사한 도상학적 체계를 보여준다.

요지연도의 풍경은 옥으로 만들어진 테라스에 앉아 있는 서왕모와 그녀의 손님인 목왕穆王을 중심으로 펼쳐져 있다. 서왕모의 궁전은 곤륜산에

있는데 연회상 위에는 복숭아와 불사의 영약이 놓여져 있다. 테라스 뒤로
는 도식적인 패턴이 반복되어 나타나는데 이 부분에 제2의 풍광이 그려져
있다. 바로 연회에 참석하기 위해 오고 있는 신선들이다. 한 가득 천신의
무리─도교와 불교의 신들─역시 연회장으로 모여든다. 신선들 무리에서는
팔선이 중심적 위치를 차지하고 있다. 학을 탄 남극노인과 구름 위에 떠
있는 사천왕, 그리고 그 가운데에 자리한 석가부처도 보인다.

파상군선도도 그랬듯, 명청 시대의 화풍과 도상학을 따르는 18세기의
요지연도와 한국의 궁정 화가들이 발전시킨 19세기의 요지연도 사이에는
큰 차이점이 존재한다. 회화의 형식이 다르다는 점인데, 이 점으로 인해
한국에서 요지연도가 토착화되고 활용되는 과정도 두 단계로 나뉜다. 다
른 중국의 요지연도가 그렇듯 18세기의 요지연도는 대개 족자로 거는 용
도, 즉 예술적 감상이 그 목적이었다.

반면, 19세기 이후의 한국 요지연도의 형식과 크기는 상징적인 행사─
생일연, 기념식, 또는 결혼식─에서 요지연도가 예식의 도구로 쓰였음을 반
증한다.[9] 초기 작품들은 주로 서왕모와 주나라 목왕, 그리고 연회장에서
춤을 추는 선녀들을 중심으로 연회장을 묘사하는데 그친 반면, 18세기 말
에서 19세기의 병풍식 요지연도는 바다를 건너는 신선들과 연회장의 풍경
을 대칭 구도로 대등하게 묘사하고 있다.

두 개의 장면을 한 작품 속에 통합하는 것은 18세기 후반 한국의 화가
들에 의해 고안되었다. 명대의 요지연도는, 예를 들어 구영仇英(대략1494-
1552)의 화첩 작품 〈요지선도瑤池仙圖〉의 경우 그 두 가지의 주제(장면)─파
도 위에 떠 있는 신선 무리의 모습과 옥 테라스의 광경─를 분리해서 다뤘다.

---

9) 회화작품 세 점에 새겨진 문구를 통해 요지연도가 궁중의 중요한 행사를 위해 제작되었음
을 알 수 있다. 1800년의 두 작품은 1800년 이공李玜(순조純祖, 재위 1800-1834)의 세자 책
봉을 기념한 작품이고, 다른 하나는 1812년의 세자 이영李旲(1809-1830)의 탄생을 기념한
작품이다.

게다가, 17세기 후반에서 18세기에 중국에서 제작된 다수의 화려한 장식의 옻칠 병풍을 보면 한국의 요지연도와 밀접한 연관성을 보인다. 이는 전체적인 구성에서뿐만 아니라, 서왕모의 궁전을 특이한 사선 형태의 깎아지른 푸른 바위—마치 극장에 드리워진 커튼 같아 보이는—로 둘러싸인 곳으로 묘사한다는 점에서 그렇다.

중국 청나라의 직물도 한국 화가들의 영감의 원천으로 작용했다. 팔선과 남극노인이 테라스 위에 서서 봉황을 타고 하늘에서 내려오는 서왕모를 맞이하는 장면은 장식용 비단족자의 인기 있는 주제였다. 바다를 건너는 신선들도 많이 그려졌는데 이러한 비단 족자는 생일선물로도 활용되었다. 비단 족자에 명화를 복제해서 그리는 경우가 대부분이었으므로 이러한 상징물들은 필시 원형이 되는 회화에서 유래했을 것이다.

한국의 요지연도와 유사한 다수의 작품들, 특히 파상군선도에서 보이는 상징 체계들이 명말 청초 시기의 〈서왕모의 왕림〉이라는 제목의 비단족자 회화 두 점에도 등장한다. 이러한 족자 형태는 더 내구성있고 가격 부담이 적었으며 옮기기도 수월했다. 따라서 아마도 기념품이나 귀한 선물 용도로 조선으로 종종 수출되었을 것이다. 요지연도 병풍에 묘사된 팔선을 통해 당시 중국 회화의 강한 영향력을 알 수 있다.

팔선의 상징체계는 명청대의 회화 및 개론서를 통해 유입되었다. 그러나 파상군선도에서 봤듯이 팔선이 가진 지위와 중요성은 팔선 구성원들이 서로 분리되고 거리를 둠에 따라, 그리고 대등한 위치의 다른 신선들과 섞이게 됨에 따라 격하되었다. 이러한 특수성은 19세기 조선 회화에서 신선들이 객관화된 과정과 궤를 같이 한다. 여기서 객관화란 팔선의 개별적 성격을 표현하는 것보다, 복을 내려준다고 하는 집합체로서의 신비한 능력이 더 중시되었다는 의미이다.

조선 시기 팔선도의 또다른 특징은 군선도에 잘 드러난다. 밋밋한 바탕

또는 산으로 빼곡한 배경을 바탕으로 신선 무리를 표현한 그림이다. 군선도는 18세기 후반에 파상군선도에서 파생된 것이다. 18~19세기 말은 신선도가 도연桃宴이라는 서사 구조에서 자유로워지면서 영험함과 무병장수의 상징적 측면이 더 부각되는 마지막 단계이다. 18세기 후반부터 19세기까지의 군선도는 김홍도의 영향을 크게 받아 발전한 것으로, 1776년에 제작된 군선도가 현존하는 가장 오래되고 뛰어난 대표적인 군선도이다.

족자 형태는 인물의 얼굴과 자세를 표현하는 데 있어 상당히 기괴하거나, 기이하고 즉흥적인 것이 특징이다. 신선의 특성을 이렇듯 예술적으로 자유롭게 표현하게 되면서 각 신선들을 식별하는 요소들은 중요성을 잃고 혼합되거나 정형화되었다. 파상군선도에서 볼 수 있는 불분명하며 떠다니는 듯한 도상학적 표현 경향은 군선도에서 지배적 요소로 등장한다. 김홍도 외에 김득신, 백은배, 장승업의 작품에서도 볼 수 있으며 19세기 말~20세기 초에 이르러 그 경향은 더욱 증가하였다.

병풍 형식의 군선도는 한 명에서 세 명까지의 소규모 신선들을 표현한다. 각 화폭이 그 자체로 온전한 구성을 갖고 있는데 병풍을 펴게 되면 작품의 구도 및 다수의 인물을 통한 장식적 효과가 배가된다. 이러한 형태는 20세기 초에 특히 인기를 끌었으며 조석진, 안중식, 김은호, 최우석 등의 화가들이 선호했다.

1776년의 김홍도의 군선도는 그 형식이나 인물의 선택에 있어서 독보적이며 특이한 면모를 보여준다. 본래는 8폭 병풍으로 고안되었으나 한국 전쟁 동안에 세 개의 분리된 족자 형태로 바뀌었다. 인물들은 세 무리로 나뉘는데 모두 서쪽을 향해 행렬하는 모습이다. 구도적으로도 후기의 군선도 병풍화들과 좀 다른데 각 화폭을 독립된 영역으로 나누어 보지 않고 신선들의 이동 모습을 묘사했다. 이 군선도에서 나타나는 전반적인 특징은 더 큰 신선 무리에서 나타나는 불특정한 상징들인데, 이로 인해 누가 누구인지 신선들을 식별해내는 데 있어서 학자들 사이에 의견이 분분하다.

그러나 김홍도가 중국 개론서에 정통했다는 점을 고려할 때, 초자연적 힘을 지닌 신성한 무리들을 도상학적으로 불분명하게 표현한 것은 그의 의도였을 것이다. 인물의 선택과 그 신선들을 도상학적으로 표현하는데 있어 김홍도의 이 작품은 다른 다중인물 신선도와 현격히 다르다. 파상군선도에서와 같이, 신선들의 행렬을 이끄는 인물은 마고와 하선고이다. 팔선 중 세 명은 화폭의 가운데에 묘사되어 있는데, 그들은 노새에 앉아 책을 읽고 있는 이는 장국로와, 어고간자漁鼓簡子(竹筒)를 든 청년으로 등장하는 한상자, 딱딱이를 들고 있는 조국구이다. 중국 판화와 회화에 나오는 원형과 유사하여 신선들은 쉽게 식별된다.

이철괴와 남채하는 명시적으로 표현되어 있지는 않지만, 불로초 바구니를 등 뒤에 매달고 호리병박을 들여다보고 있는 청년이 이철괴 혹은 남채하일 것이다. 호리병을 들여다보는 모티브는 후대에 쓰인 이철괴를 묘사하는 상징의 하나이다. 팔선 중 가장 권위 있는 두 인물인 여동빈과 종리권이 등장하지 않는다는 점에서 이 작품이 나머지 다면적 신선도와 구별된다는 점은 주목할 만하다. 팔선 구성원들에 대한 선택적 표현이 이 작품에도 존재하며 그러한 속성은 조선 말까지 군선도에 공통적으로 나타난다.

유숙劉淑이 그린 〈군선주악도〉(악기를 연주하는 신선들)에는 세 명의 신선들이 등장하는데 어고간자를 들고 있는 한상자, 거문고를 들고 있는 직구군稷丘君, 그리고 이철괴이다. 이철괴는 도인 복장을 한 젊은이로 나오는데 연기를 내뿜는 호리병과 지팡이를 들고 박쥐 두 마리와 함께 특이하게 묘사되어 있다. 그리고 이들과 더불어 네 명의 신선 동자들이 다양한 불사의 상징을 들고 등장한다. 왼쪽 어깨에 불로초가 담긴 바구니와 괭이를 짊어진, 머리에 쌍상투를 튼 동자와, 피리를 연주하는 동자는 중국의 신선들이 한국에서 토착화되며 겪은 변화를 보여준다.

피리와 꽹이, 그리고 불로초가 든 바구니는 원래는 남채하와 한상자의 장식이었다. 다수의 조선 회화에서 남채하와 한상자는 신선들 무리에 끼어있는 동자들에 의해서 들려나오는 모습으로 묘사된다. 이들 신선 동자는 김홍도가 처음으로 차용했으며 18세기 말에서 19세기에 한국 신선도에서 필수적인 요소로 자리잡았다. 동자들은 객관화되고 그들의 본래 "주인"으로부터 독립한 존재가 되었다. 그리고 작품에 즐거운 축제 분위기를 더하면서 좀 더 넓은 의미의 불멸의 상징성을 지니게 되었다.

따라서 군선도는 많은 인물들이 변형되거나 심지어는 그 중요성이 축소되고 정형적으로 나타나는 등, 중국의 전통과는 멀어지고 동시에 한국만의 팔선 개념이 정교하게 표현되면서 회화의 과감한 실험적 발판이 되었다. 전통적인 도상학적 요소를 줄이고 인물을 보다 온건하거나 강하게 객관화시켰으며, 신선들 간의 내러티브적인 유대도 해체했다. 신선들의 나이와 일반적 외모 등의 특성을 자유롭게 즉흥적으로 그렸고 그럼으로써 신선의 이미지를 일반적인 영험의 상징으로 변모시켰다.

5 맺는 말

  중국의 원, 명, 청대의 팔선도의 다양한 표현기법은 한국에 뿌리를 내리지 못했다. 한국적인 팔선도의 발전은 명대에 출간된 다수의 도상학 개론서들로부터 시작되었다. 그중 『선불기종仙佛奇蹤』과 『삼재도회三才圖會』에 수록된 삽화들을 통해 17-19세기의 한국 신선도에 나타난 팔선의 외모, 속성, 일반적 특징과 자세 등이 정의되었다.

  한국만의 독특한 신선도는 김홍도에서부터 시작되었다. 17~18세기의 화가들이 중국의 개론서에 정의된 팔선의 도상을 주로 따랐다면, 19세기의 화가들은 자유롭게 즉흥적으로 팔선을 표현했고 이는 신선들이 지닌 특성들간의 교류와 융합을 일으켜 묘사된 신선들이 누가 누구인지 구분하기 힘들게 되었다.

  한국의 팔선도는 조선 후기의 신선도라는 장르가 가진 역동성을 그대로 반영한다. 한국에서는 팔선 그 자체가 독립적인 주제로 여겨지지 않았으며 다만 신선 무리 가운데서 특별히 더 부각되는 정도였다는 점에서 중국과 구별된다. 이러한 이유로 팔선을 하나의 독립된 주제로 묘사하는 것은 한국에서는 인기를 끌지 못했으며 팔선의 구성원들은 집단회화에서 주로 다른 신선들과 섞인 형태로 표현되었다.

  이러한 추세는 팔선이 가진 집단으로서의 통합성이 약해지면서 나타난 결과로, 그 구성원들이 다른 신선들 사이로 흩어지면서 팔선은 더 이상 의미있는 통일체로서 받아들여지지 않았다. 이것은 일부 구성원만 선택적으로 표현하고 다른 구성원은 빈번히 생략하는 양상에서도 드러난다. 다중인물 신선도에서 팔선은 핵심적 위치를 차지하고 있음에도 불구하고, 팔선 그들 사이의 관계는 느슨하며 다른 불멸의 존재들과 대등하게 다뤄진다.

  이러한 현상의 원인은 조선 사회에서의 팔선의 이미지에서 기인한다. 조선사회에서 팔선은 복과 행운을 주는 그림으로 활용되었고 생일연이나 연회, 새해와 같은 행사 때 선물로 전달되었다. 팔선에 대한 정확한 묘사도 중요했지만 팔선의 역할도 중요시되었다. 팔선 개개인을 묘사한 그림보다는 여러 명이 등장하는 작품이 더 가치있는 것으로 평가되었는데 이는 신선들의 능력과 축복이 그만큼 더 많이 내재되어 있다고 여겨졌기 때문이다.

  따라서 조선 시대에는 팔선의 개별적인 이미지는 군선도群仙圖에 비해 큰 호응을 얻지 못했다. 또한 팔선은 더 큰 신선들의 무리 가운데 한 부분으로 인식되었고 그들이 지닌 탁월한 신비로운 능력은 행운과 장수를 기리는 다양한 선물에 표현, 활용되었다.

≡ 참고 문헌 ≡

단행본

- 강관식, 『조선후기 궁중화원 연구』1, 2, 서울: 돌배게, 2001.
- 정재서, 『한국 도교의 기원과 역사』, 서울: 이화여자대학교, 2006.
- 진준현, 『단원 김홍도 연구』, 서울: 일지사, 1999.
- 진홍섭, 『한국미술사자료집성』, 서울: 일지사, 1996.
- 차주환, 『한국의 도교 사상』, 서울: 동화출판공사, 1984.
- 『고려 동경』, 고려 동경: 국립박물관 특별 전시, 2010.
- 『한국의 도교 문화』, 한국의 도교 문화—행복으로 가는 길: 국립박물관 특별 전시, 2013.
- Cahill, Suzanne. 1995. *Transcendence and divine passion: The Queen Mother of the West in medieval China*. California: Stanford University Press.
- Campany, Robert. 2002. *To live as long as heaven and earth: A translation and study of Ge Hong's traditions of divine descendants*. Berkeley: University of California Press.
- Eskildsen, Stephen. 2004. *The teachings and practices of early Quanzhen Daoist masters*. New York: State University of New York Press.
- Ho, Kwok Man & O'Brien, Joanne. 1990. *The Eight Immortals of Daoism. Legends and fables of popular Daoism*. London: Rider.

논문

- 문동수, 「수성노인도—수명을 관장하는 신선」, 『역사와 사상이 담긴 조선시대 인물화』, 서울: 학고재, 2010.
- 문명대, 「한국 도석인물화에 대한 고찰」, 『간송문화』 13호, 1980.
- 배원정, 「한양대학교 박물관 소장 해상군선도 연구」, 『고문화』 73호, 2009, p. 87-110.
- 백인산, 「조선 왕조 도석인물화」, 『간송문화』, 2009, p. 105-132.

- 조선미, 「조선 시대 신선도의 유형 및 도상적 특징」, 『예술과 자연』, 서울: 미술문화, 1997.
- 조인수, 「중국 원명대의 사회변동과 도교 신선도」, 『미술사학연구』 23호, 2009, p. 377-406.
- 차미애, 「공재 윤두서의 중국 출판물의 수용」, 『미술사학 연구』 264호, 2009, p. 95-126.
- Fong, Mary. 1983. The iconography of the popular gods of happiness, emolument and longevity (Fu Lu Shou). *Artibus Asiae*, 44 (2/3).
- Jing, Anning. 1996. The Eight Immortals: The transformation of Tang and Sung Daoist eccentrics during the Yuan dynasty. M. Hearn & J. Smith (Ed.) *Arts of the Sung and Yuan*. New York: The Metropolitan Museum of Art, 213-29.
- Kim, Yunjeong. 2012. The influence of Daoism on Goryeo celadon. *Journal of Korean Art and Archaeology*, 6, 54 -71.
- Kohn, Livia. 2004. *Daoism and Chinese culture*. Cambridge, MA: Three Pines Press.
- Lee, Sherman & Ho, Wai-kam. 1996. *Chinese art under the Mongols: The Yuan dynasty (1279-1368)*. Cleveland, Ohio: The Cleveland Museum of Art.
- Little, Stephen. 1988. *Realm of the immortals. Daoism and the arts of China*. Cleveland, Ohio : The Cleveland Museum of Art.
- Pregadio, Fabrizio. (Ed.). 2008. *Encyclopedia of Daoism*, Vol. 1-2. London: Routledge

조선 후기 〈신선도神仙圖〉의 전개 양상과 도교적 생명관

김정은

필자 약력

김정은

성균관대학교 藝術哲學 博士

단국대학교 대학원 繪畵科(東洋畵) 碩士

인문예술 연구소 선임연구원.

瓷楣 예술 창작 아카데미 대표.

경기대학교 강사역임.

논문

朝鮮 後期 〈瑤池宴圖〉에 표현된 生命觀(博士學位 論文)

朝鮮 後期 〈十長生圖〉에 내재된 생명관(韓國 民畵學會)

朝鮮 後期 〈神仙圖〉에 내재된 生命觀 (韓國 東洋 藝術學會)

朝鮮 後期 〈瑤池宴圖〉의 成立과 流行(韓國 道敎文和學會)

朝鮮 後期 〈瑤池宴圖〉의 西王母 상징과 그 의미(韓國 道敎文和學會)

朝鮮時代 〈十長生圖〉에 내재된 哲學的 사유(한국 국학진흥 연구)

1 들어가는 말

조선 후기 성리학적 이념을 기본으로 한 유교국가에서 도교의 교의가 내재된 〈신선도〉가 유행하였다. 〈신선도〉는 인간의 한계를 극복한 불로장생의 이상향을 그림으로 표현한 것으로, 신선의 모습과 신선이 사는 선계를 주로 묘사한 그림이다. 이러한 도교적 회화의 유행은 위로는 왕실에서부터 아래로는 일반 백성들에 이르기까지 누구든 소망해 마지않는 장수와 풍요로운 삶에 대한 보편적 감정을 기반으로 하고 있다.

본래 신선, 도교 사상은 역사적으로 볼 때 동북아시아에 넓게 분포해 있는 샤머니즘과 신선사상에서 비롯한다. 고대 문헌인 『산해경』이나 『위지』 「동이전」 등을 보면, 고대국가의 왕은 제사장의 직능을 겸하고 있다. 그리하여 부여의 영고迎鼓·동예의 무천舞天·고구려의 동맹東盟·삼한의 단오제端午祭·상달제上達祭와 같은 제사 의례에는 샤머니즘 성격을 찾아볼 수 있다.[1] 또한 시조 탄생의 천제 강림설이나 치세의 영웅, 불로장생 및 승천 등으로 표현되는 신인神人 동화同化의 모습은 신선사상과 도교의 기미를 느끼게 한다. 특히 한국의 도교는 무속과 민속 그리고 신종교의 밑바탕에 깊은 영향을 드리우고 있으며 유교·불교 속에도 스며들어 있다.[2] 이같이 조선이 유학을 근간으로 세워졌다고 하더라도 도교는 한국문화의 내면이나 잠재의식에 녹아 있었다고 볼 수 있으며, 시대를 뛰어넘어 현대에도 활발하게 재

---

1) 제사 혹은 천제는 엄숙한 종교적 의미뿐만 아니라 거국적 단결을 목표로 하고 있으며 사회공동체 의식의 고취이다. 그러므로 종교와 사회 운영 원리는 둘이 아닌 제정일치이며 그 접점은 제사로 나타난다. 하늘에 제사 지내는 천제는 중국인의 華夷觀이 제도화되기 이전부터 우리에게 있었다. 그리고 동양의 보편사상인 天 사상이지만 그와는 독자적으로 우리 민족 고유의 천 사상이 있었으며 그것은 단군신화를 통해 확인된다. 강필선 외 17인, 『한국철학사상사』, 서울: 심산출판사, 2003, p. 44.
2) 정재서, 『한국 도교의 기원과 역사』, 서울: 이화여자대학교 출판부, 2006, p. 25.

현되고 있다. 이것은 인간의 보편적 감정이 시대를 초월하여 존재하기 때문이라고 본다. 이 때문에 〈신선도〉가 조선 후기 이후 활발하게 그려지고 향유된 이유를 고찰하면서 단지 그 시대의 사상적 맥락에서만 파악하려는 입장을 지양해야 할 필요가 있다고 본다.

본고는 먼저 유학의 나라에서, 특히 조선 후기에 〈신선도〉가 유행하게 된 사회적 원인과 배경을 살펴볼 것이며 이 그림들이 주로 궁중에서 제작된 목적과 쓰임새를 살펴본 뒤 이후 민간에서 전개된 과정과 양상을 서술하고자 한다. 그리고 이들 도상이 근거한 장수, 길상의 생명사유를 〈신선도〉의 주요 소재인 불사약을 지닌 서왕모, 이상적 인간의 모델 신선, 낙원 세계의 자연(동물류, 광물류, 식물류) 등으로 분류하여 도교적 생명관을 살펴보고자 한다.

2 조선 후기 사회와 〈신선도神仙圖〉의 유행

조선(1392~1910)은 성리학性理學을 이념으로 한 유교儒敎 국가이다. 또한 한국사의 시대구분에 있어서 근세로 설정되어 중세와 근대의 사이에 위치되어 있다. 시대구분에 있어서 임진왜란(1592~1598)과 병자호란(1636)의 양란을 경계로 하여 전기와 후기로 나누기도 하며 15세기를 조선 초기, 16, 17세기를 중기로, 18, 19세기를 후기로 설정하고 있다. 16세기는 인간의 심성을 수양하는 심론心論이 발달하여 수기에 치중한 인심도심설人心道心說이나 사단칠정론四端七情論이 제기되었는데, 17세기에는 실천윤리, 사회윤리로서 치인에 비중을 둔 예론이 발달하여 조선후기 성리학은 한층 더 심화되고 있는 실정이었다. 그런 가운데 조선 성리학은 학통을 고수하면서 18세기 전반에 진경 문화를 완성하였는데 이 시기는 조선 사회가 중세농경사회에서 근대적 상공업사회로 전환하는 때였다.[3]

조선 후기의 신분제도는 여러 가지 원인으로 노비와 평민은 구분이 모호해지게 되었으며 양천의 구분이 노비 신공을 바치는가 아니면 양역을 부담하는가 하는 차이밖에 없었다. 중앙정부는 1778년에 노비 추쇄법推刷法을 폐지하기에 이르렀고 1801년에는 왕실재정을 관리하는 내수사內需司 노비와 중앙 각 기관의 공노비를 해방했다. 경제적인 측면에서는 양란 후 최대의 과제였던 빈곤의 극복은 중앙정부의 수취체제 개편 등으로 시도되었지만 뚜렷한 효과를 거둘 수 없었고 그 효율적인 치유책은 민중에 의한 생산기술력의 향상과 유통망의 확대로 제시되었다. 농업과 상업에 있어 관영 경제체제를 민영경제 체제로 전환하여 상업자본의 산업자본으로의

---

3) 정옥자, 『조선 후기 역사의 이해』, 서울: 일지사, 1993, pp. 15-16.

전환과 수공업에 있어서 매뉴팩처의 등장 등은 조선의 경제를 도약의 발판 위에 올려놓은 획기적인 변화였다. 이와 같은 경제적인 발달은 사회적 변화에서 평민 부농층이 생겨나고 상인단의 형성, 산업노동자 계층의 배출은 전근대적인 사회질서를 크게 동요시켰다. 수많은 평민과 노비들이 제도의 혼란을 타고 혹은 경제력을 기반으로 신분 상승을 도모하였으며 이는 결국 신분제를 와해시켰다. 이 신분제의 붕괴는 근대사회의 도래가 임박했음을 알리는 뚜렷한 신호였다. 경제적으로나 사회적으로 조선은 구질서를 탈피하여, 자연히 새로운 사회를 지도해 나갈 새로운 사상이 싹트게 되었다. 성리학이 권위를 상실하고 새로운 근대지향적인 이데올로기로서 실학이 대두하게 된 것은 이 시기의 당연한 귀결이었다.[4]

18세기 중반 북학자인 홍대용洪大容(1731~1783)과 박지원朴趾源(1737~1805) 등은 청의 건륭乾隆 문화를 목도하여 선진문화를 수용하였다. 그들은 조선의 낙후성을 극복하고자 북학北學 운동을 제창하였다. 조선 후기 실학성립은 이런 자주적인 문화 의식뿐만 아니라 실리적인 사고를 중시하는 사회적 기풍을 촉진하게 되었다. 그러므로 이 시기의 실학은 자연스럽게 조선 후기 문예 부흥의 원동력이 된 것으로 볼 수 있을 것이다. 그리고 그것은 회화에도 많은 영향을 미치게 된다.[5] 현실적인 문제들을 연구 대상으로 삼아 비판적 태도를 보였던 실학은 영조(1725~1776)와 정조(1777~1800)를 거쳐 순조(1801~1834) 조에 이르는 동안 성행하였다.

이러한 실학의 대두는 조선 후기 문화 전반에 걸쳐 매우 중대한 영향을 끼쳤다. 조선의 문예 부흥을 일으킨 군주 정조正祖(재위 1776~1800)는 화원들의 그림을 직접 관리하기도 하였는데 1783년(정조 7년) 차비대령화원差備待令畫員이라는 직제職制를 설치하고 도화서圖畫署 화원들을 선발하기도 하

---

4) 유완상 외 3인, 『한국사 강좌』, 서울: 홍문당, 1995, p. 223-224.
5) 정옥자, 『조선 후기 역사의 이해』, 서울: 일지사, 1993, pp. 147-148.

였으며 규장각에 소속시키는 등 특별대우를 하였다.[6] 이들이 그린 조선시대 궁중에서 사용한 장식화는 〈일월오봉도日月五峰圖〉, 〈모란도〉, 〈십장생도十長生圖〉, 〈곽분양도郭汾陽圖〉, 〈요지연도瑤池宴圖〉, 〈백동자도百童子圖〉, 〈책가도〉 등이다. 이들 도상은 장식성이 뛰어나며 왕실의 안위와 번영, 부귀와 장수 등 길상의 의미 등을 주제로 담고 있다. 이런 장식화의 일부는 오랜 전통을 지닌 경우도 있고 조선 후기와 말기에 정립된 사례도 있다. 이러한 궁중화풍의 장식화는 18세기 후반부터 점차 민간으로 확산되었다.[7] 그리고 풍속화는 당대 서민들의 풍습과 일상생활을 주로 묘사하여 조선 후기 사회의 일상생활을 엿볼 수 있는데 대표적인 화가는 궁중화원으로 단원檀園 김홍도金弘道(1745~1816)와 혜원蕙園 신윤복申潤福(1758?~1813)이다.[8] 이 시기에는 특히 궁중을 중심으로 〈신선도〉가 많이 그려졌는데 〈신선도〉는 조선시대 세화歲畫의 용도로 사용되어 기념일에 선물하기 위한 축수용 및 궁중 장식화로도 많이 제작되었다.[9] 이처럼 〈신선도〉가 세화의 소재로 큰 비중을 차지한 것은 불로장생을 상징하는 신선을 통하여 임금의 장수를 기원하였기 때문인데 탄생을 경축하거나 궁실을 장식하기 위한 축수화祝壽畫로 많이 그려졌다.

---

6) 박정혜 외 3인, 『왕과 국가의 회화』, 파주: 돌베개 2011, p. 199.
7) 박정혜 외 3인, 『조선궁궐의 그림』, 파주: 돌베개 2011, p. 335-336.
8) 유완상 외 3인, 『한국사 강좌』, 앞의 책, p. 251,
9) 세화란 원초적으로 사邪, 귀鬼, 액厄을 물리치거나 방어하고, 좋은 것을 더욱 증가시키는 벽사, 길상의 기능을 갖고 있다.

3 조선후기 〈신선도神仙圖〉의 전개 양상

한국에서 〈신선도〉는 도교가 본격적으로 전래되기 이전부터 고대의 벽화에 등장한다. 집안 오회분 4호묘에는 해의 정령인 삼족오와 여신이 이고 있는 달 속에 달의 정령인 두꺼비, 섬여蟾蜍가 그려졌다. 이것은 동이계 영웅이었던 예와 그의 아내 항아신화의 반영으로 이것이 고구려에도 유포되었음을 말해준다. 이들 비의를 걸치고 천공으로 떠다니는 비선들은 불교와 도교가 혼재된 모습을 보여주고 있다. 〈圖1〉〈圖2〉

고구려 고분벽화 집안 장천 1호분 벽화에 북두칠성과 더불어 남두육성과 병립시켜 나타나 있다.〈圖3〉 성수星宿에 대한 숭배는 도교 신앙 중에 중요한 위치를 차지한다. 옥황상제를 비롯한 도교의 주요 신령들이 천상의 별자리에 진좌하고 있기 때문이다. 특히 북두칠성과 관련된 칠성 신앙은 오랜 연원을 지닌 것이다. 북두칠성은 원래 무속에서 천계의 중앙으로 상

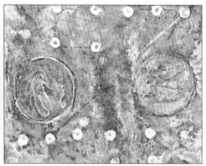

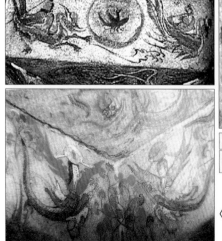

1	3
2	

〈圖1〉 고구려 輯安 오회분
4호묘 日中三足烏
〈圖2〉 고구려 6세기 전반
5회분 4호묘
〈圖3〉 북두칠성과 남두육성. 고구려 집안
장천 1호분 벽화

상되었는데 무속에서 발전한 도교는 이 관념을 계승하여 칠성신앙을 계승
시켰다. 오늘날 시신을 매장할 때 칠성판을 눕히듯이 북두칠성은 사자의
혼이 돌아가는 곳으로 죽음을 주관하는 별자리이다. 이에 반해 남두육성
은 삶을 주관하는 별자리이다.[10] 〈신선도〉 가운데 〈수노인도〉는 인간의 수
명을 관장하는 별자리인 남극성을 신선처럼 인격화하여 그린 도석인물이
며 〈수성도〉는 장수 및 수성신앙과 결부되어 전개되었다. 장수를 상징하
는 의미상 특성 때문에 세화나 축수화로 일반에까지 애호되었다. 〈수노인
도〉의 도상적 특징은 작은 키에 벗겨진 머리의 정수리 부분이 길고 앞이마
가 돌출한 모습이며 도복 차림이다. 지팡이나 복숭아, 영지, 호리병 등을
들고 있기도 하고, 사슴이나 학, 거북이, 박쥐, 또는 동자를 대동하기도 한
다. 단독상 이외에 복성福星, 녹성祿星과 함께 〈삼성도〉로 그려지기도 하며,
〈군선도〉에 포함되어 다루어지기도 한다. 〈군선도〉의 경우 〈팔선경수도八
仙慶壽圖〉는 수노인이 중심이 되어 구성되고, 〈요지연도〉는 참석자로 그려

〈圖 4〉〈瑤池宴圖〉壽星老人 부분, 絹本彩色, 134.2cm×47.2cm, 19세기, 경기도 박물관

10) 정재서, 『한국 도교의 기원과 역사』, 서울: 이화여자대학교 출판부, 2006, p. 183.

〈圖 5〉張承業,〈秋南極老人圖〉, 紙本淡彩, 641.1cm×134.7cm, 19세기, 간송미술관

〈圖 6〉張承業,〈春南極老人圖〉, 紙本淡彩, 641.1cm×134.7cm, 19세기, 간송미술관 소장

졌다.〈圖4〉

고종高宗(재위 1863~1907) 때 규장각 소속 차비대령화원으로 활동하였던 장승업은 국왕의 장수와 평안을 기원하는 그림을 진상했는데, 이는 봄을 상징한 춘남극노인春南極老人과 가을을 상징한 추남극노인秋南極老人이란 작품으로 두 첩의 대련對聯에 화려한 채색으로 그려졌다.〈圖5〉〈圖6〉 여기에 등장하는 남극노인은 수성노인이라고도 하며 인간의 수명을 관장하는 도교의 신선이자 별자리이다. 이 별이 나타나면 국가가 편안해지고 또한 왕의 수명이 길어진다고 하는데 반면 보이지 않게 될 때는 전란이 일어난다고 하였다. 그런 이유로 추분秋分 새벽과 춘분春分 저녁에 사람들은 남교南郊에서 수성이 나타나기를 기다렸다고 한다. 이 그림에는 "남극성이 보이면 임

금이 오래 살고 천하가 잘 다스려진다.(南極見, 則人主壽昌, 天下治安)"라는 문구가 쓰여 있다. 따라서 이 그림은 고종의 무병장수와 나라의 태평성대를 기원하여 그려졌음을 말해준다.[11]

〈신선도〉는 조선시대에는 도교적 종교화로서 기능보다 주로 세화나 축수화로 궁중의 중요한 행사에 길상화로 그려졌다. 이같이 장생의 상징이 그려진 세화 〈십장생도〉는 고려시대 이색李穡(1328-1395)의 『목은집牧隱集』의 기록으로 조선시대 이전부터 제작되었음을 짐작하게 한다.[12]

〈圖 7〉 고려시대, 십장생 동경, 국립춘천박물관 소장

그러나 고려시대의 〈십장생도〉는 아직 한 점도 발견되지 않았고 〈십장

---

11) 윤열수, 『신화 속 상상동물 열전』, 서울: 한국문화재 보호재단, P. 2010.
12) 이 기록에서 이색은「세화십장생歲畵十長生: 일日·운雲,·수水·석石·송松,·죽竹·지芝·귀龜·학鶴·녹鹿」이라는 화찬畵贊을 짓고 이 열 가지 장생물에 대해 읊고 있다.「歲畵十長生 : 日雲水石松竹芝龜鶴鹿」吾家有歲畵十長生, 今玆十月尙如新, 病中所願無過長生, 故歷敍以贊云..우리 집에 「歲畵十長生」이 있는데 이제 십 년이 되었는데도 오히려 새것과 같다. 병중에 있는 사람이 바라는 것은 오래 사는 것보다 더할 것이 없으니 이것을 차례로 펼쳐 찬을 짓는다.) 허균, 『허균의 우리 민화 읽기』, 서울: 대한 교과서, 2006, p. 168.

생문 동경銅鏡〉〈圖7〉에서 〈십장생도〉의 이미지를 찾아볼 수 있다. 이 동경의 뒷면에 해, 구름, 물, 돌, 소나무, 대, 영지, 거북, 학, 사슴이 새겨져 있다. 이것은 이색의 「세화 십장생을 읊다」의 화찬과 동경 안의 십장생 그림과 일치한다. 동경은 원래 잡귀를 쫓는 벽사의 기능을 하는 도교적 신물神物이다. 이것은 시대가 내려옴에 따라 점차 길상적인 상징과 교훈적인 의미를 갖는 기능으로 바뀌게 된다.

이것을 통하여 십장생과 같은 장생물은 벽사와 길상의 염원이 내재된 것으로 쓰였음을 짐작하게 한다. 십장생의 소재들은 장수를 상징하는 해, 달, 구름, 산, 돌, 물, 학, 거북, 소나무, 대나무, 영지, 천도, 복숭아등 모두 10여 종류로 구성되어 있다.[13]

17, 18세기 중반까지 〈십장생도〉 병풍은 왕과 왕비 세자와 세자비의 혼례식 때 설치되었는데, 1802년 이후로는 왕실 어른의 축수를 비는 진연, 진찬의, 또는 세자의 탄생과 건강을 비는 왕세자 탄강, 강복 등의 진하에 활용되었다. 『가례도감의궤嘉禮都監儀軌』에 의하면 이러한 규모의 〈십장생도〉 병풍은 궁중 잔치인 가례에 사용되었다고 한다.[14] 이 병풍은 불로장생의 유토피아가 상징인 산수도山水圖로 표현되어 있고 산과 계곡을 배경으로 십장생의 여러 자연이 등장한다. 이것은 현실세계를 벗어난 이상세계를 추구하는 신선사상의 한 표현으로 볼 수 있다. 오리건 대학교박물관 소장 〈십장생병풍〉 모두 10첩으로 그중 8첩에는 화려한 청록산수로 십장생도가 그려졌고 나머지 2첩에 관직과 이름이 기록된 좌목座目이 있다.〈圖 8〉

---

13) 한 대의 사전인 『說文解字』에는 十에 대해 "數之具也, 一爲東西, ㅣ爲南北, 則西方中央備矣"라고 풀이 하고 있다.(『說文諧聲字根』, 臺灣::商務印書館股份有限公司, 1995). 즉 '十'은 완전한 수로 모든 수를 갖춘 기본이자, 동서를 나타내는 '一'과 남북을 잇는 'ㅣ'이 합쳐진 것으로, '사방과 중앙'을 갖추는 상서로운 수 이므로 이런 의미에서 十長生은 陰陽五行과 十干 등 여러 복합적인 관념들을 내포한다. '열(十)'. 『한국문화 상징사전』2, 서울: 동아출판사. 1995, pp. 512-514.
14) 박정혜 외 3인, 『조선 궁궐의 그림』, 파주: 돌베개, 2014, pp. 55-56.

이 좌목을 통하여 언제 어떤 목적으로 만들어졌는지 추론하는데 이 병풍에 기록된 영중추부사領中樞府事 이유 등 14명의 인물은 1879년 당시 왕세자였던 순종이 천연두에 걸렸을 때 진료에 참여했던 의약청의 구성원이었다. 따라서 이 병풍은 왕세자 천연두 회복을 기념하기 위해 그려진 왕세자 두후평복진하계병王世子痘候平復陳賀契屛을 형성하고 참여하였던 일을 기념하기 위하여 각자가 가질 수 있도록 제작한 병풍을 가리킨다.[15]

〈圖 8〉 〈십장생 병풍〉. 1880. 비단에 채색, 각 201.9X52.1cm, 오리건대학교 박물관

이처럼 궁중에서 〈십장생도〉를 무병장수의 종교성이 깃든 길상화로 사용되었음을 알 수 있다. 그러나 시대의 흐름에 따라 도교적 이상세계인 십장생에 새로운 도상인 반도蟠桃, 즉 복숭아나무가 추가되어 주류를 이루어 나타나게 된다. 한국의 십장생도는 소나무가 전체 구조에서 주도적 역할을 하고 있었으나 이 그림은 가운데 복숭아나무가 새롭게 등장한 것이다. 십장생도가 표상하는 선계 이미지는 구체적으로 삼산산과 관련이 있다. 삼신산은 봉래, 방장, 영주라고 부르는 도교의 낙원이다.[16]

---

15) 박본수, 「오리건 대학교 박물관 소장 십장생 병풍연구/王世子(왕세자)痘(두)候(후)平(평)復(복)陳(진)賀(하)契屛(계병)의 일례」, 고궁문화, 2009, pp. 11-12.
16) 정재서 『도교와 문학 그리고 상상력』, 서울: 푸른숲, 2000, pp. 260 264.

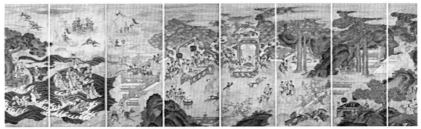

〈圖 9〉作者未詳,〈瑤池宴圖〉, 絹本彩色, 134.2cm×47.2cm, 19세기, 경기도 박물관
소장

〈圖 10〉作者未詳,〈해학반도도海鶴蟠桃圖〉10첩 병풍, 絹本彩色, 166.0cm×
416.0cm, 이화여자대학교 박물관 소장

　도교적 낙원을 표현한 도상은 〈해학반도도〉와 〈요지연도〉가 등장하게
된다.〈圖 9〉〈圖10〉 먼저 〈해학반도도〉는 바다, 학, 반도중심제재가 되는 장생
도의 한가지로서 〈십장생도〉의 물가부분이 독립되어 확대된 양상이다. 이
그림은 십장생도병과 비교하면 육지의 비중이 대폭 축소되고 대부분의 공
간은 바다와 서운이 감도는 하늘이 차지하는 구성이 다르다. 〈십장생도〉
가 육지의 〈장생도〉라면 〈해학반도도〉는 바다의 장생도이다. 그리고 또한
바다의 장생도 가운데 〈해반도도〉가 있는데 이것은 4첩 병풍이 한 쌍을
이루는 형식인데 모든 동물이 배제되고 오직 해와 달 산 복숭아나무가 대
칭으로 포치된 원대한 바다풍경이다. 또한 이 그림은 〈일월오봉도〉를 연
상시키는데 왕권의 우위를 나타내는 〈일월오봉도〉가 복숭아나무로 바뀌

었다는 것은 이시기 신선도교사상이 크게 유행하였음을 의미한다고 볼 수 있을 것이다.〈圖 11〉〈圖 12〉

〈圖 11〉 作者未詳, <日月五屛峰圖>, 8첩 병풍, 絹本彩色, 162.5cm✕337.4cm, 삼성미술관 리움 소장

〈圖 12〉 일월반도도, 8첩 병풍 조선 19세기 후반, 보물 제1442호, 국립 고궁 박물관 소장

〈십장생도〉의 열세 가지의 장생물 중에 바다 산, 복숭아나무 그리고 학으로 조합된 〈해학반도도〉의 구성은 〈요지연도〉의 배경이 되는 서왕모의 거처를 연상시킨다. 〈요지연도〉는 중국에서는 이 주제의 그림을 〈반도회도蟠桃會圖〉라고 부르지만, 내용 구성에서 조선시대 〈요지연도〉와는 차이가 있다. 중국에서는 연회에 촛점을 둔 〈요지연도〉라는 제목의 그림을 찾기 어려우며 〈요지헌수도瑤池獻壽圖〉나 〈군선회축도〉처럼 연회보다는 서왕모의 축수를 강조한 제목의 그림들이 많다.

그림의 내용에서는 서왕모를 배알하는 주목왕, 하늘로부터 강림하는 서왕모를 맞이하는 신선들, 서왕모에게 헌수하는 불보살과 군선 등 서왕모에 대한 축수의 행위에 초점이 모여 있다.[17] 〈요지연도〉에 이러한 것들에 대한 실제 작품의 사례는 1800년대에 그려진 〈정묘조왕세자책례계병正廟朝王世子冊禮契屛〉과 〈순묘조왕세자탄강계병純廟朝王世子誕降契屛〉 등 서문과 좌목 등에 나타난 기록을 통해 역사성이 입증되는 작품들이다. 이 그림의 특징은 해상 군선의 비중이 많이 차지하고 있으며 1800년 왕세자 순조의 책봉을 기념하여 선전관청에서 만든 책례계병이나 순조의 원자가 1812년

〈圖 13〉〈正廟朝王世子冊禮契屛〉, 絹本彩色, 각 115.0cm×48.0cm, 1800년, 국립중앙박물관 소장

17) 박정혜 외 3인, 『조선 궁궐의 그림』, 파주: 돌베개, 2014, pp. 73-109.

왕세자를 책봉될 때 과거 산실청에 일했던 관원들이 만든 탄강 계병에서 볼 수 있다. 현재 전하는 국립박물관 소장을 통해 원래 모습을 알 수 있는 예이다. 〈圖 13〉

〈요지연도〉에 일부분 군선이 도해하는 장면은 〈신선도〉의 한 종류로 〈군선도〉가 유행하게 되는데 이 그림은 팔선이 각기 지물을 가지고 재주를 부리며 바다를 건너는 장면이다. 중국에서는 '팔선과해八仙過海'라 부르고, 그것을 묘사한 그림을 '팔선과해도八仙過海圖'라고 한다.〈圖 14〉 한국에서는 〈파상군선도波上群仙圖〉, 〈해상군선도海上群仙圖〉, 〈군선경수도群仙慶壽圖〉 등의 이름으로 불렀다. 이같이 바다를 건너는 군선들은 팔선을 중심으로 이루어져 있는 팔선은 송대宋代 이후로 중국에 새로이 등장한 민간의 신선들로, 종리권鍾離權, 여동빈呂洞賓 철괴리鐵拐李, 장과노張果老, 하선고何仙姑, 남채화藍采和, 조국구曹國舅, 한상자韓湘子를 가리키며 이들은 원대 이후 중국의 대표 적인 신선들이 된다. 송대까지 이들은 민간에서 개별적인 신선들로 존재하였으며, 원대에 이르러 팔선이라는 집합체가 형성되었다. 〈팔선과해도〉는 송나라에 유행한 〈도해도渡海圖〉나 〈도강도渡江圖〉의 도상에 원나라 때 형성된 팔선 이야기의 영향으로 형성된 것으로 추측하고 있다.[18]

---

18) 八仙過海의 유래에 대해서, 浦江清은 일찍이 불교의 渡水過海圖나 渡海天 王像 등의 영향을 받았다고 밝히고 있으며 실제로 南宋 梵隆 〈羅漢渡海圖〉, 南宋 시기의 〈十六羅漢圖〉을 보면 羅漢들이 각각 깨달음을 얻고 신통력을 발휘하며 물을 건너는 장면이라든지 물고기나 용을 타고 있는 모습은 八仙過海圖 와 매우 유사하다. 八仙過海圖가 불교의 영향을 받은 것처럼, 八仙過海의 이야 기에서도 불교의 영향을 찾아볼 수 있다. 용왕이 등장하여 八仙과 전쟁을 하고, 如來佛 (〈東遊記〉에서는 觀音)이 등장하여 모든 사건을 마무리하는 것은 명확한 불교의 영향이자, 민간에서 이미 오랫동안 친숙한 용왕과 여래불의 형상이 八仙의 전설과 혼합된 것이다.

〈圖 14〉, 김홍도, 1776년, 〈군선도群仙圖〉 비단에 수묵담채, 132.8×575.8cm, 국보 139호.

　조선 후기 다방면의 그림에 두루 천재성을 드러낸 김홍도의 명성은 무엇보다 〈신선도〉에서 비롯된다. 그가 그린 〈신선도〉 가운데 국보로 지정된 〈군선도群仙圖〉에 등장하는 신선들은 재세 연대와 무관하게 함께 등장시켜 그렸는데, 신선이 된 때문인지 중국에서는 도교적 종교성이 드러난 인물로 괴이하게 묘사하기도 하였다. 그러나 김홍도의 그림에서는 유교적 선비의 모습이 가미된 우리 민족의 미적 정서가 표현되어 있다.〈圖 14〉 그리고 조선 후기 상당수 제작되었던 〈요지연도〉 등에서 팔선과해의 모습을 볼 수 있다.[19]

　궁중화풍의 장식화는 18세기 후반기부터 점차 민간으로 확산되었다. 궁 밖으로 전해진 궁중양식은 신흥 부유층의 구매와 수요에 의해 높은 화격을 유지한 그림으로 전래되었다. 반면 서민층으로 확산된 궁중양식은 점차 소박한 화풍으로 그려져 민화의 양식으로 정착되기도 하였다. 〈圖 15〉 〈圖 16〉 〈圖 17〉 〈圖 18〉

19) 장현주, 「중국의 八仙過海圖와 비교하여 본 조선 후기 安中植. 曹石眞의 <海上群仙圖>」, 『중국 학 논총』 제43집, 중국학연구소, 2014, p. 442.

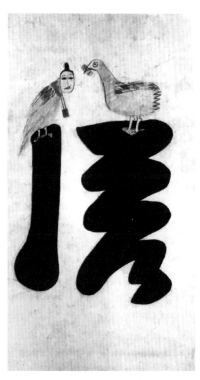

〈圖 15〉, 〈책거리〉, 19세기, 종이에 채색, 52.2cm×31.0cm, 삼성미술관 리움

〈圖 16〉, 〈신자도〉, 19세기 종이에 채색 69.0cm×33.0cm, 도쿄 일본 민예관

〈圖 17〉, 〈화조도〉. 19세기, 종이에 채색, 111.0cm×51.0cm, 일본 구리시키 민예관

〈圖 18〉, 〈신선고사도〉, 20세기 초, 종이에 채색, 93cm×29.5cm, 국립민속박물관

4 조선후기 〈신선도〉의 도교적 생명관

인간이 신선의 경지에 이르게 됨을 믿는 도교에서 생명을 어떻게 이해했는지 살펴볼 필요가 있다. 먼저 원시 도교의 최초의 경전인 『태평경』의 생명관을 살펴보자. 기화 우주론을 세계 생성의 출발점으로 삼는 『태평경』에서 원기는 만물이 나오는 세계의 근원으로 등장한다.[20] 『태평경』에서는 사물의 생성 과정을 다음과 같이 설명한다.

"원기는 황홀하며 저 스스로 서로 엉키어서 하나를 이루니 그 이름은 하늘이다. 나뉘어 음이 생겨 땅이 생기니 둘이라 이름 한다. 하늘 아래는 땅이며, 음과 양이 서로 합하여서 인간을 탄생하게 하니 그 이름을 셋이라 한다. 셋이 합하여 함께 살며 사물을 기르는데 이것의 이름은 재財라고 하였다."[21]

위의 설명처럼 원기로부터 만물이 생겨났다면 인간의 생명 또한 원기를 근원으로 음과 양이 나뉘어 인간이 탄생하게 된다는 것이다. 그러므로 "사람은 본보기를 하늘로부터 취하고 하늘은 본보기를 사람으로부터 취한다. 하늘과 땅 사람은 각각의 일을 하며 신령을 본받고 또한 일의 본보기를 본받아 일한다."[22]고 하였다. 따라서 천天·지地·인人 삼통三通은 호혜적이

---

20) 윤찬원, 「『太平經』에 나타난 생명관」, 『도교문화연구』 제12집, 한국도교문화학회, 1998, P. 76.
21) 『太平經』 卷67, 「六罪十治诀说」: 元氣恍惚自然, 共凝成一, 名爲天也 ; 分而生陰而成地, 名爲二也; 因爲上天下地, 陰陽相合施生人, 名爲三也. 三統共生, 長養凡物名爲財.
22) 『太平經』, 卷118, 「天神考過校三合訣訣」: 故人取象於天, 天取象於人, 天地人有其事, 象神靈, 亦象其事法而爲之

며 상호보완적이다. 이것이 바로 셋이 합하여 서로 통한다는 삼합삼통三合 三通의 관념이다. 이와 같은 설명을 통해 하늘과 사람, 자연과 인간을 가리 키는 전통적 개념인 천인 관계天人關係는 천과 인이 대립하는 관계가 아니 라 조화로운 관계라고 보았다. 삼합삼통이라는 도교의 천인합일적 사유 는 인간은 천지자연의 작용 가운데 탄생한 생명체이며 또한 자연 가운데 탄생한 신령한 벼리라는 점에서, 인간의 생명을 얼마나 소중하게 여기는 지를 짐작할 수 있다.

예술작품은 사유를 근거한 외형물로서 또한 그 내면을 사유하게 되는 체 용 관계의 형상물이다. 그러면 불로장생을 상징하는 신선 도상은 어떠한 생 명사유를 근거로 한 것인지 살펴보고자 한다. 먼저, 조선 후기에 유행한 〈신 선도〉는 주로 서왕모를 포함한 신선과 장수를 상징하는 동물류와 자연물 광물류 등의 사물들로 이루어져 있다. 이에 따라 불사의 화신이자 신선의 으뜸인 서왕모와 여러 종류의 신선들(천선天仙, 지선地仙, 시해선尸解仙), 그리고 장수를 상징하는 동물류와 식물류 광물류 등의 사물들에 담긴 생명 의식을 중심으로 〈신선도〉의 도교적 생명관을 살펴보고자 한다.

1) 불사약의 주인 서왕모

한국에 도교가 공식적으로 전래된 것은 7세기이지만 그 이전부터 신선 사상이 확산 되고 있었다. 고구려 고분벽화에서 서왕모와 관련된 도상이 무덤의 천장에 대거 등장하는 것은 죽은 이의 영생불사를 염원하는 것이 다. 서왕모는 한국에서 불교가 중국으로부터 전래되기 이전 고구려 고분 벽화에 등장한다. 고구려 고분은 시신을 안치한 공간이지만 죽은 자의 재 생과 부활을 믿는 장소로 계세적 세계관이 지배하는 장소다. 고대 동아시 아에서 죽음에 관한 세계 인식은 서왕모 신화를 통하여 표현된다. '서왕모

西王母'라는 호칭을 볼 때 서쪽의 '서西'와 어머니의 '모母' 자에서 방향과 '모성母性'의 일부가 표현되어 있다. 또한 서쪽의 끝은 해가 지는 곳이고 음기가 있는 곳은 죽음의 기운이 지배하는 곳이다. 그러나 서쪽 끝은 다시 생명으로 이어지는 장소이기도 한 것이다.

중국의 가장 오래된 신화집 『산해경山海經』의 『서산경西山經』[23]·『대황서경大荒西經』[24]·『해내북경海內北經』[25] 가운데 서왕모는 반인반수의 모습에서 점점 인간화된 모습으로 변화되고 있다. 서왕모의 초기 모습은 처음 서왕모의 거주지는 옥산玉山으로 머리에는 승勝을 꽂고, 휘파람을 잘 불며, 표범의 꼬리에 호랑이 이빨을 한 모습으로 하늘의 재앙과 다섯 가지 형벌[26]을 주관하는 신이라고 묘사하고 있다.

서왕모를 상징하는 머리에 쓰는 승勝, 일반적으로 직승織勝이라 불리던 실 감는 기구에서 온 것으로 해석된다. 이것은 서왕모가 무병장수·장생불사라는 인간의 일상적, 근원적 소망과 관련된 존재라는 사실과 맥락이 닿는 부분이다. 그 때문에 실을 잣는 도구를 머리에 장식한 서왕모가 우주와 세계 질서의 관리자이자, 혹은 인간 생명의 주관자로 여겨지는 것은 자

---

23) 『山海經』「西山經」: 又西三百五十里, 曰玉山, 是西王母所居也, 西王母其狀如人, 豹尾虎齒而善嘯, 蓬髮戴勝, 是司天之厲及五殘.(다시 서쪽으로 350리를 가면 옥산이라는 곳인데 이곳은 서왕모가 사는 곳이다. 서왕모는 그 형상이 사람 같지만 표범의 꼬리에 호랑이 이빨을 하고 휘파람을 잘 불며 더부룩한 머리에 머리꾸미개를 꽂고 있다. 그녀는 하늘의 재앙과 오형을 주관하고 있다.) 吳任臣 撰, 『山海經廣注』, 南京: 鳳凰出版社, 2018, p. 45.
24) 『山海經』「大荒西經」: 西海之南, 流沙之濱, 赤水之後, 黑水之前, 有大山, 名曰昆侖之丘. 有神 一 人面虎身, 有文有尾, 皆白一處之. 其下有弱水之淵環之, 其外有炎火之山, 投物輒然. 有人, 載勝, 虎齒, 有豹尾, 穴處, 名曰西王母. 此山萬物盡有. 吳任臣 撰, 『山海經廣注』, 南京: 鳳凰出版社, 2018, pp. 250-252.
25) 『山海經』「海內北經」: 西王母梯几而戴勝杖, 其南有三靑鳥, 爲西王母取食. 在昆侖虛北. 吳任臣 撰, 『山海經廣注』, 南京: 鳳凰出版社, 2018, P. 207.
26) 『山海經』「西山經」: 是司天之厲及五殘. (郭璞注: 主知災厲五刑殘殺之氣也.) 郭璞의 주석에 의하면 疫病과 五刑殘殺의 기운을 주관하였다. 여기서는 포괄적인 개념으로 재앙과 형벌이라는 용어를 사용한다. 吳任臣 撰, 『山海經廣注』, 南京: 鳳凰出版社, 2018, p. 45.); 전호태, 『중국 화상석과 고분벽화 연구』, 서울: 솔 출판사, 2007, p. 38.

연스럽다고 할 수 있다.[27] 이후 서왕모는 시대를 거듭할수록 아름다운 생명의 여선의 이미지로 변모되어 갔으며 도교 교단 성립 후에는 불사약을 지닌 도교의 최고 여선으로 등극하였다.

조선 후기의 〈신선도〉 가운데 〈요지연도〉의 주인공으로 표현된 서왕모는 젊고 아름답게 변모한 여신의 모습이다. 지상의 낙원에서 인간(주목왕)과 신(서왕모)의 만남은 국가 왕조의 운명이 불사약을 지닌 생명의 여신의 힘을 빌어 영속되기를 바라는 천인합일적 세계관의 표현으로 볼 수 있다.

2) 인간의 이상적 모델 신선

하늘을 자유롭게 나는 신선들은 그 어원에서도 신선은 산을 이리저리 나는 존재로서 표현하고 있다. 새는 어떻게 신선들의 조력자가 되었는지 살펴보면 조류는 동방의 신조로서 토템 민족의 종교와 문화를 반영하고 있다. 『산해경』 신화 가운데 동이의 영웅인 복희伏羲·순舜·예羿 등은 그 이름이 새와 관련이 되어있음을 나타내고 있다. 복희伏羲는 풍성風姓인데 풍風은 곧 봉鳳과 통하며 순舜, 제준帝俊은 준조駿鳥로서 봉과 유사한 존재이다. 예羿는 글자 가운데 새의 의미를 담고 있다. 이런 신화는 조인일체鳥人一體의 신앙적 의미를 지녔으며 이것은 다시 신선설화로 발전해 간 것으로 추측할 수 있다.[28]

〈신선도〉에 등장하는 신선들은 대부분 『열선전』과 『신선전』의 설화에 등장하는 천선과 지선들이다. 『열선전』에서는 선인들의 행적은 주로 이야기 형식으로 전해지는데 신화와는 다른 형태의 특징을 지닌 선화仙話이다. 선화 속의 신선은 평범한 인간이 일정한 수련의 과정을 거쳐 성선成仙한 존

---

27) 전호태, 『중국 화상석과 고분벽화 연구』, 서울: 솔 출판사, 2007, pp. 46-47.
28) 정재서, 『不死의 신화와 사상』, 서울: 민음사, 1994, pp. 97-97.

재로서 초인적인 능력을 지니고 있기는 하지만 어디까지나 그 본질은 인간이다. 신선들은 오곡五穀을 먹지 않고 우로雨露만을 마시면서 장생불사할 수 있으며 공중을 자유롭게 비행하고 몸을 자유자재로 변형할 수 있는 등 인간의 어떠한 생리적인 한계도 초월하며 자연의 주재자로서 자연현상을 초월한다.[29]

연단煉丹과 복기服氣 그리고 도인導引 등의 방술을 통해 초범입성超凡入聖과 환골탈태換骨脫胎 등의 변화를 달성한 신선은 득도의 수준에 따라 다음과 같은 등급으로 나뉘어진다. 『포박자』의 「금단」 편에서는 이에 대해 다음과 같이 말한다.

상사上士가 도를 얻으면 자유 승천하여 천관이 되고 중사中士가 득도하면 곤륜의 누각樓閣으로 모이고 하사下士가 득도하면 세간에서 장생한다.[30]

신선의 이러한 3가지 등급을 신선삼품설이라고 부른다. 이들 신선은 신체가 완전할 뿐만 아니라 인격적으로 완성된 존재로 제시된다. 아울러 그들은 자유가 보장되고 의식이 풍족하며 자연경관이 수려한 아름다운 곳에 살고 있다. 이는 인간의 관념 속에 존재하는 이상세계와 완미한 인격의 모델을 반영한 것으로 볼 수 있다.

이런 존재를 그린 〈신선도〉는 길상화로 자리 잡았는데 궁중에서 시작되어 일반 백성들에게 민화의 형식으로 유행하였다. 백성들에게 인기 있었던 유명한 신선인 여동빈, 종리권, 남극노인 등을 김홍도 등 당대의 화가들도 자주 그렸는데 결국 완전한 삶을 추구하는 신선들의 모습이 사람들에게

---

29) 劉向 著, 김장환 옮김, 『열선전』, 서울: 예문서원, 1996, pp. 8-10.
30) 『抱朴子·內篇』卷4, 「金丹」: 上士得道昇爲天官, 中士得道 樓集崑崙, 下士得道長生世間.

정신적 안정과 삶에의 희망을 불러일으켰던 것이 아닌가 생각된다. 이는 신선에 내재한 불사의 생명 의식이 〈신선도〉라는 회화 형식을 통하여 심미적인 방식으로 조선 후기 민중들의 정신세계에 영향을 끼친 것으로 보아도 좋을 것이다.

3) 불로장생의 사물들

신선도의 배경을 이루는 바탕은 십장생을 비롯한 불로장생의 사물들로 구성되어 있다. 이러한 광경은 지상에서 볼 수 있는 소재들로 구성된 도교의 낙원이다. 도교 이상세계의 소재인 동·식물과 그 외 광물류와 같은 장생물이 어떻게 존재하게 되었고 인간과 어떠한 상관관계가 있는지 살펴보고자 한다.

조선 후기 〈신선도〉에 표현된 사물들은 기본적으로는 불로장생의 생명 의식과 관련이 있다. 본래 도교에서는 우주의 기운이 인간뿐만 아니라 사물에게도 부여된 것으로 보는데 그 중에서 광물은 영원히 썩지 않기에 온전한 기운을 지닌 것으로 간주되었다. 금은이나 옥, 기이한 수석 이외에도 수은, 납, 유황이 불사약인 금단의 재료가 된 것은 이 때문이다. 다음으로 식물은 오래 살거나 특별한 효능을 지닌 경우 장생을 위한 약재로 인식되었다. 지초, 소나무, 황정 등 한의학에서 중시되는 초목성 약재들이 그것이다. 끝으로 동물은 오래 살거나 신령스럽다고 여겨진 것들로서 학, 사슴, 용 등이 이에 속한다. 〈신선도〉에서 이러한 불로장생의 사물들을 주변에 배치한 것은 감상자로 하여금 왕성한 생명의 기운을 실감하게 하는 효과를 기대해서인데 결국 이러한 사물들에 내재한 생명의 기운이 이미지를 통해 인간에게 영향을 미친다는 도교적 생명 의식을 표현한 것이다.

5 맺는 말

본고에서는 우선 조선 후기에 〈신선도〉가 성행했던 요인을 도교 문화적 맥락에서 파악해 보았다. 왕조 국가에서 근대로 이행되는 과도기인 조선 후기라는 시대적 상황의 관점에서 〈신선도〉의 성행을 살펴보았는데 조선 후기에는 소중화 의식이 생기고 북학·실학사상 등에 의하여 자주적 문화 의식이 성장하면서 진경산수의 화풍이 생겨나고 풍속화가 그려진다. 그리고 이 시기에 도교적 사유가 내재된 〈신선도〉가 유행하였다. 그 이유는 임진왜란과 병자호란 이후의 정신적 외상, 당시풍의 유선시로 인한 유토피아적 환상이 유포되어 시대적 징후로 벽사·길상의 취지를 지닌 〈신선도〉가 유행하게 된 것이다. 이러한 길상의 의미를 지닌 그림은 궁궐의 안팎을 장식했던 궁중 장식화이자 실용적이고 기능적인 그림으로써 궁궐의 벽과 실내를 꾸미는 심미적 목적과 함께 왕실의 권위와 우위를 살리는 표상과 교훈이 담겨 있어 세화로도 제작되었다. 그리고 시대의 흐름에 따라 새로운 도상인 반도蟠桃, 즉 도교적 상징을 극대화시킨 〈요지연도〉와 〈해학반도도〉, 〈해상군선도〉등이 등장한다. 아울러 이러한 길상화는 사대부와 일반 백성들에게까지 민화의 형식으로 확산되어간다.

조선 후기 〈신선도〉의 소재들은 대부분 서왕모와 신선, 그리고 불로장생의 자연물들이다. 이러한 소재들을 도교적 생명관의 관점에서 살펴보면 첫째, 불사약을 지닌 '서왕모西王母'라는 호칭은 서쪽의 '서西'와 어머니의 '모母' 자에서 방향과 '모성母性'의 일부가 표현되어 있다. 서쪽 끝은 죽음의 세계이지만 다시 생명 부활의 시작으로 순환적 사상과 음양오행사상이 내재되어 있다. 서왕모는 이후 도교의 최고 여선으로 등극하며 송대와 원대에는 신선도화극과 축수화에 등장한다. 그리고 한국에 유입되면서 조선 후기에는 〈요지연도〉에서 불사약을 지닌 아름다운 여선으로 등장한다. 이러한 모습을 통해 건강한 신체가 현세와 내세에서도 영속하기를 바라는 도교의 무병장수 및 현세 복락적 삶을 추구하는 정신을 엿 볼 수 있다.

둘째, 〈신선도〉에 등장하는 신선들은 어원을 볼 때 산을 이리저리 나는 존재로서 표현되고 있다. 조류는 동방의 신조로서 토템 민족의 종교와 문화를 반영하고 있다. 이러한 조인일체 신화를 바탕으로 도교는 현실에서 하늘로 비상하는 신선이 되는 것이 정신수련과 육체수련, 인격수련을 통하여 가능하다고 보았다. 〈신선도〉에는 이렇게 완전한 삶을 추구하는 신선들의 존재를 통하여 조선 후기라는 난세에 처한 인간들의 영원한 삶에 대한 욕망이 표현되어 있다. 이는 한편 신선에 내재한 불사의 생명 의식이 〈신선도〉라는 회화 형식을 통하여 심미적인 방식으로 조선 후기 민중들의 정신세계에 영향을 끼친 것으로 보아도 좋을 것이다.

셋째, 〈신선도〉의 배경을 이루는 바탕에는 십장생을 비롯한 불로장생의 사물들이 등장한다. 〈신선도〉에 표현된 사물들은 기본적으로는 불로장생의 생명 의식과 관련이 있다. 본래 도교에서는 우주의 기운이 인간뿐만 아니라 사물에게도 부여된 것으로 보는데 그중에서 십장생과 같은 특별한 식물, 동물, 광물은 완전한 기운을 지니고 있는 것으로 간주되었다. 〈신선도〉에서 이러한 불로장생의 사물들을 주변에 배치한 것은 감상자로 하여금 왕성한 생명의 기운을 실감하게 하는 효과를 기대해서인데 결국 이러한 사물들에 내재한 생명의 기운이 이미지를 통해 인간에게 영향을 미친다는 도교적 생명 의식을 표현한 것이다.

결국 상술한 조선 후기 〈신선도〉에 내재한 도교의 생명사유를 통하여 인간은 자연의 한 부분이며, 개체 생명으로서 자연과 유기적으로 연결되어 상보적인 영향관계에 있는 존재임을 깨달을 수 있을 것이다. 조선 후기 사람들은 왕조 사회의 모순과 질곡 속에서 〈신선도〉라는 예술작품을 통하여 이러한 깨달음을 얻고 지친 심신을 달래고 치유할 수 있었던 것이다.

인간의 생명은 유한하며 일회성으로 어떤 가치보다 소중하다고 할 수 있다. 그러므로 예로부터 오복五福 가운데 그 첫 번째는 수壽로 여겼다.[31] 현대는 초 과학화 시대를 맞이하였으나 인류는 돌연한 질병으로 인해 새로운 생명의 위기에 처해 있다. 〈신선도〉의 생명관에 대한 탐구가 이러한 난국에서 생명의 원천인 자연의 소중함과 삶의 존귀함을 환기시키는 계기가 되기를 기대하면서 논의를 마치고자 한다.

31)『書經. 洪范』: 第一福是 长寿, 第二福是 富贵, 第三福是 康宁, 第四福是 好德, 第五福是 善终.

≡ 참고문헌 ≡

- 『書經』
- 葛洪, 『抱朴子』, 北京: 北京燕山出版社, 1995
- 楊寄林 譯註, 『太平經 上·下』, 河北人民出版社, 2001
- 吳任臣 撰,, 『山海經廣注』, 南京: 鳳凰出版社, 2018
- 崔致遠, 『桂苑筆耕集』
- 劉向 著, 김장환 옮김, 『열선전』, 서울: 예문서원
- 정재서 譯主, 『山海經』, 서울: 민음사, 1985
- 강필선 외 17인, 『한국철학사상사』, 서울: 심산출판사, 2003
- 박정혜 외 3인, 『왕과 국가의 회화』, 파주: 돌베개 2011
- _____ 외 3인, 『조선궁궐의 그림』, 파주: 돌베개 2011
- 정재서 『도교와 문학 그리고 상상력』, 서울: 푸른숲, 2000
- _____, 『한국 도교의 기원과 역사』, 서울: 이화여자대학교 출판부, 2006
- 정옥자, 『조선 후기 역사의 이해』, 서울: 일지사, 1993
- 전호태, 『중국 화상석과 고분벽화 연구』, 서울: 솔 출판사, 2007
- 유완상 외 3인, 『한국사 강좌』, 서울: 홍문당, 1995
- 윤열수, 『신화 속 상상동물 열전』, 서울: 한국문화재 보호재단, 2010
- 허균, 『허균의 우리 민화 읽기』, 서울: 대한 교과서, 2006
- 박본수, 「오리건 대학교 박물과 소장 십장생 병풍연구/王世子(왕세자)痘(두)候(후)平(평)復(복)陳(진)賀(하)契屛(계병)의 일례」, 고궁문화, 2009
- 장현주, 「중국의 八仙過海圖와 비교하여 본 조선 후기 安中植. 曹石眞의 <海上群仙圖>」, 『중국학 논총』 제43집, 중국학연구소, 2014
- 윤찬원, 「『太平經』에 나타난 생명관」, 『도교문화연구』 제12집, 한국도교문화학회, 1998

한국의 산신문화, 한국의 선문화仙文化

데이비드 A. 메이슨

번역: 전원철(상생문화연구소)

필자 약력

데이비드 메이슨(David A. Mason)

서울 세종대학교 한국문화관광학과 교수

지금까지 39년 동안 이 일반적인 주제와 신성한 산, 풍수(geomancy), 한국 종교, 민속 및 역사적 인물과 같은 연관된 지표를 연구했으며 작업을 진행하는 중이다.

저자는 한국 문화 및 관광에 관한 많은 책과 기사를 출판했다.

작품은 『산신령: 한국의 산신과 산 숭배의 전통(1999)』과 저자의 광범위한 웹사이트 www.san-shin.org가 포함된다.

논문에 대한 서신 : Prof. David A. Mason(mntnwolf@yahoo.com)

1 한국산신 소개

1) 한국 문화의 맥락에서 본 산신의 정체

2000년 이상의 한국 역사 동안 이 산악 반도의 주민들은 봉우리와 비탈이 영적으로 살아 있고, 남성 또는 여성이 될 수도 있는 산신이 거주하며, 산 마다 하나 또는 그 이상이 떨어질 수 없이, 그 산들을 나타내는 신령이 있다고 또는 산들이 그 신령들을 나타내고 있다고 믿었다. 산신은 오랫동안 대부분의 마을과 도시들의 주요 수호 신령이었고 한민족 전체의 수호자였다. 고대부터 한국의 왕들은 자신들의 정통성을 상징하기 위해 웅장한 산신단에서 큰 제사를 지냈고, 서민들은 작은 마을 산신각에서 좋은 날씨, 풍작, 자녀의 건강, 액운으로부터의 보호를 기원했다.[1]

산신은 아마도 한국 자체가 대부분 산악 지역이기 때문에 한국의 모든 토착신들 중 첫째로 간주되었다. 한국의 신화적 건국자 단군 왕검은 은퇴 후 산신이 되었다고 생각하며, 한국의 모든 수입 종교들은 (그 산신 숭배에 반대할지라도) 전통적으로 그 산신들의 중요성을 인정하며, 한국 사람들은 자신들의 의례순에서 다른 모든 신보다 산신을 먼저 숭배했다.

그것은 다양한 종교 전통을 서로 연결하고 한국 종교의 "거미줄"의 "토착적 중심"을 형성하는 방식으로 인해 한국 전통 문화의 중심축적인 특징이라고 할 수 있다.

(대부분의 경우 정교한 그림 앞에 단순한 조각상이 결합된 형태인) 산신의 신성한 아이콘 그림과 조각상은 300년 이상 동안 한국에서 만들어져, 사원 뒤쪽에 있는 산신령에게 제물을 바치던 간단한 산신각을 대신했다.

---

1) Canda 1980; Choi, Joon-sik 2006; Mason 1999.

산신이 된 국조 단군

그러나 산신 상은 역사적 보물일 뿐만이 아니다. 사원을 방문하는 사람들은 새로 만들어지고 안치된 많은 그림과 산의 정령 조각상을 발견하게 될 것이다. 이 작품은 일반적으로 골동품보다 더 정교하며 불교, 도교 및 유교의 계몽된 권위, 생태학적 지혜 및 활기찬 건강의 상징과 같은 종교적 연관성의 범위를 넓혀주는 더 많은 수의 상징적 요소를 통합하고 있다.

많은 그림은 예술적 가치가 높은 정교하고 복잡한 그림으로 애호가(aficionado)에게 다양한 도상학적 요소(iconographic elements)나 예술적 스타일을 제공한다.

산신과 산신각

2) 산신의 도상

대부분의 한국 불교 사원에는 산신의 그림이나 동상이 있는 제단이 있으며, 그 상들은 종종 그 뒤에 있는 그림의 시야를 부분적으로 차단한다. 두 개의 초, 향로, 뚜껑을 덮지 않은 깨끗한 물이 담긴 그릇이 성상 앞에 있는 제단 위에 있으며, 아마도 다른 제물도 있을 수 있다.

수천 점의 그림은 독특하며 어느 하나도 전혀 서로 같은 것이 없다. 예술가들이 영감을 받아 표현하려는 산의 특성에 따라 그림을 개별화했기 때문이다.

이러한 사찰에 속한 많은 산신 그림은 현재 100년이 더 지난 귀중한 골동품이며 한국 민화 전통 중 최고이다. 그 중 일부는 미술품 도둑이 훔쳐가 암시장에서 수천 달러에 팔렸다. 몇몇 다른 것들은 현재 박물관에 안전하게 보관되어 있다.

근엄하고 자애로운 산신

산신은 거의 항상 흰색 또는 회색 머리와 수염을 기른 앉아있는 남자로
묘사된다. 나이가 들었지만 여전히 건강하고 강하며 권위가 있다. 그의 얼
굴은 자애롭고 친절하지만 이상적인 가족의 가장처럼 여전히 엄하고 근엄
하다. 그의 독특한 의복, 머리 장식 및 고상한 태도는 왕족 또는 최소한 지
배적인 공식 지위를 암시한다. 그의 머리 또는 심지어 몸 주위에 후광이
있을 수도 있고 없을 수도 있으며, 이는 거룩함 또는 비범한 에너지를 나
타낸다. 샤머니즘, 불교, 유교, 도교, 민족주의 및 군사 상징은 수천 개의
서로 다른 예술 작품의 다양한 부분에 무수하게 조합되어 사용된다.

녹용을 든 산신

산신령은 거의 항상 건강한 장수, 학문적 또는 영적 성취와 그의 세속적 또는 영적 능력을 상징하는 물건을 한 손 또는 두 손에 들고 있는 것으로 나타난다. 이들은 샤머니즘, 도교(그리고 도교적-군사적), 불교 및 유교 철학과 도상학에 깊은 배경을 가지고 있다.

가장 흔한 물건은 긴 나무 막대기로, 종종 소나무처럼 엉켜 있고 속이 빈 조롱박(gourd)은 위쪽 끝에 리본이 묶여 있고, 손잡이에 흰 두루미의 깃털로 만든 뻣뻣한(접히지 않는) 부채가 있다. 또는 기타 비단이나 또는 실제 녹색 잎사귀, 말 꼬리로 만든 파리채, 불로초 가지, '신화적인' 영지 버섯 – 불사 또는 최소한 긴 수명을 부여하는 예로부터 명성 자자한 약초(허브), 그리고 인삼 뿌리, 건강, 치유 및 장수를 상징하는 또 다른 허브도 있다.

'신화적인' 영지 버섯 – 불사 또는 최소한 긴 수명을 부여하는 예로부터 명성 자자한 약초 (허브), 그리고 인삼 뿌리, 건강, 치유 및 장수를 상징하는 약초를 보여주는 최근에 그려진 산신상

이들 모두는 종종 이들의 기념 초상화에 사용되는 깨달음을 얻은 명상 스승의 불교식 지표인 파리채를 제외하고는 토착 샤머니즘적 색채를 지닌 도교의 상징으로 간주될 수 있다.

이 그림의 대부분에서 산신은 평평한 바위 절벽 꼭대기나 웅장한 전망 이 있는 높은 산의 개간지에 앉아 있는 것으로 묘사된다. 실제 그런 곳은 백두대간[2] 암반과 그 가지 사이를 걷다 보면 쉽게 발견할 수 있는 곳으로 흔히 신선대神仙台[삼대, 도가의 단상]라고 불린다. 한국의 관점에서 이곳 은 불교 명상과 도교 수행이 가장 잘 수행되는 곳이며, 영적인 성취나 깨 달음이 일어나는 곳이다.

"산왕" 옆에는 거의 항상 그의 반려동물이자 금기를 집행하는 자이자, 분

----

2) 白頭大幹, 백두대간. See: http://san-shin.org/Baekdu-daegan-index.html

신이기도 한 호랑이 한 마리가 있다. "산짐승의 왕"으로서 호랑이는 한국
문화의 주요 상징이며 전통 민화에서 매우 일반적이며 좋아하는 주제이다.
만화나 판촉물에서는 국가나 경제, 시민을 호랑이로 자주 묘사하고, 1988
년 서울올림픽의 상징으로 사근사근한 아기 호랑이를 선택했다.

한국 전통에서 '동자'라고 불리는 두 명의 아이 시종은 대개 왕조시대의
고관의 하인처럼 이들 그림에서 주인 옆에 서 있다. 오래된 그림에는 없는
것도 있지만 거의 모든 현대 그림에는 최소 1명에서 최대 5명이 있다. 그
들은 소년이나 소녀일 수 있으며, 가장 일반적으로 음과 양 균형의 제스처
로 각각 하나씩이며, 종종 적어도 한 명은 강한 바람에 날리는 것처럼 어
깨 뒤로 떠오르는 스카프를 착용하여 그들이 천사와도 같이 날 수 있는
존재임을 나타낸다.

동자와 산신

그들은 신성한 물건을 산신에게 바치거나 필요할 때 주기 위해 쥐고 있는 것처럼 손에 신성한 물건을 쥐고 있다. 이것들은 위에 열거된 산의 군주(mountain-lord)가 들고 있는 것과 같은 물건일 수 있고, 불멸의 복숭아나 다산을 상징하는 석류와 같은 과일이나 다른 물건일 수도 있다. 이따금 한 동자가 그림의 앞쪽 구석에 웅크리고 있고, 녹차나 약초를 담기 위해 끓는 물 주전자 아래에서 불 시중을 들고 있다. 때로는 또 다른 한 동자가 쟁반에 컵을 들고 그 결과로 얻은 영약을 주인에게 드리기도 한다.

산신 인물 옆에는 항상 적어도 한 그루의 꼬인 소나무가 있다. 이것은 불리한 조건에도 불구하고 장수하고 적응하는 생존을 상징한다. 풍경의 배경은 단순하고 만화적인 것부터 동아시아의 도교, 성리학의 웅장한 풍경화 전통에서 파생된 더욱 정교한 작품에 이르기까지 다양하다.

그것들은 보통 가파른 산봉우리와 절벽, 한두 개의 폭포, 소용돌이치는 구름과 때로는 태양을 포함한다. 행운, 다산, 활력 및 내구성의 다른 상징은 민중 유교의 십장생+長生 또는 "10가지 장수의 상징"과 같은 가장 정교한 예 속에 포함되어 있다. [3]

3) 산신의 성별

대부분의 학자들은 대부분의 산신은 아니더라도 많은 산신이 고대에 여성, 즉 자애로운 어머니 여신으로 생각되었다는 데 동의하는 것 같다.

그러나 현존하는 거의 모든 사찰이나 사찰 그림이나 백두대간 산맥의 동쪽을 따라 발견되는 조각품에는 할아버지인 남자로 묘사되어 있다. 이제 먼 남쪽과 서부 지역에서는 성숙한 여성 묘사의 사례가 증가하고 있는

----

3) See: http://www.san-shin.org/Ship-jangsaeng_Longevity-1.html

산신할머니

데, 이는 "동쪽은 남성, 서쪽은 여성"[4]이라는 일반적인 음양 스타일의 구분
을 나타내는 것으로 생각된다.

한국에는 최근 천년 동안 유교와 또 그 밖의 가부장적 문화가 증가했기
때문에 불완전한 변형이 일어난 것으로 보인다. 여산신은 대개 나이든 남
자와 대조적으로 완전히 검은 머리를 가지고 있지만, 여전히 '산신령 할
매'를 뜻하는 "산신 할머니"와 같은 이름으로 사용된다. 그들은 인간의 마
을과 사원을 포함하여 산 주변의 모든 생물의 태초의 왕어머니이자 양육
자로 간주된다.

---

4) 여성 산신을 모시고 숭상하는 이례적인 사례는 지리산 동쪽 천왕봉 부근에 있다. 다른 것
들은 계룡산, 모악산, 서울의 수락산에서 쉽게 볼 수 있다. 여기서 동서남녀설은 한국 고유의
것으로 보이며, 소수의 전통주의 학자와 승려만이 알고 있거나 보유하고 있다.

4) 산신제 의례

산신제三神祭는 산신령을 공경하기 위해 행하는 의례를 일컫는 가장 일반적인 용어이다. 이러한 의식은 사제나 한국의 다양한 종교적, 영적 전통을 가진 사람들, 그 지역의 수호 산신에게 비는 마을 사람들, 그리고 종교와 무관한 등산 클럽들이 거행한다. 촛불 한 개, 물 한 그릇, 짧은 기도를 드리는 아주 간단한 일에서부터 오케스트라와 수십 명의 의상을 입은 주례자가 다양한 육식 및 채소 음식을 높이 쌓은 큰 제단 앞에 배치되는 정교한 다단계 의식에 이르기까지 다양하다. 많은 한국인들이 비록 드물기는 하지만 여전히 이러한 관습을 따르고 있으며 한국의 산악 지역을 방문하는 방문객들은 적어도 최근에 그런 예식이 거행되었다는 흔적을 볼 수가 있다.

공식 산신제는 산의 신령을 모시는 불교 사찰에서 하루에 한두 번 불을 붙인 양초, 향, 간단한 물과 채식 음식으로 제사를 지낸다. 이러한 비공식

적인 의식은 평신도들이 낮이나 밤 중 언제라도 스스로 거행하며, 평신도 남성이나 여성의 변덕이나 결정에 따라 현금, 술 음료 또는 포장 식품을 추가로 바친다. 때로는 요청이나 사전 협의에 따라 승려가 평신도를 인도 하기도 한다.

한국 불교 사찰에서 개최되는 이러한 모든 유형의 산신제는 노래, 목례, 절하기 및 명상의 조합을 포함한다. 의식을 수행하는 정통적인 방법은 없 지만 오히려 승려와 일반 사람들은 배운 방식 또는 가장 좋다고 직관하는 방식으로 거행한다. 요즈음에는 목탁을 가지고 승려들이 일반적으로 거행 하는 몇 가지 표준적인 염불이 있으며, 때로는 평신도들도 그것을 사용하 는 법을 배운다.

한국 전역에서 국가 정체성, 보호 및 통일을 명시적으로 주제로 하는 대 규모 "공공" 산신제가 일반적으로 전통적인 음력 공휴일이나 지역 축제와 함께 꾸준히 증가하고 그 지역에서 가장 유명한 사당에서 개최된다.

시장과 그 밖의 지역 고위 관리들은 종종 이러한 의식의 주례자로 간주 된다. 산신 숭배에 대한 이러한 종류의 공개적인 정부 승인 및 지원은 거

의 모든 토착 문화의 공개적 표현에 반대하는 개신교 기독교인과 '모더니스트'가 공직을 장악한 현대 한국에서 볼 때 진정으로 혁명적이다. 이것은 토착 및 지역 문화 자산에 대한 민족주의적 재평가, 감상 및 축하에 자리를 내어주는 것 같다.

5) 산신의 등급

중국 도교의 개념, 신, 도상화는 한국의 자생적 신앙과 융합되어 조 박사(Dr. Zo)가 "도교 샤머니즘"[5]이라고 불렀고 다른 관찰자들은 "민속 도교"라고 불렀다. 이 믿음의 장(belief- field)에는 인성(humanity)과 신성(divinity) 사이의 중간 단계와 그 단계가 나타내는 영역 사이의 중재자 역할을 하는 다양한 반신적(semi-divine), 의인화된 인물(anthropomorphic figures)이 포함된다. 나는 이 책과 관련된 것들을 '보통 인간(ordinary human)'과 '산신(mountain god)' 사이의 단계별 진행 개념으로 정리했다.[6] 어떤 종교의 것이 아니라 단지 개념적 체계일 뿐이다. '보통사람'에서 위로 올라가면 다음과 같다.

선비는 유덕한 학자이자 성숙하여 철학, 상식 및 기술을 교육받은 사람:

----

5) Zo Zayong 1982, page 33.
6) 이 섹션의 두 범주 시스템은 용어를 정의하고 용어 간의 관계를 명확히 하는 방법으로 소개된다. 십여 년 동안 한국인들과 이런 문제에 대해 이야기하고 입수 가능한 자료를 연구한 결과, 전적으로 내 생각이다. 내가 인용할 수 있는 특정 학문적 또는 종교적 출처의 지원을 받지 않는다. 나는 그들이 직면하고 있는 방대한 양의 다양한 데이터를 이해하는 데 필요하며 한국의 산 숭배의 다양한 표현이 서로 어떻게 관련되고 한국의 다른 종교 전통과 상호 작용하는지 이해하고 설명하는 데 매우 도움이 된다는 것을 알게 되었다. 나는 그 정신으로 독자들에게 그것들을 제시한다. 아무도 이러한 계층 구조가 엄격하지 않거나 이러한 용어를 보는 다른 몇 가지 유효한 방법이 없다고 생각해서는 안 된다. 일부 출처는 경계를 허물거나 흐릿하게 함으로써 이러한 범주와 모순되지만, 이것이 이 주제의 모호한 특성을 강조하는 것만큼 개념적 도구로서의 범주를 무효화하지는 않는다.

오랫동안 수행한 평신도, '세상'에 빠져 있지만 도덕률을 따라 더 높은 영역을 의미한다.

도사道士[도교학자, 도학자]: 도시생활의 타락에서 은퇴하여(보통 일종의 암자 생활로) 공부하고, 실천하고, 더 높거나 더 깊은 철학과 실천을 가르친다.[7] 도사는 도를 닦는 사람이라고도 할 수 있다. 성리학자는 이 정도의 사람을 소인(작은 사람, 인색한 사람을 의미)의 반대말로 군자君子(고귀한 사람을 의미)라고 부른다. 한국불교 용어로 도사는 큰스님(선배, 성실하고 성취한 스님)과 거의 동일한다.[8]

도인道人[도道 닦는 이], 도사의 길을 따라가서 반신의 경지에 이른 사람: 더 이상 도를 닦는 데서 그치지 않고 성취한 것이다. 특별한 초인간적 능력이 표시되거나 사용될 수 있다. 도인은 매우 영리한 사람 또는 완전히 성장한 사람을 나타내는 매우 영예로운 호칭이다. 공자는 이 정도의 사람을 성인聖

7) 건강, 장수, 비범한 능력 또는 영적 발전을 가져오는 광범한 관행, 일부 고행. 힌두교 용어 "요가"는 내가 여기서 의미하는 것과 유사하다. 철학은 기원이 도교 또는 성리학일 수 있다.
8) 우리는 현대 한국 점쟁이들이 신뢰성을 높이기 위해 도사를 칭호 접미사로 오랫동안 사용했다는 점에 유의해야 한다(특히 산에서 권세를 얻었을 때 정식 칭호인 산신도사를 사용하기도 한다). 그리고 그것은 또한 현대 한국 언어에서 어떤 기술이나 기술의 숙달을 나타내는 다소 냉소적인 제목 접미사로 사용된다. Billiards-do-sa라고 한다.

人이라고 부른다. 불교 용어로 도인은 대선사大禪師와 거의 동일하다.

신선[영적인 불사인, 영적인 은자, 선녀]은 그 다음 단계: 더 이상 인간이 아니며 죽음과 같은 인간의 한계에 종속되는 것이 아니라, 완전히 반신적인 존재이다. (가족 배경, 직업 등)

인간의 정체성이 더 이상 중요하지 않을 정도로 육체적으로 정화되고 영적으로 계몽된다. 최치원(b. 856)과 같은 역사적 한국 남성들은 이러한 반신적 지위에 도달한 것으로 여겨진다. 신선은 마음대로 마력을 발현하고 사라지고 사용할 수 있다. 그들은 깊은 산의 높은 바위, 신선대에 사는 것으로 생각된다. 한자 '선仙'은 '사람(人)'과 '산山'의 어근으로 구성되어 있다. 즉, 높은 황야 속의 남자이다. 산 속의 은자는 주로 불사의 사람을 의미하게 되었지만 말이다. 불교도와 동등한 것은 아라한阿羅漢[9]일 것이다. 신선은 한국의 아이콘에서 도교, 유교 및 불교 유형으로 묘사된다.[10]

산신-도사[산신 도교학자], 완전히 신성한 인물: 인간-산 사이의 상호 작용의 모호한 의인화; 산신은 '산의 정령' 역할을 한다. 그는 일반적으로 한국의 모든 산의 영적인 힘을 나타낸다. 인간-산 사이의 상호 작용의 간단한 상징이다. 그는 주로 주술사와 등산인들한테서 존경을 받는다.

산신[산령 또는 산신]: 특정 산의 완전 의인화된 신령, 그리고 산간 생태계와 그 안에 사는 사람들의 시너지의 공동진화 상징의 복합체.

이제 그 용어가 명확해졌으므로 산신의 종교적 표현을 이해하기 위한 개념적 체계를 도입해야 한다. 이 책을 쓰는 동안 나는 한국의 산신령과 숭배의 모든 표현을 세 가지 수직적 수준으로 나누는 내 자신의 이론을

---

9) 산스크리트 어로 'अर्हत्(arhat)', 팔리어로 'arahant', 곧 영어로 "존자(the Worthy One)"를 말한다. [역자 주]
10) 일부 출처(예: 한자 사전)에서는 신선을 인선 = 인간, 천선 = 하늘, 수선 = 물에 거주, 지선 = 땅의 네 가지 유형으로 분류한다. 이에 대해서는 명확하지 않은데, 특히 신선이 아니라 모든 무속을 분류하려는 시도인 것 같다. 산신이 포함되는 것은 아마 마지막 카테고리 지선...?

발전시켰다.

내가 "하위 수준"이라고 부르는 것은 원시적이고 직접적인 민속문화 자연숭배로 산을 향한 것인데, 조잡한 얼굴이 없는 상징 앞에 단순한 제물과 몸짓으로 표시되는 간구 또는 존경의 대상이다. 이 수준에서 산신은 의인화되거나 인간이나 동물의 형태로 주어지지 않지만, 산 자체는 나무, 절벽, 호랑이, 이정표 또는 바위 등 가장 단순한 상징적 표현으로만 숭배된다. 이것은 산악 지역 내의 특정 산이나 지역을 비인격적으로 신격화하는 것이다.[11] 이 수준에는 한국의 농촌 마을, 산길 및 기타 수호 사당이 포함된다.

내가 "중간 수준"이라고 부르는 것은 산신이 단지 모호하게 의인화되고 그림, 부조 조각 또는 동상에서 정형화된 인간 도상적 형태를 부여받았지만 한국의 모든 산을 대표하는 일반화된 상태로 남아 있을 것을 말한다. 신선과 산신도사, 불교 신 가운데 탱화 수호화에 등장하는 산신 등 인간과 산 사이의 상호작용에 대한 일반적인 이상을 대표하는 수준이다. 이 아이콘들은 실제로 "숭배"되는 것이 아니라, 샤먼이 트랜스 의식(trance-rituals)의 일부로 사용하며 불교 승려, 유교 및 일반 사람들이 그저 "존경"한다.

내가 "상위 수준"이라고 부르는 것은 상징적으로 복잡하고 예술적 가치가 높은 산신 탱화나 산신도 초상화에 묘사된 완전하고 개별적인 산신을 포함한다. 이들은 특정 산이나 산악 지역의 특정 산신을 나타낸다. 그들의 이름 또는 외모는 때때로 역사적 인물에서 파생되었다. 한국의 전통 신화와 전설에 나타나는 것은 대개 이러한 상급 산신이다. 그 이야기에서 이들

---

11) 한국어 접미사 –san은 북동쪽 해안을 따라 서울의 북한산과 설악산과 같이 넓은 산지를 덮을 수 있는 연결된 봉우리, 능선 및 계곡을 포함하여 서울의 인왕산 또는 남산과 같이 하나의 주봉 또는 능선이 있는 식별 가능하게 분리된 단일 산을 나타낸다. 접미사 –산맥은 태백산맥과 같이 동해안(설악산 포함)을 가로지르는 산 전체를 가리킨다. 다른 한편 접미사 –bong은 단일 피크를 나타낸다.

이 수행하는 역할과 탱화 도상은 모두 독립적인 성격, '왕'의 지위, 인류를 이롭게 하려는 의도를 넌지시 보인다.

물론 한국의 다양한 종교와 마찬가지로 이 세 가지 산신령 사이에 정확하고 엄밀한 경계를 그을 수는 없다. 일부 현상은 동시에 두 수준 내에서 또는 두 수준 사이로 분류되어야 한다. 나는 단지 이 이론적 구성이 나의 독자들이 광대한 다양성을 가진 산신 표현을 이해하는 데 도움이 되기를 바랄 뿐이다.

2 불교 사찰에 있는 산신각의 옛 형태

산속에 위치한 한국 불교 사원을 방문하는 사람들은 생생한 예술품을 포함하는 이 중요한 신들을 모시는 사당과 함께 여러 가지 한국의 고대 산신 신앙의 징후를 발견하게 될 것이다. 우리가 알고 있는 먼 옛날, 산사 뒤편에 산신을 모시는 단순한 석조 사당이 있었다. 적어도 수백 년 동안 대부분의 사원에는 단순한 목조 사당이 있었는데, 다시 종종 사원의 뒤쪽에 예전의 석조 사당을 대체하거나 통합하여, 종종 겸손한 제단이 있는 산신의 그림 또는 동상을 가진 본당 뒤의 산비탈 위쪽으로 약간 올라갔다. 이를 산신각이라 하며 한국불교의 기능적 실천과 민족화된 정체성 확보에 중요한 역할을 해왔다.

그러나 지난 수십 년 동안 이러한 산신각이 비교적 새롭고 더 큰 사당 건물인 삼성각三聖閣, Three Saints Shrine으로 대체되는 경향이 매우 강하다. 이러한 변화에는 우리가 한국불교의 정체성과 기능을 바라보는 관점과 사찰 자체의 물리적, 실제적 변화에 관한 이념적, 철학적 뜻이 깊다. 본고에서는 이러한 변화의 배경을 서론적으로 설명하고, 한국의 사찰과 그 안에서 행해지는 종교를 우리가 어떻게 이해할 것인지 고찰하고자 한다.

대부분의 사원이나 사당은 도교 주제의 그림으로 덮인 벽이 있는 별도의 빛나는 건물에 이러한 아이콘을 보관하는 데 사용되었다. 이 사당들은 간판에 가장 일반적으로 "산신각"이라는 이름이 붙지만, "산령각山靈閣", "산성각山聖閣"과 같은 다른 이름이 있다. "산왕각山王閣" 또는 "산신당山神堂"이라는 것도 가끔 발견된다. 접미사 '-각閣'은 불교가 아닌 사당, 일반 주거 홀 또는 단지 정각을 나타내는 데 사용된다. 반면 '-당堂'은 작은 불교신을 모시는 데- 수행 홀 및 주요 주거 홀로 -사용되며 '-전殿'은 항상 일반

부처와 보살이 있는 큰 홀에 사용된다. 사당에 '-전'이 붙은 또 다른 불교 주제의 이름이 있는 몇 가지 예외적인 경우와 "산왕대전山王大殿"의 개념에서 발견되는 예외적인 경우가 있다. 국사당과 같이 사찰에서 거의 사용되지 않는 민속적/무속적 풍미를 지닌 더 오래된 이름이 있었다.

이 사당들은 한 때 일반적으로 사찰 뒤편에 있는 작은 건물로, 숲으로 둘러싸인 산비탈에 세워졌으며, 전통적으로 설계된 사찰에서는 때때로 찾기가 약간 어려워 가파른 오르막을 올라가야 방문할 수 있다. 이 전통은 한국의 무속적 뿌리로 거슬러 올라가는데, 이는 산신을 가장 중요한 영으로 모시고 막연한 '지주(landlord, 땅주인, 터주대감)'의 신분으로 모시는 전통이다. 산악 지역에서는 산신이 단독으로 또는 지역 신령과 함께 모셔지는 경우가 있다. 이 경우 작은 건물을 산신당山神堂이라고 한다. 산신은 또한 샤먼의 개인 당堂, shrine, 곧 보통 벽을 따라 늘어선 신령들의 그림이 있는 큰 방에 모셔지는 가장 일반적이고 기본적인 신령 중 하나이다.

한국에 있는 대부분의 불교 사찰에서 현지의 산신은 적어도 3세기 전부터 별도의 건물에 모셔져 왔으며, 대개는 단독으로 모시지만 때로는 한국 무속 기원의 다른 영들과 함께 모시게 되었다. 건물은 한국의 다른 불당과 같은 건축이지만 부처와 보살을 모시는 건물보다 훨씬 작다. 때때로 개량한 동굴, 인공 동굴 또는 절벽 전면의 정각과 같은 독특한 디자인들이 사용되었다. 이러한 경향이 증가하는 것으로 나타난다. 그러한 경우에 산신 사당은 깎아지른 듯한 절벽에 세워져 하나의 내부 벽이 절벽의 노출된 화강암으로 되어 있다. 때로는 사찰 위의 경사면을 훨씬 더 올라가서 하이킹 길을 통해서만 이를 수 있고 울창한 숲으로 둘러싸여 있다.

Grayson 교수(1992, pg. 205)는 한국 불교 사원 경내에 이 사찰을 포함시키는 것이 토착 미신을 가진 "세계 종교"에 의해 만들어진, 좀 더 피상적인 수용의 결과인 "낮은 단계의 제교통합주의(Low Syncretism)"의 훌륭한 예라고 선언한다. 이것은 일반적으로 학계에서 종교적 혼합주의의 과정으로 이해되는 것이다.

한국에서 이 특별한 여러 종교 혼합 과정의 가장 명백한 예는 산신각이나 칠성각(칠성령의 사당)이 있는 사찰의 경우에서 보인다. 사원 경내 배치의 구성 요소가 된다. 자생적인 신들을 모시는 이 사당들은 전체 사찰 내에서 보조 사당들이 되었고, 그 안에서 행해지는 의식은 사찰에서 행해지는 전체 예식 시스템의 한 구성요소가 되었다. 산신은 한국의 모든 산을 다스리는 주령이자, 신화 속 한국의 초대 왕인 단군의 모습이라고 한다. 이 부속 사당은 외국의 자생적 종교(foreign autoch-religion)인 불교가 한국에서 외래종교의 본질을 바꾸지 않으면서 토착종교의 외적 형태를 흡수하려는 의식적인 시도를 보여주는 대표적인 예이다.

현대에 가장 흔히 볼 수 있는 정교한 산 정령 제단과 다채로운 아이콘은 독특하게 디자인된 크고 새로운 제단 사원의 바로 한가운데에 있다. 한국의 토착 문화가 점점 더 많은 존경과 추종자들을 얻게 됨에 따라 이 사당은 더욱 커지고 때로는 주불당/법당(Main Buddha Hall / Dharma Hall)과 같은 크기가 되었다.

그것들은 종종 천장, 안쪽 벽 및 바깥쪽 벽에 멋진 민화와 보조적인 아이콘(신선, 귀여운 "담배 피우는 호랑이" 테마를 포함한 호랑이 및 산 풍경)을 가지고 있다.

사찰이 너무 작거나, 가난하거나, 새로 산신각을 지을 수 없는 경우, 산신화는 종종 신중탱화(Shinjung-taenghwa) 근처인 본당 옆 대웅전에서 볼 수 있다. 고대 신라시대(4-9세기) 건축 설계의 역사적 진품성을 보존하기 위해 산신각이 없는 한국에서 가장 유명하고 많은 사람들이 방문하는 불국사의 경우가 그렇다. 불국사의 그 산신 그림은 뒷벽의 왼쪽에 있는 아미타불당(Amita Buddha Hall)에 있다. 돌로 조각한 야외 산신 사당은 인공 동굴을 건설하거나 화강암 절벽에 새겨져 있는 커다란 부조와 함께 점점 더 인기를 얻고 있는 대안이다.

더 깊은 이해를 위해 말하자면, 한국의 사찰에는 거의 항상 또 다른 산신 도상이 있으며, '신중 탱화'(신령의 도상, 또는 "정령의 도상"), 곧 크고 복잡한 제단의 도화 안에는 거의 항상 있다는 점에 주목해야 한다. 본당에, 때로는 다른 불전, 때로는 삼성각에 자리잡고 있다. 이 산신 인물은 종종 중간 계급 수준의 인물이지만, 때로는 위로 상단에서 또는 하단과 전면에 눈에 띄게 아래로 내려와 자리잡는다. 그 인물은 개별 그림의 것들과 몇 가지 유사점과 차이점이 있다. 보통 산신들은 붉은 비단옷과 다양한 상징적 머리장식을 하고 깃털 부채, 불로불사의 버섯, 인삼뿌리를 들고 있는 백발의 할아버지 할머니다. 그러나 여기 산신은 항상 남성이고 항상 서 있고 소나무도 없고 호랑이도 없고 험준한 산 배경도 없다. 사실 이 산신은 종종 여기에 모인 다른 영혼들처럼 보이기도 하고 그를 골라내기가 어려울 수 있다. 은연 중에 주는 단서는 대개 그가 들고 있는 물건과 그의 얼굴에 나타난 친절하고 현명한 표정이다. 그는 자신을 모신 그 사찰이 있는 특정한 산이나 어떤 특정한 산을 대표하는 것이 아니라, 화엄경華嚴經 (Avataṃsaka Sūtra or Flower-Garland Scripture) 속에 포함된 일반화된 수호신으로서 한국불교에서 합법적인 작은 신으로 여겨진다.

3 삼성각 사당의 등장 양식

오늘날 점점 더 많은 사찰들이 – 주요 불교 숭배 지역에 포함된 두 민속 신들을 포함하여 – "삼신각三神閣" 또는 더 자주 "삼성각三聖閣"[더 높은 지위를 부여함] 건물을 재건하거나 새로 짓고 있다. 간혹 삼선각三仙閣이라는 칭호를 사용하기도 한다.

한국 사람들이 이 건물들을 삼성각三聖閣이라고 부르기 위해 사용했던 것과 같은 한자가 중국 불교와 도교의 일부 본당 간판에도 사용되지만 내부에 모셔진 신들은 완전히 다르다. 중국의 사찰은 삼존불(a certain triad of three principal Buddhas)을 모시고 있고, 도교는 삼선(triad of master-saints)을 모신다. 그러나 이러한 종류의 모든 것은 그 이름으로 된 한국 사찰에서는 결코 발견되지 않으며, 이 이름을 차용하고 더욱 토착적인 목적으로 그 의미를 이전한 것이 한국의 사찰 경내에서 상대적으로 새로운 민속 사당을 광범위하게 사용하게 된 기원인 것 같다.

삼성각 건물은 상징적인 삼신을 형성하기 위해 산신과 함께 적어도 두 개의 다른 주요한 민속 신령을 모시고 있다. 그들은 보통 칠성(북두칠성, 다른 별신들)과 독성(부처의 도움이 되는 제자)이다. 드문 경우지만 삼성각의 세 출입구에는 산신각, 칠성각, 독성각을 뜻하는 '삼성각'이라는 간판이 있다.

칠성제단(그림과 조각상 포함)은 일반적으로 삼단 제단의 중앙에 위치하여 가장 높은 지위를 부여하는데, 이는 인류와 지구의 하위 영역에 대립되는 천상의 영력을 나타내는 것이기 때문에 정통론에서 볼 때 형식적으로는 적절하다. 그러나 점점 더 많은 사당이 산신을 중심으로 배치되어 한국의 모든 전통 문화에서 이 신이 지속적으로 중심적임을 보여주고 있으며 결코 떨어지지 않는 높은 인기를 보여주고 있다. 독성은 때때로 민속신이라고 하기보다는 정통 불교신으로 간주되기 때문에 독성은 그 자신의 건물, 제자당 또는 본당에 모시는 독성을 대신하는 경우가 있다.

본 연구의 목적상 산신각에서 비교적 새로운 형태의 사당으로 이렇게 변형되는 것이 우리에게 무엇을 말해줄 수 있는지 이해하기 위해서는 일반적으로 삼성각에서 산신과 함께 모셔져 있는 이들 다른 인물들을 이해하는 것이 필수적이다.

산신과 함께 모셔진 다른 다양한 영들 중에서 가장 흔한 것은 독성獨聖으로, 비록 오늘날 자주 숭배되고 있지만 조금 이해되지 않는 인물이다. 덕은 "혼자"를 뜻하고 따라서 "외로운"을 의미한다. 성聖은 도교나 성리학의 의미에서 "현인(sage)"을 의미하거나 불교의 의미에서 "성인(saint)"을 의미한다. 학자들은 이 인기 있는 민중 불교 한국 신의 기원을 최근에서야 추적했다. 원전에 따르면 그가 미래의 미륵불이 출현할 때까지 불교 하늘에서 추방된 석가모니 부처의 신화적 제자인 아르한트(*아라한) 핀돌라 바라드바자(Arhant Pindola Bharadvaja)의 중국 아이콘에서 파생된 것으로, 군중 앞에서 자신의 초인적인 능력을 자랑스럽게 과시한 것에 대한 처벌로 그 동안 지구에 살면서 그의 마법의 힘으로 인간을 돕는다. 이것은 그가 왜 '외로운' 사람인지, 왜 그가 진정한 불교 신령이 아닌 것으로 취급되어 토착적/도교/샤머니즘 속 산신과 함께 모셔지고 평신도에게 실용적이거나 세속적인 이익(장수, 아들, 부)을 위해 기도를 받는다. 그의 도상화는 확실히 중국의 인기 있는 민중불교 인물인 "긴눈썹 나한"과 직접 관련이 있으며 도교의 불사신과 종종 혼동되기도 한다.

일반적으로 산신과 독성 사이에 위치하는 이 사당의 세 번째 그림은 실제로 여러 다종교 연합으로 가득찬 칠성七星이라는 명칭이 부여된 집단적 신령들의 집합체이다. 삼성각 트리오의 중심에 있는 위치는 명목상 산신보다 높은 사원에서 그 위상을 높인다. 아마도 그것이 도상학적으로 더

"불교" 신으로 묘사되고 그것이 삼신보다 우월한 천신의 집단적 힘을 나타내기 때문일 것이다. 어떤 종류의 부처 또는 보살상이 종종 그 앞에 있는 제단에 놓인다. 허균 교수는 불교도들이 이를 '완전불광여래'의 상으로 보고, 그런 의미에서 두 민속학보다 확실히 높은 지위에 있다고 보고한다. 칠성 탱화는 작은 금륜을 들고 앉아 있는 부처의 모습을 보여주고 있으며, 그로부터 여러 가지 빛깔의 광선이 흘러나와 커다란 둥근 몸체의 후광(보통 불교 예술, 샤머니즘 또는 힌두교의 터치보다 훨씬 더 다채로움)을 형성한다. 이 형상을 제석불이라고 하며, 현재 통용되는 용법으로는 한국 무속의 최고 천신의 불교 판인 것으로 보인다.

그러나 그는 원래 우리 지상 존재가 경험하는 이 "욕계"에서 권위를 가진 모든 강력하고 보호하는 데바(Deva, 신과 영혼)의 왕 또는 "관리자"이자 석가모니 부처의 종인 힌두교 신 인드라(Indra)에서 파생되었다. 그는 또한 한국에서 가정 장수 신, 가정 음식 또는 의류 신, 그리고 수확의 신으로 섬겼다. 그는 일반적으로 약용기나 작은 황금 바퀴를 들고 있는 것으로 묘사되며, 이는 인도-불교의 다르마 가르침(dharma teachings)의 상징이다. 전자는 그를 대중적인 약사여래藥師如來와 합치는데, 이는 질병의 예방이나 치유를 기원한다. 이 그림에서 제석불帝釋佛을 둘러싸고 있는 여러 신들은 하늘의 힘의 균형 잡힌 이중성을 상징하는 측면에 있는 한 쌍의 "일월 보살"을 포함한다.

일반적으로 위쪽 모서리 근처에 있는 그 칠성七星 옆에는 긴 흰 수염과 긴 흰 눈썹을 가진 노인이 있으며, 종종 꼬불꼬불한 나무 지팡이를 들고 있는 거대한 불룩한 위쪽 대머리(위대한 지혜의 상징)가 있다. 인간의 장수를 관장하는 북성신北星神이다. 그의 도상학은 중국에서 수입한 것으로(그는 아마도 가장 인기 있는 민속신일 것인데), 그를 산신과 독성 모두와 매우 유사하게 만든다. 그가 민속 아이콘에서 별도로 묘사될 때 그는 종종 거대한 복숭아를 들고 있거나 수컷 사슴을 타고 있다. 산신은 한 번도 하지 않은 동작임에도 불구하고 이 두 상징이 배경에 포함되어 밀접하게 연관되어 있다.

좀 더 가끔 산신의 동반자는 바다, 샘, 강, 호수, 연못, 물고기, 구름, 비, 폭풍 등 지상의 생명을 유지하는 전체적 역동적 수리학적 순환의 주술사인 용왕龍王이다. 그는 자신의 많은 신화, 권력, 협회 및 전통을 가지고 있다. 해저 영역의 '용궁'에 거주하며 우물을 메우고 어부들을 지키는 등 한국 민속 문화에서 많은 역할을 하고 있다. 자신의 그림에서 그는 조선 왕조 스타일의 왕관과 함께 왕의 예복을 입고 해저 궁전의 왕좌에 앉아 있는 것으로 나타난다. 그는 항상 머리가 긴 노인으로 묘사된다. 그의 가장 독특한 특징은 그의 턱수염, 콧수염 및 눈썹이 (보통) "날카롭게" 뾰족하게 튀어나와 있으며 때로는 산호를 닮았으며 그의 눈은 종종 물고기의 눈처럼 불거져 있다는 것이다. 그는 가장 자주 불타는 지혜의 진주를 들고 있지만, 때로는 산호나 검을 들고 있다. 종종 불교 사찰에 모셔진 그의 제단 그림에서 관세음보살은 배경에서 용 옆에 있거나 용을 타고 있는 모습이 다소 보인다. 때때로 (많은 한국 신화의 인물로, 결혼하거나 영웅을 낳는 인물인) 그의 딸이 그의 옆에 서 있다. 그림에는 물고기 또는 다른 바다 생물이 때때로 포함된다. 때때로 그는 자신의 용왕각龍王閣, 특히 해안 지역이나 강, 샘 또는 우물에 모셔진다.

용은 오랫동안 세계 자체, 부처의 인격, 불교의 법 또는 특정 공동체의 수호자로 여겨져 왔다. 중국과 한국의 성리학 문화에서 그것들은 하늘의 힘의 상징이고, 지리학에서는 (특히 산등성이, 청룡 또는 황룡으로 묘사되는) 땅의 에너지를 상징한다. 그러나 한국의 민속 문화에서는 대부분 다양한 방식으로 물의 형태와 관련되어 왔다. 산신과 유사하게, 용왕은 일반적으로 집합적인 방식으로 동시에 특정 장소의 신령으로 생각된다.

삼성각 사당을 산신과 공유하고 있는 또 다른 신은 한국의 '신화적인' 초대 건국왕 단군왕검이다. 특정 사원을 운영하는 종교 지도자의 변덕에 따라 다양한 배열이 있다.

4 이 변환에서 찾은 의미

한국 불교 사찰에 포함된 최초의 석조 산신단과 이후의 산신각 사당은 항상 여러 상징적 및 기능적 역할을 수행해 왔다. 산신은 사찰터의 주인으로 여겨지며, 상주 승려들의 산신에 대한 간구는 불교나 다른 선진인류가 도래하기 훨씬 이전에 이 신령이 존재했음을 인정하는 일종의 임대료 지불로 볼 수 있다. 종교, 그래서 승려들은 사람들에게 자신의 법을 가르치는 그곳에서 살 수 있도록 해 주도록 요청한다.

승려들은 또한 명상 프로그램을 수행하고 그들이 열망하는 깨달음을 향해 나아갈 수 있도록 개인 건강과 체력을 위해 산신에게 간청한다. 산신은 또 모든 종류의 영적 악과 인간 또는 자연의 힘으로 인한 피해로부터 사원을 보호하는 수호자 역할을 한다. 그것은 또 부처나 보살에게 허락을 구하는 것이 부적절해 보이는 현실 세계의 실질적인 이익을 구하는 사찰을 찾는 평신도 방문객들에 의해 매우 자주 존경되고 숭배되기까지 하며, 그 사당은 종종 평신도들을 수용하는 사원을 위한 현금 기부 수입의 매우 중요한 원천이다.

사찰에 포함된 것은 한국의 전통적인 풍수지리 사상(geomantic thinking)의 영향을 많이 받은 주변 자연경관에 대한 한국불교의 태도를 고려할 때 의미심장하다.

비교적 새로운 삼성각 사당에서 볼 수 있는 가장 인기 있는 삼신은 독성과 산신을 사이에 두고 일차적인 중심을 차지하는 칠성으로, 대부분의 동아시아 철학과 종교의 뿌리에서 발견되는 고전적 삼위일체의 메타(상위) 표현으로 해석될 수 있다. 예술과 풍습: 하늘과 땅과 인간[天地人]. 이 우주 질서의 삼위일체는 수입 및 토착 도교에서 파생되었지만 샤먼, 유교 및 불교 전통에 완전히 통합되어 한국 사상에서 매우 인기가 있으며 많은 디자인 모티브로 표현된다.

이 경우 별의 정령인 칠성은 하늘의 권세와 지위를 나타내고, 한국의 거의 모든 풍경을 구성하는 산의 신령인 산신은 땅의 권세와 지위를 나타내고, 예전에 부처의 제자였던 독성은 인류의 능력과 지위를 나타낸다. 우리는 이 삼위일체의 각 요소의 극대화된 이상을 나타낸다는 것을 더 알 수 있다. 별은 하늘에서 가장 높고(가장 멀리 떨어져 있다) 신비롭게 아름다운 천체이며, 산은 지구의 원점이며 지형이 가장 가까운 곳이다. 하늘에 닿고, 완전히 깨달은 아라한은 적어도 불교 사상의 영역에서는 인간이 일생에 얻을 수 있는 최고의 지위이다.

이를 통해 우리는 삼성각은 불교 사찰의 지도자들이 참부처와 보살보다 못한 신분으로 여기면서도 절에서 배제할 생각이 없는 민간신들을 따로 모시는 곳이 아님을 알 수 있다. 그것들은 우주의 질서에 대한 전통적인 천지인 개념의 근본적인 디자인 표현으로, 성장한 모든 사람과 동아시아 문화에 공감하는 것이다. 따라서 사원에 거주하는 사람과 방문객이 명시적으로 더욱 직관적으로 이해하기는 하지만 매우 심오하고 깊이 있는 의미를 담고 있다.

이것은 사찰을 신축할 때 왜 이제 삼성각이 상부 후면에 산신각이 있던 자리 대신 보살과 승원과 같은 지위로 주정원에 배치되는지를 설명하는 데 도움이 될 것이다. 사원 재산의 (본당 뒤 또는 때때로 옆에) 이 높은 지위는 더 높은 수준의 포함과 공식적으로 낮은 순위의 민속 신으로 간주되었던 것에 대한 합법성에 대한 종교적 수용.

위에서 설명한 바와 같이 산신 아이콘은 한국의 민족적 정체성, 특히 민족-문화적 정체성에 대한 강력한 의미를 내포하고 있으며, 이는 삼성각 내에서 대표되는 삼위일체 전체가 더 높은 지위를 획득하는 데 도움이 된다고 볼 수 있다. 이것은 단군의 아이콘이 사당에 포함될 때만 더 증폭된다.

신선은 일반적으로 절 경내의 비불교 신들을 위한 이 특별한 사당에 그려져 있다. 그들은 가장 자주 내부의 윗부분 또는 외부 벽판, 내부의 윗 벽 패널 및 천장에 칠해지지만 고유한 공식 아이콘이나 공식적으로 안치되는 경우는 거의 없다. 그것들은 넓고 다채롭고 풍부한 스타일과 주제로 묘사된다. 한국 호랑이와 같은 영적인 동물이 있는 이상화된 풍경화 또는 십장생+長生에 포함된 동식물들은 삼성각의 내벽과 외벽에도 자주 그려져 있다. 이 모든 요소는 한국의 절에 도교 철학과 가치가 포함되어 있음을 나타낸다. 중국 도교는 한국에서 별도로 제도화된 종교가 되지 않았기 때문에 대중적인 혼합 통합이 가능했으며 따라서 그들이 진화하는 동안 한국 불교나 성리학과 심각한 경쟁자가 되지 않았다.

위에서 가끔 언급한 용왕이 산신과 함께 모셔져 있는 경우, 그는 분명히 육지에 기반을 둔 산신을 보완하는 인물로 바다와 땅의 "왕"이며 둘 다 독특한 "한국적" 신령인 것이다. 그들은 생물권의 음양의 짝 역할을 할 수 있다.

일부 삼성각에서 우주의 칠성/제석과 팀을 이루어 하늘, 땅, 바다의 삼위일체를 형성한다. 이는 위에서 설명한 천지인이라는 모티브의 주제에 대한 흥미로운 '자연 전용' 대안이다. 이 조합은 대중 이미지의 매력과 홍보 활동의 매력을 증폭시키기 위해 전통적인 종교 모티브를 활용하는 데 관심이 있다면 한국의 급성장하는 "녹색" 환경 운동에 유용한 영적 아이콘이 될 수 있다.

5 맺는 말
한국 불교 사원 내 민속 전통과 동양 철학 개념의 현대에서의 번성

고대의 뿌리와 광범위한 전통을 지닌 산 숭배는 한 때 전 세계적으로 발견되었다. 학자들은 대부분의 산업화 이전 문화는 아니더라도 많은 경우에 그에 관해 보고했다. 그러나 대부분의 산 숭배 전통은 20세기에 급격히 쇠퇴했으며 현대 산업 문명의 매개체가 원주민과 농업 문화를 지속적으로 파괴하고 고유한 지역 전통 종교가 현대 보편주의 종교로 대체됨에 따라 점점 더 찾기 어려워지고 있다.

그러나 산을 숭배하는 다양한 전통과 다른 민속 신에 대한 숭배는 한국에서 여전히 매우 많이 남아 있으며 대부분의 다른 방식으로 매우 현대적인 생활 방식의 가장자리에서 살아남을 뿐만 아니라 번성하기까지 하고 있다. 그것은 심지어 21세기의 문화적, 정치적 현실에서 그 자체로 새로운 역할을 진화시키고 있다. 이것은 기술적으로 고도화된 모든 산업 국가 중에서 한국에만 있을 수 있다. 점차적으로, "구식으로 남아있는" 수치심의 원인이 아니라 고유한 고대 국가 전통에 충실함을 자랑스럽게 여기는 것으로 볼 수 있다.

이 문서에서 논의된 삼성각 사당들과 그에 상주하는 아이콘들은 한국 불교 사원 내에서 매우 공개적으로 접근할 수 있는 위치에서 점점 더 많이 발견됨에 따라 이 과정에서 활기차고 두드러진 부분이다. 새로 그린 모더니스트, 복고 민속 예술 작품 중 상당수는 상당히 비싸며, 이들의 확산은 최소한 (많은 다른 고대 샤먼 신들은 계속해서 조용히 사라져 가는 상황과는 달리) 이러한 선택된 민속 신령이 현대 한국 문화 내에서 여전히 실제로 힘과 중요성에서 성장하고 있음을 나타낸다. 삼성각과 나머지 산신사당들은 평신도들로부터 많은 기부금을 꾸준히 끌어 모으고 있으며, 그 결과 더 크고 더 정교한 아이콘이 있는 새 성전을 짓는 데 점점 더 많은 기금이 사용되고 있다. 그들은 또한 사원 단지와 증가하고 있는 독립적인 샤먼 신전 내에서 눈에 띄게 더 높은 위상을 부여받고 있다.

지난 세기의 끊임없는 현대화에도 불구하고 한국인은 여전히 다양한 맥락에서 산신과 기타 주요 민속 신령을 존중한다. 그들의 발현은 도시화와 현대화 속에 흩어져 있는 것을 쉽게 발견할 수 있으며, 혼란스러운 네온 불빛 아래에서 엿볼 수 있는 안정된 고대 지혜의 희뿌연 뿌리이다. 전국의 높은 능선과 깊은 계곡, 백두대간 계통의 일대, 도심이 내려다보이는 사당에서 아직도 뿌리를 두고 있는 제사가 거행되고 있다. 삼성각에 있는 산신화와 그 동반자 도상들도 인본주의적 범신론의 일반적인 의미를 쉽게 이해할 수 있는 외국인 방문객들에게 매우 매력적인 것으로 밝혀졌다. 따라서 산신은 한국의 고유한 상징이자 관광 사업의 판촉 요인으로 또 다른 역할을 찾는 한국 정부가 세계를 향해 건설하고 있는 문화적 다리 중 하나가 될 가능성이 높다.

이는 한국 샤머니즘에 대한 대중의 "커밍아웃coming out"이 증가하고 이에 대한 공식적/법적 관용 및 존중과 함께 일어나고 있다. 이러한 명백한 변화는 새로운 '종교'가 한국에서 고대 전통에 기초하지만 그 어느 때보다 훨씬 더 명확하고 조직적으로 진화하고 있을 수 있음을 시사한다. 사찰에서 발전한 제단 형태를 차용하여 한국의 민족 정체성의 중심이 되는 고대 신들을 기반으로 하여 독자적인 정체성을 드러내기 시작한 매우 민족주의적인 성격을 띤다. 그것이 우리의 인기를 얼마나 유지하게 될지, 또는 미래 발전을 가정하는 형태는 실제로 예측할 수 없다. 우리가 말할 수 있는 최선은 그것이 이 나라에서 사라질 가능성이 극히 낮다는 것이다. 전국을 여행하고 험준한 산길을 따라 하이킹을 하는 사람은 누구나 산신을 숭배하고 상징적으로 보완하는 "사당-친구"에 대한 고대 전통과 산신산에 대한 존경의 흔적을 많이 발견할 것이다.

≡ 한자 용어집 [한글 용어에서 사용하는 한자 용어] ≡

백두대간白頭大幹

북성신北星神

불로초不老草

천지인天地人

천신天神

칠성七星

칠성각七星閣

대웅전大雄殿

단군 왕검檀君王儉

독성獨聖

독성각獨聖閣

동자童子

국사당國師堂

관세음보살觀世音菩薩

계룡산鷄龍山

화엄경華嚴經

환인桓因

일월日月

인삼人蔘

제석帝釋

제석불帝釋佛

모악산母岳山

목탁木鐸

옥황상제玉皇上帝

삼성각三聖閣

산령각山靈閣

산성각山聖閣

산신山神

산신단山神壇

산신각山神閣

산신제山神祭

산신탱화山神幀畵

신라新羅

신정탱화神衆幀畵

신선神仙

신선대神仙臺

십장생十長生

약사여래藥師如來

염주念珠

용왕龍王

용왕각龍王閣

≡ 참고문헌 ≡

- Bernbaum, Edwin (1990) 세계의 신성한 산, CA: 시에라 클럽 북스.
- 칸다, 에드워드 R.(1980) "한국산신령", 한국저널 20(9):11-16, 서울: 유네스코, 최준식(2006), "민속종교: 한국의 관습", 서울: 이화여자대학교 출판부.
- 최준식(2007) 불교: 한국의 종교, 서울: 이화여대 출판부.
- 최원석(2010), "한국의 불교와 풍수의 상호작용", 국제 불교 사상 및 문화 저널 14:161-86, 서울: IABTC.
- Grayson, James Huntley(1992), "불교의 종교적 형태에 대한 한국 민속 종교의 적응: 역 혼합주의의 예", 아시아 민속 연구 51(2):199-217, 나고야: 난잔 종교 문화 연구소.
- Grayson, James Huntley(2015), "기복이 심한 궤적: 한국 종교 전통의 역사", 아시아 연구의 아일랜드 저널 1/1, 더블린: IJAS.
- 허균(2005), 한국 사찰 모티브: 불교 신앙의 아름다운 상징, 트랜스, 티모시 앳킨슨, 서울: 돌베게.
- Hogarth, Kim Hyun-key(1999), 한국 샤머니즘과 문화적 민족주의, 14권., 한국학 시리즈, 서울: 지문당출판사.
- 하워드, 키스, 에드(1998), 한국 샤머니즘: 부흥, 생존 및 변화, 서울: 왕립아시아학회.
- Mason, David A.(1999), 산의 신령: 한국의 산신과 산 숭배의 전통, 서울: 홀림.
- 박경준(2010), "자연에 대한 불교적 견해", 국제 불교 사상 및 문화 저널 15:27-46, 서울: IABTC.
- 조자용(1983), 행복의 수호자, 서울: 에밀미술관.

한국 고유의 선仙 사상과
증산도의 태일선太一仙

황경선

필자 약력

황경선

한국외국어대학교 철학박사.
상생문화연구소 연구위원.

주요 논저
『천부경과 신교사상』
『보천교 다시보다』(공저)
『우주의 교향곡, 천부경』(공저)
「존재론적 관점으로 본『중용中庸』의 중中 개념」
「우리말 '한'으로 본「천부경」의 일一 개념」
「하이데거에서 고요함(Ruhe)의 문제」
「삼일신고(三一神誥)와 수운(水雲)의 동학」
「하이데거와 천부경에서 일자一者의 문제」
「증산도의 생명사상」

1 들어가는 말

"선풍仙風은 멀리 주周나라, 한漢나라 때도 들을 수 없었고 가까이로는 송宋나라, 당唐나라에서도 아직 찾아보기 어렵구나." 한국의 선仙은 역사적으로 중국에서는 찾아볼 수 없는 고유한 전통이라는 고려 시대 문인文人 이규보李奎報의 말이다.

이규보의 말대로 예나 지금이나 한국의 선과 중국의 도교 사이에는 결코 혼동될 수 없는 차이가 놓여 있다. 그럼에도 문화의 접촉 과정에서 불가피하게 일어나는 외래 도교와 한국 선의 혼용은 얼마만큼, 또 어디에, 어떻게 한국 선의 고유함이 있는지 명쾌하게 구별하는 일을 어렵게 만든다. 물론 양자 혼용의 성격은 당연히 한쪽으로의 완전한 환원이 아니라 한국 선의 외래 도교의 수용이거나 후자의 토착화가 될 것이다. 그렇지만 그렇게 간단히 규정하고 그칠 일이 아니다. 흡수와 토착화에서 어느 것이 주체를 이루는가, 달리 말해 한국의 전통적 선을 기반으로 외래 도교가 해석되고 받아들여졌는가, 외래 도교를 중심으로 전래의 선풍이 가미되었는가? 예컨대 고려 중기부터 조선 초기 단군이 제천祭天한 마리산에서 도교의 제례인 초제醮祭가 거행되기도 했는데, 이 경우 한국 고유 제천의식의 유습遺習인가 아니면 중국 도교의 수입과 영향 아래 이뤄진 도교 의식儀式인가?

이런 점이 정리되기 위해 한국 선의 정체성이 무엇인지 먼저 밝혀져야 할 것이다. 그리고 이 작업은 선의 연원淵源 문제를 떠나 명칭 사용의 모호함이 제거되는 것으로부터 시작돼야 한다. 한국 선 혹은 한국 도교에 중국 도교로써는 설명할 수 없는 독특함이 있다면 그 호칭부터 달라져야 한다는 것이다. 우리는 한국 고유의 선적 전통과 문화에 대해 '도교'라는 개념을 피하고 '선' 혹은 '선 사상' 혹은 '선도仙道'라는 개념을 사용할 것이다. 그렇지 않고 "'도교'라는 중국식 개념체계 하에서 한국도교를 인식하고, 그래서 한국도교 역시 중국에서 전래되었다."라고 한다면 "'도교' 자체 개념에서 파생되는 순환논법일 뿐"[1]이라는 주장에서 자유롭기 힘들 것으로 보인다. 이 비판은 '한국도교'보다는 '한국선도'로 개념화할 것을 제안한다.

한국 선적 전통에 대한 일치된 호명이 이뤄지지 않는 가운데 한국 선의 특질이나 고유함에 대해서는 이미 많은 연구가 이뤄지고 있다. "너희 무리는 오로지 하늘이 내려 주신 법을 지켜 … 성性이 통通하고 공이 이루어지면[性通功完] 하늘에 들 것이다[朝天]."[2] 이 글에서는 단군왕검의 가르침에 분명하게 선포된 하느님 신앙과 성통공완性通功完에서 한국 선의 고유함을 탐색해 보고자 한다. 성통공완은 문자적 의미로 보면 본성을 틔우고[性通] 공업을 완수[功完]한다는 말이다. 이때 공업은 하느님의 뜻이나 법이 될 것이다. 그리고 하늘에 드는 조천朝天은 설명이 뒤따라야 하지만 우선 하느님 신앙의 완성으로써 주어지는 선의 복락이라고 새긴다.

이에 대해서는 기존 연구에서도 주목한 바 있다. 특히 차주환의 연구가 대표적이다. 그는 "유일신 신앙과 성통공완"으로써 한국 선을 파악했다. 조천에 대해서는 신의 고장으로 복귀며 그것은 인간의 신화神化 또는 선화仙化라고 이해했다. 그 밖에도 한국 선의 정체성을 주목하는 여러 선행 연구들이, 비록 명시적으로 드러나지 않는다 하더라도, 궁극적으로는 한국 선의 고유함은 하느님 또는 하늘 신앙과 성통공완에서 찾아야 한다는 점을 지시 또는 함의하고 있다고 본다. 물론 이의 타당성은 이후 논의에서

1) 임채우, 「한국 선도의 기원과 근거 문제」, 『도교문화연구』 제34집, 한국도교문화학회, 2011, p.60.
2) 咨爾有衆 惟則天範 扶萬善 滅萬惡 性通功完 乃朝天.(『규원사화揆園史話』)

확인되어야 할 것이다.

고려 말 행촌杏村 이암李嵒(1297~1364)은 "하늘에 제사를 올리는 것은 사람을 근본으로 삼는다."3라고 밝혔다. 제천의 의의는 인간이 제 본질이나 참됨에 이르는 인간 완성에 있다는 뜻으로 받아들여진다. 그리고 이와 관련된 다른 선도 계열의 기록들에 근거할 때, 인간이 온전히 실현해야 할 본질은 선을 말한다. 이 경우 선은 인간의 참됨으로서 이미 우리에게 주어진 것이자 동시에 우리가 현실에서 아직 성취해야 할 과제이다. 그런 의미로 인즉선人卽仙이다. 한국의 선은 "인간 앞에 개명된 本來의 길"4이며 "태고적 인류가 하늘에서 명받은 근원적인 인간 가능성"5이다. 이 규정을 적용하면 행촌 이암은 제천으로서 대표되는 하느님 신앙이 선의 바탕이라고 주장하는 셈이다. 이런 맥락에서 '삶의 삶다움에 대한 물음이 하늘을 반향反響하여 확인되며 그러한 경험내용이 제천의례로 나타난다.'6라고 얘기할 수도 있을 것이다. 또 바꾸어 "전통적으로 한민족에게 있어 신선의 추구는 인간이 완전함에 이르고 하늘과 하나가 되고자 하는 하느님 신앙에 대한 염원에서 형성된 것"7이며 "[조천은] 한국 선도 수행의 최종 목표"8라고 규정할 수도 있겠다. 이에 따라 우리의 주제 역시 '하느님 신앙과 성통공완에서 인간 완성으로서의 인즉선에 이른다.'로 구체화된다.

선에 관한 규정은 생각만큼 확고하지 않다. 선에 대한 이론적 체계나 이론의 축적이 다른 주제에 비해 확고하게 마련돼 있지 않다. 아마도 그 이유는 선이 비의적祕儀的 측면을 가지고 있고 또 불립문자不立文字나 구전전

3) 祭天之儀以人爲本.(『단군세기檀君世紀』)
4) 변찬린, 「僊(仙) 攷」, 『증산사상연구』 제5집, 증산사상연구회, 1979, p.238.
5) 민영현, 「증산도의 선仙과 후천 문명」, 『甑山道思想』 제5집, 증산도사상연구소, 2001, p.107.
6) 정진홍, 『경험과 기억: 종교문화의 틈 읽기』, 서울: 당대, 2003, pp.115~116 참조.
7) 정혜정, 『동학·천도교의 교육사상과 실천』, 서울: 혜안, 2004, p.38.
8) 정경희, 「여말 학계와 천부경」, 『선도문화』 제6집, 국학연구원, 2009, pp.186~187.

수구전수口傳授에 의지해 계승된다는 데 있을 것이다. 무엇보다도 선은 언어도 단언어도단言語道斷의 성격을 갖고 있다. 그럼에도 논의의 전개를 위해서는 잠정적이나마 선에 대한 이해를 공유해야 한다. 먼저 선에 대한 다양한 규정들을 알아보자.

『설문해자說文解字』에서는 '신선神仙'을 "사람이 산 위에 있는 모양[人在山上皃]"이라고 풀이하였다. 또 '仙'은 한나라 이전에는 '선僊'으로 썼다고 한다. '선僊'은 춤추는 옷소매가 바람에 펄럭인다는 뜻이다. 청나라의 단옥재段玉裁는 『설문해자』의 주석에서 '僊'을 "소매를 펄럭여 춤추며 날아오르는 것[舞袖飛揚]을 뜻한다고 해설한다. 『설문해자』에서 '선僊'은 "오래 살다가 신선이 되어 하늘로 올라간다[長生僊居 从人䙴].''라고 기술돼 있다. 또한 『석명釋名』에서는 선仙을 "늙어서 죽지 않는 것[老而不死者曰仙]''이라고 밝힌다.

신선에 대한 다음의 정의들도 그와 같은 이해에 바탕을 두고 있다. "신선은 도가에서 불로불사의 술을 얻어서 변화자재한 사람을 가리키는데 선인仙人과 같은 말이다."[9] "신선사상이란, 인간이 스스로가 개발한 神仙方術에 의해서 不死의 생명을 향유하는 동시에, 神과 같은 전능의 권능을 보유하여 절대적 자유의 경지에 優遊하는 존재가 될 수 있다고 믿는 사상이다."[10]

위 규정들을 횡단매개하는 공통적인 의미는 이렇게 모아질 것이다. 선은 인간이 수행을 통해 육신의 유한성을 비롯한 일체의 현실적 제약을 극복하고 인간으로서 주어진 가능성을 온전히 발휘하여 신적 경지에 이르러 절대적 자유를 누리는 것이다. 아울러 글의 주제와 관련하여 다음의 사실을 미리 적시해둔다. 선과 불가분의 관계에 있는 것으로 보이는 산山의 의

---

9) 『대한화사전』
10) 도광순, 「中國 古代의 神仙思想」, 『神仙思想과 道敎』, 서울: 범우사, 1994, pp.13~14.

미나 산악숭배는 하느님 신앙을 배경으로 해서 다뤄져야 한다는 것이다. 사실 '산'은 하늘과 가장 가까운 곳으로서 천신天神이 내리고 오르며, 신이 거주하는 곳으로 이해되는 터라 이미 선과 하늘의 관련을 말하고 있다. 산악신앙이 한민족의 고유 신앙 속에 끈질기게 작용해 온 이유도 여기에 놓여 있을 것이다.

다음에서 우리는 선행 연구의 주장들을 종합하여 한국 선의 특질을 하느님 신앙과 성통공완, 인즉선으로 보는 우리의 입장에 대한 지지를 얻어낼 것이다. 이어서 한국 고대 이래 선 사상이 어떻게 구현되었는지 다룬다. 이때 『단군세기檀君世紀』, 『규원사화揆園史話』 등 선도仙道 문헌들이 주요 전거로 활용된다. 이 점이 이 글의 방법론적 특징이 되겠다. 그리고 이런 선 사상이 근대 동학에서 재현되며 참동학으로서의 증산도 사상과 문화에서 그 실체가 확연해진다는 점을 드러내고자 할 것이다.

2 한국 선의 특질에 대한 선행 연구

    선행 연구 가운데 차주환의 주장은 적어도 이 글에게는 선구적이다. "韓國 神仙思想의 核心은 唯一神 信仰과 性通功完하여 天界로 올라가 神鄕으로 돌아가는 데 두어져 있다."[11] 그는 「花郎道와 神仙思想」[12]에서도 한민족 신선사상의 근원을 단군설화로 여기면서, 천신에 대한 외경과 순성純誠한 노력을 통해 신향神鄕의 일원一員이 되라는 단군의 가르침이 한민족 신선사상의 핵심사상임을 확인한다. 그는 한국의 신선사상 고찰에서 극히 중요한 것은 "공업이 완수되기에 하늘로 올라가 신향으로 돌아갔다는 점"이라고 강조한다. 그리고 이는 영생을 누리는, 곧 신선이 되는 일이라고 말한다. 이와 함께 그는 인즉선에 이르는 길은 선천적으로 갖추어져 있는 본성에 통달하여 순전히 하늘의 법도에 따른 부선멸악扶善滅惡의 행위를 실천하는 성통공완에 있음을 밝힌다. 그에 따르면 화랑도는 조의皂衣, 참전參佺, 선비와 더불어 그 선을 좇는 선도仙徒이다.

    차주환의 또 다른 연구인 「韓國神仙思想의 始原」[13]은 신선사상을 공간으로 하여 성립된 도교란 자력적이건 타력적이건 장생불사를 추구하는 방법이 그 전부라고 규정한다. 그리고 그러한 도교가 발생하게 된 것은 순舜의 상제 신봉과 산악제천이 변천을 거치면서 신선방술이 흥기한 이후 한 무제에 이르러 상제 신봉과의 연결 없이 다만 불로장생을 희구하게 되면서부터라고 설명한다. 이러한 관점은 선 사상과 도교의 구별이 상제 신봉, 즉 하느님 신앙 여부와 유관하다는 점을 시사한다.

---

11) 차주환, 「韓國 道教의 共同體觀」, 『道家思想과 韓國道教』(『道教文化研究』 제11집), 한국도교문화학회 편, 서울: 국학자료원, 1997, p.9.
12) 차주환, 「花郎道와 神仙思想」, 『신라문화』 제10권 1호, 동국대학교 신라문화연구소, 1989.
13) 차주환, 「韓國神仙思想의 始原」, 『민족문화』 제26권, 한국고전번역원, 2003.

이 글과 차주환의 근접성은 그의 경우 선도 문헌인 『규원사화』, 『단군세기』 등을 일정하게 수용한다는 점에서 기인할 것이다. 예컨대 조선 숙종 때의 인물로 추정되는 북애자가 지은 『규원사화』에서는 "세상에서는 중국 문헌에 의지하여 선교仙教가 황제, 노자에서 뻗어 나왔다고 여기지만, 실은 신으로써 가르침을 베푸는 신교神教가 신시시대부터 있어, 거기서 비롯되었음을 알지 못하고 있다."라고 기록돼 있다. 이는 선의 연원과 동시에 선과 하느님 신앙의 관련을 증언하는 것이다. 이글과 차주환의 연구는 모두 이러한 주장의 기본적 수용 위에서 성립된다고 본다.

차주환과 함께 한국 고유 도교나 선도의 정체성 정립에 선도적 역할을 한 도광순은 그의 논문 「風流道와 神仙思想」에서 도교의 중추사상이기도 한 신선사상은 한국의 고유한 원시사상인 풍류도의 근본사상을 이룬다고 밝힌다.[14] 풍류도는 통일 신라 시대 말 최치원崔致遠이 「난랑비서鸞郎碑序」에서 나라의 고유한 도라고 밝혔듯, "민족 고유의 주체적 종교"며 "한국 고대종교의 결정체"[15]로 상정된다. 그는 신선사상이 풍류도의 핵심을 차지한다고 함으로써 근본적으로 한국 선의 자생설적 관점을 견지하고 있다.

이같은 주장에 대해서는 다음의 논거들이 활용된다. '단군신화의 기조를 이루는 것은 신선사상이다.' '중국 대륙에서 신선설이 처음 등장한 곳이 한반도에 인접한 연나라, 제나라이다.' '적어도 중국에서 선진先秦시대까지 신선이 있는 장소로 언급하는 해중海中 또는 발해의 삼신산은 여러 기록으로 보아 한반도(백두산을 가리키는 태백산)에 위치함이 분명하다.' '중국에서 『사기史記』 「봉선서封禪書」에서 신선 사상이 방선도方僊道란 이름으로 처음 등장하는데 이 방선도는 귀신의 일, 즉 무巫와 관련이 깊다. 그런

14) 도광순, 「風流道와 神仙思想」, 『神仙思想과 道教』, 서울: 범우사, 1994.
15) 도광순, 「中國 古代의 神仙思想」, 『神仙思想과 道教』, 서울: 범우사, p.83. 일찍이 최남선이 "선인이라고 한 것은 … 외래종교에 대한 고유신앙의 명호名號"(『최남선전집』 2, 서울: 현암사, 1973, p.127)라고 밝혔다.

데 무는 선과 함께 동북아시아 동이족에 의해 발달된 문화이다.'[16]

　그는 선을 인간의 신성화로서 말한다. 그리고 이는 인간이 천지만물과 일체가 되는 바탕이자 자신의 본성으로 내주한 신성을 자각하여 초인간적인 능력의 자기실현을 신앙함으로써 궁극적으로 신의 경지에 들어서는 것이다. 신선이 되어 노니는 것은 "우주적 생명의 직관"과 "천지신명과의 영적인 융화·합일"[17], 즉 신인합일이나 천인합일을 근본으로 한다는 것이다. 그래서 그에게 선은 인간이 품부받은 아레테를 온전히 발현하는 일이며, 그것은 동시에 이미 신적인 경계이다. 말하자면 인간은, 물론 본래적 인간은 이미 선인仙人이며 선인은 또한 신인神人이란[人卽仙 仙卽神] 얘기이다.[18]

　이와 더불어 경천위민敬天爲民, 즉 신과 인간을 공경하고 봉사하는 한민족의 근원신앙이 선의 모태가 된다고 본다. 여기서 한국 전통 신앙의 뿌리는 하느님(天, 神, 仙) 신앙이다. 그에 따르면 하느님의 본체는 붉이며, '붉'은 천天, 선神, 신仙 그리고 광명을 의미한다. '풍류'도 붉의 뜻이다.[19] 그는 신라, 고려에서 국가 행사로서 치러진 팔관회八關會를 '팔관'이 '붉은'의 음사音寫라는 점과 『고려사』의 다른 기록들을 들어 다음과 같이 이해한다. 신라의 선풍을 이은 팔관회는 우리나라에 고유한 도인 풍류도의 종교적 제전이고 하느님에 대한 제사 의식이며, 이는 동시에 풍류도의 신앙적 경지가 천인합일적 세계에 있었다는 사실을 알려준다는 것이다. 요컨대 신선사상은 하느님 신앙에서 태양을 중심으로 하는 '붉'사상으로 전개되어 나온 "우리 민족의 기본적 의식구조 자체로서 자생, 사상적 체계형성을 이미 이루고"[20] 있다는 입장이다. 이에 대해서는 송항룡 역시 같은 견해를 나

---

16) 도광순, 「中國 古代의 神仙思想」, 『神仙思想과 道敎』, 서울: 범우사, pp.18~19.
17) 도광순, 「風流道와 神仙思想」, 『神仙思想과 道敎』, 서울: 범우사, p.117.
18) 이능화는 "대개 상고 때에는 神과 仙의 분별이 없었다."라고 말한다.
19) 도광순, 「風流道와 神仙思想」, 『神仙思想과 道敎』, 서울: 범우사, p.88; 93.
20) 오종근, 「한국 신선사상의 근원연구」, 『역사와 사회』, 국제문화학회, 1991, p.283.

타낸다. 천사상, 붉사상 위에 성립된 도교神道 내지 선도仙道는 고유사상으로서 "韓國道敎思想의 源流 내지는 道敎思想에 대한 受容의 바탕"[21]이 되었을 것으로 설명한다.

이에 더해 생명의 빛이 유래하는 태양을 천상계의 주신이며 완전한 인간 생명의 가능근거라고 파악하면서, 신선사상의 바탕인 붉 사상은 "천과 인간의 동일성구조의 철저한 바탕 위에서"[22] 전개된다고 밝힌다. 이런 관점은 좀 더 확장적으로 해석될 여지가 있다. 태양이 주신이라면 태양의 빛[日精]은 우주 한 생명으로서의 신성神性 혹은 신령한 조화造化의 기운에 유비될 것이다. 그렇다면 이는 천과 인간의 동일성은 빛을 중심으로 하는 천신天神과 천지의 신성, 인간 셋 사이의 일치임을 함의한다. 그리고 이 일치는 더 이상이 허용되지 않을 큰 하나[太一]일 터이다.

후속되는 또 다른 연구들을 검토해 보자. 「조선 유학에 계승된 단군 신화의 '하늘 관념'과 '신선사상' 탐색」[23] 또한 기본적으로 한국 선이 하늘 관념을 바탕으로 신인합일, 천인합일의 신선사상으로 전개됐다고 밝힌다. 이때 '하늘'은 두 가지 뜻을 동시에 갖고 있는 것으로 받아들인다. '인격적 초월신으로서의 하늘'과 '천인무간天人無間으로 표현되는 하늘'이 그것이다. 인간과 하나를 이루는 후자의 하늘은 적어도 비인격적이며 비실체적인 것이어야 할 것이다. 실체적으로 있는 둘의 '사이 없는' 합일이란 모순

---

21) 송항룡, 「韓國 古代의 道敎思想」, 『道敎와 韓國思想』, 한국도교사상연구회 편, 서울: 아세아문화사, 1994, pp.32~33. 다음과 같은 문제 제기도 동일한 맥락에서 나왔다고 본다. "그러므로 고대 한국인들의 神觀念 形成에 이 신선사상은 어떻게 작용되고 있는가? 이 문제를 풀어본다는 것은 한국 사상의 源流가 무엇이가를 파악하는 데 결정적인 역할을 한다고 본다. 그것은 外來文化나 思想을 수용하는 그릇 역할을 한 것이라 볼 수 있기 때문이다." 류병덕, 「韓國 情神史에 있어서 道敎의 特徵」, 『道敎와 韓國思想』, 한국도교사상연구회 편, 서울: 아세아문화사, 1994, p.62.
22) 오종근, 「한국 신선사상의 근원연구」, 『역사와 사회』, 국제문화학회, 1991, p.283.
23) 정순종, 「조선 유학에 계승된 단군 신화의 '하늘 관념'과 '신선사상' 탐색」, 『東洋學』 제82집, 단국대학교 동양학연구원, 2021.

되기 때문이다.

그리고 이 논문은 조선 유학이 중국과 다른 방향으로 발전하게 된 것은 하늘관념과 이로부터 비롯된 신선사상 때문으로 본다. 예컨대 수양론은 그 지향점을 하늘에 두고 있기에 양자에서 그것은 서로 차이를 보이게 된다. 중국 성리학에서 수행은 천리天理를 내면화하려는 이지적理智的 경향을 보이는 반면 조선의 유학은 경敬에 머물러[居敬] 내 안의 하느님을 직접 대면하는[對越上帝] 명상적, 종교적 방식의 수양론을 따른다는 것이다.

아울러 한국 선의 또 다른 주요한 특질로서 '인즉선'을 지적한다. 이에 따르면 한국인들의 영성에서 공통적인 것은 신인神人[仙]을 향한 소망이며, 단군이 신인으로 등장하는 단군신화는 한국인의 본성에 속하는 이 열망과 과정에 대한 서사敍事이다. 단군신화에서 '사람이 되게 해달라'는 웅녀의 기도는 환웅과 그의 족속들과 같이 신시神市에서 살 수 있는 사람, 즉 신인 또는 선인이 되고자 하는 간절한 바람이었다는 것이다.

「선인仙人단군을 통한 홍익인간 함의 소고」[24]도 마찬가지로 스스로를 천손족天孫族이라 여긴 고대 한민족은 인간이면서 하늘을 경외하며 신인, 선인이 되고자 추구했다고 한다. 이능화를 인용하면서, "단군 숭앙의 전통에는 신앙적 측면 이외에 신선사상에 기반한 수행의 선맥이 있어왔다."라고 하며, 한국 고대의 선인 또는 신선은 하늘과 인간의 중간자이고 마침내 하늘과 합일하는 존재라고 말한다. 또 하느님 신앙과 결속된 한국의 선에서 유유자적, 현세이탈의 신선과는 달리 홍익인간, 재세이화의 공업을 구현하는 실천적 인간상을 본다.

「한국 도교의 역사와 특성」[25]은 한국에서는 중국과는 달리 교단도교가

---

24) 박진규, 「선인仙人단군을 통한 홍익인간 함의 소고」, 『철학·사상·문화』 제31호, 동국대학교 동서사상연구소, 2019.
25) 정재서, 「한국 도교의 역사와 특성」, '박물관역사문화교실', 국립중앙박물관, 2013.

존재하지 않았다는 사실에 주목한다. 그리고 이를 한국에서 한국 도교의 기원이나 최고신에 대한 인식이 중국과 다르다는 점을 의미하는 것으로 받아들인다. 그는 '한국 도교'의 경우 황제나 노자가 아닌 환인, 단군 등 한국 건국신화에서의 최고신적 존재에 기원을 두고 있다고 말한다.

또 한국 도교는 중국 도교와 구분하기 위해 화랑, 풍류도, 국선, 선랑, 선인 등의 표현을 사용하고 있으며. 그 때문에 한국 옛 문헌들에 나오는 '선仙'을 중국 도교의 입장에서 해석하면 의미에 차질이 생긴다고 지적한다. 그에 따르면 한국의 '선'은 중국의 신선과 같이 초속적超俗的인 성격을 지니면서도 일면 집단윤리와 토착문화에 대한 자의식을 지니고 있는 성속 통합적 세계관을 지닌 존재이다.

이밖에도 그는 산악숭배, 샤머니즘을 한국 선의 특질로 제시한다. 샤먼을 매개로 한 산악 제천에서는 천계와 지상의 합일, 즉 천인합일관이 표현되어 있고 홍익인간과 자기완성의 이념이 이념이 동시에 추구되고 있다고도 해명한다. 아울러 북두, 본명성本命星, 육정신六丁神 등의 하위신, 특히 북두칠성에 대한 숭배는 후대에 이르기까지 두드러지는 한국 선의 특징으로 꼽으면서, "이 역시 샤머니즘을 바탕으로 성립한 한국 원시도교의 기본 성향과 관련이 깊다."라고 밝힌다. 본래 샤머니즘에서는 천계의 중앙으로서 북두를 숭배하기 때문이라는 것이다. 그러나 샤머니즘이라는 외래적 카테고리를 적용하기 전 산악숭배는 앞서 설명한 이유에서, 또 칠성은 하느님의 별이란 점에서 하느님 신앙이라는 선적 요소를 갖고 지니고 있다. 『사기』「천관서天官書」에서는 북두칠성에 대해 다음과 같이 설명하고 있다. "칠성은 천제가 타는 수레로서 하늘의 정중앙을 운행하면서 사방을 직접 통제한다."26 또 일찍이 중국의 제왕문화에는 태산의 정상에 올라 하늘의

---

26) 北斗七星 … 斗爲帝車, 運于中央, 臨制四鄕.

상제에게 제를 지내는 봉선封禪 의식이 있었다. 이때 단순히 하늘이 아니라 반드시 북두칠성을 향해 의례를 행하였다. 북두칠성은 뭇 별의 중심으로서 상제의 자리라고 인식하고 있음을 보여주는 역사적 사례라 할 것이다.

「한국신선사상의 전개와 분파」[27]는 우리의 신선사상이 고유하다면 먼저 중국의 신선과 우리의 신선이 어떻게 다른가를 내세워야 할 것이라고 문제 제기한다. 그러면서 그는 한국 신선사상에서의 신선을 산신山神의 개념으로 구체화시키자고 제안한다. 이와 관련 산신 신앙이 우리나라에서 두드러지게 나타나며 유교, 불교, 도교에서도 폭넓게 수용되고 있는 사실을 환기시킨다. 더불어 칠성 신앙을 역시 한국 신선사상의 고유한 특성으로서 꼽는다. 그러나 이미 밝혔듯, 산악 숭배나 칠성 신앙은 하느님 신앙에 수렴되는 측면이 있다는 점이 함께 고려되어야 한다.

한편 「한국선도의 전개와 신종교의 성립」[28]은 근현대에 출현한 신종교에 한국 선의 전통이 반영돼 있다고 주장한다. 그리고 그 선적 요소로서 지고신에 대한 신앙, 수련을 통한 신선 지향과 함께 다음의 사실을 지적한다. 신종교에서는 한국 신선사상은 미륵신앙과의 결합을 통해 유토피아적 개벽사상, 지상선경의 사상을 열어냈다는 점이다. 또 그와 같이 민중적 저항의 에너지가 도교를 중심으로 결집되지 못하고 미륵신앙을 통해 표출된 현실을 한국에서 도교 교단이 성립할 수 없었던 한 요인으로서 꼽는다. 이 논문은 이런 점들을 고려하면서 신종교를 민간신앙이나 미륵신앙에 습합되어 숨겨져 있던 한국 전통 선의 부활로서 자리매김한다.

지금까지 논의에서 한국 선의 기원과 정체성에 대한 기존 연구의 주장들이 대개 하느님 신앙, 성통공완, 인즉선의 조화로 환원될 수 있음을 시

27) 정세근, 「한국신선사상의 전개와 분파」, 『시대와 철학』 제16권 3호, 한국철학사상연구회, 2005.
28) 김용휘, 「한국선도의 전개와 신종교의 성립」, 『동양철학연구』 제55집, 동양철학연구회, 2008.

사하거나 확인했다. 또한 이 셋의 일체는 인즉선의 인간, 즉 본성을 틔워 하느님을 숭배하고 신인합일되어 부선멸악, 경천위민의 공업을 완수하는 본래적 인간을 중심으로 일어나는 것임이 묵시默示돼 있다. 그리고 이 선적 요체는 이 땅에 '신향神鄕'의 새 세계 건설[개벽]의 동력으로 작용함을 알 수 있다. 여기서 다뤄진 선행 연구들은 제한적이다. 분량 상의 이유로도 그렇지만 가급적 다양한 관점에 비춰진 한국 선의 특성을 살펴보고자 한 의도로 필자의 선택이 개입됐다. 내용 또한 순수한 소개에 그치지 않고 다음 장을 미리 내다보며 일정하게 부연하고 해석하는 가운데 전개됐다. 2장의 설명들은 다시 3장을 통해 보다 뚜렷이 확증될 것이다.

3 인즉선과 하느님 신앙 및 성통공완

이 장에서는 위에서 제기된 한국 선의 요소인 하느님 신앙, 성통공완, 인즉선의 조화가 한국 고대 신선사상에서 어떻게 전개되는지 탐색하고자 한다. 우리는 먼저 이를 단군신화, 특히 『환단고기』 안에 수록된 선도 문헌들에 실린 신시 배달과 고조선의 건국에 관한 기사를 통해 살펴볼 것이다. 우리는 단군신화가 "선의 원형적 기록"[29]이며 자생적인 신선사상의 대표적인 것[30]이라는 데 공감한다.

『삼성기』에 따르면, 환웅이 신시神市에 나라를 세우자 웅족과 호족이 '신의 계율을 따르는 백성[神戒之氓]'이 되고자 했다. 이들은 신단수神壇樹에 가서 기도했고 이에 환웅은 주술呪術로써 이들의 뼈와 정신을 바꾸었다. 이때 환웅은 먼저 신이 남긴 정해靜解의 방법으로 그렇게 했는데, 쑥 한 묶음과 마늘 스무 매를 주며 이를 먹고 백일 동안 햇빛을 보지 않도록 했다. 또 다른 기록 『태백일사』「신시본기」에 인용된 『조대기』에는 다음과 같은 당부가 함께 주어진 것으로 기술돼 있다. "스스로 참을 이루고 만물을 고루 구제하면[自由成眞 平等濟物] 사람의 모습을 갖춘 대인大人이 되리라." 굶주림과 추위를 견디고 계율을 지키며 21일을 지낸 웅족은 인간의 모습을 얻었다. 그 후 웅족 여인들[熊女]이 주문을 외우며 아이 갖기를 빌자 환웅은 그들을 임시로 환족桓族으로 받아들여 혼인케 했으며 자식을 낳으면 환족으로 입적시켰다.

소략한 이 기사에는 우선 인간의 길이 신과 밀접히 연관돼 있음이 두드러진다. 인간이 되기 위해서는 신의 가르침을 따라야 하고 신령한 주술로

---

29) 민영현, 「증산도의 선仙과 후천 문명」, 『甑山道思想』 제5집, 증산도사상연구소, 2001, p.107.
30) 오종근, 「한국 신선사상의 근원연구」, 『역사와 사회』, 국제문화학회, 1991, p.280.

영육靈肉이 바뀌어야 하며 신이 준 쑥과 마늘을 먹어야 한다. 또한 그러한 금기와 수행을 통해 '스스로 참을 이루는[性通] 동시에 만물을 고루 구제하는' 공덕의 실천[功完]이 함께 해야 한다. 그런데 그렇게 해서 얻게 될 인간, 다시 말해 웅녀가 간구하고 환웅이 약속한 "신시神市의 사람" 또는 "대인"은 누구인가? 한국 고대 사유 공간에서 인간의 전범典範이었던 환인, 환웅, 단군에 관한 기록에서 그 답을 얻을 수 있다.

먼저 환인은 "천계天界"[31], "천산天山"[32]에 머물며, "아버지의 도[父道]"[33]로써 나라를 잘 다스려 백성들이 풍요를 누리며 평화롭게 살게 했다.[34] 더불어 사람들이 "수행을 하여 지극한 선善에 이르러 마음을 밝게 열고 하는 일마다 길상吉祥하게 되며 세상에 쾌락하게 머물게 했다."[35] 환인 자신도 "도를 얻어 장생하며 몸에 병이 없었다."[36]

인간을 널리 이롭게 할 땅으로 정한 신시에 도읍을 정하고 배달나라를 열었던 환웅은 환인의 명에 따라 "천신에 대한 제사를 주관"하며 세상을 다스리고 교화하여 인간을 널리 이롭게 하였다.[37] 환웅은 또 삼칠(21)일을 택하여 천신에게 제사 지내며 "바깥일[外物]을 금기하여 삼가 문을 닫고 수도하였다. 주문을 읽고 공덕이 이뤄지기를 기원했으며, 선약仙藥을 먹고 신선이 되었다. 괘卦를 그어 미래의 일을 아시고, 천지조화의 움직임[象]을 파악하여 신명을 부렸다."[38]

---

31) 『삼성기』
32) 『삼성기』; 『태백일사』「환국본기」 이하 「환국본기」로 약함.
33) 『태백일사』「삼신오제본기」 이하 「삼신오제본기」로 약함.
34) 『삼성기』; 「환국본기」
35) 「환국본기」 조선 중기 조여적이 찬술한 『청학집』에서는 환인을 동방 최초의 선조仙祖로서 기록한다.
36) 『삼성기』; 「환국본기」
37) 『태백일사』「신시본기」
38) 『삼성기』

환인, 환웅의 가르침을 받들고 하늘의 뜻을 계승하여[39] 나라를 연 단군왕검 역시 "천제의 아들"로서 "지극히 신성한 덕과 성인의 인자함을 겸하고 현묘한 도를 깨쳤으며, 두 손을 맞잡은 채 단정히 앉아 함이 없이 세상의 질서를 바로잡아 다스렸다.[40] 단군왕검은 하늘에 제사를 지냈으며, 다음과 같은 가르침으로써 사람들을 교화했다. "너희 무리는 오로지 하늘이 내려 주신 법을 지켜 모든 선을 돕고 만 가지 악을 없애 성性이 통하고 공이 이루어지면 하늘에 들 것이다." 그리고 단군왕검 자신은 "하늘의 마음을 유지해서 … 공업을 완수하고 신향으로 돌아갔다."[41]

단군신화 그리고 그 신화의 주인공들인 환인, 환웅, 단군의 삶과 가르침을 통해 고대 사유 공간에서 소망한 인간됨은 분명해졌다. 그것은 참나[眞我]로 거듭나 하느님을 섬기며 장생長生과 조화의 즐거움을 누리는 선仙의 삶이다. 단군신화에 의하면 선은 곧 "한민족의 초기적인 자기정체성이자 근원적 인간관"[42]이었다. 하느님 신앙과 성통공완의 궁극처를 선[人卽仙]으로 이해한 것이다. 이제 보다 구체적으로 인즉선의 길인 하느님 신앙과 성통공완에 대해 알아보자. 우선 한국 고대 사상과 종교에서 하느님은 누구인가?

『환단고기』에 수록된 저술들을 비롯한 선도 사서史書들에 따르면 한국 고대 사유에서 만물과 만사萬事의 근거와 공통된 바탕을 이루는 것은 신이다. 도광순의 표현을 빌면 "우주적 생명"인 이 신은 '삼신三神'으로 불린다. "모든 것이 삼신이 지은 바인 것이다."[43] 특히 인간은 만물 가운데 유독 삼

---

39) 『삼성기』; 『단군세기』
40) 『삼성기』
41) 『규원사화』
42) 민영현, 「한국 선과 증산사상의 특징 및 그 도교성에 대해」, 『도교문화연구』 제26집, 한국도교문화학회, 2007, pp.301~308.
43) 一切惟三神所造.(『삼신오제본기』)

신의 신성을 고르게 품부 받았다. 삼신은 이렇게 모든 것의 바탕을 이루고 조화를 짓는, 신령한 우주 생명이지만, 그 성격은 허虛하고 공空한 한 뿌리의 기운[一氣]이다. "한 기운[一氣]이 하늘이며 공空이다. 그러나 그 가운데 일신이 있어 …". "이 신은 곧 기요, 기는 곧 허요, 허는 곧 하나다."[44] 생명의 본체인 "일기는 안으로 삼신이 있으며, … 삼신은 밖으로 일기에 싸여"[45] 있는 것이다. 또한 신령한 기인 신의 본질은 빛으로 이해된다. "크고 텅 빈 가운데 빛남이 있으니 그것이 신의 모습이다."[46] "오직 생명의 근원 되는 기와 지극히 오묘한 신은 … 광휘로 충만하다."[47] 이는 최남선을 비롯하여 도광순, 송항룡 등이 견지한 '한=붉' 사상에 대한 선도계 문헌들의 해명이 될 것이다.

이와 더불어 한국 고대 하느님 신앙의 중요한 특징 가운데 하나는 삼신이 또 다른 의미를 동시에 지니고 있다는 점이다. 『환단고기』의 사서에서 '삼신'은 문맥에 따라 제사에 감응하며 화복을 주관하고 기쁨과 분노의 정감을 지닌 인격적 최고신을 지시한다. 이러한 의미의 삼신에 대해서는 '상제' 이외에 "천제天帝", "천신天神", "일신一神", "대조신大祖神", "삼신상제三神上帝" 등으로 표현하여 인격성과 주재성이 두드러지게 한다.

한편 환인, 환웅 단군의 삼성조三聖祖 시절 교화教化의 경전인 「삼일신고三一神誥」는 무형의 신성으로서 삼신을 '하늘[天]'이나 '허공'으로 부르는 한편 주재적 인격신을 '일신一神'으로 호명한다. 그리고 이를 각각 1장과 2장에서 다룬다.[48]

----

44) 神卽氣也, 氣卽虛也, 虛卽一也.(『태백일사』, 「소도경전본훈」 이하 「소도경전본훈」으로 약함)
45) 夫爲生也者之體, 是一氣也. 一氣者, 內有三神也, 智之源, 亦在三神也, 三神者, 外包一氣也.(「소도경전본훈」)
46) 大虛有光是神之像.(「소도경전본훈」)
47) 惟元之氣, 至妙之神, 自有執一含三之充實光輝者也.(「삼신오제본기」)
48) 또 양자는 각기 "하늘의 본질[質量]"과 "하늘의 주재"로 지칭되기도 한다.(「소도경전본훈」)

보다 구체적으로 살펴보면, 1장 허공(또는 천)의 내용은 이렇다. "천제는 이렇게 말했다. '오가五加와 백성들아! 저 푸르고 푸른 것이 하늘이 아니며 저 아득하고 아득한 것도 하늘이 아니다. 하늘은 형체와 바탕이 없고, 처음과 끝도 없으며, 위 아래와 동서남북도 없다. 또 겉도 비고 속도 비어서 있지 않은 곳이 없고 감싸지 않는 것이 없다.' "49)

1장 허공은 '하늘'이라는 또 다른 장 이름이 말해주듯 우주의 근본인 일자—者에 대해 설명하고 있다.50) 하늘은 푸르고 아득한 창공이 아니라 "있지 않은 곳이 없고 감싸지 않는 것이" 없는 우주의 근본 되는 실재를 가리킨다는 것이다. 형태도 바탕도 시종始終도 방위도 없고, 밖으로 보면 비어 있지만 안으로는 조화의 가능성으로써 충만한 것은 앞서 말한 대로 기이며 신이다.51) "한 기운이 하늘이며 공이다." 그것은 또한 본질상 천지를 가득 채운 "일광명—光明"52)이다.

반면 2장 일신—神에서는 상제를 더 이상 위없는 자리 또는 천궁에 계시면서 모든 것을 빠트림 없이 다스리는 최상신最上神으로서 기술한다. "상제[帝]는 위없는 으뜸 자리에 있어 큰 덕과 큰 지혜, 큰 힘을 가지고서 하늘을 생겨나게 하고 무수한 세계를 주재하며 만물을 짓되 티끌만한 것도 빠뜨림이 없고 밝고 신령하여 감히 이름 지어 헤아릴 수 없다."53) 상제의 주

---

49) 帝曰爾五加衆, 蒼蒼非天玄玄非天. 天無形質無端倪, 無上下四方, 虛虛空空, 無不在無不容.(「소도경전본훈」)
50) "모든 것은 허공 속에 있기 때문에 만물을 허공을 통해 '하나'가 되는 것이다...이런 허공을 『천부경』에서는 '하나(一)'라고 하며 『삼일신고』 「천훈」에서는 '하늘(天)'이라고 한다." 이승호, 「『삼일신고』의 신관에 관한 철학적 연구」, 『신종교연구』 제26집, 한국신종교학회, 2012, p.251.
51) 「삼일신고」에서 "허공은 비어있다는 것이고 그것은 아무런 것도 존재하지 않는 것이 아니라 기로 가득 찬 세계이지만 눈에 보이지 않는다는 뜻에서 허공이란 개념을 쓴 것이다." 조남호, 「『환단고기』와 『삼일신고』」, 『선도문화』 제9권, 국학연구원, 2010, P.54
52) 「삼신오제본기」
53) 神在無上一位, 有大德大慧大力, 生天主無數無世界, 造兟兟物, 纖塵無漏, 昭昭靈靈, 不敢名量.(「소도경전본훈」)

제는 저 천지의 신령한 조화기운인 허공 혹은 하늘을 씀으로써 함이 없이 하는 무위이화無爲而化의 방식으로 이뤄진다. "하늘의 일신은 능히 허를 몸으로 삼아 주재한다. 그러므로 한 기운이 곧 하늘이며 공이다."[54] 또 『삼성기』에서는 이 주재의 사태를 "지극한 조화기운을 타고 노님[乘遊至氣]"으로 표현하기도 한다.

바꾸어 말하면 저 신령한 기운인 삼신은 일신의 주재를 통해서 비로소 자신이 품고 있는 무궁한 조화의 능력을 현실화할 수 있다. 그래서 삼신이 비록 위대하나 제가 실제로 공이 있다고 말하는 것이다. "일신-神은 공空과 색色이 오고 감에 주재함이 있는 듯하니 삼신이 위대하지만, [조화를 주재하는] 공능은 실제로는 상제에게 있다."[55] 그러나 다른 한편 일신은 하나의 존재자, 물론 으뜸의 존재자로서 포함하지 아니함이 없고 없는 데가 없는 기의 소산이다. "일신은 밝고 밝은[斯白力] 하늘에 계시며 스스로 화化한 신이다."[56] 따라서 상제는 텅 비어 있으며, 밝고 밝으며, 신령한 기인 하늘 혹은 공에 속해야 할 것이다.

이로써 허공[천]과 일신, 삼신과 상제 또는 「삼일신고」의 1장과 2장은 함께 속하는 방식으로 일체를 이룬다. 다시 말해 인격적 최고신인 하느님[일신, 상제]은 '삼신', '허공', '하늘[天]'으로 불리는 천지의 신령한 기운과 하나이다. 이에 대해 한국 고대문화는 "인격적 실재와 비인격적 실재를 조화시키는 비법"[57]을 가지고 있다고 말하기도 한다.

------

54) 天之一神, 能體其虛而乃其主宰也. 故曰氣, 卽天也, 卽空也.(「소도경전본훈」)
55) 一神空往色來, 似有主宰, 三信爲大, 帝實有功也.(「소도경전본훈」)
56) 有一神在斯白力之天, 爲獨化之神.(『삼성기』) '斯白力'은 구체적 지명이 아니라 '아주 밝은 하늘', '광명이 떠오르는 하늘'을 의미한다. 안경전 역주, 『환단고기』, 대전: 상생출판, 2011, p.26.
57) 노태구, 「동학의 무극대도와 통일」, 『수운 최제우』, 서울: 예문서원, 2005, p.377. 또 이를 인격신과 법자연적 무의 만남으로서 무층과 선층, 달리 말해 무교적 종교성과 선도적 사상성의 조화라고도 할 수 있겠다. 무층의 특징으로서 자연 속에 보이지 않는 힘(정령)에 대한 믿

이러한 신관에 상응하여 성통공완의 의미가 결정된다. 성통은 본성을 틔운다는 뜻이다. 그리고 우리의 본성이란 원래 삼신으로부터 내려 받은 것이니 '통'은 또한 '회복한다'는 의미를 갖는다. 따라서 성통은 우리에게 본성으로 내주內住하는 신성을 틔워 또는 되찾아 저 생명의 원천인 신성과 하나로 통하는 것이다. 또 삼신의 본질은 광명이니, 성통은 내 마음의 밝은 것과 천지 광명이 하나로 통하는 성통광명으로써 일어나는 것이다.

그런데 앞에서 한국 전통 사상과 종교에서 신은 언제나 인격적 실재와 비인격적 실재의 일체인 것으로 드러났다. 그런 만큼 신을 향한 성통은 신을 소리쳐 부르는 것만으로도, '신 없이' 비인격적 신성을 체득하여 그것과 하나 되는 것만도 아니다. 단순히 신중심적인 신앙만으로도 인간중심적인 수행만으로도 올바른 성통이 되지 않는다. 그 둘 모두다. 우주적 한 생명인 신성으로부터 나눠 가진 본성을 회복하여 그와 하나 되는 마음에 일신이 임한다. 오직 그곳에서 일신을 만날 수 있다[朝天].

그러나 여전히 성통만으로는 신에 대한 섬김이나 친견親見이 완성되지 않는다. 일찍이 환웅은 웅녀에게 "스스로 참을 이루고 만물을 고루 구제하면 사람의 모습을 갖춘 대인이 되리라."라고 참인간의 길을 제시했다. 「삼일신고」의 3장 천궁天宮에서도 동일한 가르침이 나온다. "성통공완한 자만이 천궁에 들어 영원한 즐거움을 얻으리라."[58] 성통에는 공완이 따라야 한다. 성이 통하고 공이 이뤄져야 하늘에 들 수 있고, 스스로 참을 이루고 만물을 고루 구제할 때 참 인간인 선으로 새로 나 무너지지 않는 복락을 누린다. 여기서 완수해야 할 공功 또는 공업功業이란 신으로부터 주어진 천명

음, 신과 소통, 조화가, 선층의 그것으로서 하느님 신앙, 선, 재세이화의 합리적 정신을 지적한다. 한국 고대 신관에서는 그 같은 무와 선층의 근본 성격이 동시적으로 나타나 하나로 어울리는 것이다. 이에 대해서는 참조 김상일, 오강남, 이성은 엮음, 『한사상의 이론과 실제』, 서울: 지식산업사, 1990.

58) 性通功完者, 朝永得快樂.(「소도경전본훈」)

天命으로서 인간이 마땅히 떠맡아야 할 과업이 될 것이다. 그리고 신의 아들이나 대행자로서 하늘의 뜻을 폈던 환인, 환웅, 단군에 따르면 그 천명의 핵심은 홍익인간이다.

홍익인간의 근본 뜻은 환웅이 웅녀에게 그랬듯, 모든 사람들로 하여금 참된 인간의 모습을 갖도록 해주는 데 있다.[59] 우리가 어떤 차별도 없이 인간을, 아니 나아가 접하는 모든 것들을 제 모습, 제 자리를 얻도록 살림[接化群生] 때 홍익, 즉 그들을 진정으로 널리 이롭게 하는 것이다. 이로써 우리 자신 또한 자기완성과 영원한 즐거움에 이른다. 곧 홍익인간의 공업은 위아爲我로써 위타爲他를 삼고 위타로써 위아를 이루는 상생의 실천인 셈이다.

이상 살펴본 바와 같이 한국 선은 하느님을 섬기며 삼신과 하나를 이루는 가운데 제 본성을 찾고 하늘의 뜻을 완수하여 선에 이르는 하느님 신앙, 성통공완과 인즉선, 보다 엄밀하게는 이 셋의 조화로 집약된다.[60] 그리고 그보다 더함이 없을 이 일체는 하느님 또는 하늘의 양의성를 고려할 때 삼신과 상제, 인간 삼위의 일치이다. 또한 신령한 기운 자체인 천지와 천지를 몸으로 삼는 제 그리고 성통공완하는 인간 사이의 조화이다. 이 큰 하나[太一]는 다음의 방식으로 이뤄질 것이다. 천지의 충만한 조화기운인 삼신은 제의 존재와 권능의 원천이 돼 주는 한편 상제는 주재를 통해 삼신의 창조성을 발현케 한다. 이로써 양자는 같지만 섞일 수 없고 다르지만 나뉘지 않는 일치를 이룬다. 그리고 인간은 삼신과 하나 되어, 상제를 섬기고 그 뜻을 실현하여 선에 이르고 상제는 그 마음자리에 임臨함으로써

---

59) 개인의 성통공완을 인류 차원으로 확장하는 것이 "弘益人間·理化世界 사상"이다. 정경희, 「韓國仙道의 修行法과 祭天儀禮」, 『도교문화연구』 제21집, 한국도교문화학회, 2004, p.53.
60) 민족성을 의지로 이해하면서 하느님 신앙과 성통공완을 하늘을 향한 의지(신선사상)와 땅을 향한 의지(홍익인간 재세이화)로서 설명하기도 한다. 정순종, 「조선 유학에 계승된 단군 신화의 '하늘 관념'과 '신선사상' 탐색」, 『東洋學』 제82집, 단국대학교 동양학연구원, 2021, p.18.

상제와 하나 됨을 이룬다. 상제를 섬기고 천지의 신령한 기운인 삼신과 일체를 이루는 인간 안에서, 인간을 통해[人中] 천지, 인간, 상제가 하나로 조화돼 태일을 실현하고 그 참됨을 얻는 것이다.

그러므로 태일의 중심은 인간이다. 인간이 가장 존귀하며, 그를 일러 태일이라 하는 것도 그 때문이다. 태일 인간의 또 다른 이름은 거발환이다. "거발환은 천지인을 하나로 정하는 것을 호칭한다."[61] 그리하여 태일은 하늘, 땅, 인간 혹은 상제, 천지, 인간이 일체를 이루는 큰 하나를 의미하는 동시에 그 하나를 지키는 성숙한 인즉선의 인간을 가리킨다. 인간은 거발환이 되고 태일이 되어 태일을 이루는 것이다. 이때는 이미 개벽된 세상이다. 다음으로 증산도 사상과 문화에서 선을 살펴볼 차례이다.

---

61) 所謂居發桓, 天地人定一之號也.(「삼신오제본기」)

4 참동학의 선 태일太一

1) 내내 한 일이 동학

"천하를 통일하는 도道인데 우선 때가 이르니 '선도仙道'라고 하라."
(『도전』 11:29:5)
"내가 삼계대권을 주재하여 조화造化로써 천지를 개벽하고 불로장생
不老長生의 선경仙境을 건설하려 하노라. 나는 옥황상제玉皇上帝니라."
(『도전』 2:16:2~3)
"너희들은 앞으로 신선을 직접 볼 것이요, 잘 닦으면 너희가 모두 신
선이 되느니라. 신선이 되어야 너희 아버지를 알아볼 수 있느니라."
(『도전』 11:199:8~9)

　증산 상제께서 하신 일은 불로장생의 영락榮樂을 누리는 선의 세계를 처
음으로 여는 것이며, 그래서 상제님의 도를 규정하면 선도라는 말씀이다.
그런데 증산 상제는 하늘로 복귀하는 어천御天에 즈음해 당신이 인간으로
서 한 일과 관련하여 또 이런 말씀을 남긴다. "내내 하고 난 것이 동학東學
이라, 이제 천하를 도모하려 떠나리니 일을 다 본 뒤에 돌아오리라."(『도
전』 10:34:2) 우리는 이 말씀을 보다 구체적으로 살펴보는, 다시 말해 그러
면 동학이 한 일은 무엇이었는가를 먼저 알아보는 방식으로 증산도 선에
접근하고자 한다. 이는 동학에서 재현되고 증산도 사상과 문화에서 온전
히 모습을 나타내는 한국 선맥을 보여주고자 하는 시도이기도 하다.
　1860년 4월 5일, 수운의 기도에 응답한 천주는 자신을 세상 사람이 부
르는 상제라 밝히며, 자신에겐 영부가 있는데, 그 이름이 선약仙藥이며 그

형상은 태극이요 궁궁弓弓이라고 말한다. 그리고 수운이 그것으로 사람을 질병에서 건지고 또 자신을 위하게 하면 그 또한 장생의 복락을 누리게 될 것이라고 이른다.[62] 하늘의 상제는 선약으로 사람을 살리고 자신을 위하게 하는 공덕을 펴면 장생의 선에 이르게 될 것이라고 언약하는 것이다. 이른바 이 '천상문답'은 시천주侍天主의 하느님 신앙과 인간을 널리 이롭게 하는 공덕으로써 인즉선에 이른다는 가르침이 수운이 천명으로 개창한 도의 요체를 이룰 것이란 점을 내보인다.

수운이 지은 가사의 다음 구절들도 그의 도가 궁극적으로 지향하는 것은 선의 성취란 점을 밝힌다. "입도한 세상사람 그날부터 군자되어 무위이화 될 것이니 지상신선 네아니냐."[63] "어화세상 사람들아 선풍도골 내아닌가 좋을시고 좋을시고 이내신명 좋을시고 불로불사 하단말가… 진시황 한무제가 무엇없어 죽었는고 내가그때 났었다면 불사약을 손에쥐고 조롱만상 하올 것을…"[64] "봄 오는 소식을 응당히 알 수 있나니 지상신선의 소식이 가까워 오네."[65]

그렇다면 수운에게서 입도한 그 날로 군자가 되고 선이 되는 길은 무엇인가? 이 대답은 '시천주하면 혹은 시천주로써 조화정 만사지하리라.'는 그의 시천주주呪, 특히 '시侍'에 대한 그의 설명 속에 담겨 있다.

"'시侍'라는 것은 안에 신령이 있고 밖에 기화가 있어서[內有神靈 外有氣化] 온 세상 사람이 각각 알아서 옮기지 않는[一世之人 各知不移] 것이요."[66] 여기서 '안으로 신령하고 밖으로 창창하게 기화하는 것'은 모든 사물과 인

---

62) 『동경대전』, 「포덕문」. 이하 『동경대전』, 『용담유사』, 『해설신사법설』의 인용문은 『천도교경전』(천도교중앙총부 편, 서울: 천도교중앙총부 출판부, 1998)에서 옮긴 것이다.
63) 『용담유사』 「교훈가」
64) 『용담유사』 「안심가」
65) 『동경대전』, 「결」 한 분석에 따르면 동학 경전에 '선' 자가 22회 등장한다. 송호수, 「민족정통사상의 고찰」, 『증산사상연구』 제6집, 증산사상연구회, 1980, 66~67쪽.
66) 『동경대전』 「논학문」

간의 바탕을 이루는, 한 뿌리의 기운인 지기至氣를 말한다. 그에 따르면 지기란 "모양이 있는 것 같으나 형상하기 어렵고 들리는 듯 하나 보기는 어려운" 것이다. 우주적 한 생명인 지기는 그렇게 허虛하고 공空하지만 "일에 간섭하지 않음이 없고 일에 명령하지 아니함이" 없는 신령한 것[虛靈]이다. 밖으로 천지에 창창한 무형의 기는 그 내밀한 본성과 공능功能에서 보면, 어디나 있지 않음이 없고 하지 않음이 없는 신인 것이다. 수운의 설명은 앞서 기와 신(삼신)의 관계에 대해 "일기는 안으로 삼신이 있으며, … 삼신은 밖으로 일기에 싸여" 있다고 밝히는 「소도경전본훈」의 구절과 비교된다. 요컨대 수운에서도 '신은 기며 기는 허이고 허는 하나다.'

따라서 천주를 바르게 섬기는 시란 우주의 근본을 이루는 지기에서 벗어나지 않는, 그리로 지극히 화하고자 하는[至化至氣], 지무망至無忘한 마음이 될 것이다. 마음을 닦고 기운을 바르게 하여[守心正氣] 그리로 끊임없이 향하는 섬김과 모양의 장場[侍]에서 천주가 임하는 또는 천주를 맞이하는[朝天] 것이다. 이로써 시는 천주와 지기가 조화를 이루는 마음자리로서 드러나고 있다. 이는 수운에게서도 천주와 지기, 즉 인격적 실재와 비인격적 실재가 묘합妙合돼 있음을 의미한다.

이처럼 '조천'의 장인 '천주를 모심, 섬김[侍]'은 수운에게서 인간의 본성, 인간의 "자기됨"[67], 다시 말해 "사람이 태어난 근본과 삶의 참 도리"[68]로서 이해된다. 따라서 그에게서 본성을 트는 성통은 시를 회복하는 것이고, 그것은 곧 제 본성을 되찾아 천지 기운에 화하는 가운데 하느님을 섬기는 것이다. 그리고 시는 조화정 만사지하며 불로장생하는 선의 길이다. 따라서

67) "개인 각자가 능히 신과 인간의 합일이 자기됨을 깨달으면 이는 곧 모실 시 자의 근본이며, 모실 시의 근본을 알면 능히 정할 정의 근본을 알 것이요, 마침내 알 지의 근본을 알 것이니, 지는 즉 통이므로 모든 일이 함이 없는 가운데 화하나니, 무위는 천리와 천도에 순응함을 이름이니라." 『해월신사법설』, 「기타」.
68) 이을호 외, 『한사상과 민족종교』, 서울: 일지사, 1990, p.120.

시를 본성을 하는 인간은 또한 모두 선의 가능성, 말하자면 선약을 이미 자신 안에 지니고 있다. "나는 또한 신선이라. 이제보고 언제볼꼬 너는 또한 선분仙分있어 아니잊고 찾아올까"[69] 수운의 꿈에 나타난 도사[천주]가 수운을 통해 모든 인간에게 한 약속이다. 다같이 신선이 되어 신선인 천주를 보게 되리라는 것이다.

이로써 수운의 뜻은 우리에게 본성으로 주어진 시를 열어, 천주를 섬기는 시천주의 마음을 회복하여 장생과 조화의 복락을 누리는 선[지상신선]의 삶을 얻는 일이었음을 알 수 있다. 그에 이르는 "선약", '가슴속 불사약'은 시천주, 다시 말해 하느님 신앙을 지키는 데 있는 것이다. 따라서 수운에게서도 선은 인즉선, 즉 선은 인간의 본성이면서 '아니 잊고 찾아' 성취해야 할 과제이다.

수운이 동학을 열어 베푼 도는 시에 대한 깨달음을 사회적으로, 우주적으로 확장하여 모든 사람이 시천주의 인간, 즉 본연의 인간됨을 회복하도록 하는 실천행이었다. 그것은 모든 사람으로 하여금 "나를 위하게" 하여 하늘의 명命을 완수하고자 하는 공완의 과정이었다. "오는 사람 효유해서 삼칠자 전해주니 무위이화 아닐런가"[70] "입도한 세상사람 그날부터 군자되어 무위이화 될 것이니 지상신선 네아니냐" 천명에 따라 인간을 이롭게 하는, 다시 말해 인간을 비로소 그의 본질인 선의 삶을 살도록 베푸는 홍익인간이 그에게서도 구현되는 것이다.[71] 이는 오만 년 새 운수가 열리는 '다시개벽'에 참여하는 일이 될 것이다.[72]

69) 『용담유사』 「몽중노소문답가」
70) 『용담유사』 「도수사」
71) 하늘의 뜻에 따라 인간을 소중하게 여기는 사상인 홍익인간은 "韓민족의 전통인 「한울사상」에 근거한 것이며 이것이 동학 侍天主 사상의 원류가 되는 것이다." 이현수, 「東學과 韓族思想에 관한 小考」, 『원광보건전문대학 논문집』 제16권, 1993, p.23.
72) "무극대도 닦아내니 오만년지 운수로다."(『용담유사』 「용담가」) "십이제국 괴질운수 다시개벽 아닐런가."(『용담유사』 「몽중노소문답가」)

이상의 간략한 논의를 통해 수운의 동학에서도 선은 인즉선으로서 하느님 신앙과 성통공완으로써 얻어진다는 점을 확인할 수 있다. 다시 말해 하느님 신앙과 성통공완, 인즉선의 결속 그리고 그러는 한 천주, 지기, 시천주의 인간 삼위의 큰 하나, 태일이라는 한국 선도의 고유성이 이어지고 있는 것이다. 그러나 수운의 '선도'는 그의 죽음과 함께 미완에 그친다. 이제 선의 완결을 지어 "좋이 신선의 연분을"[73] 맺도록 하는 일이 원동학이며 참동학이 될 것이다. 그리하여 위에서 밝힌 바 "내내 하고 난 것이 동학"이란 말씀은 상제님의 도를 선으로 규정하는 것이며, 또한 그 선이 선맥의 완성, 결실이라고 밝히는 것이다. "최제우는 유가儒家의 낡은 틀을 벗어나지 못하였나니 나의 가르침이 참동학이니라."(『도전』 2:94:9)

그렇다면 증산 상제의 가르침은 어떻게 참동학이 되어 선의 결실로서 발현되는가, 다시 말해 한국 고유 선의 중추인 하느님 신앙과 성통공완, 인즉선의 조화는 어떻게 구체화되는가?

2) 참동학 증산도의 선 사상

먼저 하느님 신앙을 보면 증산도 사상과 문화에서 하느님은 고대 선도나 동학의 경우처럼 비인격적 우주 신성인 동시에 인격신 상제라는 양의兩意적 의미를 갖는다.

"홀연히 열린 우주의 대광명 가운데 삼신이 계시니, 삼신三神은 곧 일신一神이요 우주의 조화성신造化聖神이니라. 삼신께서 천지만물을 낳으시니라. 이 삼신과 하나 되어 … 온 우주를 다스리시는 하느님을 … 삼신상제三神上帝, 삼신하느님, 상제님이라 불러왔나니"(『도전』 1:1:2~4)

---

73) 『동경대전』 「탄도유심급」

삼신은 앞에서 천지의 신령한 기운으로서 만물의 바탕을 이루며, 조화를 짓는 우주의 근본으로서 밝혀졌다. '삼신', '허공', '하늘[天]', '지기' 등은 모두 빛을 본성으로 하며, 없는 곳이 없고 하지 않음이 없는 우주적 한 생명을 가리킨다. 그와 같이 인간과 만물의 모태가 되는 삼신을 증산도 사상과 문화에서는 '바탕', '으뜸'이란 의미의 '원元' 자를 써서 원신元神이라고 한다. 또 천지의 온갖 변화를 만드는 신령한 능력을 지녔기에 '조화성신' 혹은 '조화성령'이라고 부르기도 한다.

이 조화기운은 "온 우주를 다스리시는" 상제의 주재를 통해 때에 맞춰 신령한 공능을 실현한다. 증산도 사상에서 우주의 한 기운[一氣]은 생장염장生長斂藏이란 우주 사계절의 정신에 따라 스스로를 전개한다. "내가 천지를 주재하여 다스리되 생장염장生長斂藏의 이치를 쓰나니 이것을 일러 무위이화라 하느니라."(『도전』 4:58:4) 생生은 만물을 낳는 봄의, 장長은 만물을 기르고 가르쳐서 성장 발전하게 하는 여름의, 염斂은 만물을 성숙 통일시키는 가을의, 그리고 장藏은 근원으로 복귀하여 휴식하는 겨울의 정신을 말한다. 이에 따라 봄의 기운은 만물을 싹 틔우는 방放, 여름 기운은 만물을 길러 무성하게 자라게 하는 탕蕩, 가을 기운은 만물을 성숙케 하는 신神 그리고 겨울기운은 본체로 환원하는 도道의 성격을 갖는다.(『도전』 6:124:9)

특히 가을에 들어 성숙과 통일의 본성을 회복하여 신의 변화성을 지닌 천지 기운은 지기라고도 불린다. 가을의 지극한 천지 기운은 '염'이란 시명時命에 따라 거두면서 통일하고 죽임으로써 결실을 얻게 하는 개벽의 기운으로서 작용한다. 가을에 이르러 상제는 지상으로 내려와 가을의 새 기운인 지기를 만방에 돌려 개벽을 주재하고 새 세상을 여는 것이다.

이로부터 다음의 사실이 드러난다. 상제는 모든 것의 바탕을 이루고 온갖 변화를 짓는 신묘한 능력을 지닌 조화의 한 기운을 써서 무위이화의 방식으로 온 우주를 맡아 다스린다. "일기혼돈간아형—氣混沌看我形하고 엄엄 급급여율령唵唵急急如律令이라. 천지에 가득한 기운은 혼돈 속에 나의 모습을 보고 율령을 집행하듯 신속하게 처리하라."(『도전』4:143:3) "내가 주재하는 천지 사계절 변화의 근본기강은 기氣로 주장하느니라."(『도전』6:124:9) 다시 선도문헌의 문맥으로 말하면 상제는 "능히 이러한 허虛[지기, 삼신]를 몸으로 하여" 혹은 "지극한 조화기운을 타고 노"심으로써 함이 없이 만물을 짓고 말없이 행하시는 것이다. 여기서 『태백일사』 「소도경전본훈」에 나오는 말을 떠올린다. "공은 가고 색은 옴에 주재하는 이가 있다고 여겨지는 것이니 삼신께서 크신 이 되오나 제가 참으로 공이 있는 것이다." 그런 점에서 원신이며 조화성신인 천지 기운은 상제에 속한다.

동시에 상제는 최고의 신으로서 존재하는 모든 것의 근본인 조화기운, 원신에 속한다. 상제는 원신에서 화化한 인격적 존재다. 우주 본체를 이루는 원신 속에서 "천지의 시간의 변화정신에 의해 스스로 화생한 인격신들 가운데에서, 천지를 주재하는"[74] 주권을 가진 최고신이 상제다. "일신은 밝고 밝은 하늘에 계시며 스스로 화化한 신이다." 상제는 하늘이며 허공인 조화성신이 홀로 변화한 주신主神이다. 우주의 비인격적 신성인 원신은 제마저도 신령스럽게 하는 것이다.

상제와 원신은 이와 같이 서로에게 뿌리가 되는 방식으로 함께 속하면서 한 몸을 이룬다. 증산도 사상에서 비인격적 우주 신성과 인격신 상제는 마치 [태양의] 빛과 [빛의] 태양이 하나가 되는 방식으로 조화를 이룬다.

모든 것은 천지의 "원신"이며 "조화성신"인 삼신이 지은 바다, 천지에 충만한 신성이고 광명인 삼신은 인간과 만물의 본성으로서 자리 잡고 있다. 따라서 인간이 제 본성을 틔우는 성통은 내주한 신성을 회복하며 그 자신

---

74) 안경전, 『이것이 개벽이다』上, 서울: 대원출판, 2002, p.363.

인 신이 되는 것[神化]이다. 이때 증산도 신관에서도 신의 의미는 양의적인 만큼, 성통은 천지의 신령한 조화성신과 하나를 이루는 가운데 상제를 모시는 것이다. 또는 상제를 섬기며 그 불생불멸하고 조화가 무궁한 천지의 신성과 밝은 빛으로써 하나로 통하는 것이다. 그리하여 성통, 즉 인간의 신화는 천지와 함께 하는 수명과 천지의 조화를 얻는 선을 담보한다. 그래서 증산도 사상과 문화에서도 인간의 본성 회복 또는 온전한 인간[참나]은 신화神化이며 이는 곧 선화仙化로서 나타난다.

또 그와 같이 신화 또는 선화는 인간이 다른 종으로 바뀌는 것이 아니고, 자신 안에 이미 내재된 본성을 발현하여 참나[眞我]를 얻는 일이다. 그러기에 진화라 하지 않고 성숙이라고 말한다. 다시 말해 가능성이 현실화되고 씨앗이 열매가 되는 것이다. 인즉선, 모든 인간에 선의 가능성이 주어져 있고 또는 선분仙分이 있고 그것을 현실회할 때 선의 결실을 맺는다. 이로써 하느님 신앙은 완성된다. "신선이 되어야 너희 아버지를 알아볼 수 있느니라." 이는 증산도 사상과 문화가 밝히는 '조천'에 대한 가르침이 될 것이다.

한편 성통과 짝이 되는 공완은 증산도 사상과 문화에서는 더욱 긴박한 과제이다. "모사謀事는 내가 하리니 성사成事는 너희들이 하라."(『도전』 5:434) 모사재인하고 성사재인이란 말에서 '인'과 '천'의 자리를 맞바꾼 것이다. 이것은 단순한 말놀이가 아니라 이로부터 만사萬事가 신인합일, 천인합일로써 이뤄지도록 율법을 새로 정한 것이다. 하늘의 모사는 개벽을 극복하여 인간을 비롯하여 일체 생명이 제 본성을 온전히 발현하여 이윽고 참됨을 찾는 선경세계를 섭리하는 것이다.

그리고 인간의 성사는 이에 상응하여 하늘의 뜻을 땅 위에 현실적으로 이루는 공업이다. 상제의 천지 사업에 참여하는 인간의 사역을 통해 비로소 천지와 만물은 본래의 질서를 찾아 새롭게 조화와 통일 속에 제 모습,

제 자리를 찾게 된다. 이는 인간이 인즉선의 인간으로 거듭나 천지를 위해 천지를 갱생更生시키는 것이라고 말할 수 있다. 그리고 그 새 하늘, 새 땅 위에 선경세상의 새로운 문명이 이룩되는 것이다. 이처럼 증산도 사상과 문화에서 선은 우주적이며 역사적이다.[75]

이 삶은 내 본성을 찾아 성숙한 인간이 되고, 그 진리로 이웃을 또한 인즉선의 새 삶으로 인도하는, 모두가 지상신선이 되어 동귀일체同歸一體하는 상생의 실천으로 전개된다. "전 인류가 상제님의 도로써 성숙한 가을 인간으로 거듭 태어나는 것이다."[76] 그리고 이는 홍익인간의 공업을 수행하는 일이 될 것이다. 홍익인간은 참된 인간을, 다시 말해 선으로서의 인간[人則仙]을 무한히 늘리는[弘益] 것이다. 그래서 증산 상제의 업業은 "인간사업"(『도전』11:257:3)이라고 할 수 있다. "증산甑山이 증산增産이니라."(『도전』11:259:2)

3) 태일太一이 되어 태일을 이루다

이제 선도로서 증산도 사상과 문화는 다음과 같이 정리된다. 가을개벽을 맞아 하느님을 섬기며 천지 신성과 하나 돼 나를 살리고 이웃을 살리는 인간 열매의 사역으로부터 천지는 조화와 통일의 신천지로 갱생한다. 이와 함께 인간은 장생과 조화의 선으로 새로 난다. 여기에서 한국 선도의 특질인 인즉선, 하느님 신앙, 성통공완의 조화는 땅 위에서 역사적으로 현실화된다. 그것은 우주적 이벤트로서 일어난다. 이 일치는 또한 제帝와 천지, 인간 삼위가 하나로 어울리는 큰 하나, 태일로서 일어난다. 그리고 이

75) 이러한 개벽과 선의 만남을 "미래학적 대응이며 동시에 문명론적 문화이해"이며 "새로운 문명전환의 패러다임"으로 보기도 한다. 민영현, 「증산도의 선仙과 후천 문명」, 『甑山道思想』 제5집, 증산도사상연구소, 2001, p.105.
76) 『도전』 199쪽 측주 '관왕'

는 하느님 신앙과 성통공완으로써 선의 세상을 여는 인간을 통해, 인간을 중심으로[人中] 이뤄진다. 그 큰 하나를 여는 인간이 또한 태일이다. 인간은 '큰 하나'의 장場으로 쓰여 그 자신 '큰 하나'가 되는 것이다.[77] 스스로 태일이 되어 태일을 이루는 것이다. 이로써 한국 고대 선도와 동학이 추구한 인즉선의 인간은 태일선太-仙으로서 완성된다.[78] 상제님이 인간으로 오신 가장 큰 이유(『도전』 1:1:8)도 그 태일(선)의 전범을 선구적으로 제시하고자 한 데 있을 것이다.

아울러 태일의 발현에 따라 인간 외 모든 것들 역시 비로소 각자의 본질대로 존재할 수 있게 된다. 태일의 한 울타리 안에서 그것을 중심으로, 접하는 모든 것들은 좌절이나 억압, 원망 등 모든 비본래성의 굴레에서 해방돼 조화調和를 이루며 그것들이 본래 그러한 바 혹은 그것들의 마땅함[道]을 이윽고 실현한다는 것이다. 이것은 이미 개벽된 세상이다. 이 가운데 인간에게 이제까지 경험하지 못한 새로운 삶이 허락된다. 새 하늘 새 땅 위에 선이 되어 완전히 새로운 방식으로 세계에 정주定住하게 될 가능성이 열리는 것이다. "후천 선경세계는 가가도장家家道場이요, 인신합덕人神合德으로 인인人人이 성신聖神 되어 만백성이 성숙하고 불로장생하는 무궁한 조화낙원이라."(『도전』 7:1:5)

한편 증산도 사상에서는 태일을 성취하는 일차적 관건으로 수행이 강조된다. 특히 태을주 주문 수행이 공부의 중추를 차지한다. 태을주는 "심령心靈과 혼백魂魄을 안정케 하여 성령을 접하게 하고 신도神道를 통하게 하며

---

77) 개인의 성통공완을 우주적으로 확장하는 것이 홍익인간 재세이화 사상이라고 말해진다. 정경희, 「韓國仙道의 修行法과 祭天儀禮」, 『도교문화연구』 제21집, 한국도교문화학회, 2004, p.53.
78) 이미 1992년에 증산 상제의 가르침에 대해 다음과 같이 평가한다. "이같은 풍류도를 다시 잡아세워 重光시키고, 화려하고 위대했던 풍류도의 근본사상으로 原始返本하는 작업이 최근세 한국에서 출생한 姜甑山에 의해 이루어졌다고 생각된다." 김홍철, 「증산사상과 풍류도」, 『증산사상연구』 제18집, 1992, p.166.

천하창생을 건지는 주문"(『도전』11:180:4)으로 규정된다. 태을주는 "본심 닦는 주문"(『도전』11:282:2)으로서 읽으면 마음이 깊어지고, 생명활동의 동력원인 기운을 받고 천지의 조화성신을 접한다. 태을주는 마음과 영이 천지와 하나 돼 만물의 차별상을 뛰어넘어 대통일의 의식에 들어선 불멸 과 조화의 새 생명으로, 즉 선으로 거듭나게 해 주는 주문인 것이다. "태을 주 공부는 신선神仙 공부니라."(『도전』7:75:4)

상제와 천지, 인간은 이 가운데 큰 하나를 이룰 수 있다. 태을주는 태일 을 성취하도록 해주는 주문인 것이다. 증산 상제에 의해 완성된 태을주는 환인과 환웅이 인즉선의 길로 베풀고, '웅녀'가 보여준, 또한 수운이 하늘 로부터 내려 받아 사람들을 가르친 신교[仙] 수행의 계승이며 결실이다. "9천 년의 한민족사에서 신교의 이러한 수행법을 이어받아 전 인류의 정 신을 개벽시키고 도통의 길로 인도해 주는 신주神呪가 태을주太乙呪이다."[79]

---

79) 안경전 역주, 『환단고기』, 대전: 상생출판, p.933 주 6).

5 맺는 말

　가을을 맞아 인간으로 오신 상제의 주재로 상제와 천지, 인간이 이윽고 큰 하나를 이뤄 선의 새 세상이 건립되는 일이 증산도 사상이 뿌리내리고 궁극적으로 지향하는 바다. 이 증산도의 선에 한국 선도의 특질인 하느님 신앙, 성통공완, 인즉선의 조화는 비로소 지상에 역사적으로 구체화되고 현실화된다. 그래서 증산도의 선은 다가오는 새로운 것이며 또한 고대 삼성조 시대 이래 한민족이 품어 온 가장 오래된 것이기도 하다.

　끝으로 증산 상제의 한 말씀을 소개하는 것으로써 글을 맺는다. 증산 상제는 하루는 종이에 한 일 자를 길게 그어놓고 그 획에 걸쳐 "만물대선록萬物大善祿"이라 써서 불사른다.(『도전』 9:10) '만물대선록'이란 만물과 더불어 은혜를 함께 하는 대선심大善心을 가져야 천지 녹을 향유할 수 있다는 뜻이다. 무너지지 않는, 천지의 가장 큰 녹은 불로장생과 조화의 선이다. 그리고 하느님을 섬기며 천지 기운과 하나 돼 내 본성을 찾고 하늘의 뜻에 따라 모든 것들이 조화 속에 제 본질을 찾도록 하는 상생의 한마음이 한 일 자다. 이로부터 선의 복락이 열릴 것이다. 그 선은 마땅히 태일이 되어 태일을 이루는 태일선일 것이다.

≡ 참고문헌 ≡

• 『규원사화揆園史話』
• 『단군세기檀君世紀』
• 『대한화사전』
• 『동경대전』
• 『용담유사』
• 『태백일사太白逸史』
• 김상일, 오강남, 이성은 엮음, 『한사상의 이론과 실제』, 서울: 지식산업사, 1990.
• 노태구, 「동학의 무극대도와 통일」, 『수운 최제우』, 서울: 예문서원, 2005.
• 도광순, 『神仙思想과 道敎』, 서울: 범우사, 1994.
• 송항룡, 「韓國 古代의 道敎思想」, 『道敎와 韓國思想』, 한국도교사상연구회 편, 서울: 아세아문화사, 1994.
• 안경전, 『이것이 개벽이다』 上, 서울: 대원출판, 2002.
• 안경전 역주, 『환단고기』, 대전: 상생출판, 2011.
• 이을호 외, 『한사상과 민족종교』, 서울: 일지사, 1990.
• 정진홍, 『경험과 기억: 종교문화의 틈 읽기』, 서울: 당대, 2003.
• 정혜정, 『동학·천도교의 교육사상과 실천』, 서울: 혜안, 2004.
• 차주환, 「韓國 道敎의 共同體觀」, 『道家思想과 韓國道敎』(『道敎文化硏究』 제11집), 한국도교문화학회 편, 서울: 국학자료원, 1997.
• 천도교중앙총부, 『天道敎經典』, 서울: 천도교중앙총부 출판부, 1998.
• 최남선, 『최남선전집』 2, 서울: 현암사, 1973.
• 김용휘, 「한국선도의 전개와 신종교의 성립」, 『동양철학연구』 제55집, 동양철학연구회, 2008.
• 민영현, 「증산도의 선仙과 후천 문명」, 『甑山道思想』 제5집, 증산도사상연구소, 2001.
• 민영현, 「한국 선과 증산사상의 특징 및 그 도교성에 대해」, 『도교문화연구』 제26집, 한국도교문화학회, 2007.
• 박진규, 「선인仙人단군을 통한 홍익인간 함의 소고」, 『철학·사상·문화』 제31

호, 동국대학교 동서사상연구소, 2019.

- 변찬린, 「僊(仙) 攷」, 『증산사상연구』 제5집, 증산사상연구회, 1979.
- 송호수, 「민족정통사상의 고찰」, 『증산사상연구』 제6집, 증산사상연구회, 1980.
- 오종근, 「한국 신선사상의 근원연구」, 『역사와 사회』, 국제문화학회, 1991.
- 임채우, 「한국 선도의 기원과 근거 문제」, 『도교문화연구』 제34집, 한국도교문화학회, 2011.
- 이승호, ‘『삼일신고』의 신관에 관한 철학적 연구’, 『신종교연구』 제26집, 한국신종교학회, 2012.
- 이현수, 「東學과 韓族思想에 관한 小考」, 『원광보건전문대학 논문집』 제16권, 1993.
- 정경희, 「여말 학계와 천부경」, 『선도문화』 제6집, 국학연구원, 2009.
- 정경희, 「韓國仙道의 修行法과 祭天儀禮」, 『도교문화연구』 제21집, 한국도교문화학회, 2004.
- 정순종, 「조선 유학에 계승된 단군 신화의 ‘하늘 관념’과 ‘신선사상’ 탐색」, 『東洋學』 제82집, 단국대학교 동양학연구원, 2021.
- 정세근, 「한국신선사상의 전개와 분파」, 『시대와 철학』 제16권 3호, 한국철학사상연구회, 2005.
- 정재서, 「한국 도교의 역사와 특성」, ‘박물관역사문화교실’, 국립중앙박물관, 2013.
- 조남호, 「『환단고기』와 『삼일신고』」, 『선도문화』 제9권, 국학연구원, 2010.
- 차주환, 「韓國神仙思想의 始原」, 『민족문화』 제26권, 한국고전번역원, 2003.
- 차주환, 「花郎道와 神仙思想」, 『신라문화』 제10권 1호, 동국대학교 신라문화연구소, 1989.

조화정부와 후천 선문화

윤창열

필자 약력

윤창열

경희대학교 한의과대학 졸업.

동대학원 석사 박사 학위 취득.

대전대학교 한의과대학교수.

저서

『의역학』, 『의철학』, 『한중의학각가학설』, 『한중의학사개설』, 『난경연구집성』

『현토완역 소문입식운기론오』

논문

「朱丹溪의 生涯와 醫學思想에 關한 硏究」

「陰陽의 語源과 陰陽論의 起源에 關한 考察」

「尹草窓의 生涯와 草窓訣에 關한 硏究」

「十干과 十二支에 對한 考察」

「道敎醫學에 關한 硏究 : 韓醫學과 聯關된 部分을 中心으로」

「六十甲子와 陰陽五行에 관한 考察」

「醫學上에 나타난 天人相應」

「音陽五行論의 本質과 內容에 關한 考察」

「三陰三陽에 關한 硏究」

「『黃帝內經』의 刺絡法에 관한 硏究」

「張元素의 生涯와 醫學思想」

「養生에 關한 文獻的 考察」

「티벳醫學에 對한 考察」

「黃庭經에 關한 硏究」

「『금궤요략·百合病』에 대한 考察」

「티벳의학에 대한 연구 : 『四部醫典, 根本義典』을 중심으로」

「《方藥合編》에 대한 硏究」

「尹草窓의 生涯와 草窓訣의 書誌學的 意義에 對한 小考」 외 다수

1 들어가는 말

증산 상제님은 우주를 주재하는 통치자 하느님이시다. 상제님은 우주 1년에서 여름과 가을이 바뀌는 하추교차기에 인간으로 오시어 선천 5만 년의 원한으로 가득 찬 상극의 세상을 매듭짓고 후천 5만 년의 조화선경의 신천지를 열어 놓으시는 천지공사를 집행하셨다. 증산 상제님의 진리의 세계는 너무도 방대하기 때문에 이를 팔관법으로 정리하여 상제님의 진리를 공부하는 기본 틀로 삼고 있다. 제1법은 상제관이다. 상제님은 삼계대권을 주재하여 하늘, 땅, 인간과 신명을 주관하시는 분이시며 이법理法과 도道의 주재이시며 우주의 통치자요 역사의 주권자이시다. 또 모든 인간을 구원하고 꿈과 희망을 성취시켜 주시는 아버지 하느님이시다.

제2법은 수부관이다. 천지가 일체로 작용하듯이 수부님은 상제님과 음양합덕하여 천지공사를 집행하셨고 종통의 계승자이시며 선천 5만 년 동안 억음존양에 의해 쌓여온 여자의 원과 한을 풀어주고 정음정양의 세상을 여는 어머니 하느님이다. 상제관과 수부관이 음양 짝이다. 제3법은 우주관이다. 우주관은 천지일월의 사체四體가 질서있게 돌아가는 이법과 원리로, 상제님의 통치율이다. 우주관을 제대로 알 때 상제님의 통치법도를 알 수 있고 시간의 질서와 인간구원의 비밀을 풀 수 있다. 제4법은 신관이다. 귀신은 천리의 지극함(鬼神은 天理之至也)[1]이다. 상제님은 천지간에 가득 찬 것이 신이라고 하셨다. 그리고 현상계가 펼쳐지는 이면에는 신도세계가 있다. 우주관과 신관이 음양 짝이 된다. 제5법은 인간관과 수행론이다. 인간이란 무엇이며 어떻게 살아야 하며 인간 삶의 궁극의 목적은 무엇

---

1) 『대학 중용』, 대전: 학민문화사, 1990, p.254.

인가를 알려준다. 인간은 수행을 통해 인간완성의 길로 나아가므로 인간관에 수행론을 연계시켰다. 제6법은 천지공사이다. 상제님이 옛 성자들과 가장 큰 차이점은 천지공사를 집행하셨다는 것이다. 천지공사는 상제님께서 삼계대권을 주재하여 병든 천지질서를 바로잡아 심판해놓으신 인류역사의 설계도요 이정표이다. 제7법이 구원관이다. 가을개벽기에 상제님의 일꾼들이 육임조직을 바탕으로 의통을 집행하여 인류를 구원하는 것이다. 제8법이 대두목관이며 천하사 일꾼관이다. 모사재천하신 상제님의 천지공사가 대두목과 일꾼들에 의해 성사재인하는 것이다. 이 글은 제6법 천지공사의 연장선상에서 쓰여진 것이다. 상제님께서는 천지공사를 보시며 천상신명계를 통일하셨는데 이것이 조화정부이다. 조화정부는 우주를 통치하는 사령탑이고 후천의 조화선경세계를 여는 구심점이다. 상제님께서 천지공사를 보시는 전과정은 기행이적의 연속이었다. 상제님께서는 가는 해를 멈추게 하셨고, 북두칠성을 보이지 않게 가두시었으며 병든 자를 즉시에 낫게 하셨다. 이러한 상제님의 조화의 경계는 인간의 이성으로 도저히 알 수 없는 세계이다. 상제님의 성언과 성적이 집대성 되어 있는 『증산도 도전』 속에는 이러한 조화로 가득 차 있으며 또 조화라는 말도 수없이 언급되어 있다. 그리하여 본문에서는 조화의 개념과 조화가 일어나는 기전 등을 살펴보았으며 『도전』 속에 실려있는 조화의 내용도 고찰하였다. 이어서 조화정부란 무엇인가에 대하여 살펴보았고 조화정부에 참여하고 있는 천지신명들을 선천역사를 살았던 인물들과 상제님의 성도들로 나누어 기술하였다.

　증산 상제님께서 궁극적으로 이루고자 하는 후천세계는 조화선경이며 조화정부가 지향하는 궁극목표도 인간을 신선으로 만들어 펼치는 선세계이다. 그리하여 이어서 증산도와 신선에 대한 내용을 기술하였다. 옛 글에서도 인간이 신선이 될 수 있다는 것을 다음과 같이 언급하고 있다.

대저 사람은 모두 음양 두 기운의 완전함을 품부 받아서 태어난다.
이미 음양의 두 기운을 품부 받았다면 반드시 능히 변화할 수가 있
다. 물건이 오래되면 정화를 이루고 소나무가 오래되면 복령이 생기
고 물고기가 오래되면 용으로 변하고 풀이 썩으면 반딧불이 되는데
하물며 사람에 있어서랴. 사람은 만물의 영장이다. 사람이 오랫동안
그 참된 것을 견고히 할 수 있으면 진불眞佛이라 하고 사람이 오랫동
안 그 신을 보존할 수 있으면 신선神仙이라 하고 사람이 범인을 벗어
나 성인의 경지로 들어가면 상성上聖이라고 하니 모두 성명에서 떠나
지 않으며 모두 음양에서 벗어나지 않아 모두 중심에서 출입하니 총
괄하여 금액환단이라고 한다.[2]

　상제님께서는 후천인간을 신선으로 만들기 위해서 여러 성도들에게 선
仙과 관련된 공사를 처결하셨는데 대표적인 도수가 김호연 성도에게 붙인
선매숭자 도수이다. 그리하여 이어서 김호연 성도와 선매숭자 도수를 고
찰하였고 끝으로 증산도 선의 특징에 대하여 살펴보았다.

---

2) 上海書店, 『道藏』, 上海: 文物出版社, 1994, pp.24-57.
夫人은 皆稟陰陽二氣之全而生者也라 旣稟陰陽二氣則必能變化矣라 物之久者는 成精하고 松之
久者는 茯苓이오 魚之久者는 化龍하고 草之腐者는 化螢而況於人乎아 人也者는 爲萬物之靈也
라 人能久固其眞也 謂之眞佛이오 人能久存其神也 謂之神仙이오 人能超凡而入聖也 謂之上聖이
니 皆不離於性命이며 皆不逃於陰陽而皆出入於中心이니 總謂之金液還丹也라.

2 조화의 개념

증산 상제님의 진리를 관통하는 주요 개념 중의 하나가 조화사상이다. 상제님께서 최수운 대신사에게 내려주신 시천주주侍天主呪에 '시천주侍天主 조화정造化定'이라 하여 조화라는 말이 들어 있다. 이를 통해서 보면 조화사상은 무극대도의 근본을 이루는 사상이라고 해도 지나친 말은 아닐 것이다. 국어사전에서는 조화에 대해 ① 천지자연의 이치(조화의 묘妙) ② 천지 만물을 창조하고 주재主宰하는 일 또는 그 신, 조물주 ③ 사람의 힘으로는 어떻게 된 것인지 알 수 없을 만큼 야릇하거나 신통한 일(무슨 조화인지 영문을 모르겠다) 등으로 설명되어 있다. 이러한 조화의 개념에 대하여 먼저 고전 속에서 쓰인 용례와 『동경대전』에서 실명하고 있는 내용을 살펴보고 『증산도 도전』에 있는 내용을 차례대로 살펴보고자 한다.

1) 고전에서 사용된 조화造化의 개념

먼저 『장자莊子』의 「대종사大宗師」에서 사용된 개념을 살펴보면 다음과 같다.

> 지금 한번 천지를 커다란 용광로로 삼고 조화를 대장장이로 삼았으니 어디로 가서 무엇이 된들 좋지 않겠는가?[3]

위의 내용은 천지가 만물을 창조하는 역할을 대장장이가 용광로에 있는

---

3) 안병주 전호근 공역, 『역주장자 1』, 서울: 전통문화연구회, 2002, pp.290~291.
今一以天地로 爲大鑪하고 以造化로 爲大冶하니 惡乎에 往而不可哉리오

쇳물을 가지고 여러 가지 물건을 만들어 내는 것에 비유한 것으로 여기서의 조화造化는 자연스럽게 만물이 창조되고 화생化生되는 개념을 가지고 있다고 볼 것이다. 그리고 천지는 조화를 짓는 조화자造化者, 만물을 만들어 내는 조물자造物者가 된다고 할 것이다.

『열자列子』의 「주목왕편周穆王篇」에서는 다음과 같이 조화라는 말을 쓰고 있다.

(노자가) 나를 돌아다보며 이렇게 말씀하셨소. '삶을 지니고 있는 기氣와 육체를 지니고 있는 형체는 모두가 환幻이란다. 조화造化가 시작되는 바와 음양陰陽이 변화하는 것을 일러 생生이라 하기도 하고 사死라고도 하는 것이지.'4

여기에서 조화라는 개념도 만물이 생겨나는 것에 중점을 둔 것으로 조造는 지을 조 자이고 화化는 『소문素問』「천원기대론天元紀大論」의 '物生을 謂之化라' 하여 두 글자 모두 만물이 자연스럽게 화생化生되는 것을 이야기하고 있다.

『회남자淮南子』「정신훈精神訓」에서 "조화자가 만물을 다루다(夫造化者之攬援物也)"5와 "위대하도다 조화자여(偉哉라 造化者여)"6의 조화자造化者는 만물을 창조하는 하늘 또는 천지의 공능功能(기능과 능력)을 가리키는 말이며 『회남자』「원도훈原道訓」의 "구름을 타고 하늘에 올라 조화자와 함께 한다.(乘雲陵霄 與造化者俱)"7의 조화자도 만물을 창조하는 천지 또는 만물을

---

4) 임동석 역주, 『열자』, 서울: 동서문화사, 2009, pp.162~163.
顧而告予曰: 有生之氣와 有形之狀은 盡幻也라 造化之所始와 陰陽之所變者를 謂之生이오 謂之死라
5) 許匡一 譯注, 『淮南子全譯』貴陽: 貴州人民出版社, 1995, p.376.
6) 許匡一 譯注, 『淮南子全譯』貴陽: 貴州人民出版社, 1995, p.387.
7) 許匡一 譯注, 『淮南子全譯』貴陽: 貴州人民出版社, 1995, p.8.

주재하는 도道의 개념과 유사하다고 볼 수 있다.

『한서漢書』의 「동중서전董仲舒傳」에 쓰인 조화의 개념을 살펴보면 다음과 같다.

> 지금 대부들은 음양이 만물을 창조하고 화육化育하는데 밝고 선대 성
> 왕들의 도술道術과 사업을 익숙하게 잘 알고 있으나 그들의 문장이
> 이들을 충분히 드러내지 못하고 있으니 어찌 당대의 정무에 의혹이
> 없겠습니까.[8]

여기에서 '陰陽所以造化'는 음양이 만물을 창조하고 변화시키는 모든 작용을 가리킨 말이라고 사료된다.

이상의 내용을 요약하면 고전에서의 조화는 만물을 창조하고 화생하는 공능功能을 가리키고 더 나아가서 화육化育하고 변화시키는 작용까지를 포함하며 조화자造化者는 조화옹造化翁과 같은 말로 만물을 창조하고 변화시키는 하늘 또는 천지天地, 그리고 도道, 자연自然 등의 의미가 있다고 사료된다. 즉 고전에서의 용례는 천지조화, 자연계의 조화에 국한하고 있다.

2) 동경대전東經大全 속의 조화

1860년 4월 5일 최수운 대신사는 천주天主님이 자신의 몸에 성령으로 임하는 체험을 하고 천주님과의 문답을 통해 '시천주侍天主 조화정造化定 영세불망永世不忘 만사지萬事知 지기금지원위대강至氣今至願爲大降'이라는 21글자의 시천주주侍天主呪를 내려받는다. 그리고 이후 「포덕문布德文」, 「논학문論學

---

8) 班固, 『漢書八』, 북경: 중화서국, 1992, pp.2513~2514.
今子大夫 明于陰陽所以造化하고 嫺于先聖之道業이나 然而文采未極하니 豈惑乎當世之務哉아

文」등의 글을 쓰는데 「논학문」속에서 주문을 해설하면서 '조화라는 것은 무위이화를 말하는 것이다(造化者는 無爲而化라.)'[9]라고 하였고 또 동편에서 '나의 도는 무위이화이다(吾道는 無爲而化矣)'[10]라고 하였다. 이에 대해 김용옥은 다음과 같이 설명하고 있다.

무위이화無爲而化는 실제로 무위이화無爲以化의 뜻이다. '무위'는 노자적 개념이다. 함이 없음으로 해서 저절로 화생化生되어 간다는 뜻이다. 이것은 인위적 조작을 거부하는 뜻인데, 결국 서학이 말하는 천주의 창조설, 조작설, 주재설, 지배설을 다 거부한다는 뜻을 내포하는 것이다. 노자가 말하는 '道法自然'[25장]의 뜻이다. 유교적 우주론과 도가적 생성론이 완전히 융합되어있는 명언이다.[11]

무위이화라는 것은 조작적인 인위성에 의존하지 않고 함이 없이 스스로 화한다는 의미인데, 조화는 앞서 말했듯이 문자 그대로 창조하고[造] 변해가는[화化] 우주의 프로세스Process를 가리킨다. 그런데 이 조화는 대자연의 조화가 있는가 하면 또 동시에 내 인생의 조화, 즉 천天과 인人의 양면이 있다. 주문의 주체는 아무래도 인간이기 때문에 자기 삶의 방향성과 관련하여 이 '조화'라는 말이 언급되고 있다.[12]

무위無爲의 개념은 어떤 인위적인 외부의 힘이 가해짐이 없지만 변화는 저절로 순조롭게 이루어진다는 뜻으로 자기 내부의 자율적인 시스템에 의

9) 천도교중앙총부, 『천도교경전』, 서울: 천도교중앙총부 출판부, 포덕133, pp.34~35.
10) 천도교중앙총부, 『천도교경전』, 서울: 천도교중앙총부 출판부, 포덕133, p.30.
11) 도올 김용옥, 『동경대전 2』, 서울: 통나무, 2021, p.133.
12) 도올 김용옥, 『동경대전 2』, 서울: 통나무, 2021, p.139.

해 대자연의 변화가 항상성을 유지하면서 순환 변화하고 있다는 뜻이다. 자연계의 조화 즉 창조와 변화는 실지로 이와 같이 변화하고 있다.

수운은 「포덕문」에서 천도天道의 변화에 대해서 다음과 같이 서술하고 있다.

> 저 옛적부터 봄과 가을이 갈아들고 사시가 성하고 쇠함이 옮기지도 아니하고 바뀌지도 아니하니 이 또한 한울님 조화의 자취가 천하에 뚜렷한 것이로되, 어리석은 사람들은 비와 이슬의 혜택을 알지 못하고 무위이화로 알더니[13]

수운은 생장염장生長斂藏하는 사시의 변화가 천주天主 조화의 섭리에 의해 무위이화無爲而化로 돌아가고 있다고 말한 것이다. 『동경대전東經大全』에서 천주조화지적天主造化之迹이라는 말을 썼지만 인격적인 천주님의 의지를 강조하지 않고 무위이화만 강조하여 역시 조화의 참된 개념을 드러내지 못하고 있다고 사료된다. 그리하여 김용옥도 "시천주조화정의 조화도 결국 무위이화일 뿐이다."[14]라고 하여 조화가 발생하는 근원과 조화의 주재자를 중시하지 않고 조화의 과정만을 언급하는데 그치는 한계성이 있고 자연조화의 틀을 크게 벗어나지 못하고 있다.

3) 증산도 『도전』 속에서 언급하고 있는 조화

『증산도 도전』은 인간으로 오신 상제님과 태모님의 성언과 성적을 기록

---

13) 천도교중앙총부, 『천도교경전』, 서울: 천도교중앙총부 출판부, 포덕133, pp.15~16.
盖自上古以來로 春秋迭代 四時盛衰 不遷不易하니 是亦天主造化之迹이 昭然于天下也로되
愚夫愚民은 未知雨露之澤하고 知其無爲而化矣러니
14) 도올 김용옥, 『동경대전 2』, 서울: 통나무, 2021, p.61.

하고 있는 무극대도의 원전이다. 『도전』 속에는 조화라는 말이 수없이 언급되고 있는데 먼저 『도전』에서 말하고 있는 조화의 기전과 개념을 살펴보고 구체적인 내용을 살펴보고자 한다.

> 증산 상제님의 도의 정체, 도통 세계는 한마디로 조화造化 사상이다. 이는 선불유, 선천 어느 종교에도 없는 것이다. 조화란 '변화를 짓는다, 변화를 일으킨다, 변화를 창조한다.'는 뜻이다. 상제님 도의 언어로는 '시천주조화정'의 조화이다. 증산도가 지향하는 세계가 바로 조화선경이다. 우리 일꾼은 우주 조화옹이신 상제님을 모시고 상제님의 조화권으로 후천 개벽 문명을 새롭게 여는 것이다.[15]

상제님 진리에서의 조화는 천지조화와 자연조화만을 말하는 것이 아니다. 『도전』 속에는 천지조화(『도전』11:77:3)라는 말도 있고 조화가 자연스럽게 저절로 이루어지는 과정을 말하는 무위이화無爲以化(『도전』2:20:1, 4:5:1, 4:58)라는 말도 있다. 무위이화는 조화의 과정을 말하는 것이므로 조화라는 말과는 음양 짝이 된다고도 말할 수 있으며 신도神道가 개입하여 작용하는 것을 특히 무위이화라고 언급하고 있다. 『증산도 도전』에서는 무위이화를 다음과 같이 설명하고 있다.

> 애써 힘들이지 않은 듯하여도 조화가 작용하여 꼭 그대로 이루어지는 것을 뜻한다. 이는 상제님께서 다스리시는 우주세계의 통치원리와 방법론에 대한 대국적인 근본 성격을 말씀하신 것이다. 상제님께서는 신도의 조화로 천지와 인간세계를 다스리시므로 인간의 이성과

---

15) 증산도 도전편찬위원회, 『증산도 도전』, 서울: 대원출판, 2003, p.134.

세속적 지혜로는 그 변화세계의 실상을 도저히 헤아리기 어렵다.[16]

조화는 창조와 변화의 준말이기도 하다. 이러한 창조와 변화가 인간의 의지나 신명에 의해 저절로 생기고(자조自造) 저절로 변화(자화自化)하며 더 나아가 저절로 사라지기도 하는 것이다. 우리 말에 '조화 속이다, 조화를 부린다'라는 말이 있듯이 인간의 이성과 상식으로는 도저히 알 수 없는 사건들이 현실에서 우리 눈 앞에 펼쳐지는 것이다. 상제님께서 '선지조화仙之造化'(『도전』 2:150:2)라는 말을 쓰셨듯이 조화는 기적과 같은 현상이 현실 속에서 벌어지는 것이다. 이러한 기전을 살펴보면 다음과 같다.

(1) 조화의 기전

우주에 가득 차 있는 것이 기氣이다. 동양철학에서는 천지가 생기기 전에 우주에 원기元氣만이 존재했고 이것이 하늘과 땅, 해와 달, 물과 불을 생성했다고 한다. 따라서 기는 우주 속에서 두 종류의 상태로 존재한다. 그 하나는 확산하며 극렬하게 운동하는 상태를 지니고 있어 세소細小하고 확산하며 끊임없이 운동하고 있으므로 관찰하고 느끼기가 어렵다. 그러므로 이때의 기氣를 무형이라고 한다. 다른 하나는 응체凝滯된 상태를 지니고 있어 세소細小하면서 흩어진 기가 가운데로 모여 응취凝聚하여 하나로 되며 형체를 이루어 볼 수 있으므로 형질形質이라고 말한다. 따라서 미산상태彌散狀態인 기氣를 기氣라고 인식하며 형질적形質的인 실체實體를 형形이라고 인식한다. 그러므로 『의문법률醫門法律』에서 "기취즉형존氣聚則形存 기산즉형망氣散則形亡(기가 모이면 형체가 이루어지고 기가 흩어지면 형체가 없어진다)"[17]이라고 하였다.

16) 증산도 도전편찬위원회, 『증산도 도전』, 서울: 대원출판, 2003, p.434.
17) 나창수와 18인 공편, 『한의학 총강』, 서울: 의성당, 2010, pp.314~315.

『환단고기』「소도경전본훈」에서 "우주의 한 조화기운[일기-氣]이 스스로 운동하고 만물을 창조하여 조화, 교화, 치화라는 세 가지 창조원리를 지닌 신이 되신다. 이 신은 곧 우주의 기이다."[18]라고 하였고 또 다음과 같이 말하고 있다.

이처럼 우주와 인간이 집일함삼執一含三의 원리로 이루어져 있는 까닭은, 우주의 기는 하나로되, 그 속에 깃든 우주의 조화 성신은 세 가지 손길[三神]로 창조 작용을 하는 신이기 때문이다. 또 회삼귀일會三歸一하는 까닭은, 신이 세 가지 창조 정신으로 작용하는 삼신으로 계시지만 신이 자유자재하는 조화기운은 일기-氣로 존재하기 때문이다. 무릇 만물의 생명을 이루는 본체는 바로 이 우주에 충만한 한 기운[一氣]이니, 이 속에는 삼신이 계신다. 지혜의 근원 또한 이 삼신에 있으니, 삼신은 밖으로 우주의 한 조화기운[一氣]에 싸여 계신다.[19]

위의 내용은 신神과 기氣가 일체의 관계를 이루고 있다는 것이다. 기는 물질적인 존재이나 물질 속에는 신이 함께 내재해 있는데 이때의 신은 인격적인 신이 아니라 천지만물의 바탕에 내재된 근원적인 실재實在이며 존재근거인 원신元神이다. 『단군세기』 서문에서도 "신은 기를 떠날 수 없고 기 또한 신을 떠날 수 없다.(神不離氣하고 氣不離神이라)"라고 하였다. 인간의 뇌 속에는 성性이라 부르는 원신이 있고 심장 속에 존재하는 식신識神이 마음(심心)의 주인이 되어 음양일체의 관계를 이루고 있다.

----

18) 안경전, 『환단고기』, 대전: 상생출판, 2012, pp.522~523.
一氣之自能動作하야 而爲造教治三化之神하시니 神은 卽氣也라.
19) 안경전, 『환단고기』, 대전: 상생출판, 2012, pp.524~527.
所以執一含三者는 乃一其氣而三其神也오 所以會三歸一者는 是亦神爲三而氣爲一也니라 夫爲生也者之體가 是一氣也니 一氣者는 內有三神也오 智之源이 亦在三神也니 三神者는 外包一氣也라.

이러한 원리로 볼 때 인간의 마음은 신神을 움직이고 기氣를 자유자재로 움직이는 주체가 된다. 상제님께서는 "天用地用人用이 統在於心이라(하늘이 비와 이슬을 내리고 땅이 물과 흙을 쓰고 사람이 덕화를 힘씀은 모두 마음자리에 달려있다.(『도전』4:100:6)"고 하셨고 또 내 마음은 천지보다도 더 크다.(『도전』4:100:7)라고 하셨으며 마음에 대하여 또 다음과 같은 말씀을 내려주셨다.

> 天地之中央은 心也라 故로 東西南北과 身이 依於心하니라
> 천지의 중앙은 마음이니라. 그러므로 천지의 동서남북과 사람의 몸
> 이 마음에 의존하느니라. (『도전』2:137)

조화라는 말은 만물이 무위이화로 저절로 생겨나고 저절로 변화하고 저절로 사라지는(자화自化) 것으로 모두 기의 변화이다. 이를 기화氣化라고 한다. 일반적으로 물이 수증기로 바뀌듯 형체가 기로 바뀌는 것만을 기화라고 하지만 광의적 의미로는 물질이 생겨나고 변화하고 사라지는 전 과정을 모두 기화라고 말할 수 있다. 이렇게 보면 조화의 내용은 기의 변화일 뿐이다. 여기에 보이지 않는 신명이 개입하고 인간의 의지에 의해 신을 부리고 기를 움직이면 인간의 도술조화가 나오게 되는 것이다.

후천세상은 인존시대이다. 상제님께서는 "천존天尊과 지존地尊보다 인존人尊이 크니 이제는 인존시대人尊時代니라. 이제 인존시대를 당하여 사람이 천지대세를 바로잡느니라."(『도전』2:22:1~2)고 하셨다. 후천시대에는 인간의 마음이 크게 열려 인간의 의지에 의해 신명을 부리고 기氣를 주재하여 조화의 내용인 창조와 변화를 인간의 뜻대로 다스리고 구사驅使하는 조화의 시대가 열리는 것이다. 인간이 조화를 부리는 인간조화의 시대가 도래하는 것이다.

(2)『도전』속에 있는 조화의 구체적인 내용

『도전』에서는 증산 상제님을 조화주 하느님(『도전』3:1:3, 4:1:3, 5:5:6)이라 표현하고 있다. 상제님의 9년 천지공사의 전 과정이 조화의 연속이지만 가장 실감나는 내용을 살펴보면 다음과 같다.

> 상제님께서는 그 조화가 무궁하시어 불도 되고 물도 되어 공사를 보시니라. 하루는 상제님께서 물이 되시니 마당이 온통 시퍼런 강으로 변하며 그 가운데에서 물이 솟아나 사방으로 쏟아지거늘 순식간에 멀쩡한 육단이 새파란 포장이 되어 마당 양쪽에 병풍처럼 쳐지더라. 또 하루는 상제님께서 불로 변하시어 번득번득 빛을 내며 방에 앉아 계시거늘 어떤 이가 방문을 열어보고는 안 계시는 줄 알고 그냥 돌아가니라. 이때 상제님의 조화임을 알고 불을 향해 공손히 절을 하면 상제님께서 빙긋이 웃으시며 불을 양쪽으로 가르고 성체를 드러내 주시니라. (『도전』 5:83:1~6)

상제님의 조화의 능력을 조화권능이라고 말할 수 있다. 상제님의 조화권능은 천지와 하나된 일심一心의 경계에서 모든 일을 자유자재로 할 수 있는 능력이다. 상제님께서는 삼계대권을 주재하여 조화造化로써 천지를 개벽하고 불로장생하는 후천 선경을 열어 놓으셨다.

『도전』 1편 1장에 본체 3신을 조화성신이라고 표현하고 있다. 이때의 조화는 인간과 천지만물을 낳으시는 능력을 가지고 계시는 성신이란 의미로 조물주 3신 자연 3신의 다른 이름이라 할 수 있다. 상제님께서는 조화 앞에 신명이라는 말을 붙여 신명조화라는 말을 많이 쓰셨다.

이 세상은 신명조화神明造化가 아니고서는 고쳐낼 도리가 없느니라.

(『도전』 2:21:2)

사람이 죽고 사는 것도 모두 신명의 조화로 되는 것이다. (『도전』 2:61:2)

남아가 출세하려면 천하를 능히 흔들어야 조화가 생기는 법이라. 이 세상은 신명조화가 아니고는 고쳐낼 도리가 없느니라. (『도전』 3:14:2)

상제님께서는 "크고 작은 일을 물론하고 신도神道로써 다스리면 현모불측玄妙不測한 공을 거두나니 이것이 무위이화無爲以化니라.(『도전』 4:5:1)라고 하시어 인간세상에서 어떠한 사건이 발생할 때에는 반드시 신도가 개입되어 이루어진다고 말씀하셨고 신도가 개입되면 무위이화로 이루어지니 이것이 조화로 나타나게 된다. 『도전』에서는 시천주주와 태을주를 천지조화 주문이라고 말하고 있다.

성도들이 병자를 고칠 때 주로 시천주주를 읽어 치병을 하는데 못 고치는 병이 없거늘 하루는 태모님께서 말씀하시기를 "조화는 시천주주 속에 다 있느니라." 하시니라. (『도전』 11:193:6)

태을주는 만병을 물리치는 구축병마驅逐病魔의 조화주라. (『도전』 2:140:5)

태을주는 본심 닦는 주문이니 태을주를 읽으면 읽을수록 마음이 깊어지느니라. 태을주를 읽어야 신도神道가 나고 조화가 나느니라. (『도전』 11:282)

시천주주와 태을주는 인간에게 도통을 열어주고 신선으로 만들고, 모든 병을 치료하는 무궁한 조화권능을 가지고 있기 때문에 조화주문이라고 부르는 것이다. 이상에서 설명한 것 이외에도 도전 속에는 조화선경, 조화

세계, 조화정부, 조화정치, 조화조화만사지(『도전』11:202, 205) 의통조화
등 조화와 연관된 수많은 내용들이 있는데 이 모든 것을 관통하는 하나의
이치인 조화는 바로 조화주 하느님의 권능이며 도법이라는 것이다.

그리고 후천 가을의 인존시대를 맞이하여 이제 인간이 조화주 하느님의
은총 속에서 도술조화道術造化를 부리는 조화인간으로 새롭게 태어나 조화
의 주체가 된다는 것이 상제님 조화사상의 결론이라고 말할 수 있다. 따라
서 '시천주 조화정'의 조화정도 인존의 차원에서 새롭게 해석되어야 한다
는 것은 당연한 귀결이라고 생각된다. 이에 대해 상제님께서는 "너희들도
잘 수련하면 모든 일이 마음대로 되리라."(『도전』3:312:10)고 말씀해 주셨
다.

3 조화정부란 무엇인가

『도전』에서 조화정부를 언급하고 있는 몇가지 성구를 살펴보면 다음과 같다.

> 내가 천지를 개벽하고 조화정부를 열어 인간과 하늘의 혼란을 바로 잡으려고 삼계를 둘러 살피다가 (『도전』 3:184:10)
> 조화주 하느님으로서 대우주일가一家의 지상선경仙境을 여시기 위해 신명조화정부를 세우시니 (『도전』 4:1:3)
> 내가 삼계대권三界大權을 주재主宰하여 천지를 개벽하여 무궁한 선경의 운수를 정하고 조화정부를 열어 재겁災劫에 싸인 신명과 민중을 건지려 하나니 너는 마음을 순결히 하여 천지공정天地公庭에 수종하라. (『도전』 4:3:3~5)
> 내가 이제 신도를 조화調和하여 조화정부造化政府를 열고 모든 일을 도의道義에 맞추어 무궁한 선경의 운수를 정하리니 제 도수에 돌아 닿는 대로 새 기틀이 열리리라. (『도전』 4:5:2~3)

증산 상제님께서는 병든 천지를 뜯어고쳐 인간과 신명을 구원하시기 위하여 삼계대권을 주재하여 천지공사를 집행하셨다. 천지공사는 천상신명계를 통일하여 조화정부를 여신 하늘개벽 공사와 동서양의 지운을 통일하는 땅개벽 공사와 세운世運 공사와 도운道運 공사로 인류역사의 새 이정표를 정하신 인간개벽 공사로 나눌 수 있다. 조화정부에 대해 『증산도 도전』에서는 다음과 같이 간략하게 설명하고 있다.

천지의 변화정신과 무궁한 신도의 조화로 역사의 변화 질서를 바로 잡아 다스리는 천상 신명세계의 통일정부, 하늘과 땅과 사람을 통치 하는 우주 문명개벽의 사령탑이다.[20]

상제님께서 신명통일정부인 조화정부를 여신 목적은 신명계의 혼란을 바로잡으려는 의미가 있지만 천지의 변화정신이 통일로 진행되기 때문에 천지의 이법에 의해 조화정부를 결성하신 것이다. 선천시대는 일본지만수 一本之萬殊의 시대로 분열하면서 발전하는 상극의 시간대였지만 후천시대는 모든 변화가 통일로 돌아가는 만수지일본萬殊之一本의 시대로 모든 생명이 통일로 돌아가는 상생의 시간대가 된다.

조화정부는 상제님께서 의도하신 대로 신명의 조화에 의해 무위이화로 인간역사가 전개되도록 준비하는 천지공사의 사령탑이다. 『증산도의 진리』에서는 "조화정부는 선천 5만 년 역사를 심판하는 사법기관이자 새 천지삼계의 운로를 의결하고 집행하는 입법기관이며 행정기관"[21]이라고 하였다.

신명과 인간은 음양 짝을 이루어 현실역사를 만들어나간다. 상제님께서는 신에 대하여 다음과 같은 정의를 내려주셨다.

천지간에 가득 찬 것이 신神이니 풀잎 하나라도 신이 떠나면 마르고 흙 바른 벽이라도 신이 떠나면 무너지고, 손톱 밑에 가시 하나 드는 것도 신이 들어서 되느니라. 신이 없는 곳이 없고 신이 하지 않는 일이 없느니라. (『도전』 4:62:4~6)

---

20) 증산도 도전편찬위원회, 『증산도 도전』, 서울: 대원출판, 2003, p.434.
21) 안경전, 『증산도의 진리』, 대전: 상생출판, 2015, p.461.

신이 하지 않는 일이 없다고 하셨는데 인간세상에서 일어나는 사소한 사건조차도 신이 개입되어 발생하고 이것이 쌓이면 역사가 되니 인류의 역사라는 것은 신과 인간이 함께 이루어낸 결과물인 것이다.

> 귀신鬼神은 천리天理의 지극함이니, 공사를 행할 때에는 반드시 귀신과 더불어 판단하노라. (『도전』 4:67:1)

귀신은 사람이 죽은 뒤의 영靈의 질서를 말하기도 하고 천지의 신성神性 또는 기氣의 신령스런 작용을 표현한 말이다. 우주의 이법인 천리天理가 인간의 사건(인사人事)으로 전개될 때 중간에서 매개하고 주재하는 주체가 신명인데 이를 이신사理神事의 원리라고 부른다. 『도전』에서는 이에 대해 다음과 같이 설명하고 있다.

> 천지만물에는 생성·변화의 원리인 이理가 내재 되어 있다. 이것을 상제님께서는 '천리天理' 또는 '이치理致'라고 말씀해 주셨다. 이理는 모든 사물의 존재근거이며 바탕을 형성하는 객관적 요소로서 영원히 존재하는 것이다. 그러나 이理는 그것 자체로는 현실세계에 실현되지 않은 이상적인 가능성(potentiality)에 불과하다. 이러한 이理를 다스리고 조화시켜 현실세계에 실현하는 존재가 바로 신神이다. 거시적인 수준의 인류 역사歷史에서부터 미시적인 수준에서 일어나는 매 순간의 사건事件에 이르기까지 현실세계에 일어나는 모든 일事은 신神의 매개를 떠나서는 이루어질 수 없다. 천지 이법이 신도의 개입을 통해 인사로 매듭지어지는 것이다. 따라서 이법과 인사의 주재처가 바로 신이다.[22]

---

22) 증산도 도전편찬위원회, 『증산도 도전』, 서울: 대원출판, 2003, pp.523~524.

이러한 원리에 의거하여 후천의 조화선경을 여시기 위해 상제님께서는 선행적으로 신명 조화정부를 결성하신 것이다.

> 천지개벽을 해도 신명 없이는 안되나니 신명이 들어야 무슨 일이든
> 지 되느니라. (『도전』 2:44:5)
> 크고 작은 일을 물론하고 신도神道로써 다스리면 현묘불측玄妙不測한
> 공을 거두나니 이것이 무위이화無爲以化니라. (『도전』 4:5:1)

천상의 조화정부는 궁극적으로 신인합일神人合一의 원리에 의해 전 지구촌을 다스리는 통일정부로써 현실역사에서 나오게 되는데 과도기적인 과정으로서 제1변 오선위기인 애기판 씨름인 제1차 세계대전이 끝난 뒤 국제연맹으로써 그 모습을 처음 드러내었고 제2변 오선위기인 총각판 씨름인 제2차 세계대전이 끝난 뒤 국제연합으로 출범하여 지금에 이르고 있으며 마지막 제3변 오선위기인 상씨름이 끝난 뒤 세계통일정부가 이 땅에 세워지게 된다. 상제님께서는 이를 '세계일가 통일정권(『도전』 5:325)'이라고도 말씀해 주셨고 도술정부道術政府라고도 말씀해 주셨다.

> 하루는 상제님께서 성도들에게 말씀하시기를 "앞으로 세계 여러 나라들
> 이 일어나 각기 재주 자랑을 하리니 큰 재주가 나올수록 때가 가까이 온
> 것이니라. 재주 자랑이 다 끝난 후엔 도술로 세상을 평정하리니 도술정
> 부道術政府가 수립되어 우주일가를 이루리라." 하시니라. (『도전』 7:8:1~2)

도술정부란 선천의 정부와는 차원이 다른 무극대도에 근본을 두고 조화의 법술法術이 펼쳐지는 통치사령탑으로 신명이 인간을 수종들어 무궁한 조화가 소자출所自出하는 정부가 된다는 뜻이다.

4 조화정부의 구성

상제님께서는 선천역사의 인물을 조화정부에 참여시켜 새역사 창조의 주요 역할을 맡기셨으며 또한 9년 천지공사시에 참여한 성도들을 중요부서의 책임자로 맡기시어 후천 선경 건설의 주역으로 임명하셨다. 이를 나누어서 살펴보면 다음과 같다.

1) 선천역사의 인물로써 조화정부에 참여한 신명

『증산도 도전』 5편 1장에서 "상제님께서 만고원신萬古寃神과 만고역신萬古逆神, 세계 문명신世界文明神과 세계 지방신世界地方神, 만성 선령신萬姓先靈神 등을 불러 모아 신명정부神明政府를 건설하시고 앞세상의 역사가 나아갈 이정표를 세우셨다."(『도전』 5:1:7~8)고 하셨다.

여기에서 언급된 원신, 역신, 문명신, 지방신, 만성 선령신 등은 모두 인간의 역사 속에서 다녀가신 분들이다. 이와 관련하여 『증산도의 진리』 책을 중심으로 내용을 간략하게 설명하면 다음과 같다.

(1) 세계문명신

세계 문명신은 동서 문명신이라고도 말한다. 인간의 역사 속에서 인류 문명을 발전시킨 위대한 영혼들로 종교가, 과학자, 철인, 학자 등이 여기에 속한다. 상제님께서는 조화정부 속에서 유·불·선·기독교의 종장을 교체하셨다.

선도와 불도와 유도와 서도는 세계 각 족속의 문화의 근원이 되었나니 이제 최수운은 선도의 종장宗長이 되고 진묵은 불도의 종장이 되고 주회암은 유도의 종장이 되고 이마두는 서도의 종장이 되어 각기 그 진액을 거두고 모든 도통신道統神과 문명신文明神을 거느려 각 족속들 사이에 나타난 여러 갈래 문화의 정수精髓를 뽑아 모아 통일케 하느니라. 이제 불지형체佛之形體 선지조화仙之造化 유지범절儒之凡節의 삼도三道를 통일하느니라. 나의 도道는 사불비불似佛非佛이요, 사선비선似仙非仙이요, 사유비유似儒非儒니라. 내가 유불선 기운을 쏙 뽑아서 선仙에 붙여 놓았느니라. (『도전』 4:8)

상제님께서는 선도의 종장에 최수운, 불도의 종장에 진묵대사, 유도의 종장에 주회암, 서도(기독교)의 종장에 이마두를 새롭게 임명하시어 각기 선도, 불도, 유도, 서도의 문명의 진액을 거두게 하셨고 이를 다시 종합하여 후천 선문화를 열도록 하셨다.

이마두 대성사는 역사 속에서는 그리 알려진 분이 아니지만 상제님께서는 지금 우리가 누리고 있는 과학문명을 발전시킨 주인공이라고 말씀해 주셨고 남들이 알지 못하지만 은미한 가운데 끼치신 그의 공덕(음덕)을 가장 높게 평가해 주셨다.

이마두利瑪竇는 세계에 많은 공덕을 끼친 사람이라. 현 해원시대에 신명계의 주벽主壁이 되나니 이를 아는 자는 마땅히 경홀치 말지어다. 그러나 그 공덕을 은미隱微 중에 끼쳤으므로 세계는 이를 알지 못하느니라. 서양사람 이마두가 동양에 와서 천국을 건설하려고 여러 가지 계획을 내었으나 쉽게 모든 적폐積弊를 고쳐 이상을 실현하기 어려우므로 마침내 뜻을 이루지 못하고 다만 동양과 서양의 경계를 틔워 예로부터 각기 지경地境을 지켜 서로 넘나들지 못하던 신명들로 하여

금 거침없이 넘나들게 하고 그가 죽은 뒤에는 동양의 문명신文明神을 거느리고 서양으로 돌아가서 다시 천국을 건설하려 하였나니 이로 부터 지하신地下神이 천상에 올라가 모든 기묘한 법을 받아 내려 사람 에게 '알음귀'를 열어주어 세상의 모든 학술과 정교한 기계를 발명케 하여 천국의 모형을 본떴나니 이것이 바로 현대의 문명이라. 서양의 문명이기文明利器는 천상 문명을 본받은 것이니라. (『도전』 2:30:1~8)

상제님께서는 이마두를 보민신保民神이라고 하시어 인류를 보호하고 양육養育하고 편안하게 하는 가장 핵심적인 인물이라고 평가해 주셨다.
선도의 종장인 최수운 대신사는 상제님의 천명을 받아 동학을 창도하여 상제님께서 지상에 강림하시고 무극대도가 나오고 무극대운이 열린다는 것을 선언하여 상제님을 앞길을 열어 놓으신 분이다.

수운가사에 새 기운이 갊아 있으니 말은 소장蘇張의 구변이 있고, 글은 이두李杜의 문장이 있고, 알음은 강절康節의 지식이 있나니 다 내 비결이니라. (『도전』 2:32:1~2)

마테오 리치 대성사
(1552~1610)

주희
(1130~1200)

최제우
(1824~1864)

유도의 종장인 주회암 대성사는 태어날 때에
오른쪽 눈 뒤에 7개의 검은 점이 북두칠성처럼
박혀있어서 칠성아七星兒라고도 불리 운 비범한
사람이었다. 그는 유학을 집대성하였을 뿐만
아니라 불교, 도교까지 섭렵하여 방대한 사상
체계를 정립하였다.

진묵(1562~1633)

> 유가儒家의 인물들이 흠이 많으나 주회암朱晦
> 庵은 흠잡을 데가 없느니라. (『도전』 4:14:3)

불도의 종장인 진묵대성사는 시기심이 많은 유학자 김봉곡에게 참혹한
죽음을 당한 뒤에 서양으로 건너가서 서양의 문명을 열었다고 말씀해 주
셨고 또 그의 덕화가 초목에까지 이르렀고 백성들을 이롭게 한 것이 온 누
리에 미치었다고 밝혀주셨다.

> 진묵이 천상에 올라가 온갖 묘법妙法을 배워 내려 좋은 세상을 꾸미려
> 하다가 김봉곡에게 참혹히 죽은 뒤에 원을 품고 동양의 도통신을 거느
> 리고 서양에 건너가서 문명 개발에 역사役事 하였나니 이제 그를 해원
> 시켜 고국으로 돌아와 선경 건설에 역사하게 하리라. (『도전』 4:14:4~6)
> 상제님께서 말씀하시기를 "진묵이 봉곡에게 죽음을 당하고 동방의
> 도통신道統神을 거느리고 서양으로 건너가 서양의 문명을 열었나니
> 이제 다시 진묵을 동토로 불러와서 선경을 건설하는 데 역사하게 하
> 리라." 하시니라. 또 말씀하시기를 "내 세상에 진묵의 소임이 막중하
> 니 장차 천하 사람들의 공경을 받으리라." 하시고 진묵대사 초혼招魂
> 공사를 처결하시니라. 이때 여러 성도들에게 말씀하시기를 "진묵의

혼이 도통신을 데리고 넘어온다." 하시며 하늘을 바라보시는데 구름
이 무수히 많은 사람 모양을 이루어 하늘 서쪽에서 동으로 이동하는
모습이 완연하더라. (『도전』 6:103:4~8)

(2) 동서 지방신

지방신은 각 민족의 수호성신을 말한다. 선천 세상은 닫혀 있는 세상이
었다. 이마두 대성사가 동양과 서양의 경계를 틔워 각기 지경地境을 지켜
서로 넘나들지 못하던 신명들을 넘나들게 하기 전까지 한 민족만을 보호
하고 보살피며 각기 자신의 영역만을 지키던 민족의 하느님을 지방신이라
고 부른다. 우리가 민족(nation)이라고 부르는 것은 인종적 특징을 공유함
과 동시에 언어, 풍습, 종교, 정치, 경제 등 각종 문화 내용이 동일한 역사
적 문화공동체를 말한다.

상제님께서는 인류의 영원한 화평은 각 지방신을 화합시키고 통일하는
것으로부터 시작된다고 말씀해 주셨다.

대개 예로부터 각 지방에 나뉘어 살고있는 모든 족속들의 분란쟁투
는 각 지방신地方神과 지운地運이 서로 통일되지 못한 까닭이라. 그러
므로 이제 각 지방신과 지운을 통일케 함이 인류 화평의 원동력이 되
느니라. (『도전』 4:18:1~2)

『세계민족사전』(월간중앙 1992년 신년호 별책부록)에는 민족 항목 총수를
1,264개로 분류했고 그중 주요 민족 596항목을 선정, 수록하고 있다. 『증
산도의 진리』에서는 한민족: 환인, 환웅, 단군, 수메르: 아누Anu, 인도: 브
라흐마, 중국: 반고가한, 일본: 고황산영존, 천조대신(아마데라스 오미카미),
유대인: 엘, 야훼, 아랍인: 알라, 이집트: 라, 그리스: 제우스, 로마: 쥬피터,

북게르만: 오딘Odin 등을 언급하고 있다.[23]

(3) 만고원신

만고원신은 인류역사 이래 원한을 맺고 죽은 모든 신명을 말한다. 인간
은 욕구를 충족시켜야만 만족해 하는 존재이다. 그러나 선천의 상극기운
에 의해 자기의 뜻과 소망을 이룬 사람은 거의 드물었다. 자신의 뜻과 욕
구가 좌절되면 인간은 원한을 품게 되고 죽어서 신명이 되어도 원신冤神이
된다.

> 함기지류含氣之類는 함원득기지咸願得其志니라. 생명을 가진 만물은 모
> 두 그 뜻을 이루기 원하느니라. (『도전』 8:60:4)
> 선천에는 상극의 이치가 인간 사물을 맡았으므로 모든 인사가 도의道
> 義에 어그러져서 원한이 맺히고 쌓여 삼계에 넘치매 마침내 살기殺氣가
> 터져 나와 세상에 모든 참혹한 재앙을 일으키나니 (『도전』 4:16:2~3)

상제님께서는 "원래 인간세상에서 하고 싶은 일을 하지 못하면 분통이
터져서 큰 병을 이룬다."(『도전』 4:32:1)고 하셨고 "한 사람의 원한이 능히
천지기운을 막는다."(『도전』 2:68:1)고 하셨다. 인간과 신명의 원한의 살기
는 재앙과 화액을 일으켜 세상을 멸망시킬 정도에 이르게 되었다. 이에 상
제님께서는 만고원신의 주벽신主壁神으로 요임금의 아들 단주丹朱를 내세워
먼저 그의 깊고 깊은 원한을 풀어주셨다. 단주는 유가의 경전에 기록된 것
처럼 불초한 인물이 아니었다. 요임금 당시 동방의 고조선과 서방의 한족
사이에는 정치적 갈등 관계가 있었다. 당시 요는 서방족을 중심으로 무력

---

23) 안경전, 『증산도의 진리』, 대전: 상생출판, 2015, p.463.

으로 동방족에 맞서려 했으나 그의 아들 단주는 평화주의자로 동서방을 화해시켜 대동세계를 건설하려고 하여 부자간에 갈등이 깊었다. 요는 자신의 이념과 맞지 않는 단주를 못마땅히 여겨 순에게 임금 자리를 넘겨주고 단주에게는 바둑판을 만들어 주어 바둑을 두면서 마음을 가라앉히게 하였다. 이에 단주는 크게 원한을 품게 되었다. 그의 원한은 단순히 임금이 안 된 것에 대해서 불만을 품은 것이 아니라 천하를 대동세계大同世界로 만들려는 능력과 자질이 있었는데 이러한 꿈과 소망이 좌절된 것에 있었다. 또한 요순을 미화한 유가사관에 의해 '다투기 좋아하고 배 타고 놀기만 한 불초자'로 오인되어 그의 참모습이 크게 왜곡되어 그의 한은 더욱 깊어지게 되었다.

> 요堯의 아들 단주가 불초不肖하였다는 말이 반만년이나 전해 내려오니 만고의 원한 가운데 단주의 원한이 가장 크니라. (『도전』 4:30:5)
> 요순시대에 단주가 세상을 다스렸다면 시골 구석구석까지 바른 다스림과 교화가 두루 미치고 요복要服과 황복荒服의 구별이 없고 오랑캐의 이름도 없어지며, 만리가 지척같이 되어 천하가 한집안이 되었을 것이니 요와 순의 도는 오히려 좁은 것이니라. (『도전』 4:31:1~4)

그리하여 상제님께서는 단주를 조화정부에서 만고원신의 으뜸가는 신명으로 내세워 그를 해원시키고 선천의 모든 원신을 더불어 해원시켜 영원한 평화의 세상이 도래하게 하셨다.

> 무릇 머리를 들면 조리條理가 펴짐과 같이 천륜을 해害한 기록의 시초이자 원冤의 역사의 처음인 당요唐堯의 아들 단주丹朱의 깊은 원을 풀면 그 뒤로 수천 년 동안 쌓여 내려온 모든 원의 마디와 고가 풀리게

될지라. (『도전』 4:17:1~2)

상제님께서 말씀하시기를 "회문산에 오선위기가 있나니 바둑은 당요
가 창시하여 단주에게 전수하였느니라. 그러므로 단주의 해원은 오
선위기로부터 비롯되나니 천하의 대운이 이로부터 열리느니라." 하
시고 다시 말씀하시기를 "이로써 또한 조선의 시비를 푸느니라." 하
시니라. (『도전』 4:20)

그러므로 먼저 단주의 깊은 원한을 풀어 주어야 그 뒤로 쌓여 내려온
만고의 원한이 다 매듭 풀리듯 하느니라. 이제 단주를 자미원紫微垣에
위位케 하여 다가오는 선경세계에서 세운世運을 통할統轄하게 하느니
라. (『도전』 4:31:5~6)

(4) 만고역신

역신은 혼란한 세상을 바로잡으려다가 역적의 누명을 쓰고 무참히 죽음
을 당한 혁명가들의 영신靈神을 말하고 만고역신은 선천 인류사에 쌓여온
모든 역신을 통칭하는 말이다.

이때는 해원시대라. 사람도 이름나지 않은 사람이 기세를 얻고 땅도
이름 없는 땅이 기운을 얻느니라. 나는 동서양의 만고역신萬古逆神을 거
느리느니라. 원래 역신은 시대와 기회가 지은 바라. 역신이 경천위지經
天緯地의 재능으로 천하를 바로잡아 건지려는 큰 뜻을 품었으나 시세
가 이롭지 못하므로 그 회포懷抱를 이루지 못하고 멸족의 화禍를 당하
여 천추에 원귀가 되어 떠돌거늘 세상 사람들은 사리事理를 잘 알지 못
하고 그들을 미워하여 '역적놈'이라 평하며 일상용어에 모든 죄악의 머
리로 일컬으니 어찌 원통치 않겠느냐. 그러므로 이제 모든 역신을 만물
가운데 시비是非가 없는 별자리星宿로 붙여 보내느니라. (『도전』 4:28:1~6)

상제님께서는 만고역신의 주벽신으로서 전명숙 장군을 임명하시어 조화정부에 참여케 하셨다.

이제 단주 해원을 첫머리로 하고 또 천하를 건지려는 큰 뜻을 품었으나 시세時勢가 이롭지 못하여 구족九族이 멸하는 참화를 당해 철천의 한恨을 머금고 의탁할 곳 없이 천고千古에 떠도는 모든 만고역신萬古逆神을 그다음으로 하여 각기 원통함과 억울함을 풀고, 혹은 행위를 바로 살펴 곡해를 바로잡으며, 혹은 의탁할 곳을 붙여 영원히 안정을 얻게 함이 곧 선경을 건설하는 첫걸음이니라. (『도전』4:17:6~8)

상제님께서는 천지공사에서 만고원신은 세계 역사의 운로運路인 세운공사에 붙여 해원을 시키셨고 만고역신은 상세님 도의 운로인 도운공사에 붙여 해원을 시키셨다.

(5) 각 성씨의 선령신

증산도의 구원사상은 인간과 신명을 동시에 구원하는 것이다. 모든 인간은 부모에게서 태어나고 부모님들의 뿌리는 조상이 된다. 조상과 자손은 일체의 관계를 이루고 있어 자손이 한 명이라도 살아남아야 조상도 살아남게 된다. 나무에 비유하면 조상은 뿌리가 되고 자손은 열매가 된다.

모든 인간은 성씨姓氏를 통해 조상과 연결이 된다. 그리하여 상제님께서는 혈통줄을 바로잡고 조상을 잘 공경할 것을 다음과 같이 말씀해 주셨다.

상제님께서는 "부모를 경애하지 않으면 천지를 섬기기 어려우니라. 천지는 억조창생의 부모요, 부모는 자녀의 천지니라." 하시니라. (『도전』 2:26)

안운산 태상종도사님께서는 자손에게 있어 조상이 제1의 하느님이고 상제님은 제2의 하느님이라고까지 말씀해 주셨다.

조상님은 나를 점지하여 세상에 태어나게 하고 내가 잘 살 수 있도록 보살펴 주시며 나를 궁극의 진리로 인도해 주시는 보호신이며 제1의 성령으로 조상과 자손은 운명공동체이다. 또 나의 유전자 속에는 조상의 유전자가 함께하고 있으니 나는 조상의 분신이 된다. 그리하여 조화정부 속에는 각 성씨의 선령신 가운데 대표 한 명씩 참여하고 있다.

> 만성 선령신萬姓 先靈神들이 모두 나에게 봉공奉公하여 덕을 쌓음으로써 자손을 타 내리고 살길을 얻게 되나니 너희에게는 선령先靈이 하느님이니라. 너희는 선령을 찾은 연후에 나를 찾으라. 선령을 찾기 전에 나를 찾으면 욕급선령辱及先靈이 되느니라. 사람들이 천지만 섬기면 살 줄 알지마는 먼저 저희 선령에게 잘 빌어야 하고, 또 그 선령이 나에게 빌어야 비로소 살게 되느니라. 이제 모든 선령신들이 발동發動하여 그 선자선손善子善孫을 척신隻神의 손에서 건져 내어 새 운수의 길로 인도하려고 분주히 서두르나니 너희는 선령신의 음덕蔭德을 중히 여기라. 선령신은 그 자손줄을 타고 다시 태어나느니라. (『도전』 7:19)
> 들으라. 각 성姓의 선령신先靈神 한 명씩 천상공정天上公庭에 참여하여 제 집안 자손 도통시킨다고 눈에 불을 켜고 앉았는데…. (『도전』 6:135:3)

(6) 명부대왕

절에 가면 지장보살을 본존으로 하여 염라대왕과 시왕十王을 모신 명부전이 있다. 도전에도 "김경수를 천상의 명부시왕전冥府十王殿에 앉혀 해원시키리라."(『도전』 6:111:12)라는 구절이 있다. 명부는 인간과 신명의 생사를 다스리는 곳으로 공덕과 죄업을 따져 심판하는 천상의 법정이다. 상제님께서는 명부의 질서를 바로잡는 것이 천지생명계의 생사 질서를 바로잡는 근본 동력이 된다고 말씀해 주셨고 다음과 같이 명부대왕을 임명하셨다.

> 형렬의 집에서 여러 날 동안 명부 공사冥府公事를 행하시며 말씀하시기를 "명부 공사의 심리審理를 따라서 세상의 모든 일이 결정되나니, 명부의 혼란으로 말미암아 세계도 또한 혼란하게 되느니라. 그러므로 이제 명부를 정리整理하여 세상을 바로잡느니라." 하시고 "전명숙은 조선 명부, 김일부는 청국 명부, 최수운은 일본 명부, 이마두는 서양 명부를 각기 주장케 하여 명부의 정리 공사장整理公事長으로 내리라." 하시며 날마다 밤낮을 쉬지 않고 글을 써서 불사르시니라. (『도전』 4:4)

2) 천지공사에 참여한 성도들로 구성한 부서

『증산도 도전』에 상제님께서 천지공사를 보실 때 주요 도수 사명을 붙인 24명이 소개되어 있는데 이분들은 조화정부의 일원으로 모두 참여하고 있다고 사료된다. 이분들은 김형렬 성도를 위시하여 김호연, 백복남, 김갑칠, 김경학, 김병선, 김병욱, 김성화, 김자현, 류찬명, 문공신, 박공우, 백남신, 신경수, 신경원, 신원일, 안내성, 이도삼, 이치복, 차경석, 최덕겸, 최창조, 한공숙, 황응종 등 24명이다. 그리고 도수를 맡은 태모님의 성도 24명도 소개되어 있는데 고민환 성도를 위시하여 강대용, 강원섭, 강휘만, 고찬홍, 고춘자, 김수남, 김수열, 김수응, 김원명, 김재윤, 문명수, 박종오, 서인권, 오수엽, 유일태, 이근목, 이용기, 이중진, 이진묵, 전내언, 전대윤, 전선필, 전준엽 등이다. 그러나 조화정부에서 부서가 있고 그 부서의 책임자를 말씀하신 것은 다음과 같다.

(1) 수부소首婦所

수부소는 수부이신 태모 고 수부님이 머무시는 곳이다. 상제님께서는 1907년 11월 3일 차경석의 집에서 수부 책봉예식을 거행하시고 본래 비룡촌飛龍村에 따로 사시던 수부님의 처소를 경석의 집에 정하여 머물게 하시고 수부소首婦所라 부르게 하셨다. 수부에 대해 『증산도 도전』에서는 다음과 같이 설명되어 있다.

상제님께서는 정음정양의 새 우주를 열고, 개벽 진리를 역사 속에 씨뿌리는 머리로서 수부首婦를 말씀하셨다. 수부는 선천 억음존양抑陰尊陽의 질서를 깨고 후천 음존陰尊시대를 여는 여성 구원의 선봉장이자 하느님의 반려자로서 상제님의 종통대권을 계승하여 인류를 후천 신천지에 새로 태어나게 하시는 '생명의 어머니[태모太母]'이시다.[24]

상제님께서 선천 억음존양의 건곤을 바로잡아 음양동덕陰陽同德의 후천세계를 개벽하시니라. 이에 수부首婦님께 도통道統을 전하시어 무극대도를 뿌리내리시고 그 열매를 수화[水火:坎離]의 조화 기운을 열어주는 태극과 황극의 일월용봉 도수日月龍鳳度數에 붙이시어 신천지新天地 도정道政의 진법 도운을 여시니라. 상제님의 도권道權 계승의 뿌리는 수부 도수首婦度數에 있나니 수부는 선천 세상에 맺히고 쌓인 여자의 원寃과 한恨을 풀어 정음정양의 새 천지를 여시기 위해 세우신 뭇 여성의 머리요 인간과 신명의 어머니시니라. (『도전』 6:2:1~6)
태모太母 고수부高首婦님은 억조창생의 생명의 어머니이시니라. 수부님께서 후천 음도陰道 운을 맞아 만유 생명의 아버지이신 증산 상제님과

---

24) 증산도 도전편찬위원회, 『증산도 도전』, 서울: 대원출판, 2003, pp.815~816.

합덕合德하시어 음양동덕陰陽同德으로 정음정양의 새 천지인 후천 오만 년 조화 선경을 여시니라. 무극은 건곤(천지)이요 도道의 본원本源이라. 태모님께서 당신을 수부首婦로 내세우신 상제님으로부터 무극대도의 종통宗統을 이어받아 대도통을 하시고 세 살림 도수를 맡아 포정소布 政所 문을 여심으로써 이 땅에 도운의 첫 씨를 뿌리시니라. 태모님께서 는 수부로서 10년 천지공사를 행하시어 온 인류의 원한과 죄업을 대 속代贖하시고 억조창생을 새 생명의 길로 인도하시니라. (『도전』11:1)

수부소는 어머니 하느님이신 태모 고 수부님께서 머무시며 후천 5만년 동안 정음정양의 도수를 인사로 실현하는 성소聖所이다.

(2) 후비소后妃所

『증산도 도전』에서 후비소에 대해 다음과 같이 기술하고 있다.

후천에는 원시반본되어 제왕 문화가 다시 나온다. 상제님의 뜻을 그 대로 집행하는 대행자가 제왕이 되어 후천 오만 년을 통치해 나가는 데 그 반려자인 후비를 간택하는 부서가 후비소이다. 신도 세계에서 는 태모님께서 후비간택의 대권을 맡고 계신다.[25]

상제님께서는 후천 선경의 후비택정 공사를 다음과 같이 처결하셨다.

하루는 수부소首婦所에 차경석의 모든 권솔과 성도 수십여 명을 벌여 앉히시고 양지에 부서符書를 쓰시어 북쪽을 향해 불사르시고 말씀하

---

25) 증산도 도전편찬위원회, 『증산도 도전』, 서울: 대원출판, 2003, pp.843~844.

시기를 "이 공사는 수부에게 후비임직后妃任職을 정하는 공사니라." 하
시고 장상將相 방백方伯 수령守令 창생蒼生 후비소后妃所 점고點考라 써서
불사르시며 "잘 받들고 공경하라." 하시니라. (『도전』 6:94)

(3) 포정소布政所

『증산도 도전』에서 포정소에 대해 다음과 같이 기술하고 있다.

포정소는 상제님 진리를 펴는 도정道政의 본부가 자리 잡는 곳으로
제1변 파종 도수는 정읍 대흥리, 제3변 도운의 추수 도수는 미래의
수도인 태전太田에 붙이셨다. 제1변과 제3변 도운의 중심지는 모두
태극의 시종始終 도수에 의해 대大 자로 시작하는 곳이다.[26]

상제님께서는 포정소 도수를 다음과 같이 공사를 보시었다.

무신년 겨울에 정읍 대흥리에 계시며 대공사를 행하실 때 경석과 성
도 수십 명을 부르시어 상제님께서 수부님과 함께 앞서 가시고 성도
들은 뒤따르게 하여 대흥리 주변을 한 바퀴 도신 뒤에 집으로 돌아오
시어 백지에 글을 써서 불사르시고 말씀하시기를 "이는 포정 공사布
政公事라. 정읍에 포정소布政所를 정하노라." 하시며 "장차 크게 흥하리
라." 하시니라. (『도전』 6:94)

또 『도전』 8편 83장을 보면 상제님께서 정읍 대흥리 경석의 집에서 포정
소 공사를 보신 내용도 있다. 증산도 포정의 핵심은 상제님의 진리를 전하

---

26) 증산도 도전편찬위원회, 『증산도 도전』, 서울: 대원출판, 2003, p.837.

는 포교이다. 상제님께서는 차경석에게 천맥阡陌 도수를 붙이시어 1변 도운의 대부흥시대를 여셨다.

> 정읍 대흥리에 계실 때 '천맥阡陌 도수'를 붙이시고 "여기가 못자리니 이것이 천하파종天下播種 공사니라." 하시니라. (『도전』 6:48)

천맥阡陌에 대해 『증산도 도전』에서는 다음과 같이 기술하고 있다.

> 논밭 사이에 가로 세로로 난 길. 남북으로 난 것을 천阡, 동서로 난 것을 맥陌이라 한다. 곧 상제님 진리가 거미줄처럼 전후좌우 막힘없이 사방으로 길을 내고 서로 연결하여 지구촌을 석권하는 규모 있는 포교도수이자 대규모의 인사조직을 뜻한다.[27]

정읍#邑의 정#은 우물 정 자로 샘의 근원이 되어 사통팔달四通八達하여 퍼져나가는 뜻이 있고 또 글자의 모양도 사방팔방으로 뻗어나가는 모양을 하고 있다. 그리고 차경석의 성이 차車인데 차車는 역시 동서남북으로 거침없이 달려 나가니 포교의 맥이 뻗어나가는 것을 상징한다. 천맥도수는 세상의 구석구석까지 파고 들어가 진리를 전하는 포교도수이고 이를 치밀하게 연결하고 조직하는 인사조직 도수이다. 이러한 도수를 받은 차경석 성도는 보천교를 창교하여 일제강점기 시대에 시국時國이란 나라를 선포하고 700만 명의 신도를 규합하였다. 상제님께서 차경석에게 병부兵部를 맡기셨고 농바우를 열어 큰 칼과 투구와 갑옷을 꺼내주시어 그에게 장군도수를 붙이셨다.

---

27) 증산도 도전편찬위원회, 『증산도 도전』, 서울: 대원출판, 2003, pp.827~828.

12월 20일에 차경석 성도에게 "곤이내閫以內는 짐朕이 제지制之하리니 곤이외閫以外는 장군이 제지하라!" (『도전』 6:92)

이를 보면 그는 1변 도운을 일으킨 주인공이었을 뿐만 아니라 3변 도운을 매듭짓는 과정에서도 큰 역할을 할 것이라 사료된다.

(4) 대학교大學校

대학교는 가을 우주문명을 여는 인재를 양육하는 부서이다. 대학의 사명은 인재를 길러 문명을 여는 것이 목적이나 큰 공부를 못 이루는 선천의 학교 교육의 폐단을 상제님께서는 다음과 같이 비판하셨다.

하루는 성도들에게 이르시기를 "이 세상에 학교를 널리 세워 사람을 가르침은 장차 천하를 크게 문명케 하여 천지의 역사役事를 시키려 함인데 현하의 학교 교육이 학인學人으로 하여금 비열한 공리功利에 빠지게 하므로 판밖에서 성도成道하게 되었노라." 하시니라. (『도전』 2:88)

그리하여 상제님께서는 내 세상에는 새 학교를 세우신다고 천명하셨다. 대학교 도수에 대해 『증산도 도전』에서는 다음과 같이 설명하고 있다.

상제님 대학교의 가장 중요한 사명은 성웅聖雄 겸비의 일꾼을 길러내어 육임 의통구호대를 조직하고, 앞으로 오는 대개벽 상황을 극복하여 인류 구원의 사명을 완수하는 데 있다. 곧 상제님의 대학교는 선천 세상을 마무리 짓고 후천 조화선경 세계를 건설할 수 있는 일꾼을 길러내는 문명의 심장부인 것이다. 상제님의 대학교 공사는 인사적으로는 도기道紀 114년(甲子, 1984)에 실현되어 지금에 이르고 있

다. 상제님 대학교 정신은 태을주와 더불어 시작되고, 태을주와 더불어 끝난다.[28]

대학교 도수의 주인공은 김경학 성도이다. 상제님께서는 경학에게 이부吏部라 써주시며 벽에 붙이게 하셨는데 이부에서는 관리를 선발하고 공훈功勳, 봉작封爵, 증직贈職을 정하고 관원들의 근무성적을 평가하는 일을 담당하였다.

> 백암리에 계실 때 하루는 경학에게 "무당 여섯 명을 불러오라." 하시어 경학으로 하여금 두건과 두루마기를 벗기고 각기 청수 한 그릇씩 모시게 한 뒤에 여섯 사람에게 "청수 그릇을 향하여 사배四拜하라." 하시니라. 이어 상제님께서 먼저 시천주주侍天主呪를 세 번 읽으시고 여섯 명에게 따라 읽게 하신 뒤에 거주성명을 물으시고 "세상에서 사람들이 다 아는 이름이냐?" 하시니 모두가 "그러하옵니다." 하고 대답하니라. 상제님께서 다시 "청수를 마시라." 하시매 여섯 사람이 명하신 대로 하니 말씀하시기를 "이것이 복록이니라." 하시고 "이제 여섯 사람에게 도를 전하였으니 이는 천하의 대학大學이니라. 이 때는 해원시대라. 도를 전하는 것을 빈천한 사람으로부터 시작하느니라." 하시니라. (『도전』 6:62)

위의 공사에서 대학교 도수를 보시며 무당을 부른 것은 무당이 영靈을 받은 사람이듯이 상제님의 일꾼들이 상제님과 태모님을 올바르게 모셔 천지부모의 성령을 받아 육임을 완수하고 일꾼을 양육하여 대개벽기에 사람

---

28) 증산도 도전편찬위원회, 『증산도 도전』, 서울: 대원출판, 2003, pp.827~828.

을 살리는 것이 대학교의 중요 사명이라는 것을 밝혀주고 있다. 또 주자는 대학은 대인大人을 만드는 학문이라 하였고 왕양명은 대인은 '천지만물과 일체一體가 된 사람이라'[29]고 하였다. 천지만물과 일체가 된 사람을 태을太乙 인간이라고 하는데 증산도의 대학교는 후천세상에서 궁극적으로 모든 인간을 태을인간을 만드는데 목적이 있다고 할 것이다.

(5) 복록소福祿所

복록소는 후천 세상에서 행복한 삶을 누리게 하고 생명을 영위하는 인간의 복록을 주관하고 결정하는 부서이다. 모든 인간이 삶을 살아가면서 궁극적으로 소망하고 소원하는 것은 정신적, 물질적으로 행복하게 살고 건강하게 오래 사는 것이다. 이러한 인간의 본질적인 소망을 이루어 주기 위하여 상제님께서는 조화정부 안에 복록소와 수명소를 설치하셨다. 복록소는 후천의 경제 질서를 주관하고 통제하는 기구이며 녹줄 창출과 분배까지를 담당하는 부서이다.

> 선천에는 수명壽命 복록福祿이라 하여 수명을 앞세우고 복록을 뒤로 하였으나 복록이 없이 수명만 있으면 산송장이나 마찬가지니라. 나는 복록을 먼저 하고 수명은 다음이니 그러므로 후천에는 걸인이 없느니라. 이제는 복록을 먼저 하라. 녹祿 떨어지면 죽느니라. (『도전』 2:25:5~7)

조화정부에서 복록소를 주재하는 주인공은 태인에서 솥점을 경영하고 관왕묘의 제원祭員이셨던 신경원(1863~1924) 성도이시다.

오늘날 사유재산 제도를 바탕으로 하는 자본주의 시대의 가장 큰 병폐

---

29) 김용옥, 『대학 학기 한글역주』, 서울: 통나무, 2011, pp.140~141.

는 인간의 욕망과 탐욕을 부추겨 부富의 편중에 따른 빈부의 격차와 계층 간의 갈등이다. 상제님께서는 지구촌의 녹을 고르게 분배해 백성들의 삶을 평등하게 하셨는데 이것이 후천 복록소 도수의 중요 내용이다.

> 상제님께서 허락하시고 말씀하시기를 "앞으로는 중천신에게 복록을 맡겨 고루 나누어 주게 하리라." 하시니라. 또 말씀하시기를 "앞세상에는 공덕功德에 따라서 그 사람의 복록이 정하여지나니 치우침과 사私가 없느니라." 하시니라. (『도전』 9:143:5~6)
> 후천에는 공덕功德에 따라 사는 집도 등급을 둘 것이니 공덕이 아래 등급인 자가 제 등급보다 상급의 집에 살면 신명이 쇠채찍으로 쳐서 쫓아내고 아래 등급인 자가 윗사람을 헐뜯으면 그 자리에서 입이 비뚤어지느니라. 그러나 식록食祿은 고르게 하리니 만일 급이 낮고 먹기까지 고르지 못하면 원통寃痛치 않겠느냐! (『도전』 7:21)

(6) 수명소壽命所

수명소는 인간의 수명을 결정하고 관장하는 부서이다. 후천개벽을 극복하고 조화선경 낙원이 이루어지면 인간의 수명은 자연개벽에 의한 지구환경의 변화와 생명과학의 발전 그리고 수행의 결과로써 인간의 몸이 환골탈태換骨奪胎되어 쇠병사장衰病死藏을 물리쳐 불로장생不老長生하는 새로운 세상을 맞이하게 된다. 이러한 후천의 장수문화를 열고 인간의 수명을 주관하는 부서가 수명소이다. 수명소 도수의 주인공은 상제님 성도분들 중에서 나이가 가장 많았던 분이시며 무후절손하시어 또한 중천신이 되신 신경수 성도이시다.

> 선천에는 창생의 수명壽命을 명부冥府에서 결정하였으나 후천에는 중

천신계中天神界에서 책임을 맡아 균일하게 결정할 것이요 복록은 천지에서 평등하고 넉넉하게 정하여 후천 오만 년 동안 끊이지 않고 베풀게 할지라. (『도전』 11:236:3~4)

조화정부에는 위에서 설명한 것 이외에도 개벽대장인 박공우 성도가 거느리고 있는 28장將과 24장將, 개벽기에 옥추문玉樞門이 열릴 때 천지간의 선악을 심판하는 48장將, 그리고 태을주의 주신이신 태을천 상원군님, 자연신인 천지 망량신, 일월 조왕신, 성신 칠성신 등이 있다.

5 증산도와 선仙

선仙은 신선神仙을 말하니 장생불로長生不老하는 사람을 뜻한다.

『석명釋名』의 「석장유釋長幼」에서 "늙어서 죽지 않는 것을 선仙이라고 부르니 선仙은 옮긴다는 뜻이다. 옮겨서 산으로 들어가는 것이다. 따라서 그 글자를 만든 것이 사람 인人 변에 산山 자를 썼다."[30]라고 하였다. 선仙은 선僊으로도 쓴다. 『석명釋名』에서는 인간이 사는 세상을 떠나 옮겨서 산으로 들어가기 때문에 선仙이라고 한다고 했지만 이는 선仙이라는 글자에 산山이 있어 이렇게 해석한 것인데 이것보다는 수행을 통해 우리의 육신을 변화시켜 (천遷) 장생長生의 삶을 살거나 죽을 때 승천을 하거나 시해屍解를 하여 선거僊去하기 때문이라고 해석하는 것이 더 타당할 듯하다. 갈홍葛洪이 지은 『신선전神仙傳』 「팽조전彭祖傳」에서 다음과 같이 설명하고 있다.

> 선인은 혹 몸을 솟구쳐 구름 속으로 들어가 날개 없이 날고 혹 용수레를 타고 구름을 타서 위로 올라가 천상의 세계에 나아 가고 혹 새나 짐승으로 변해 푸른 구름 위에 떠서 노닐고 혹 강이나 바닷속을 잠행하고 명산을 날라 다니며 혹 무형의 원기를 먹고 혹 지초를 먹으며 혹 인간세계를 출입하나 알아볼 수가 없고 혹 초야의 사이에 그 몸을 숨긴다. 얼굴에는 특이한 뼈가 생겨나고 몸에는 기이한 털이 있으며 깊이 은벽한 것을 사모하고 좋아하여 세속과 교류를 하지 않는다.[31]

---

30) 王先謙撰集, 『釋名疏證補』, 上海: 上海古籍出版社, 1984, p.150.
老而不死를 曰仙이니 仙은 遷也니 遷入山也라 故로 其制字人傍作山也라
31) 邱鶴亭注釋, 『열선전금석 신선전금석』, 북경: 중국사회과학출판사, 1996, p.217.
仙人者는 或竦身入雲하야 无翅而飛하며 或駕龍乘雲하야 上造太階하며 或化爲鳥獸하야 浮遊靑雲하며 或潛行江海하고 翶翔名山하며 或食元气하며 或茹芝草하며 或出入人間하면 則不可识

위의 내용을 보면 신선은 장생불로長生不老할 뿐만 아니라 조화를 부리고 기행이적을 행하는 사람이다. 그러나 신선이 된다는 것은 결코 쉬운 일이 아니다. 상양자上陽子가 지은 금단대요金丹大要 서문에서 진치허陳致虛의 제자 종양자宗陽子 명소섬明素蟾은 다음과 같이 기술하고 있다.

이천선생이 다음과 같이 말하였다. "천하에 크게 어려운 일이 셋이 있다. 첫째는 나라를 위해 하늘에 영원토록 나라의 명운이 지속되기를 비는 것이다. 둘째는 학문을 하여 성인이 되는 것이다. 셋째는 몸을 닦아 신선이 되는 것이다"라고 하였으니 이 말은 확실한 논설이다.[32]

이어서 증산도와 선仙의 관련성에 대한 내용을 고찰해 보고자 한다. 증산 상제님께서는 1871년 신미辛未년에 전라도 우덕면 객망리客望里에서 탄강하셨다. 신辛과 미未는 모두 천간과 지기가 모두 8번째에 위치한다. 우리가 일반적으로 8은 신선의 수數라고 한다. 중국에는 유명한 팔선八仙이 있다. 8은 2를 3승乘한 숫자이다. 2는 음陰인 육신을 상징하고 3은 생장성으로 완성된 것을 의미한다. 따라서 8은 음의 완성, 육신의 완성을 의미하여 신선을 상징하는 숫자가 된다. 객망리는 손바래기 마을을 한자로 표기한 것인데 원래는 손바래기는 본래 신선이 오기를 바란다는 선바래기로 선망리仙望里라고도 불리었다. 상제님이 태어나신 마을 뒤인 큰 시루봉과 작은 시루봉이 마을을 감싸고 있고 시루산의 정상에는 선인독서혈仙人讀書穴이라는 형국의 혈자리가 있어 선망리라고 부른 것이다. 시루봉의 주산은 두승산이다. 두승산은 영주산이라고도 불렸는데 고창의 방장산 부안의 변

하며 或隱其身草野之間이라 面生異骨하고 体有奇毛하며 戀好深僻하야 不交流俗이라.
32) 上海書店, 『道藏』, 上海: 文物出版社, 1994, p.24-2.
伊川先生云 天下에 有大難事者三이니 一曰爲國而至於祈天永命이오 二曰爲學而至於聖人이오 三曰修身而至於神仙이라하니 斯確論也라.

산(봉래산)과 함께 호남의 삼신산三神山이라고 하였다.

이 지역에서는 예로부터 "영주산 아래에서 큰 신선이 난다"는 전설이 전해지고 있고 두승산의 동쪽 끝에는 망선대望仙臺, 신선대神仙臺가 있고 산 아래 영원면에는 은선리 등의 지명이 있어 이곳에서 대선인大仙人이 나올 것이 예정된 곳임을 알 수가 있다. 또 두승산 기슭에 오학지지로 이름난 상학上鶴, 중학中鶴, 하학下鶴, 학전鶴田, 학림鶴林 마을이 있는데 학은 자태가 말쑥하고 고아高雅하며 높고 멀리 날고 장수하여 선금仙禽이라 불렀고 신선이 타고 다니는 동물로 여겼다. 상제님께서는 천지공사를 보실 때 구성산九城山의 남쪽 중턱에 있는 학선암鶴仙庵을 자주 왕래하시었다.

상제님의 존호인 증산甑山도 선仙과 깊은 관련이 있다. 이는 상제님이 탄강하신 마을의 뒷산인 시루산을 한자로 표기한 것이다.

『참동계參同契』제33장 「화후전공火候全功」에서 "붉은 것을 증산으로 올림이여. 맹렬히 타오르는 불은 아래에 베풀어져 있도다(升熬于甑山兮여 炎火張于下로다)"[33]라고 하였다. 여기서 증산甑山은 상단전上丹田을 가리킨다. 하단전에서 호흡을 통해 정精을 기화시켜 상단전으로 올리는 것으로 신선이 되는 내단수련의 과정을 의미한다고 해석된다. 상제님께서 9년 동안 천지공사를 보신 목적은 인간을 신선으로 만들어 후천 선경 세계를 여시는 것이다.

> 내가 삼계대권을 주재하여 조화造化로써 천지를 개벽하고 불로장생不老長生의 선경仙境을 건설하려 하노라. (『도전』2:16:2)
> 내 세상은 조화선경이니, 조화로써 다스려 말없이 가르치고 함이 없이 교화되며 내 도는 곧 상생이니, 서로 극剋하는 이치와 죄악이 없는

---

33) 潘啓明著, 『주역 참동계해독(하책)』, 정주: 중주고적출판사, 2006, p.98.

세상이니라. 앞세상은 하늘과 땅이 합덕天地合德하는 세상이니라. 이제 천하를 한 집안으로 통일하나니 온 인류가 한 가족이 되어 화기和氣가 무르녹고 생명을 살리는 것을 덕으로 삼느니라. 장차 천하만방의 언어와 문자를 통일하고 인종의 차별을 없애리라. 후천은 온갖 변화가 통일로 돌아가느니라. 후천은 사람과 신명이 하나가 되는 세상이니라. (『도전』 2:19:1~2)

예로부터 신선이란 말은 전설로만 내려왔고 본 사람은 없었으나 오직 너희들은 신선을 보리라. (『도전』 7:89:9)

상제님께서는 후천의 장수문화시대를 열어 놓으시며 "앞 세상에는 지지리 못나도 병 없이 오백 세는 산다"(『도전』 9:183:6)고 하셨고, 또 호연과의 대화에서 호연이 "신선밖에 더 될까?" 하니 상제님께서 "아, 거의 맞아간다."(『도전』 9:28:7) 하시고 은연중에 당신께서 신선의 몸을 가지고 계심을 드러내 주셨다.

증산 상제님의 무극대도를 계승하신 태모님께서는 "후천 오만 년 시대가 되면 사람과 신명이 함께 섞여 사는 선경세계가 된다."(『도전』 11:111:1~2)고 하셨고 천지공사를 보시면서 신선의 세계를 보여 주시고 신선에 대해 다음과 같은 말씀을 해주셨다.

이 날 태모님께서 공사를 행하며 말씀하시기를 "오늘은 천상 신선 세계에 사는 선관선녀의 제도와 풍경을 보여 주리니 모두 동북 하늘을 바라보라." 하시므로 성도들이 모두 동북쪽 하늘을 바라보고 서니라. 이어 태모님께서 담배 연기를 입으로 내뿜으시니 즉시 오색 채운이 일어나 사람 형상으로 변하며 선관선녀의 모습을 이루거늘 고운 옷을 입고 머리에 화관花冠을 쓴 선관선녀들이 춤추며 기뻐하고 온갖 기화이초奇花異草가 만발한 가운데 붉은 봉황과 백학이 춤추듯 창공을 날아가더라. 태모님께서 말씀하시기를 "다가오는 후천 선경 세계가 저러한 형국이 될지니라." 하시니 이 때 고민환, 박종오, 강원섭, 강사성, 유일태, 오수엽, 강춘택, 강대용이 참관하니라. 하루는 태모님께서 말씀하시기를 "내가 하는 일은 다 신선神仙이 하는 일이니 우리 도는 선도仙道니라." 하시고 "너희들은 앞으로 신선을 직접 볼 것이요, 잘 닦으면 너희가 모두 신선이 되느니라." 하시니라. 또 말씀하시기를 "신선이 되어야 너희 아버지를 알아볼 수 있느니라." 하시니라. (『도전』11:199)

하루는 성도들이 태모님께 여쭈기를 "저희들은 얼마나 오래 살 수 있습니까?" 하니 말씀하시기를 "후천 가면 너희들이 모두 선관이 되는데, 선관도 죽는다데?" 하시니라. 태모님께시 말씀하시기를 "후천 선경에는 수壽가 상등은 1200세요, 중등은 900세요, 하등은 700세니라." 하시고 "그때에는 장수 시대가 열려 백 리 안에 할아버지가 셋이면 손자는 하나인 세상이 되느니라." 하시니라. (『도전』11:299)

상제님께서는 천지공사를 보시면서 "수능용퇴심선로誰能勇退尋仙路 부불모신몰화천富不謀身沒貨泉(누가 용감히 부귀영화 물리치고 신선의 길을 찾을 수 있으리오. 부로는 네 몸 사는 길을 꾀할 수 없나니 재물에 빠져 죽느니라.)"(『도전』7:62:2) 하시어 천하 창생들이 신선이 되는 길을 찾지 않고 부귀를 쫓다가 돈 때문에 죽게 되는 것을 안타까워 하셨고 또 "천시천비수도도天是天非修道道 불구속지득장생不求俗地得長生(하늘이 옳다 그르다 하지 말고 도를 닦겠다고 말하라. 세속의 욕망을 버리고 영원한 삶의 길을 구하라.)"(『도전』9:217:6) 하시어 시비是非를 다투는 세속적인 삶을 살지 말고 장생하는 신선의 길을 찾을 것을 말씀해 주셨다.

『도전』 속에는 이외에도 신선과 후천 선경에 관한 이야기가 많이 실려 있지만 당나라 때의 신선인 여동빈과 관련된 다음의 성구를 살펴보고자 한다.

또 나의 일은 여동빈呂洞賓의 일과 같으니 동빈이 사람들 중에서 인연 있는 자를 가려 장생술長生術을 전하려고 빗 장수로 변장하여 거리에서 외치기를 '이 빗으로 빗으면 흰머리가 검어지고, 빠진 이가 다시 나고, 굽은 허리가 펴지고, 쇠한 기력이 왕성하여지고 늙은 얼굴이 다시 젊어져 불로장생하나니 이 빗 값이 천 냥이오.' 하며 오랫동안 외쳐도 듣는 사람들이 모두 '미쳤다.'고 허탄하게 생각하여 믿지 아니하더라. 이에 동빈이 그중 한 노파에게 시험하니 과연 흰머리가 검어지고 빠진 이가 다시 나는지라 그제야 모든 사람이 다투어 사려고 모여드니 동빈이 그 때에 오색구름을 타고 홀연히 승천하였느니라. 간 뒤에 탄식한들 무슨 소용 있겠느냐! (『도전』 7:84:3~10)

여동빈은 팔선八仙 중에서도 대표적인 신선이다. 태모님께서도 "천상 여동빈 선관仙官의 조화권능으로 머리 빗겨 갱소년更少年 시켜주옵소서" (『도전』 4:210:4)라고 기원하셨고 또 직접 여동빈을 부르시어 "세계창생들로 하여금 모두 갱소년 되게 하라"(『도전』 11:298:5)고 명령을 내리시어 후천세상은 여동빈 신선도 함께 동참하여 선경세상을 열게 된다. 상제님께서는 "후천세상이 되면 사람들이 모두 환골탈태換骨奪胎하여 선풍도골仙風道骨이 된다"(『도전』 7:59:5)고 말씀해 주셨다.

6 김호연 성도에게 붙인 선매숭자仙媒崇子 도수

상제님께서는 후천 선경세계를 여시기 위해 여러 성도들에게 선仙과 관련된 공사를 처결하셨다. 김형렬 성도에게는 선불도수와 신선도수를 보셨고 김자현 성도에게 의원도수를 보셨는데 이도 인간의 몸을 신선으로 만드는 도수와 깊은 관련이 있다. 그리고 안내성 성도에게는 태을주를 전수하셨는데 상제님께서 "태을주 공부는 신선神仙 공부"(『도전』7:75:4)라는 말씀을 해주시며 후천 선경의 태을주의 선맥仙脈을 안내성 성도에게 전수해 주셨다. 그러나 후천인간을 신선으로 만드는 대표적인 도수는 김호연 성도에게 붙인 선매숭자 도수이다.

상제님께서는 1901년 도통문을 여신 후 김택룡金澤龍을 찾아가 "내가 하늘과 땅을 뜯어고쳐 무궁한 선경을 열려 하나니 그대의 딸을 천지사업에 바치라"(『도전』3:6:2) 하시어 흔쾌히 승낙을 받으셨다. 이때 호연이 다섯 살이었다. 이로부터 순진무구한 소녀 호연에게 새 생명을 개벽하는 선매숭자 도수를 붙여 공사를 보시었다.

하루는 상제님께서 형렬에게 말씀하시기를 "선매숭자가 있어야 사느니라. 호연에게 선맥을 전하리라." 하시고 호연을 천지에 제祭 지내시며 "천지 천황에 천제天祭 지낸다. 맥을 전해 주자! 선맥을 전해 주자!" 하시고 여러 가지 글을 쓰시니라. 다시 '혈맥관통血脈貫通'이라 써서 불사르시고, 호연의 코를 쥐신

김호연(1897~1992)

채 큰 음성으로 "혈맥관통이다!" 하고 소리치시거늘 그 소리에 응하듯 사방에서 천둥과 우레가 일더니 이내 폭우가 쏟아지니라. 상제님께서 제를 마치시고 호연에게 이르시기를 "너에게 선맥을 전해 줬으니 너를 찾을 사람이 있다. 죽어도 증인이 있어야 한다." 하시고 "천지에서 너를 부르는 날이 있다. 죽지 말고 살아라." 하시니라. (『도전』 3:25)

상제님께서는 호연에게 선매숭자 도수를 붙여 선맥仙脈을 전해준다고 하였다. 앞에서도 이야기하였듯이 후천은 모든 인간이 신선이 되는 선경시대이다. 마이산에서 평생 탑을 쌓으면서 구도에 정진했던 이갑룡李甲龍도 "앞으로 엄청난 재앙이 온다. 사람들이 삼대 쓰러지듯 한다. 십릿길에 사람 하나 볼 듯 말 듯하게 그렇게 인종이 귀해진다. 그때는 천심 가진 사람만이 살아남는다. 선仙의 씨앗만 남아 요순세계가 온다. 용화세계 미륵세상이 온다."(『도전』 10:112:6~7)고 하여 영원불멸하는 선의 종자를 가진 사람만이 살아남는다고 하였다. 호연에게 선매숭자 도수를 붙이고 선맥을 전한다는 것은 선천문명에서 후천 선문명으로 매개하여 인류가 영원한 생명을 얻을 수 있도록 진법의 선맥을 열어주신다는 말씀이다.

선매숭자에 대해 『증산도 도전』에서는 다음과 같이 설명하고 있다.

문자적으로는 후천 선경으로 매개, 인도하는 근원이 되는 으뜸의 씨앗이란 뜻이다. 후천은 수행을 통해 인간의 심법과 영성이 완전 개벽되고, 이를 바탕으로 의학 언어 예술 정치 등 인류 문화의 전 영역이 총체적으로 개혁된다. 상제님께서는 호연이 아홉 살 되던 해 125일간 수도를 시키시고, 후천인간 영성 개벽의 모델로 삼으셨다. 또한 '맥은 네가 잇는다.' 하시며 상제님 진리의 증언 사명을 맡기셨다. 이것이 호연에게 붙이신 선매숭자 도수의 일차적 내용이다. 이를 보다 쉽게 이해하려면 상제님의 성언이 담긴 『도전』을 깊이 깨우쳐서 후천 선경의 실상을 생생하게 그려볼 수 있어야 한다.[34]

김호연 성도는 태어나는 장소부터가 선仙과 깊은 관련이 있다. 김호연의 본명은 김정숙金貞淑으로 1897년 정유丁酉년에 부 김택룡과 모 최씨 사이에서 장녀로 전주부 반석리半石里에서 태어났다. 반석리는 지금의 전주시 완산구 동서학동東棲鶴洞으로 전주교대 일대이다. 앞에서도 이야기했듯이 학은 선금仙禽으로 신선을 상징한다. 전주교육대학을 가보면 그곳을 황학지지黃鶴之地라 하여 학교의 상징물로 거대한 학을 조상하여 놓았다. 학교를 상징하는 교조校鳥는 황학黃鶴이다. 그리고 정유년에 태어난 것도 의미가 있는데 유酉는 양명조금으로 가을을 상징하고 또 유금酉金이 정화丁火를 싸서 금화교역金火交易이 완성된 가을 세상을 의미한다. 그리고 그의 성姓인 김金과 관향貫鄕인 김해金海, 그가 맡은 태소녀兌少女 도수 모두 가을세상을 상징한다.

김호연 성도는 우주의 가을 선경시대를 여는 모든 조건을 가지고 이 세상에 태어난 것이다. 상제님께서는 호연에게 선매숭자 도수를 맡기기 위하여 호연이 9살이 되던 1905년 9월 9일부터 1906년 1월 15일까지 125일간 전주부 흑석골에서 수도를 시키셨다. 흑석골은 지금의 행정구역으로 서서학동西棲鶴洞으로 역시 학이 깃들어 있는 곳이다. 이 수행은 때묻지 않은 순수한 몸과 마음을 가진 어린 소녀 호연의 정

전주교대의 상징물 황학

34) 증산도 도전편찬위원회, 『증산도 도전』, 서울: 대원출판, 2003, pp.1175~1176.

신과 육신을 개벽시켜 후천 선문명仙文明을 열 수 있도록 준비시키신 것이다. 상제님께서는 호연을 선仙 체질로 바꿔주시어 한평생 설사 한번 하지 않고 뒤보는 일을 편안하게 하셨고(『도전』3:102) 뒷간을 닷새 만에도 가고 열흘 만에도 가며 항상 이른 아침에만 가게 하셨다.(『도전』5:317)

선매숭자 공사는 상제님 어천 후 3년 뒤인 1912년 호연이 16살이 되던 해에 호연의 초경初經의 월경수로 김형렬 성도가 중심이 되어 진행하였다.

이내 호연이 첫 월경月經을 시작하매 준비한 종이를 쌓고 그 위에 호연을 앉히거늘 첫날은 책 한 권 분량이 조금 못 되게 젖고 다음 날은 책 두 권 분량이 흠뻑 젖으니 너무 흥건하게 젖은 것은 짜서 사용하는데, 짜고 모인 피만도 두어 사발이나 되는지라 그것으로 남은 종이

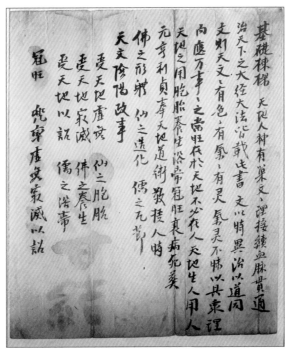

선매숭자 공사

에 제비를 그려 넣기도 하고, 점도 찍고, '감결甘結'이라 서書하여 완성하니라. 이 공사에 참여한 사람은 김형렬과 서중옥, 김기보, 장기동으로 공사를 마친 후에 종이째로 묻은 것을 조그맣게 잘라서 하나씩 가지고, 월경수月經水로 점을 찍고 글씨 쓴 종이도 각기 한 장씩 가져가니라. 이후 호연이 상제님의 성적聖蹟을 증거하기까지 이루 말할 수 없는 인고의 나날을 보내며 깊은 회한과 원망으로 한탄을 하니 하루는 상제님께서 오시어 "네게서 나간 이슬을 모르냐? 네 육신에서 우러난 피를 내서 선매승자를 써 준 맥이 있는데 어찌 몰라야. 너 그것 잊어버리지 마라. 증명 없이 사는 놈 없다. 죽어도 증명이 있어야 한다. 아는 놈은 너를 건질 테니 걱정 말아라." 하고 위로해 주시니라. (『도전』10:107)

첫 월경수를 초조初潮, 수경首經, 천계수天癸水라고도 부른다. 천계수라 하는 이유는 『황제내경』「상고천진론」에서 "여자가 14살에 천계天癸가 이르고 임맥이 통하고 태충맥이 왕성하여져서 월경이 나온다."라고 한데서 기원한다. 천계天癸에 대해서 장지총張志聰은 "천을이 처음 생한 진원(天乙始生之眞元也)"이라고 하였다. 계癸는 십간의 하나로 계癸는 수水에 속하고 신장腎藏도 수水에 속하니 천을이 생한 계수癸水라는 의미는 실제상 신정腎精이 화생化生한 발육과 생식기능을 촉진시키는 물질을 가리킨다.[35]

진사탁陳士鐸이 지은 『외경外經』의 「홍연손익편紅鉛損益編」에 초경수를 홍연紅鉛이라 하는데 생명을 연장시키는 데 쓰고 그 특징에 대하여 다음과 같이 기술하고 있다.

일반 경수는 자호子戶에서 나오자마자 즉시 색이 변한다. 유독 첫 번

---

35) 王琦 외 4인, 『황제내경 소문금석』, 서울: 성보사, 1983, p.4.

째 월경의 색은 변하지 않는데 이는 그 음양의 기가 온전하기 때문이다. 남자는 양이 밖에 있고 음이 안에 있으며, 여자는 음이 밖에 있고 양이 안에 있다. 첫 번째 월경은 감 중의 양이다. 이 감 중의 양으로 리 중의 음을 보하니 유익하겠는가, 유익하지 않겠는가. 오직 남자를 보하는 데는 유익하고 여자를 보하는 데는 손상이 되니 남자를 보하는 것은 양으로서 음을 구제하는 것이요, 여자를 보하게 되면 양을 지나치게 된다.[36]

김호연 성도의 초경수로 선매승자 공사를 볼 때 "불지형체佛之形體요 선지조화仙之造化요 유지범절儒之凡節이니라(불도는 형체를 주장하고 선도는 조화를 주장하고 유도는 범절을 주장하느니라.)" 하였고 또 다음의 글자를 쓰셨다.

天文陰陽政事
천문 음양 정사

受天地虛無하여 仙之胞胎하고
수천지허무   선지포태

受天地寂滅하여 佛之養生하고
수천지적멸   불지양생

受天地以詔하여 儒之浴帶라
수천지이조   유지욕대

冠旺은 兜率 虛無寂滅以詔니라
관왕   도솔 허무적멸이조

천문 음양 정사

천지의 허무한 기운을 받아 선도가 포태하고

36) 진사탁 저, 『외경』, 대전: 주민출판사, 2004, p.30.
經水甫出戶하면 輒色變이나 獨首經之色이 不遷變者는 全其陰陽之氣也라. 男子는 陽在外하고 陰在內하며 女子는 陰在內하고 陽在外라. 首經者는 坎中陽이니 以坎中之陽으로 補離中之陰이면 益乎아? 不益乎아? 獨補男有益하고 補女有損하니 補男者는 陽以濟陰也요 補女者는 陽以亢陽也일세라.

천지의 적멸한 기운을 받아 불도가 양생하고
천지의 이조하는 기운을 받아 유도가 욕대하나니
이제 (인류사가 맞이한) 성숙의 관왕冠旺 도수는
도솔천의 천주가 허무(仙) 적멸(佛) 이조(儒)를 모두 통솔하느니라.
(『도전』 10:106:4)

상제님께서 "불지형체佛之形體니 도를 닦으려면 체體부터 잡아야 하느니라."(『도전』 2:142:1)고 하셨다. 불도는 형신의 주체인 마음을 닦기 때문에 제일 먼저 언급하였고 이를 바탕으로 선도仙道의 조화가 나오게 된다. 그리하여 태모님께서도 "공부는 마음 닦는 공부보다 더 큰 공부가 없다."(『도전』 11:164:8)고 하셨고 "불佛은 선仙의 밑자리"(『도전』 11:250:11)라고 하셨다. 불지형체, 선지조화, 유지범절(유도는 모든 예의 범절을 주장)은 삼도가 주장하는 장점과 특징을 언급한 것이다.

그 다음은 유불선이 가지고 온 천지의 기운과 인류 문명사에서의 순서 과정을 이야기하고 있다. 선도는 천지의 허무虛無한 무극의 바탕기운을 가지고 와서 인류문명이 포태되는 조화의 시대인 문명사의 여명기를 열었고 불도는 천지의 적멸寂滅한 태극의 공空 기운을 가지고 와서 인류 문명사에서 교화의 시대인 문명의 시작을 열었고 유도는 천지의 이조以詔 하는 황극의 기운을 가지고 와서 인류 문명사에서 치화의 시대인 발전기를 열었다. 그러나 포태 양생 욕대라는 말 속에 내포되어 있듯이 마지막 단계인 유도도 이제 막 목욕을 하고 띠를 두르는 미숙한 단계를 벗어나지 못하였다. 상제님의 무극대도는 관왕冠旺의 단계이다. 관왕은 천지가 만물을 생성 변화해 가는 과정 중 성숙의 단계에 이르렀다는 것이다. 이제 가을개벽을 맞이하여 선불유가 추구하는 궁극의 이상이 통합된 성숙의 도가 열린다는 것이다. 상제님께서 "내가 유불선의 기운을 쏙 뽑아서 선仙에 붙여 놓

앉다."(『도전』4:8:9)고 하였다. 김호연 성도의 선매승자는 선천 선에서 후천 선으로 넘어가는 선맥을 이어주는 도수이다. 김호연 성도는 후천 선을 여는 대선모大仙母가 되시는 분이다. 선매승자는 인류문명사에서 관왕선冠旺仙의 시대를 연다는 것이다. 상제님께서 "내가 선매승자로 명을 빌어서 너의 명을 이어주었으니 네가 오래 살아야 진인眞人이다."(『도전』9:205:1)라고 하신 것처럼 김호연 성도는 1992년 96세로 선화仙化하셨고 조화정부에서 후천 선을 여는 주인공이 되어 공사를 주재하고 있다.

7 증산도 선仙의 특징

필자는 「칠성신앙과 칠성도수」라는 논문에서 증산도 선의 특징을 첫째, 생활 속의 선(생활선生活仙), 둘째, 삼도합일선三道合一仙, 셋째, 태을선太乙仙, 넷째, 삼랑선三郞仙, 다섯째, 과학선, 여섯째, 관왕선冠旺仙, 일곱째, 칠성선七星仙, 여덟째, 조화선造化仙이라고 밝힌 바 있다.

여기에서는 삼랑선에 대한 내용을 더욱 구체적으로 살펴보고자 한다. 상제님께서는 "수천지지허무受天地之虛無하여 선지포태仙之胞胎"라고 하셨다. 이 말은 앞장에서도 설명한 바와 같이 인류역사의 여명기에 원형의 선문화가 있었다는 것이다. 동방 한민족과 인류의 모체종교인 신교는 유불선 기독교의 정신이 융해되어 있을 뿐만 아니라 영생불사하는 선이 근원과 맥이 맞닿아있다. 이를 원형선原型仙 창세선創世仙 시원선始原仙 또는 삼랑선三郞仙 선천선先天仙이라고 말할 수 있다. 이 선은 유불선의 선이 결코 아니다.

조선시대 때 조여적趙汝籍이 지은 『청학집』에서 "환인이 동방선파의 조종이 된다"라고 하였고 또 "단군이 백성을 다스린 지 천사십팔 년 만에 아사달산에 들어가 신선이 되었다."[37]라고 하였다. 이러한 내용은 환국 배달국 단군조선시대에 선맥이 내려왔다는 것을 의미한다.

『삼성기 하』에서 환인께서 "천산에 머무시며 도를 깨쳐 장생하시니 몸에 병이 없으셨다."[38]라고 하였고 또 동편에서 환국 3,301년간 일곱 분의 환인이 다스렸다고 했으니 평균 471년이 된다. 그리하여 후세의 연구가들이 이를 이해하지 못하여 일곱 분의 환인이 다스린 것을 일곱 왕조가 있었다라고 해석하기도 했으나 이는 인류 역사의 초창기가 장생불로하는 선의

---

37) 이능화 집술 이종은 역주, 『조선도교사』, 서울: 보성문화사, 1985, p.31.
38) 안경전, 『환단고기』, 대전: 상생출판, 2012, pp.38~39.

시대였다는 것을 알지 못했기 때문이다.

동서양을 막론하고 상고시대에는 장수했던 사람들이 많이 있었다. 『구약』을 보면 아담이 930살, 아담의 7세손인 에녹이 365살, 10세손인 노아가 950살, 아브라함이 175살을 살았다고 기록하고 있다. 동양에서도 장수한 신선들을 기술한 책으로 유향劉向이 지은 『열선전列仙傳』이 있고 갈홍葛洪이 지은 『신선전神仙傳』이 있다. 이중 팽조彭祖는 전욱제顓頊帝의 현손으로 은나라 말기까지 760살을 살았다고 한다. 『황제내경』에서는 상고시대에 진인眞人이 있었는데 그들의 수명은 천지와 같아 끝나는 때가 없다고 했고 중고시대에는 지인至人이 있었는데 이들도 정精을 축적하고 신神을 온전히 하였으며 수명을 연장하고 신체를 건강하게 하여 진인에 귀속된다고 하였다.

배달국(BCE 3897~2333)이 개창될 때 환웅천황께서 웅족과 호족에게 100일간 수행을 시키는데 이것도 선법仙法의 범주에 속한다 할 수 있고 『삼성기 상』에서는 배달국시대 때 "선약을 드시어 신선이 되셨다(服藥成仙)"[39]고 하였다. 그리고 『삼성기 하』에서 치우천왕 때 "지혜와 생명력을 함께 닦아 전佺의 도에 머물게 하였다.(智生雙修하사 爲居佺하시니라)"[40]라고 하였다. 여기서 전佺은 완전한 사람이 되었다는 뜻도 있고 본성을 통해 참됨을 이루는 전도佺道를 성취했다는 의미도 있다. 삼성조시대 때 전도佺道, 선도仙道, 종도倧道가 있었는데 『신시본기』에서는 이에 대해 다음과 같이 설명하고 있다.

신시씨神市氏(배달 초대 환웅)는 전佺의 도로써 계율을 닦아 사람들에게 제천祭天을 가르치셨다. 이른바 전佺이란 사람의 본래 온전한 바탕을 따라 능히 본성에 통해[通性] 참됨[眞]을 이루는 것이다. 청구씨靑邱氏

---

39) 안경전, 『환단고기』, 대전: 상생출판, 2012, pp.18~19.
40) 안경전, 『환단고기』, 대전: 상생출판, 2012, pp.44~45.

(14세 치우천황)는 선仙의 도로써 법을 세워 사람들에게 천하를 나누어 다스리는 법도[管境]를 가르치셨다. 선仙이란 사람이 본래 저마다 타고난 바를 따라서 자신의 참된 영원한 생명력을 깨달아[知命] 널리 선善을 베푸는 것이다. 조선씨朝鮮氏(단군왕검)는 종倧의 도로써 왕을 세워 사람들에게 책화[責禍]를 가르치셨다. 종倧이란 사람이 (우주 안에서) 스스로 으뜸 되는 바에 따라 정기를 잘 보존[保精]하여 (대인이 되어) 아름다움[美]을 실현하는 것이다. 그러므로 (이러한 전佺과 선仙과 종倧의 도道 가운데) 전佺은 텅 빈 자리로 천도天道에 근본을 두고, 선仙은 광명 자리로 지도地道에 근본을 두며, 종倧은 천지 도덕의 삶을 실현하는 강건한 자리로 인도人道에 근본을 둔다.[41]

안경전은 "신의 자기 본성이 셋이기 때문에 짓고 길러서 가르치고 다스립니다. 그래서 원형문화에도 세 가지의 선문화 형태가 있습니다. 조화선造化仙 교화선敎化仙 치화선治化仙이 그것입니다."[42]라고 하였고 원형선은 신의 본성에 의해서 다시 다음과 같이 셋으로 분화되었다고 하였다.

조화선에서 본어천본本於天 해서 불도가 나오고 교화선은 어머니땅에 근본을 두어서 제2의 신선문화로 가고, 치화선은 나라와 몸과 마음을 다스리는 수신제가치국평천하, 유도의 정신으로 나갔습니다. 이처럼 제1의 원형선이 제2의 선문화로 갔는데 이것을 다시 융합하는

41) 안경전, 『환단고기』, 대전: 상생출판, 2012, pp.382~383.
「神市氏는 以佺修戒하사 敎人祭天하시니 所謂佺은 從人之所自全하야 能通性以成眞也오. 靑邱氏는 以仙設法하사 敎人管境하시니 所謂仙은 從人之所自山하야 (山은 産也라) 能知命以廣善也오. 朝鮮氏는 以倧建王하사 敎人責禍하시니 所謂倧은 從人之所自宗하야 能保精以濟美也라. 故로 佺者는 虛焉而本乎天하고 仙者는 明焉而本乎地하고 倧者는 健焉而本乎人也니라.
42) 월간개벽 편집국, 『월간개벽 295호』, 대전: 세종출판기획, 2021, p.12.

것이 바로 후천 무극대도 선시대를 선언한 동학입니다.[43]

한민족과 인류의 모체종교는 신교神敎였다. 이 신의 중심에 삼신상제님
이 계신다. 삼성조시대 때 삼신상제님을 모시고 수호하며 구도의 길을 걸
었던 수행자들을 삼시랑三侍郎, 삼랑三郎이라고 불렀다. 『신시본기』에서 "낭
郎은 삼신을 수호하는 관직이다(郎者는 卽三神 護守之官也라.)"[44]라고 했다.
삼랑들은 삼신의 조화, 교화, 치화의 도를 실천하여 마음의 광명을 밝혀
우주의 광명과 하나되는 삶을 추구했던 원형선의 수행자들이었다. 그렇기
때문에 원형선을 광명선이라고도 하고 삼랑선이라고도 부른다.

증산 상제님께서는 "이때는 원시반본原始返本 하는 시대라."(『도전』 2:26:1)
고 말씀해 주셨다. 원시반본은 인류가 시작될 때의 뿌리문화를 근원적으로
살펴 근본으로 돌아가는 것을 말한다. 가을이 되면 봄, 여름철에 분열되어
뻗어나갔던 기운이 다시 뿌리로 되돌아온다. 하도河圖에서 가을의 상수는 4
와 9인데 합하면 13이 된다. 이는 10무극에 바탕을 두고 3목木 즉 봄철, 뿌
리시대의 원형정신을 회복한다는 의미이다. 증산도의 후천 선은 인류역사
의 뿌리시대 때 우주광명 환桓을 추구하며 불로장생을 추구했던 삼랑三郎들
의 원형선 시원선 창세선 광명선 문화를 다시 회복하는 것이다.

인간으로 강세하신 인존 상제님이신 증산 상제님을 모시고 새로운 삼랑
들이 모여들어 증산 상제님의 도법으로 원형선을 바탕에 깔고 새로운 선
문화를 열어나가는 것이 증산도 선문화의 특징이라고 할 것이다.

---

43) 월간개벽 편집국, 『월간개벽 295호』, 대전: 세종출판기획, 2021, p.13.
44) 안경전, 『환단고기』, 대전: 상생출판, 2012, pp.402~403.

8 맺는 말

조화정부와 후천 선문화에 대하여 연구한 결과 다음과 같은 결론을 얻었다.

1. 시천주 주문 속에 '시천주 조화정'이라 하여 조화라는 말이 들어있는데 조화사상은 증산도 이념 중의 핵심사상이라 할 수 있다.

2. 고전 속에서 사용된 조화의 개념은 만물을 창조, 변화시키는 천지자연의 이치, 천지조화, 자연조화 등의 범주를 크게 벗어나지 않는다.

3. 최수운이 지은 『동경대전』에서 조화를 무위이화無爲而化라 하여 조화가 발생하는 근원과 조화의 주재자에 대하여 중시하지 않고 조화의 과정만을 언급하고 있다.

4. 증산 상제님의 도의 정체, 도통세계는 조화사상이 핵심이다. 여기서는 천지조화 자연조화의 틀을 벗어나 인간의 의지나 신명에 의해 창조와 변화가 저절로 생기고 저절로 변화하고 저절로 사라지는 모든 내용을 포괄한다.

5. 우주에 가득 차 있는 것은 기氣이고 이것이 응취凝聚하면 형形이 된다. 그리고 기 속에는 신神이 내재하여 일체관계를 이룬다. 후천은 인존시대가 되어 인간의 마을이 크게 열려 신과 기를 주재하여 자유자재로 움직여 만물을 창조하고 변화시키는 도술조화를 부리는 조화인간의 시대가 된다.

6. 증산 상제님은 조화권능을 가지시어 조화를 마음대로 쓰시는 조화주 하느님이시다. 신명조화를 바탕으로 천지를 개벽하여 천지공사를 보셨고 조화정부를 결성하셨으며 의통조화로 개벽기에 인류를 구원하여 조화선경세계를 열어 놓으시는 조화의 주재자이시다.

7. 조화정부는 천지의 변화 정신인 이법理法을 바탕으로 하고 신도의 조화

를 주체로 하여 역사의 변화 질서를 바로잡아 다스리는 천상신명세계의 통
일정부이고 하늘과 땅과 사람을 통치하는 우주 문명개벽의 사령탑이다.

8. 조화정부에 참여한 구성원 중에서 선천역사의 인물로써 참여한 신명
들로는 세계 문명신 그룹에 이마두 최수운 주자 진묵대사 등이 있고 지방
신 그룹에 각 민족의 수호성신이 참여해 있으며 만고원신의 주벽신으로
요임금 아들 단주, 만고역신의 주벽신으로 전명숙 장군 그리고 각 성씨의
선령신들이 한 명씩 참여해 있으며 명부대왕으로 김경수, 전명숙, 김일부,
최수운, 이마두 등이 참여해 있다.

9. 상제님의 천지공사에 참여한 성도들로 구성된 부서와 주재자는 수부
소, 후비소의 주재자 태모 고 수부님, 포정소의 주재자 차경석, 대학교의
주재자 김경학, 복록소의 주재자 신경원, 수명소의 주재자 신경수 성도 등
이 있다.

10. 증산 상제님께서 이 땅에 오신 목적이 인간을 구원하여 신선의 몸을
만들어 선경세계를 건설하는 것이다. 그리하여 선과 관련된 공사를 많이
보셨다. 그중 대표적인 공사가 김호연에게 붙인 선매숭자 도수이다. 김호
연은 황학지지黃鶴之地에서 태어나 선과 깊은 관련성이 있다. 상제님께서
1905년 9월 9일부터 125일간 수도를 시켜 후천 선문명을 열도록 준비를
시키셨고 또 그의 체질을 선체질로 바꾸어주었다.

11. 증산도 선의 특징은 생활선, 삼도합일선, 태을선, 삼랑선, 과학선,
관왕선, 칠성선, 조화선, 광명선이다. 그리고 인류역사의 여명기에 있었던
창세선, 원형선, 시원선과 조화선, 교화선, 치화선을 원시반본의 정신으로
새롭게 회복하여 새롭게 여는 것이다. 특히 삼성조시대 때 삼신상제님을
모시고 우주광명 환桓을 추구하며 수행했던 삼랑들의 정신을 계승하여 새
로운 삼랑들이 결집하여 여는 삼랑선이며 광명선인 것이다.

≡ 참고 문헌 ≡

- 邱鶴亭注釋,『열선전금석 신선전금석』, 북경: 중국사회과학출판사, 1996
- 김용옥,『대학 학기 한글역주』, 서울: 통나무, 2011
- 도올 김용옥,『동경대전 2』, 서울: 통나무, 2021
- 나창수와 18인 공편,『한의학 총강』, 서울: 의성당, 2010
- 『대학 중용』, 대전: 학민문화사, 1990
- 潘啓明著,『주역 참동계해독(하책)』, 정주: 중주고적출판사, 2006
- 班固,『漢書八』, 북경: 중화서국, 1992
- 上海書店,『道藏』, 上海: 文物出版社, 1994
- 안경전,『증산도의 진리』, 대전: 상생출판, 2015
- 안경전,『환단고기』, 대전: 상생출판, 2012
- 안병주 전호근 공역,『역주장자 1』, 서울: 전통문화연구회, 2002
- 王琦 외 4인,『황제내경 소문금석』, 서울: 성보사, 1983
- 王先謙撰集,『釋名疏證補』, 上海: 上海古籍出版社, 1984
- 월간개벽 편집국,『월간개벽 295호』, 대전: 세종출판기획, 2021
- 이능화 집술 이종은 역주,『조선도교사』, 서울: 보성문화사, 1985
- 임동석 역주,『열자』, 서울: 동서문화사, 2009
- 증산도 도전편찬위원회,『증산도 도전』, 서울: 대원출판, 2003
- 진사탁 저,『외경』, 대전: 주민출판사, 2004
- 천도교중앙총부,『천도교경전』, 서울: 천도교중앙총부 출판부, 포덕133
- 許匡一 譯注,『淮南子全譯』貴陽: 貴州人民出版社, 1995

관왕 삼교론과 지상신선

원정근

필자 약력

원정근

고려대학교 철학박사.

현재 상생문화연구소 연구위원.

주요 논저

『도가철학의 사유방식-노자에서 노자지귀로』

『도와 제』

『진묵대사와 조화문명』,

『충의의 화신 관우』

「곽상 천인조화관의 연구」

「위진현학의 자연과 명교의 논쟁」

「왜 천지공사인가」

「증산도의 조화관-동학의 조화관과 연계하여」

1 왜 증산도의 후천 선사상인가

　한나라의 악부시「상화가사相和歌辭·해로薤露」에서는 "염교 잎의 이슬, 어이 쉬 마르는가? 이슬이야 말라도 내일 아침이면 다시 내리지만, 사람 죽어 한 번 가면 언제나 돌아올꼬?"[1]라고 하여, 염교 잎에 맺힌 아침 이슬에 빗대어 한 번 떠나가면 다시 돌아올 기약이 없는 인생의 덧없음을 탄식한다.「상화가사이相和歌辭二·호리蒿里」에서는 "무덤은 뉘 집 땅인고? 잘나고 못남 없이 혼백을 거둔다오. 저승사자는 어찌 그리 재촉하는고? 사람의 목숨은 잠시도 머뭇대지 못하네."[2]라고 하여, 잘난 사람이든 못난 사람이든 누구나 한 번은 죽을 수밖에 없는 인생의 고뇌와 슬픔을 노래한다.『고시십구수古詩十九首』에서는 "사는 해 백 년도 채우지 못하건만, 늘 천년의 근심을 안고 사네. 낮 짧고 밤 길어 괴롭거니와, 어찌 촛불 밝혀 놀지 않으리오? 응당 때맞춰 즐겨야 할지니, 어찌 내년을 기다리랴?"[3]라고 하여, 기껏 살아봐야 고작 백 년도 못사는 주제에 천년의 근심을 끌어안고 전전긍긍하면서 제때에 삶을 즐기지 못하는 인간의 탐욕과 무지를 질타한다.

　동서고금을 막론하고 인간의 가장 큰 숙제의 하나는 죽음과 삶의 문제이다. 예로부터 동아시아의 수도자들은 죽살이에서 벗어나는 것을 삶의 궁극적 목표로 삼았다. 육기陸機(261-303)는 죽살이를 노래하는「대모부大暮賦」에서 "대저 죽음과 삶은 얻음과 잃음 가운데 가장 큰 것이다. 그러므

---

1) 郭茂倩編撰, 聶世美等點校,『樂府詩集 上』, 上海: 上海古籍出版社, 201), p. 369. "薤上露, 何易晞? 露晞明朝更復落, 人死一去何時歸?"
2) 郭茂倩編撰, 聶世美等點校,『樂府詩集 上』, p. 370. "蒿里誰家地, 聚斂魂魄無賢愚. 鬼伯一何相催促, 人命不得少踟蹰."
3) 管巧靈編,『文選 下』, 長沙: 岳麓書社, 2002, p. 916. "生年不滿百, 常懷千歲憂. 晝短苦夜長, 何不秉燭遊, 爲樂當及時, 何能待來茲?"

로 즐거움은 이보다 더 심한 것이 없고, 슬픔은 이보다 더 깊은 것이 없다."4라고 하였다. 원효元曉(617-686)는 "죽기 괴롭거니 태어나지 말고, 태어나기 어렵거니 죽지 말지어다."5라고 하였다. 삶이 괴롭거니와 죽지 말고, 죽기 어렵거니와 다시 태어나지 말라는 것이다. 그렇다면 인간이 죽지도 않고 태어나지 않으면서 영원히 살 수 있는 불생불사不生不死의 길은 없는가? 불로장생不老長生과 불사장생不死長生을 꿈꾸는 것은 인간의 헛된 욕망에 지나지 않는 것일까?

증산도의 후천 선사상은 인간이 우주만물과 하나가 되어 매 순간 속에서 영원히 살 수 있는 길을 모색한다. 증산도에서 선仙은 단순히 유불선의 선仙이 아니다. 후천의 선도仙道로서 선천의 유불선 삼교를 포함하면서도 초월하기 때문이다. 유불선의 모체이자 태고 시대의 원형문화로서의 신교의 선사상과 동학에서 좌절된 지상신선의 꿈을 완성하려는 참동학 증산도의 후천 선사상이다. 참동학의 후천 선사상은 한국 선도의 새로운 부활을 꿈꾼다. 선의 원시반본原始返本을 추구하는 것이다.

증산도의 후천 선사상은 유불선의 정수를 모아서 후천의 신세계, 즉 조화선경세계를 여는 새로운 기틀을 마련하였다. "내 세상은 조화선경이니, 조화로써 다스려 말없이 가르치고 함이 없이 교화되며 내 도는 곧 상생이니, 서로 극剋하는 이치와 죄악이 없는 세상"(『도전 2:19:1-2)을 열려는 것이다. 후천의 조화선경造化仙境, 지상선경地上仙境, 현실선경現實仙境6 문화를 열어가는 열매문화로서의 선仙이다. 증산도의 선은 선도의 조화造化사상을 바탕으로 불로장생과 불사장생의 조화선경세계를 만들어 모든 사람들로 하여금 선풍도골仙風道骨(『도전 7:59:5)이 되게끔 하는 데 그 궁극적 목표가

---

4) 劉運好校注, 『陸士衡文集校注 上』, 南京: 鳳凰出版社, 2010, 「大暮賦」, p. 197. "夫死生是得失之大者, 故樂莫甚焉, 哀莫深焉."
5) 『삼국유사』(대전: 학민출판사, 1994), 「사복불언」, p. 355. "莫生兮其死也苦, 莫死兮其生也難."
6) 안운산, 『천지의 도 춘생추살』, 서울: 대원출판, 2007, p. 298.

있다. 후천의 지상신선으로서의 태일선太一仙 또는 태을선太乙仙이 바로 그것이다. 태을선은 우주만물과 하나가 되어 신천지와 신문명을 새롭게 여는 창조적 주체로서의 신인간을 뜻한다.

증산도의 후천의 선仙문화는 후천개벽後天開闢을 통해서 현실화된다는 점이 매우 중요하다. 새 하늘 새 땅이 열리는 후천개벽이 없다면, 진정한 의미에서 후천의 선문화가 온전하게 실현될 수 없기 때문이다. 후천개벽은 선천 상극세상의 자연질서와 문명질서를 후천 상생세상의 자연질서와 문명질서로 전환시켜 새 천지와 새 문명을 만들려는 것이다. 후천개벽은 크게 세 가지로 이루어진다. 자연개벽과 인간개벽과 문명개벽이다. 신천지에 입각한 신인간의 신문명, 즉 후천의 새 우주문명이 바로 후천개벽의 목표이자 과제이다.

2 한국선과 중국선-불사와 장생의 만남

신선사상의 근본특성은 불사不死에 있다. 신선사상은 불사不死의 관념으로부터 시작된다. 『노자』「6장」에 "골짜기의 신은 죽지 않으니, 이를 현묘한 암컷이라 한다."[7]고 하여, '곡신불사谷神不死'를 제시한다. 『춘추좌전』「소공 20년」에 "제 경공이 말했다. '예로부터 죽음이 없었다면 그 즐거움이 어떠했을까?' 안자가 대답했다. '예로부터 죽음이 없었다면 옛사람의 즐거움일 것이니, 군주께서 어찌 얻으실 수 있겠습니까?"[8]라는 말이 나온다. 이는 불사의 사상이 춘추시기에 이미 중시되고 토론되었음을 입증한다.[9]

불사의 개념이 처음으로 등장하는 것은 춘추시대이지만, 전국시대에 적지 않은 불사의 개념이 문헌에 나온다. 『산해경山海經』과 『초사楚辭』이다. 특히 『산해경』은 전국시대에서 한초에 이르는 과정에서 형성된 것으로 보이는데, 신선사상의 근본특성이라고 할 수 있는 불사의 개념이 명확하게 드러난다. 『산해경』에는 '불사수不死樹', '불사민不死民', '불사지약不死藥', '불사국不死國' 등에 대한 기록이 있다.

개명의 북쪽에 시육·주수·문옥수·우기수·불사수가 있다.[10]

죽지 않는 백성이 그 동쪽에 있는데, 이곳 사람들은 몸이 검고 오래

---

7) 樓宇烈校釋, 『老子·周易 王弼注校釋』, 臺北:華正書局, 1983, p. 16. "谷神不死, 謂之玄牝."
8) 楊伯峻, 『春秋左傳注』, 北京: 中華書局, 1983, p. 1420-1421. "公曰: '古而無死, 其樂若何?' 晏子對曰: '古而無死, 則古之樂也, 君何得焉?'"
9) 이원국, 김낙필외 옮김, 『내단』, 서울: 성균관대출판부, 2006, p. 197.
10) 郭郛注, 『山海經注證』, 北京: 中國社會科學出版社, 2004, 「海外南經」, p. 700. "開明北有視肉、珠樹、文玉樹、玕琪樹、不死樹."

살며 죽지 않는다.[11]

개명의 동쪽에 무팽·무저·무양·무리·무범·무상이 있다. 알유의 시체
를 둘러싸고 모두 죽지 않는 약을 가지고 죽음의 기운을 물리치고
있다.[12]

죽지 않는 나라가 있는데, 성은 아씨이며 감목을 먹는다.[13]

『초사』「천문」에는 '연년불사延年不死'라는 말이 나온다. "목숨을 연장하
여 죽지 않는다면, 수명은 어디에서 그치는가?"[14]라고 반문한다. 또한 『초
사』「원유」에는 "단구에 있는 선인에게 나아가, 죽지 않는 옛 고향에 머무
리라."[15]고 하였다. 이에 대한 왕일王逸의 주석에 따르면, 사람이 도를 얻으
면 몸에 새의 깃이 돋아나서 하늘을 훨훨 날아다니는 선인이 될 수 있다고
한다.[16] 선인이 되어 선향仙鄕에 올라가면, 죽지 않고 영원히 살 수 있다는
것이다.

『전국책』「초책」에는 형왕에게 불사약을 바치는 사람이 있었다는 기록
이 있다.

형왕에게 죽지 않는 약을 바친 사람이 있었다. 알현을 청하는 사람이
약을 들고 들어가자 근위병이 물었다. '먹을 수 있는가?' 알현을 청

11) 郭郭注,『山海經注證』,「海外南經」, p. 585. "不死民在其東, 其爲人黑色, 壽, 不死."
12) 郭郭注,『山海經注證』,「海內西經」, p. 700. "開明東有巫彭·巫抵·巫陽··巫履·巫凡·巫相, 夾窫
窳之屍, 皆操不死之藥以距之."
13) 郭郭注,『山海經注證』,「大荒南經」, p. 801. "有不死之國, 阿姓, 甘木是食."
14) 洪興祖, 白化文等點校,『楚辭補注』, 北京: 中華書局, 2000,「天問」, p. 96. "延年不死, 壽何所止?"
15) 洪興祖, 白化文等點校,『楚辭補注』,「遠遊」, p. 167. "仍羽人於丹丘兮, 留不死之舊鄕."
16) 洪興祖, 白化文等點校,『楚辭補注』, p. 167.

하는 사람이 말했다. '그렇습니다.' 이에 빼앗아 먹었다. 왕이 노하여 사람을 시켜 근위병을 죽이라고 하였다. 근위병이 사람을 시켜 왕에게 말하였다. '제가 알현을 청하는 사람에게 물었더니 알현을 청하는 자가 먹어도 된다기에 먹었습니다. 저에게는 죄가 없고 죄는 알현을 청하는 자에게 있습니다. 게다가 식객이 죽지 않는 약을 바쳐서 제가 그것을 먹었는데 임금님께서 저를 죽이면 죽는 약입니다. 임금님께서 죄 없는 저를 죽이시면 알현을 청하는 사람이 임금님을 속이려 한 것을 증명하는 셈입니다.' 이에 형왕이 그를 죽이지 않았다.[17]

『한비자』「외저설좌상外儲設左上」에는 "식객 가운데 연왕에게 불사의 도를 가르쳐 주겠다고 하는 사람이 있었다. 왕이 사람을 시켜서 배우게 하였다. 배우러 간 사람이 다 배우기도 전에 식객이 죽었다."[18]라고 하여, '불사不死의 도道'라는 말을 사용하고 있다.

전국 말기에서 진한의 교체기에 등장하는 신선사상의 특징은 불사不死에 있다. 사마천은 전국 말기에서 진나라 때까지의 군주들이 신선이 되기를 추구하는 여러 가지 활동들에 대해서 다음과 같이 말한다.

제나라의 위왕과 선왕, 연나라의 소왕 때부터 사람들을 발해로 보내 봉래·방장·영주를 찾게 하였다. 이 삼신산은 발해에 있으며, 사람들이 사는 곳과 멀리 떨어지지 않는 곳에 있다고 전해진다. 근심스럽게

---

17) 王守謙外 譯注, 『戰國策全譯』, 貴陽: 貴州人民出版社, 1996, 「楚策」, p. 460. "有獻不死之藥於荊王者, 謁者操以入. 中射之士問曰: '可食乎?' 曰: '可.' 因奪而食之. 王怒, 使人殺中射之士. 中射之士使人說王曰: '臣問謁者, 謁者曰可食, 臣故食之. 是臣無罪, 而罪在謁者也. 且客獻不死之藥, 臣食之而王殺臣, 是死藥也. 王殺無罪之臣, 而明欺王.' 王乃不殺."
18) 陳奇猷校注, 『韓非子新校注』, 上海: 上海古籍出版社, 2000, 「外儲設左上」, p. 676. "客有教燕王爲不死之道, 王使人學之, 所使學者未及學而客死."

도 그곳에 이를 만하면 바람이 불어 배를 밀어냈다. 삼신산에 가 본
적이 있는 사람들에 따르면, 뭇 선인과 불사약이 다 그곳에 있다. 그
곳의 사물들과 짐승은 모두 희고, 황금과 은으로 궁궐을 지었다고
한다. 도착하기 전에 멀리서 보면 구름과 같고, 도착하면 삼신산이
도리어 물 아래에 잠겨 있는 듯하다. 도착할 만하면, 바람이 곧 밀어
내 끝내 이를 수 없다. 세상의 군주치고 마음으로 기뻐하지 않는 이
가 없었다. 진시황이 천하를 병합한 뒤에 바닷가를 순시하자 방사들
이 이런 일을 이루 헤아릴 수 없을 정도로 많이 말하였다.[19]

『사기』「봉선서」에 따르면, 제나라의 위왕과 선왕, 연나라의 소왕이 발
해에 있는 것으로 알려진 봉래와 방장과 영주의 삼신산을 찾고, 선인과 불
사약을 탐색했다. 삼신산과 신선의 불사약에 대한 탐사열풍은 진시황에
서 최고의 단계에 이르고 한 무제까지 지속된다. 전국시대에서 진한에 이
르기까지 제왕들은 신선을 추구하는 구선求仙의 활동을 벌여왔음을 보여
주는 것이다. 구선의 활동은 신선과 선계를 신앙하는 데서 출발한다.
  놓치지 말아야 할 것은 제나라와 연나라의 불사의 관념은 초월적 불사
를 추구하던 동방 신교문화의 영향을 받은 것이라는 사실이다.[20] 현실주
의 성격이 강한 중국의 신선사상은 진한 이후로 삼신산과 신선에 대한 탐
사열풍이 점차 시들해지면서 신선에 대한 새로운 인식과 발상의 전환을
이룬다. 신적이고 초월적인 신선을 인간적이고 역사적인 존재로 전환시키

---

19) 司馬遷, 『史記』, 北京: 中華書局, 1976, 「封禪書」, p. 1369-1370. "自威宣燕昭使人入海求蓬
萊方丈瀛洲. 此三神山者, 其傳在渤海中, 去人不遠; 患且至, 則船風引而去. 盖嘗有至者, 諸仙人及
不死之藥皆在焉. 其物禽獸盡白, 而黃金銀爲宮闕. 未至, 望之如雲; 及到, 三神山反居水下. 臨之,
風輒引去, 終莫能至云. 世主莫不甘心焉. 及至秦始皇幷天下, 至海上, 則方士言之不可勝數."
20) 김성환, 「최치원 '국유현묘지도'설의 재해석」, 도교문화학회: 『도교문화연구』 제34집,
2011, 55쪽.

려는 것이다.

그렇다면 신선神仙이란 과연 어떤 존재인가? 신선은 '신神'과 '선仙'의 합성어이다. '신'의 개념은 '선'의 개념보다 더 일찍 출현하였다.[21] 중국 고대에서 '신'은 대체로 '천신天神'을 가리킨다. 후한의 허신許愼의 『설문해자』에 따르면, "신神이란 천신이 만물을 이끌어내는 것이다. 시示는 의미 요소이고, 신申은 발음 요소이다."[22] 여기서 "천신이 만물을 이끌어낸다"는 것은 만물을 생성시키는 천신의 특이한 능력을 말한다. 이런 의미에서 유향은 『설원』 「수문」에서 "신령이란 것은 천지의 근본이고, 만물의 시초이다."[23] 라고 한다. '따라서 '신'은 천상에 존재하면서 조물주처럼 우주만물을 생성하고 변화시키는 조화造化의 모체를 뜻한다.

'선仙'은 상고시대에 '선僊'으로 기술하였다. 『설문해자』에서는 '선僊'을 해석하면서, "사람이 산 위에 있는 모양"[24]이라고 하였다. 여기서 '모兒'는 모양(모貌)의 옛 글자이다. '선僊'은 상형자로서 높은 산 위에 사는 사람을 가리킨다. 옛날 사람들은 높은 산에 만물을 생성하게 하는 특수한 능력이 있다고 생각하였다. 또한 높은 산의 정상은 천상과 연결되어 있기 때문에 그곳에 사는 선인의 상승적, 초월적 성격을 강조하는 것이라고 볼 수 있다. 이는 선의 개념이 산악숭배와 밀접한 연관성을 지니고 있는데, 후대의 '지선地仙'의 개념과도 연결되어 있다.[25]

또한 '선'은 한나라 이전에는 '선僊'으로 썼다. '선僊'은 크게 두 가지의 의미가 있다. 첫째, 장생불사하여 하늘로 올라가는 것을 뜻한다. 『설문해

---

21) 丁培仁, 『求實集』, 成都: 巴蜀書社, 2006, p. 49.
22) 許愼, 段玉裁注, 『說文解字注』, 臺北: 黎明文化事業公司, 1985, p. 3. "神, 天神引出萬物者也, 以示, 申聲."
23) 王鍈·王天海譯注, 『說苑全譯』, 貴陽: 貴州出版社, 1992, p. 810-811. "神靈者, 天地之本, 而爲萬物之始也."
24) 許愼, 段玉裁注, 『說文解字注』, p. 387. "人在山上兒."
25) 孫昌武, 『詩苑仙踪: 詩歌與神仙信仰』, 南京: 南京大學出版社, 2005, p. 2.

자』에서 '선僊'은 "오래 살다가 신선이 되어 하늘로 올라간다."[26]는 뜻이다. 장생長生과 승천昇天은 선의 요체이다. 『장자』「천지」에는 선인에 대해 다음 과 같은 기술이 있다.

천하에 도가 있으면 만물과 함께 번창하고, 천하에 도가 없으면 덕을 닦아 한가롭게 지낸다. 천 년을 살다가 세상에 싫증이 나면 떠나서 하늘로 올라가 신선이 된다. 저 흰 구름을 타고 천제의 고향에 이르 니, 세 가지 근심이 이르지 못하고 몸에는 늘 재앙이 없다.[27]

여기서 세 가지 근심이란 질병과 노쇠와 죽음을 가리킨다. 신선이 되면, 질병과 노쇠에서 벗어나고 생사의 고통에서 탈출하여 천지 사이에서 자유 롭게 노닐 수 있다.[28]

둘째, '선僊'은 춤추는 옷소매가 바람에 펄럭인다는 뜻이다. '선'은 본래 긴 소매 옷자락을 휘날리며 춤춘다는 뜻이다. 너울너울 춤추며 하늘을 자 유로이 날아오르는 신령스러운 존재가 바로 신선이다. 답답하고 복잡한 일상의 굴레에서 벗어나 천지만물과 하나가 되어 아무 근심이나 걱정 없 이 자유롭게 소요하는 존재이다. 청나라의 단옥재段玉裁(1735-1815)는 『설 문해자』의 주석에서 '선'을 "소매를 펄럭여 춤추며 날아오르는 것"[29]을 뜻 한다고 해석하였다.

'선仙'이라는 글자가 본격적으로 등장하는 것은 한나라이다. 한대의 훈 고학자 유희劉熙는 『석명釋名』「석장유釋長幼」에서 "늙어도 죽지 않고 오래

---

26) 許愼, 段玉裁注, 『說文解字注』, p. 387. "長生仙去."
27) 郭慶藩集釋, 『莊子集釋』, 北京: 中華書局, 1982, 「天地」, p. 421. "天下有道, 則與物皆昌; 天 下無道, 則修德就閑; 千歲厭世, 去而上僊. 乘彼白雲, 至于帝鄕."
28) 이원국, 김낙필외 옮김, 『내단』, p. 196.
29) 許愼, 段玉裁注, 『說文解字注』, p. 387. "舞袖飛揚"

사는 것을 선이라 한다. 선은 옮긴다는 뜻이다. 옮겨서 산속으로 들어간다
는 뜻이다."[30]라고 한다. 선술을 터득하여 더럽고 번잡한 세속을 떠나 깊은
산속에 들어가 사는 존재를 신선으로 파악한다. 여기서 우리는 유희가 선
을 형성자이면서도 회의자로 보고 있음을 알 수 있다.

이상에서 살펴본 것처럼, 신선은 대체로 세 가지 특성-초월적超越的 특성
과 비상적飛翔的 성격과 불사적不死的 성격-을 지닌 존재라고 할 수 있다. 신선
은 기본적으로 장생불사하면서 인간세상을 떠나서 산속에서 자유롭게 살
면서 하늘로 가볍게 날아오를 수 있는 존재이므로 신과는 뚜렷하게 구별
된다.

신선에서 '신'과 '선'의 두 글자는 병렬관계일 수도 있고 수식관계일 수
도 있다. 두 글자의 관계를 병렬관계로 보느냐, 아니면 수식관계로 보느냐
에 따라 그 의미 파악이 달라진다. 병렬관계로 보면, 신선은 신인과 선인
의 생략형이다. 수식관계로 보면, 신선은 신령스러운 선인의 의미가 될 것
이기 때문에 신선을 다른 어떤 존재와도 구별시켜 준다는 의미에서 그 의
미의 중점은 선에 있다고 하겠다.[31] 신이 선의 수식어가 될 경우에는 선의
속성은 신의 능력을 통해 드러난다. 그런데 도교에서 신선은 두 번째의 의
미에 치중하는 것으로 고대인들의 장생불사에 대한 추구와 그런 능력을
확장하려는 소망을 반영한다.

선진시대에는 신과 선에 대한 엄격한 구분이 있었다. 하지만 진한시대에
이르러 신과 선이 점차 합치되면서 그 경계선이 애매모호하게 된다. 사마
천司馬遷은 『사기』「봉선서」에서 '신'과 '선'을 나누어 서술하면서도 하나의
합성어로 보고 있다.

후한시대의 반고班固(3-54)는 『한서』「예문지」에서 '신선가神仙家'라는 항

---

30) 劉熙, 『釋名』, 臺北: 臺北商務印書館, 1967, p. 23. "老而不死曰仙. 仙, 遷也, 遷入山中也."
31) 정재서, 『불사의 신화와 사상』, 서울: 민음사, 1994, p. 32-33.

목을 따로 두어 불사에 관한 전문적인 기록을 남겼다. 그는 신선가를 다음과 같이 정의한다.

신선이란 성명의 참됨을 보존하고, 노닐면서 세상 밖의 것을 구하려는 자들이다. 애오라지 뜻을 씻어내고 마음을 평온하게 하며 삶과 죽음의 영역을 같이하여 가슴속에 한 점 두려움도 없게 하는 것이다.[32]

반고가 지적한 것처럼, 신선은 생명의 참모습을 보존하고 생사의 한계를 초월하는 장생불사를 추구하는 존재이다. 반고가 보기에 신과 선은 본래 같은 것이다. 반고는 신선을 한 낱말로 붙여 쓰고 있다.

위진현학자 혜강은 「양생론養生論」에서 신선은 기이한 기운을 타고난 사람이기 때문에 인간이 학문을 통해서 신선이 될 수 없다는 점을 분명하게 기술하였다.[33] 그러나 도교의 신선술과 금단술에 통달하였던 갈홍葛洪(283-363)은 인간이 도를 배워서 누구나 신선이 될 수 있다는 '학도구선學道求仙'을 주장한다. 그는 『포박자내편』「근구勤求」에서 "신선은 배워서 이를 수 있는 것이다. 마치 피와 기장을 파종하여 얻을 수 있는 것과 같으니, 매우 분명한 사실이다."[34]라고 강조한다. 갈홍은 신선을 세 단계로 구분하여 '신선삼품설神仙三品說'을 제시한다. '천선天仙'과 '지선地仙'과 '시해선尸解仙'이다.

---

32) 班固, 『漢書』(北京: 中華書局, 1976), 「藝文志」, p. 1780. "神僊者, 所以保性命之眞, 而游求於外者也. 聊以盪意平心, 同死生之域, 而忧惕於胸中."
33) 戴明揚校注, 『嵇康集校注』, 北京: 人民文學出版社, 1962, 「養生論」, p. 143-144. "世或有謂: '神仙可以學得, 不死可以力致者.'…夫神仙雖不見, 然記籍所載, 前史所傳, 較而論之, 其有必矣; 似特受異氣, 稟之自然, 非積學所能致也.'"
34) 王明校釋, 『抱朴子內篇校釋』, 北京: 中華書局, 1988, 「勤求」, p. 260. "仙之可學致, 如黍稷之可播種得, 甚炳然耳."

상사는 몸을 들어 하늘로 올라가니, 천선이라 한다. 중사는 명산에 노니니, 지선이라 한다. 하사는 우선 죽었다가 나중에 허물을 벗으니, 시해선이라 한다.[35]

'천선'은 몸을 들어 하늘로 올라가 천상에서 자유로이 노니는 신선을 말한다. '지선'은 지상의 명산대천을 노니는 신선을 말한다. '시해선'은 매미가 허물을 벗어 갱신하는 것처럼 우선 죽었다가 나중에 육신의 거추장스런 껍질에서 벗어날 수 있는 신선을 말한다.[36] 주목해야 할 것은 갈홍이 신선의 도를 얻은 사람을 세 부류로 나누면서 이 세상에 머물며 오래오래 사는 신선을 최하의 신선으로 본다는 점이다.[37]

한국선과 중국선은 어떻게 다른가? 한국선과 중국선이 모두 불사不死의 선과 장생長生의 선을 추구하는 측면에서는 같지만 그 궁극적 지향점은 다르다. 한국선이 초월성이 강한 불사의 선이라면, 중국선은 현실성이 강한 장생의 선이다. 중국문화는 다른 나라의 문화와 비교할 때, 종교성보다는 현실성이 강한 특징을 갖는다. 중국문화는 중국인의 현실적 삶의 방식과 매우 밀접한 연관성을 지닌 문화모형이다. 이에 비해 한국문화는 중국문화에 비해서 종교의 초월성이 강한 문화이다.[38] 한국문화와 중국문화의 만남은 선문화의 측면에서 매우 중요한 의미를 지닌다. 초월성이 강한 불사의 한국선과 현실성이 강한 장생의 중국선의 만남이 이루어지기 때문이다.

---

35) 王明校釋, 『抱朴子內篇校釋』, 「論仙」, p. 20. "上士擧形昇虛, 謂之天仙. 中士遊於名山, 謂之地仙. 下士先死後蛻, 謂之尸解仙."
36) 정재서, 앞의 책, p. 129.
37) 王明校釋, 『抱朴子內篇校釋』, 「金丹」, p. 76. "上士得道, 昇爲天官; 中士得道, 棲集崑崙, 下士得道, 長生世間."
38) 김성환, 「황로도의 연구: 사상의 기원과 사조의 계보」, p. 61.

　장생의 선과 불사의 선은 근본적인 차이점이 있다. 장생의 선은 유형의 형체를 가진 인간이 일상적인 사람들에 비교해서 상대적으로 장구한 시간을 사는 것을 추구하며, 불사의 선은 무형의 참된 몸을 지닌 인간이 생사의 대립에서 벗어나 시공을 넘어서 영원한 현재의 삶을 추구하기 때문이다. 특히 불사의 선은 지금 이 순간 속에서 영원한 현재의 삶을 추구하는 것이다. 동아시아의 내단사상은 시간의 흐름에 따라 장생의 선에서 불사의 선으로 성숙되는 과정이라고 할 수 있다.[39]

　그렇다면 한국선의 근본적인 특성은 어디에 있는 것일까? 한국선은 삼신일체상제三神─體上帝를 섬기는 국선國仙에 그 중점이 있다. 동방 9천 년 선문화의 원형은 '삼랑선三郞仙'이다. '삼랑'이란 말은 본래 '삼시랑三侍郞'이라고 부르는데, 『태백일사』「신시본기」에 나오는 '삼신시종지랑三神侍從之郞'[40]의 줄임말이다. 삼신일체상제三神─體上帝와 하나가 되어 영원한 삶을 살고자 하는 선인을 가리킨다. 삼신일체상제의 광명을 회복하고 널리 인간을 이롭게 하려는 홍익인간弘益人間의 삶을 실천한 국선國仙들이다. 한민족사의 시원 나라인 배달국의 천황랑, 단군조선의 국자랑, 고구려의 조의선인, 백제의 무절, 신라의 화랑 등이 모두 삼랑이다. 삼랑은 한국의 선맥을 계승하여 신선세계를 추구한 사람들이다.

　한국의 선도에서 특히 주목해야 할 것은 수운의 동학이다. 수운의 동학은 인간이 지상에서 신선으로 사는 세상을 꿈꾸었다. 수운은 '선어', '선약', '선풍', '신선', '지상신선' 등의 개념을 다양하게 사용하고 있다. 수운의 '선'은 수련을 통해 불사와 장생을 추구하는 것이다. 그런데 수운의 '선'에서 중요한 것은 '다시 개벽'과 맞물린 '선'이란 점이다. 세계와 인간

---

39) 戈國龍, 『道教內丹學探微』, 北京: 中央編譯出版社, 2012, p. 49.
40) 안경전 역주, 『환단고기』, 대전: 상생출판, 2014, p. 400. "護守三神, 以理人命者, 爲三侍郞, 本三神侍從之郞."

이 다함께 개벽되어 새 생명으로 거듭나는 '선'이란 사실이다.

수운의 선은 조화사상과 밀접하게 맞물려 있다. 수운은 『동경대전』「논학문」에서 "조화라는 것은 함이 없이 변화하는 것이다."[41]라고 하여, '조화'를 '무위이화無爲而化'로 해석한다. '무위이화'는 본래 우주만물이 누가 그렇게 되도록 시키지 않아도 저절로 그러하게 생겨나고 변화하는 창조적 조화작용을 말한다. 그러나 주목해야 할 것이 있다. 수운에서 '조화'는 단순히 우주만물의 창조적 변화작용을 뜻하지 않는다는 사실이다. 왜냐하면 수운에서 천지만물의 자연변화를 가능케 하는 그 바탕에는 모든 변화를 주관하는 조화주의 주재성, 즉 천주조화天主造化가 전제되어 있기 때문이다.

대저 예로부터 지금까지 봄과 가을이 번갈아 갈마들고, 사계절의 번성과 쇠퇴가 옮기지도 않고 바뀌지도 아니하나니, 이 또한 천주조화의 자취가 온 천하에 밝게 드러난 것이다. 어리석은 사내와 어리석은 백성은 비와 이슬을 내려 주시는 (천주의) 은택인 줄을 알지 못하고 함이 없이 절로 변화하는 줄만 안다.[42]

수운의 선사상은 조화사상을 근거로 하여 '동귀일체同歸一體'를 궁극적 목표로 삼는다. 수운사상의 핵심은 잘못된 세계관을 비판하는 데서 출발한다. 수운은 「포덕문」에서 "또 근래에 오면서 온 세상 사람들이 각자위심하여 천리를 순종치 아니하고 천명을 돌아보지 아니하므로 마음이 항상 두려워 어찌할 바를 알지 못하였더라."[43]고 하여, 당대에 만연했던 자신의

---

41) 『東經大典』「論學文」. "造化者, 無爲而化也."
42) 『東經大典』「布德文」. "盖自上古以來, 春秋迭代, 四時盛衰, 不遷不易, 是亦天主造化之迹, 昭然于天下也. 愚夫愚民, 未知雨露之澤, 知其無爲而化矣."
43) 『東經大典』「布德文」. "又此挽近以來, 一世之人, 各自爲心, 不順天理, 不顧天命, 心常悚然, 莫

이익만을 추구하는 각자위심各自爲心의 파편화된 세상을 비판한다. 수운이 보기에 세계와 인간의 근원적 문제점은 자타를 이분화하는 주객이분법적 세계관에서 비롯된다. 수운은 각자도생各自圖生을 꾀하는 자아위주의 세계 관에서 동귀일체의 세계관으로의 새로운 전환을 모색한다.

수운은 「교훈가敎訓歌」에서 "그럭저럭 할 길 없어 없는 정신 가다듬어 한 울님께 아뢰오니 한울님 하신 말씀 '너도 역시 사람이라 무엇을 알았으며 억조창생 많은 사람 동귀일체同歸一體 하는 줄을 사십 평생 알았더냐.'"[44]라 고 하고, 또 「도덕가道德歌」에서 "그러나 한울님은 지공무사至公無私 하신 마 음 불택선악不擇善惡 하시나니 효박淆薄한 이 세상을 동귀일체同歸一體 하단 말가"[45]라고 하였다. 억조창생에게 동학東學을 가르쳐서 천주께 동귀일체同 歸一體 시키겠다는 것이다. 동귀일체는 우주만물이 모두 한 몸으로 돌아간 다는 뜻이다. 그렇다면 어떻게 우주만물이 한 몸으로 돌아갈 수 있는가?

우주만물은 천지부모인 천주의 조화에서 이루어진 것이기 때문에 모두 한 가족이다. 천지조화의 정점에 조화주로서 상제(천주)가 있다. 동귀일체 는 천주 모심의 시천주를 전제로 한다. 천주를 모심으로써 우주만물과 한 몸이 되는 것이다. 수운은 인간이 천주조화에 창조적으로 참여하는 것을 조화정造化定이라고 정의한다. 수운에 따르면, "조화라는 것은 함이 없이 변화하는 것이다. 정은 그 덕에 합하여 그 마음을 정립하는 것이다."[46] 조 화의 정립은 천주의 무궁한 조화인 무위이화無爲而化를 체험할 수 있는 경 지에 이르는 것이다. 천도의 자연조화의 이치를 자각함으로써만 인도로서 의 인간의 창조적 조화참여가 가능하다는 것이다.[47]

知所向矣."
44) 『용담유사』, 「교훈가」.
45) 『용담유사』, 「도덕가」.
46) 『東經大典』, 「論學文」. "造化者, 無爲而化也. 定者, 合其德, 定其心也."
47) 조용일, 『동학의 조화사상연구』, 서울: 동성사, 1990, p. 11.

동귀일체同歸一體의 의미는 조화주 천주께 정성(誠)을 다하고 믿음(信)을 다하며 공경(敬)을 다해서 천주의 덕과 합치하고(合其德) 천주의 마음을 정립(定其心)함으로써 우주만물과 한몸이 되는 천인합일天人合一의 경지에 도달하는 것을 말한다. 인간의 마음이 천주의 마음이 되고, 천주의 마음이 인간의 마음이 되는 것이다. 이런 맥락에서, 수운은 인간의 마음 속에 신선이 되는 불사약을 지니고 있다고 본다. 그렇다면 선약이란 무엇인가? 천주를 극진히 모시는 성경신의 마음으로 천주의 마음과 하나가 되고 천주의 지극한 기운과 하나가 되는 것이 바로 마음 속에 깃들인 불사약이다.

수운의 선은 조화의 선이다. 조화의 선은 온 천지를 조화로 넘쳐나게 하는 자연조화의 선이고, 인간이 자기수양을 통해 마음과 기운을 바로잡아 신선이 되는 자기조화의 선이며, 동양의 유불선과 서양의 천주교를 통섭하는 문명조화의 선이다. 수운의 선은 자연과 인간과 문명이 다 같이 창조적 변화작용으로 충만한 세상을 만들려는 것이다.

동아시아 인문학에서 매우 중요한 과제는 '되돌아감'(귀歸)의 문제이다. 『시詩·폐풍邶風·식미式微』에서는 "호불귀胡不歸?"[48]를 강조하였고, 『사기』「백이열전」에서는 백이와 숙제가 「채미가采薇歌」에서 노래한 "내 어디로 돌아가야 할꼬?"(아안적귀의我安適歸矣?)[49]를 강조하였으며, 『노자』에서는 '복귀復歸'[50]를 강조하였다. 동아시아에서 되돌아감을 중시한 대표적 인물은 동진 시대의 도연명(365-427)이다. 남송南宋의 주자지周紫芝(1082-1155)는 『태창제미집太倉稊米集·난후병득도두이집亂後並得陶杜二集』에서 "두보에게는 구절마다

---

48) 程俊英·蔣見元, 『詩經注析』, 濟南: 濟魯書社, p. 98. "式微式微, 胡不歸? 微君之故, 胡爲乎中露? 式微式微, 胡不歸? 微君之躬, 胡爲乎泥中?"

49) 司馬遷, 『史記』, 北京: 中華書局, 1996, 「伯夷列傳」, p. 2123. "'神農虞夏忽焉沒兮, 我安適歸矣? 吁嗟徂兮, 命之衰矣!' 遂餓死於首陽山."

50) 樓宇烈校釋, 『老子·周易 王弼注校釋』, p. 74. "知其雄, 守其雌, 爲天下谿. 爲天下谿, 常德不離, 復歸於嬰兒. 知其白, 守其黑, 爲天下式. 爲天下式, 常德不忒. 復歸於無極. 知其榮, 守其辱, 爲天下谷. 爲天下谷, 常德乃足, 復歸於樸."

나라를 걱정하는 것이 있고, 도연명에게는 돌아감을 말하지 않는 시가 없다."[51] 동아시아 인문학은 고대로부터 지금에 이르기까지 몸과 마음이 편안하게 살 수 있는 진정한 삶의 고향을 찾아 돌아갈 수 있는 길을 모색하였다.

증산 상제는 "천상무지천天上無知天하고 지하무지지地下無知地하고 인중무지인人中無知人하니 지인하처귀知人何處歸리오, 천상에서는 하늘 일을 알지 못하고 지하에서는 땅 일을 알지 못하고 사람들은 사람 일을 알지 못하나니 삼계의 일을 아는 자는 어디로 돌아가리."(『도전』 2:97:3)라고 하였다. 공중을 나는 새들도 날이 어두워지면, 제 둥지를 찾아 돌아갈 줄을 안다. 두견새는 오늘도 세상 사람들에게 본향을 찾아 돌아가야 한다고 '불여귀不如歸'를 부르짖고 있다.[52] 그렇다면 우리는 도대체 어디로 돌아가야 하는가?

51) 『文淵閣四庫全書』, 臺北: 臺灣商務印書館, 1983, 1141冊, 卷10, p. 71. "少陵有句皆憂國, 陶令無詩不說歸."
52) "슬프다! 저 새소리 귀촉도 불여귀不如歸를 일삼더라." (『도전』 10:3:7)

3 증산도의 선과 조화

증산도 사상의 핵심과제의 하나는 선仙사상이다. 태모 고 수부는 증산
도의 선사상을 이렇게 말한다.

하루는 태모님께서 말씀하시기를 "내가 하는 일은 다 신선神仙이 하
는 일이니 우리 도는 선도仙道니라." 하시고 "너희들은 앞으로 신선
을 직접 볼 것이요, 잘 닦으면 너희가 모두 신선이 되느니라." 하시니
라. 또 말씀하시기를 "신선이 되어야 너희 아버지를 알아볼 수 있느
니라." 하시니라.(『도전』 11:199:7-9)

증산도의 후천 선사상은 한 마디로 말해서 신선이 되는 길을 모색하는
데 있다. 증산 상제는 중국의 팔선 가운데 한 사람인 여동빈의 고사를 인
용하여 신선사상을 해명하는 단초로 삼고 있다.

또 나의 일은 여동빈呂洞賓의 일과 같으니 동빈이 사람들 중에서 인
연 있는 자를 가려 장생술長生術을 전하려고 빗 장수로 변장하여 거리
에서 외치기를 '이 빗으로 빗으면 흰머리가 검어지고, 빠진 이가 다
시 나고, 굽은 허리가 펴지고, 쇠한 기력이 왕성하여지고 늙은 얼굴
이 다시 젊어져 불로장생하나니 이 빗 값이 천 냥이오.' 하며 오랫동
안 외쳐도 듣는 사람들이 모두 '미쳤다.'고 허탄하게 생각하여 믿지
아니하더라. 이에 동빈이 그중 한 노파에게 시험하니 과연 흰머리가
검어지고 빠진 이가 다시 나는지라 그제야 모든 사람이 다투어 사려
고 모여드니 동빈이 그 때에 오색구름을 타고 홀연히 승천하였느니

라.(『도전』7:84:3-8)

신선이 되는 길은 어디에 있는가? 누가 신선이 되는 길을 찾을 수 있는 가? 증산 상제는 옛 시를 한 수 읊조리며 "청룡황도대개년靑龍皇道大開年에 왕기부래태을선王氣浮來太乙船이라, 수능용퇴심선로誰能勇退尋仙路리오 부불모 신몰화천富不謀身歿貨泉이라. 청룡의 황도가 크게 열리는 해에 왕도王道의 운 기 태을선을 띄워 오네. 누가 용감히 부귀영화 물리치고 신선의 길을 찾을 수 있으리오. 부로는 네 몸 사는 길을 꾀할 수 없나니 재물에 빠져 죽느니 라."(『도전』7:62:2)고 말하였다. 인간이 진정으로 살 수 있는 길은 세속의 부귀영화에 빠지지 않고 신선이 되는 길에 있다는 것이다.

증산도 신선사상의 핵심은 조화造化에 있다. 증산 상제는 "불지형체佛之形 體요 선지조화仙之造化요 유지범절儒之凡節이니라. 불도는 형체를 주장하고 선 도는 조화를 주장하고 유도는 범절을 주장하느니라."(『도전』2:150:2)라고 하였다. 증산도의 선은 조화선造化仙이다. 조화선은 우주만물을 창조적으로 변화시켜 모든 생명을 다시 새롭게 태어나게 하는 것을 말한다. 조화는 만 든다는 뜻의 조造 자와 변화한다는 뜻의 화化 자의 복합어이다. 모든 만물 이 누가 그렇게 되도록 시키지 않아도 저절로 그러하게 생겨나고 변화한다 는 뜻이다. '자조自造'와 '자화自化'가 바로 그것이다.

조화란 말이 고대 중국의 문헌에서 처음으로 등장하는 것은 『장자莊子』 「대종사大宗師」이다. 『장자』는 "이제 한결같이 천지를 큰 화로로 삼고 조화 를 큰 대장장이로 삼는다면. 어디에 간들 옳지 않으리오!"[53]라고 하여, 천 지를 만물의 본질을 뜻하는 화로로 삼고 조화를 만물의 작용을 뜻하는 대 장장이로 간주한다. 여기서 『장자』가 말하는 조화는 우주만물의 저절로

---

53) 郭慶藩集釋, 『莊子集釋』, 「大宗師」, p. 262. "今一以天地爲鑪, 以造化爲大冶, 惡乎往而不 可!"

그러한 창조적 변화작용을 뜻한다.

서한 초의 가의賈誼(201~169)는 「복조부鵬鳥賦」에서 『장자』의 조화사상을 계승하여 천지와 조화와 만물을 각기 화로와 대장공과 구리에 비유한다. "대저 천지를 화로로 삼고 조화를 공인으로 삼으며, 음양을 숯으로 삼고 만물을 구리로 삼는다. 합치하고 흩어지며 사그라지고 자라나니, 어찌 일정한 준칙이 있겠는가? 천만 가지로 변화하여 애초에 한계가 있지 않도다!"[54] 가의에서 천지는 만물의 본질이고, 조화는 만물의 작용이며, 만물은 만물의 모습에 해당하기 때문에 삼자는 삼위일체적 구조와 관계를 이루고 있다.

조화는 철학적인 측면뿐만 아니라 예술적인 측면에서도 매우 중요한 의미를 지니고 있다. 왜냐하면 중국 회화에서는 우주만물의 창조적 변화작용을 뜻하는 조화를 회화의 원천으로 간주하기 때문이다. 당나라의 장언원張彦遠(815-879)은 『역대명화기·권10』에서 "밖으로는 조화를 배우고, 안으로는 마음의 근원을 얻는다."(外師造化, 中得心源.)라고 하였다. 이는 장언원이 "마음은 조화를 배운다."(심사조화心師造化)라고 주장하여 예술주체의 능동적 작용을 상대적으로 소홀히 하는 남북조 시대의 요최姚最(586-630)의 한계점을 극복하기 위한 것이다. 예술주체와 예술객체를 이분화하는 요최의 문제점을 예리하게 간파한 것이다. 장연원은 예술객체(조화造化)와 예술주체(심원心源)의 관계를 정경교융情景交融의 경지에서 하나로 융합하려는 것이다.[55]

그러나 증산도의 조화사상은 선천이 후천으로 뒤바뀌는 개벽사상에 그 초점이 있다. 동아시아의 조화사상이 단순히 철학이나 예술에서 우주만물

---

54) 王洲明·徐超校注, 『賈誼集校注』, 北京: 人民出版社, 1996, 「鵬鳥賦」, p. 416-417. "且夫天地 爲爐兮, 造化爲工; 陰陽爲炭兮, 萬物爲銅. 合散消息兮, 安有常則? 千變萬化兮, 未始有極!"
55) 成復旺主編, 『中國美學範疇辭典』, 北京: 中國人民大學出版社, 1995, p. 498-499.

의 창조적 변화과정만을 해명하는 것과는 본질적 차이가 있다. 증산 상제는 삼계대권을 주재하는 조화권능을 지닌 조화주다. 조화주 증산 상제는 인간으로 세상에 나와서 천지공사를 통해 구천지의 상극질서를 신천지의 상생질서로 전환시켜 후천의 조화선경세계를 건설하려고 한다. 증산도의 조화사상은 선천의 상극세상을 후천의 상생세상으로 바꾸려는 천지공사에 그 핵심이 있다.

> 나는 조화로써 천지운로를 개조改造하여 불로장생의 선경仙境을 열고
> 고해에 빠진 중생을 널리 건지려 하노라.(『도전』 2:15:5)

한국에서 조화사상은 중국과는 달리 철학이나 예술의 분야에서 시작된 것이 아니라 처음부터 종교적인 차원에서 제시된 것이다. 신교의 삼신사상을 담고 있는 『환단고기』에는 삼신-조화신造化神, 교화신敎化神, 치화신治化神-의 하나로 조화신이 등장한다. 조화신은 우주만물을 창조적으로 생성하고 변화시키는 역할을 주관한다.[56]

이런 삼신의 조화사상이 오랫동안 세상에 빛을 보지 못하다가, 조선 후기에서 이르러서 후천의 개벽사상과 맞물리면서 새롭게 조명된다. 여기서 우리가 주목해야 할 것이 있다. 조선 후기에 등장하는 조화사상은 그 이전의 동아시아의 조화사상과는 질적으로 그 차원을 달리한다는 사실이다. 왜냐하면 19세기 조선조 후기의 정역과 동학과 증산도에서 말하는 조화사상은 선후천의 개벽사상을 전제로 하기 때문이다. 따라서 조선조 후기의 조화사상은 선천 세상의 자연과 문명이 후천세상의 새로운 자연과 문명으로의 동시적 변화와 전환을 가능케 하는 후천 개벽사상과 매우 밀

---

56) 원정근, 「『환단고기』의 도와 제」, 「세계환단학회지」 5권 1호, 2018, p. 116.

접한 연관성을 지니고 있다.

증산도의 조화사상은 모든 사상의 근원적 바탕을 이룬다. 모든 변화가 통일로 돌아가는 후천 개벽기에 이상세계를 건립하는 근본적인 원동력이다. 조화사상은 삼계대권을 주재하는 조화주 증산 상제의 조화권능에서 비롯된다. 증산 상제는 "모든 것이 나로부터 다시 새롭게 된다."(『도전』 2:13:5)는 놀라운 선언을 하였다. 인간을 포함한 천지만물이 선천의 낡고 병든 질서를 벗어나 증산 상제의 조화권능으로 다시 새롭게 태어난다는 뜻이다.

> 이제 온 천하가 큰 병大病에 들었나니 내가 삼계대권을 주재하여 조화造化로써 천지를 개벽하고 불로장생不老長生의 선경仙境을 건설하려 하노라. 나는 옥황상제玉皇上帝니라.(『도전』 2:16:1~3)

증산 상제는 삼계대권을 주재하는 조화권능을 가지고 모든 법을 합하여 써서 창조적 변화작용이 넘쳐나는 조화세상을 열고자 한 것이다.

> 남아가 출세하려면 천하를 능히 흔들어야 조화가 생기는 법이라. 이 세상은 신명조화神明造化가 아니고서는 고쳐 낼 도리가 없느니라. 옛 적에는 판이 작고 일이 간단하여 한 가지 신통한 재주가 있으면 능히 난국을 바로잡을 수 있었거니와 이제는 판이 워낙 크고 복잡한 시대를 당하여 신통변화와 천지조화가 아니고서는 능히 난국을 바로잡지 못하느니라. 이제 병든 하늘과 땅을 바로잡으려면 모든 법을 합하여 써야 하느니라.(『도전』 2:21:1~5)

중요한 것은 우주만물을 새롭게 바꾸는 천지공사 자체가 천지조화의 산물이라는 것이다. 천지는 오묘한 변화작용을 통해 온갖 사물을 생성하고 변화시킨다. '천지조화天地造化'(『도전』 11:77:3)가 바로 그것이다. 크고 작은 일을 막론하고, 모든 일은 신명조화神明造化로 이루어진다. 신명은 조화를 부리는 신묘한 존재이다. 이런 의미에서 증산 상제님은 이 세상은 신명조화가 아니고서는 고쳐낼 도리가 없다고 한다. 중요한 것은 인간이 천지보다 더 큰 조화를 지어낼 수 있는 창조적 변화의 주체라는 사실이다. 증산 상제는 "오심지추기문호도로대어천지吾心之樞機門戶道路大於天地, 내 마음의 문지도리와 문호와 도로는 천지보다 더 큰 조화의 근원이니라."(『도전』 4:100:7)라고 하여, 인간의 마음은 천지만물보다 더 큰 조화의 근원이라고 강조한다.

조화주 증산 상제는 조화권능으로 천지대신문을 열고 천상의 조화정부를 구성하여 신명조화를 바탕으로 천지조화와 인간조화를 삼위일체적으로 조화시킴으로써 후천의 조화세상을 여는 천지공사를 집행하였다. 조화선경은 천지조화와 인간조화와 신명조화가 하나로 합치되어 신묘한 조화작용이 온전히 발현되는 후천의 이상세계이다.

4 관왕 삼교론

관왕 삼교론은 관왕론과 삼교론을 합친 말이다. 관왕론과 삼교론을 나누어 볼 때는 그 무게 중심이 관왕론에 있다.[57] '관왕冠旺'이란 말은 본래 '십이포태법十二胞胎法'에서 비롯된 것이다. 12포태란 포胞, 태胎. 양養, 생生, 욕浴, 대帶, 관冠, 왕旺, 쇠衰, 병病, 사死, 장葬으로 나뉜다. 우주만물은 자연의 조화와 이치에 따라 생겨나고 변화한다.

'십이포태법'은 좁은 의미에서 인간이 모태 속에 들어 있던 잉태기에서 시작하여 죽어서 장례를 치르고 무덤에 들어가는 '생로병사'의 전 과정을 말한다. 생명의 씨가 어머니 몸 안에서 잉태되어(포태胞胎) 뱃속에서 열 달 동안 길러져서 태어나면(양생養生) 목욕을 시키고 옷을 입히며(욕대浴帶) 장성하면 관례를 치르고 원기왕성한 젊은 시절을 보내며(관왕冠旺) 늙고 병들어서(쇠병衰病) 죽으면 장례를 치른다(사장死葬).

하지만 '십이포태법'은 넓은 의미에서 인간을 포함한 우주만물의 생성과 변화의 과정을 열두 단계로 나누어 설명하는 것이다. 이런 의미에서 증산 상제는 "천지생인天地生人하여 용인用人하나니 천지지용天地之用은 포태양생욕대관왕쇠병사장胞胎養生浴帶冠旺衰病死葬이니라 천지가 사람을 낳아 사람을 쓰나니 천지의 작용(用)은 '포태 양생 욕대 관왕 쇠병 사장'이니라."(『도전』10:106:2)고 한다.

십이포태라는 열두 단계에서 가장 주목해야 할 단계는 '관왕冠旺'이다. '관왕'은 십이포태법 가운데 '관'과 '왕'의 두 단계를 가리킨다. 인간의 삶에서 가장 핵심적인 시기에 해당한다.[58] 젊은이가 관례를 치르고 힘차게

---

57) 최정규, 「증산도의 관왕삼교론(1)」, 『증산도 사상』 제5집, 증산도 사상연구소, 2001, p. 240.
58) 안경전, 『증산도의 진리』, 대전: 상생출판, 2004, p. 46.

활동하는 것을 말한다. 중요한 것은 관왕도수가 십이포태법을 거슬러 나아가는 방식인 '장사병쇠왕관대욕생양태포葬死病衰旺冠帶浴生養胎胞'(『도전』 5:318:3)를 따른다는 점이다. 증산 상제는 성숙한 인간은 12포태법에서 '포태胎胞의 운'(『도전』 6:58:1)을 따른다고 강조한다. '포태의 운'이 새로운 개벽세상으로의 획기적인 전환을 함축한다는 사실이 매우 중요하다.[59]

관왕론은 후천세상의 통일문화를 여는 것과 매우 밀접한 연관성을 지니고 있다. 우주의 조화주 증산 상제는 유불선 삼교를 비롯한 동서양의 모든 종교를 통일하여 후천세상의 통일 문화를 열기 위한 방안으로 관왕론을 제시한다. 관왕론은 원시반본原始返本[60]에 그 토대를 두고 있다. 생명의 시원을 살펴서 그 근본으로 돌아가려는 것이다. 생명질서에 순응하는 것이 아니라 생명의 원초적 모습으로 역행하려는 것이다. 관왕론은 신선이 되는 방안으로 생명을 역행하는 길을 채택한다. 태어나면서부터 늙어 죽을 때까지의 생로병사의 순서를 그대로 따르면 범인이 되고, 생로병사의 순서를 거슬러 올라가면 신선이 될 수 있다는 것이다. 유일명의 『도서십이종』에서는 역행을 다음과 같이 설명한다.

거스른다는 것은 부모에게서 받은 몸의 처음으로 거슬러 나아가는 것이다. 마치 사람이 집을 멀리 떠났다가 또 집으로 거슬러 되돌아오는 것을 말하는 것과 같다. 비록 거슬러 나아간다고 말하지만, 사실상 이치를 따라서 나아가는 것이니, 곧 거스르는 가운데 크게 따르는 것이다. 일상적인 사람들과 서로 반대되기 때문에 거스른다고 말하는 것이다.[61]

---

59) 최정규, 「증산도의 관왕삼교론(1)」, p. 243.
60) "이 때는 원시반본(原始返本)하는 시대라."(『도전』 2:26:1)
61) 劉一明, 『圖書二十種』, 北京: 書目文獻出版社, 1996, p. 81. "逆者逆回於父母生身之初, 如人離家遠出而又逆回於家之謂. 雖云逆行, 其實是順理而行, 乃逆中之大順. 因其與常人相反, 故謂之逆."

역행逆行은 생명의 참모습으로 거슬러 돌아가는 것이다. 비유하자면, 집을 떠나 객지에서 떠돌며 방황하던 인생의 나그네가 진정한 삶의 고향으로 돌아가는 것과 같은 것이다. 다만 일상 사람들의 행위방식과 다르므로 역행이라고 하는 것이다. 따라서 역행은 실제로는 생명의 참모습에 순응하는 것이다.

관왕론이 십이포태법을 거스르는 방식을 채택한 이유는 어디에 있을까? '역수반본逆修返本'과 '역수성선逆修成仙'의 뜻이 담겨 있다. 생명의 순서를 거슬러 올라가 그 근본으로 돌아가는 역행의 방법으로 신선이 되려는 것이다. 후천의 신선세계에서 모든 생명이 새 생명으로 거듭날 수 있게끔 하려는 것이다. 증산 상제는 천지공사를 통해 우주의 가을철을 맞아 인류 문명이 성숙한 통일 과정으로 들어설 수 있도록 관왕론을 천지도수天地度數 (천도지수天度地數)로 짜놓았다. 천지도수는 우주변화의 원리나 법칙을 뜻한다. 관왕론을 천지만물의 운행법칙으로 확정하여 놓았다는 말이다.

> 관왕冠旺은 도솔兜率 허무적멸이조虛無寂滅以詔니라. 이제 (인류사가 맞이한) 성숙의 관왕冠旺 도수는 도솔천의 천주가 허무(仙) 적멸(佛) 이조 (儒)를 모두 통솔하느니라. (『도전』 2:150:3~4)

증산도의 선사상은 인류 원형문화 신교 신앙의 부활과 후천 5만년 새 세상을 여는 새 진리를 동시에 제시하고 있다. 인류 역사의 거시적 안목에서 볼 때, 신교 신앙이 제1의 뿌리 종교라면 유교, 불교, 선교, 기독교는 제2의 줄기 종교이며, 증산도는 제3의 열매 종교에 해당한다. 열매는 그 안에 씨앗을 간직하고 있다. 그 씨앗이 다시 땅에 뿌려지면 새로운 생명이 창조된다. 또한 열매 안에는 뿌리와 줄기와 가지의 모든 것들이 함축되어 있다.

유불선 삼교는 동아시아 문화의 핵심이자 정수이다. 동아시아에서는 장

구한 역사를 통해 유불선 삼교를 하나로 융합하려는 줄기찬 노력을 시도
했다. 대략 동한(AD 25) 시기를 전후로 하여 인도에서 중국으로 불교가 유
입된 뒤, 중국사회에서는 전통사상인 유교와 도교를 어떻게 하면 불교와
하나로 결합시킬 수 있는가 하는 문제를 지속적으로 제기하였다. 이후 중
국역사에서 삼교회통론은 매우 중요한 문제로 부각된다. 여기에는 사상의
통일을 기반으로 정치적 통일을 기하려는 의도가 내재되어 있다.

그런데 중국의 삼교회통론이 시대와 역사의 조건에 따라 그 내용이 끊
임없이 달라지는 것과는 달리, 한국의 삼교회통론은 처음부터 일관되게
삼교를 하나로 포함하는 이론을 그 주된 특성으로 지니고 있다. 우리는
그 대표적 특성을 최치원의 풍류도에서 찾아볼 수 있다. 최치원은 「난랑비
서」에서 이렇게 말한다.

> 우리나라에 현묘한 도가 있는데 풍류라고 한다. 가르침을 베푼 근원
> 은 『선사』에 자세히 실려 있거니와, 실로 곧 세 가르침을 포함하는
> 것으로 뭇 생명들을 접촉하여 교화하는 것이다. 말하자면, 집에 들어
> 와 부모에게 효도하고 나아가 나라에 충성하는 것은 노나라 사구의
> 가르침이요, 함이 없음의 일을 처리하고 말이 없음의 가르침을 실천
> 하는 것은 주나라 주사의 종지며, 모든 악한 일을 짓지 않고 모든
> 착한 일을 받들어 행하는 것은 축건 태자의 교화이다.[62]

최치원의 풍류도인 선사상에는 삼교가 하나로 통합되어 있다. '포함삼
교론'이다. 놓치지 말아야 할 것은 최치원의 포함삼교론이 우리 민족의 고

---

62) 『삼국사기·신라본기』, "國有玄妙之道, 曰風流. 設教之源, 備詳仙史, 實乃包含三教, 接化群
生. 且如入則孝於家, 出則忠於國, 魯司寇之旨. 處無爲之事, 行不言之教, 周柱史之宗也. 諸惡莫
作, 諸善奉行, 竺乾太子之化也."

유한 사상인 선도를 중심으로 유불선 삼교를 하나로 융합하려고 시도했다는 점이다. 유불도 삼교합일의 선도仙道는 상고시대부터 전해내려 오는 한국 선도의 고유한 특성이다. 최치원이 현묘지도玄妙之道라고 정의를 내린 풍류도風流道는 한국 선도의 독특한 특성을 명확히 보여준다. 최치원은 「난랑비서」에서 '포함삼교包含三敎'라고 하여 한국의 고유한 도인 풍류도에 유불도 삼교의 핵심과제가 모두 포함되어 있음을 분명하게 언급하고 있다. 최치원이 말하는 풍류도는 유불도 삼교사상과 이질적이 아니면서도 그 자체가 하나의 독특한 성격을 지니는 것이다. 이런 의미에서 최치원은 '현묘지도玄妙之道'라고 표현한 것이다.[63]

최치원의 풍류도를 비롯한 기존의 한국의 삼교회통론은, 선교의 자연사상과 유교의 도덕사상과 불교의 해탈사상을 하나로 통합하려는 것이다. 이런 최치원의 풍류도는 『환단고기』의 삼일론의 사유방식을 계승하고 있다. 하나를 잡으면 셋을 포함하고 셋을 모으면 하나로 돌아간다는 '집일함삼執一含三'과 '회삼귀일會三歸一'의 논리에 근거를 두고 있다. 『환단고기』의 삼신일체론은 삼신과 일신이 따로 떨어져 있으면서도 또 하나로 붙어 있다는 것을 강조한다. 증산도의 관왕삼교론은 『환단고기』의 삼일론의 사유방식과 최치원의 삼교포함론을 계승하여 선(선도)을 중심으로 삼교를 통합하려고 한다.

주목해야 할 것은 증산도의 관왕 도수는 우주를 통치하는 조화주 증산 상제의 무극대도에 의거하여 유불선 삼교를 통일함으로써 새로운 자연질서에 입각하여 새로운 문명질서를 창출하려고 한다는 사실이다. 여기에 증산도의 관왕삼교론이 중국이나 한국의 삼교회통론이나 최치원의 포함삼교론과 뚜렷이 구별되는 특성이 있다.

----

63) 최영성, 「최치원의 철학사상 연구-삼교관과 인간주체를 중심으로-」, 성균관대 박사논문, 1999, p. 264.

하루는 상제님께서 공사를 보시며 글을 쓰시니 이러하니라. 불지형체佛之形體요 선지조화仙之造化요 유지범절儒之凡節이니라. 불도는 형체를 주장하고 선도는 조화를 주장하고 유도는 범절을 주장하느니라. 수천지지허무受天地之虛無하여 선지포태仙之胞胎하고 수천지지적멸受天地之寂滅하여 불지양생佛之養生하고 수천지지이조受天地之以詔하여 유지욕대儒之浴帶하니 관왕冠旺은 도솔兜率 허무적멸이조虛無寂滅以詔니라. 천지의 허무無極한 기운을 받아 선도가 포태하고 천지의 적멸(太極의 空)한 기운을 받아 불도가 양생 하고 천지의 이조(皇極)하는 기운을 받아 유도가 욕대 하니 이제 (인류사가 맞이한) 성숙의 관왕冠旺 도수는 도솔천의 천주가 허무(仙) 적멸(佛) 이조(儒)를 모두 통솔하느니라. 상제님께서 말씀하시기를 "모든 술수術數는 내가 쓰기 위하여 내놓은 것이니라." 하시니라. (『도전』2:150:1~4)

증산도의 관왕삼교론은 조화주 증산 상제의 주관 아래 유불선 삼교-선교의 '조화'와 유교의 '범절'과 불교의 '형체'-를 하나로 융합하려는 것이다. 선교에서 강조하는 것은 천지의 허무한 기운을 바탕으로 하는 자연의 '조화造化'이다. '조화'는 우주만물이 누가 그렇게 되도록 시키지 않아도 절로 그러하게 만들어지고 변화한다는 뜻이다. 유교에서 강조하는 것은 천지의 가르침에 바탕을 둔 '범절凡節'이다. '범절'은 인간사회의 모든 관계를 예의 범절로서 통일적 질서와 조화를 이루려는 것이다. 불교에서는 생명을 기르는 양생의 길로서 '형체形體'를 중시한다. '형체'는 그 무엇이라 단정하기 매우 어렵다. 이를 이해하는 데 도움이 되는 말이 있다. "이어 태모님께서 창唱하시기를 '선지조화仙之造化요, 불지형체佛之養生요, 유지범절儒之凡節이라.' 하시고 단에서 내려오시니 상서로운 노을 흩어지니라."(『도전』11:182:6)가 바로 그것이다. 이 말로 미루어 볼 때, '형체'는 천지의 적멸한 기운을 받아 생명의 본질인 심체心體를 기르는 것이라고 볼 수 있다. 따라서 '형체'는 불교의 핵심사상인 마음공부를 뜻한다고 하겠다.

증산도의 관왕삼교론은 유불선의 삼교를 초월하면서도 포함함으로써 후천의 새로운 통일문명을 만들려고 하는 데 그 핵심이 있다.[64]

> 선도와 불도와 유도와 서도는 세계 각 족속의 문화의 근원이 되었나니, 이제 최수운은 선도의 종장宗長이 되고, 진묵은 불도의 종장이 되고, 주회암은 유도의 종장이 되고, 이마두는 서도의 종장이 되어 각기 그 진액을 거두고, 모든 도통신道統神과 문명신文明神을 거느려 각 족속들 사이에 나타난 여러 갈래 문화의 정수精髓를 뽑아 모아 통일케 하느니라. 이제 불지형체佛之形體요 선지조화仙之造化요 유지범절儒之凡節의 삼도三道를 통일하느니라. 나의 도道는 사불비불似佛非佛이요 사선비선似仙非仙이요 사유비유似儒非儒니라. 내가 유불선의 기운을 쏙 뽑아서 선仙에 붙여 놓았느니라.(『도전』 4:8:7~9)

유불선과 서도는 각기 세계 문화의 근본과 중추를 이루었다. 증산 상제는 선천 문화의 종장을 교체하는 일을 단행한다. 그리하여 증산 상제는 한국의 선도를 중심으로 지금까지 여러 갈래의 문화로 나뉘어졌던 세계 문화의 정수精髓를 무극대도無極大道의 측면[65]에서 한데 모아 세계 통일문화를 구축하려는 것이다.

하루는 성도들이 태모님께 여쭈기를 "교 이름(敎名)을 무엇으로 정하시렵니까? 하니 말씀하시기를 천하를 통일하는 도道인데 아직은 때

---

64) 안경전, 『증산도의 진리』, p. 445.
65) 최정규, 「증산도의 관왕삼교론(1)」, p. 228.

가 이르니 '선도仙道'라고 하라. 후일에 다시 진법眞法이 나오면 알게
되리라." 하시니라.(『도전』 11:29:1~2)

증산도에서 선은 이중적 의미를 지니고 있다. 선은 유불선을 통합한 선
이자, 중국의 도교를 포함한 한국의 선도를 동시에 의미한다. 그러나 증산
도의 선도는 선천의 선도와 다르다. 왜냐하면 증산도의 선도는 후천의 선
도를 뜻하기 때문이다. 따라서 증산도의 선도는 선천세상의 모든 문명을
하나로 융합하려고 한다는 측면에서 '태일선太一仙' 또는 '태을선太乙仙'이라
고 말할 수 있다.

증산도의 관왕삼교론은 온 천하를 통일하는 새로운 무극대도로서 후천
선경문화를 창출하는 데 그 궁극적 목표가 있다. 유불선 삼도가 무극대도
로 통일되어 후천의 태평세상이 이루어지는 "삼도합일三道合一의 태화세太和
世"(『도전』 11:220:4)가 바로 그것이다. 아울러 지적되어야 할 것이 있다. 그
것은 증산도의 관왕삼교론이 동서문화의 융합을 지향하기 때문에 불멸의
영생을 추구하는 서양의 선도인 기독교까지도 포함하고 있다는 점이다.

5 후천의 지상신선을 위하여

   티끌세상과 풀잎인생에서 날마다 고달픈 삶을 이어가는 인생의 나그네는 오늘도 돌아가 편안히 쉴 수 있는 영원한 안식처와 귀의처를 찾아 헤맨다. 인간이라면 누구나 진정한 삶의 고향에 돌아가 사랑하는 가족이나 이웃과 더불어 천년만년 오순도순 즐겁게 살고픈 귀향의 소망을 지니고 있다. 인간은 진정한 삶의 고향을 찾기 위해 예로부터 지금까지 불로장생과 불사장생의 꿈을 꾼 것이다. 그렇다면 우리가 돌아가야 할 생명의 본향은 도대체 어디에 있는가?

   이 세계에 존재하는 모든 것은 자연의 순환과 리듬을 떠나 따로 존재할 수 없다. 인간은 끊임없이 변화하는 자연의 순환과 리듬 속에서 사死와 불사不死, 화化와 불화不化 사이를 절묘하게 줄타기 하고 있다. 왜냐하면 모든 생명은 본시 시공의 변화 속에서 생성과 소멸을 되풀이 하는 연속적 변화의 과정에 있기 때문이다. 『초사』「천문」에 "달빛은 무슨 덕이 있기에, 죽어도 다시 살아나는가? 그 이로움은 무엇인가? 뱃속에 토끼를 기르고 있는가?"[66]라고 반문하면서, 죽어도 다시 살아나는 달빛을 영생의 모범으로 제시한다. 우리 인간은 언제나 무無와 유有 사이에 존재하기 때문에 자기를 따로 고집하지 않고 시공의 연속적 변화의 흐름과 일치할 수 있다면, 사死와 멸滅 속에서 불사不死와 불멸不滅을 동시에 누릴 수 있다. 따라서 진정한 생명의 고향은 고정적으로 불변하는 실체가 아니라 살아 움직이는 역동적 존재이다.

   선도仙道는 신선의 고향인 조화선경造化仙境을 꿈꾼다. 선도 수행의 이론

---

66) 洪興祖, 白化文等點校,『楚辭補注』,「天問」, p. 88. "夜光何德, 死則又育? 厥利維何, 而顧菟在腹"

적 기초는 인간의 몸을 천지에 유비하여 추론한 생명철학에 토대를 두고 있다. 인체의 구조를 자연계의 구조와 동일한 것으로 보는 것이다. 『음부경』에서 말하는 것처럼, "우주가 손 안에 있고, 모든 조화가 내 몸에서 생겨난다."[67] 인체는 소천지로서 우주의 대천지와 같기 때문에 우주론에 유비하여 추론함으로써 인체의 발생 본원과 그 순서를 탐구한다면, 천지처럼 무궁히 영원히 살 수 있다. 사람이라면 누구나 수련을 통해 신선이 되고 생사 속에서 생사를 벗어나는 선도를 찾아 신선이 될 수 있다.[68]

선도 수행의 길은 시공에 순응하는 데 있는 것이 아니라 시공을 역행하는 데 있다.[69] 시공에 순응하면, 모든 생명은 삶의 마지막 종착역인 죽음에 이를 수밖에 없다. 그러나 시공을 역행하는 수행법을 터득하여 우주만물의 통일적 근원인 무극대도無極大道로 복귀할 수 있다면, 무극대도와 더불어 생겨나는 가운데 생겨나지 않고 변화하는 가운데 변화하지 않는 태을신선(후천의 지상신선)이 될 수 있다. 우주생명의 근원적 고향을 찾아 처음으로 거슬러 올라가서 그 생명의 근본에 복귀함으로써 영원한 생명을 만끽할 수 있는 것이다. 이것이 바로 신선이 추구하는 조화선경造化仙境의 본향이다. 증산도는 태을주太乙呪 주문 수행의 신선공부[70]를 통해 온 생명이 따로 또 하나로 어우러져 유유자적하게 사는 후천 세상의 태을신선을 추구한다.[71] 여기에 증산도 선사상의 고갱이가 있다.

67) 劉連明·顧寶田注譯, 『新譯黃庭經·陰符經』(臺灣: 三民書局, 2016), 162쪽. "宇宙在乎手, 萬化生乎身."
68) 이원국, 김낙필외 옮김, 앞의 책, 102쪽.
69) 안동준외 옮김, 『도교와 여성』(서울: 창해, 2005), 200쪽.
70) "태을주 공부는 신선神仙 공부니라."(『도전』 7:75:4)
71) 안경전, 『한민족 창세역사의 성지: 강화도를 가다』(대전: 상생출판, 2021), 214쪽.

≡ 참고문헌 ≡

1. 단행본

- 계연수 편저, 이기교열,『환단고기』, 대전, 상생출판, 2010.
- 안경전 역주,『환단고기』, 대전, 상생출판, 2014.
- 증산도 도전편찬위원회,『증산도 도전』, 서울, 대원출판, 2003.
- 천도교 중앙총부,『천도교 경전』, 서울, 천도교 중앙총부 출판사, 1997.
- 안운산,『천지의 도 춘생추살』, 서울, 대원출판, 2007.
- 안경전,『증산도의 진리』, 대전, 상생출판, 2004.
- 안경전,『개벽 실제상황』, 서울, 대원출판, 2005.
- 안경전,『한민족 창세역사의 성지: 강화도를 가다』, 대전, 상생출판, 2021.
- 김용옥,『동경대전 1-2』, 서울, 통나무, 2021.
- 김용옥,『노자가 옳았다』, 서울, 통나무, 2020.
- 김용휘,『우리 학문으로서의 동학』, 서울, 책세상, 2007.
- 변찬린,『선, 그 밭에서 주운 이삭들』, 서울, 가나안출판사, 1988.
- 잔스촹, 안동준외 옮김,『도교문화 15강』, 서울, 알마, 2011.
- 정민,『초월의 상상』, 서울, 휴머니스트, 2002.
- 정재서,『불사의 신화와 사상』, 서울, 민음사, 1994.
- 안동준외 옮김,『도교와 여성』, 서울, 창해, 2005.
- 원정근,『도와 제』, 대전, 상생출판, 2010.
- 이용주,『생명과 불사』, 서울, 이학사, 2009.
- 이원국, 김낙필외 옮김,『내단』, 서울, 성균관대출판부, 2006.
-『삼국유사』, 대전, 학민출판사, 1994.
- 조용일,『동학의 조화사상연구』, 서울, 동성사, 1990.
- 갈로, 강관식 역,『중국회화이론사』, 서울, 미진사, 1993.
- 모종감, 이봉호 옮김.『중국도교사: 신선을 꿈꾼 사람들의 이야기』, 서울, 예문서원, 2015.
- 이호재,『한국종교사상가-한밝 변찬린』, 서울, 도서출판 문사철, 2017.

• 황산덕, 『창조주의 복귀』, 서울, 양영각, 1984.

• 『十三經注疏 上冊』, 北京, 中華書局, 1996.

• 楊伯竣編著, 『春秋左氏傳注』, 北京, 中華書局, 1983.

• 樓宇烈校釋, 『老子·周易 王弼注校釋』, 臺北, 華正書局, 1983.

• 郭慶藩集釋, 『莊子集釋』, 北京, 中華書局, 1982.

• 王先謙, 『荀子集解 下』, 北京, 中華書局, 1988.

• 洪興祖, 白化文等點校, 『楚辭補注』, 北京, 中華書局, 2000.

• 陳奇猷校注, 『韓非子新校注』, 上海, 上海古籍出版社, 2000.

• 王守謙外 譯注, 『戰國策全譯』, 貴陽, 貴州人民出版社, 1996.

• 郭郛注, 『山海經注證』, 北京, 中國社會科學出版社, 2004.

• 王洲明·徐超校注, 『賈誼集校注』, 北京, 人民出版社, 1996.

• 劉熙, 『釋名』, 臺北, 臺北商務印書館, 1967.

• 許愼, 段玉裁注, 『說文解字注』, 臺北, 黎明文化事業有限公社, 1985.

• 王鍈·王天海譯注, 『說苑全譯』, 貴陽, 貴州出版社, 1992.

• 郭茂倩編撰, 聶世美等點校, 『樂府詩集』, 上海, 上海古籍出版社, 2016.

• 劉運好校注, 『陸士衡文集校注 上』, 南京: 鳳凰出版社, 2010.

• 戴明揚校注, 『嵇康集校注』, 北京, 人民文學出版社, 1962.

• 王明校釋, 『抱朴子內篇校釋』, 北京, 中華書局, 1988.

• 管巧靈編, 『文選』, 長沙, 岳麓書社, 2002.

• 『新輯搜神記 新輯搜神後後記』, 北京, 中華書國, 2007.

• 『文淵閣四庫全書』, 臺北: 臺灣商務印書館, 1983.

• 劉連明·顧寶田注譯, 『新譯黃庭經·陰符經』, 臺灣, 三民書局, 2016.

• 劉一明, 『圖書二十種』, 北京, 書目文獻出版社, 1996.

• 卿希泰主編, 『中國道教思想史』, 北京, 人民出版社, 2009.

• 金晟煥, 『黃老道探源』, 北京, 中國社會科學出版社, 2008.

• 丁培仁, 『求實集』, 成都, 巴蜀書社, 2006.

• 詹石窓, 『道教文化十五講』, 北京, 北京大學出版社, 2003.

• 孫昌武, 『詩苑仙踪: 詩歌與神仙信仰』, 南京, 南京大學出版社, 2005.

• 張興發, 『道教神仙信仰』, 北京, 中國社會科學出版社, 2001.

- 朱良志, 『中國美學十五講』, 北京, 北京大學出版社, 2006.
- 胡孚琛外, 『道學通論』, 北京, 社會科學文獻出版社, 1999.
- 洪修平, 『中國儒佛道三教關係研究』, 北京, 中國社會科學出版社, 2011.
- 戈國龍, 『道教內丹學探微』, 北京, 中央編譯出版社, 2012.
- 成復旺主編, 『中國美學範疇辭典』, 北京, 中國人民大學出版社, 1995.

2. 논문

- 김성환, 「황로도의 연구: 사상의 기원과 사조의 계보」, 도교문화학회, 『도교문화연구』 제27집, 2007.
- 김성환, 「최치원 '국유현묘지도'설의 재해석」, 도교문화학회, 『도교문화연구』 제34집, 2011.
- 박길수, 「東學의 同歸一體 思想 研究: '八節'과 '修道法'을 中心으로」, 성균관대 석사논문, 2020.
- 변찬린, 「僊(仙)攷」, 『증산사상연구』 제5집, 1979.
- 안동준, 「요동선인 정영위의 문학적 전승과 그 의미」, 도교문화학회, 『도교문화연구』 제28집, 2008.
- 원정근, 「『환단고기』의 도와 제」, 「세계환단학회지」 5권 1호, 2018.
- 원정근, 「증산도의 조화관-동학의 조화관과 연계하여-」, 『잃어버린 상제문화를 찾아서: 동학』, 상생출판, 2010.
- 원정근, 「도연명의 되돌아감(歸)의 의미」, 도교문화학회, 『도교문화연구』 제21집, 2004.
- 최영성, 「최치원의 철학사상 연구」, 성균관대 박사학위 논문, 1999.
- 최정규, 「증산도의 관왕삼교론(1)」, 『증산도 사상』 제5집, 증산도 사상연구소, 2001.
- 최정규, 「증산도의 관왕삼교론(2)」, 『증산도 사상』 제7집, 증산도 사상연구소, 2003.
- 황경선, 「수운 최제우에서 선의 문제」, 『잃어버린 상제문화를 찾아서: 동학』, 상생출판, 2010.

The Sanshin Culture of Korea

By Professor David A. Mason

필자 약력

David A. Mason

미국 미시건주 태생의 문화관광학자이자 한국 산신사상의 세계적인 권위자

샌프란시스코 소재 캘리포니아 주립대학교 동양 철학을 전공, 1981년에 학사학위

연세대학교에서 〈산신에 관한 연구〉로 한국학 석사학위 수여.

지금까지 30년 넘게 한국에 살면서 현장 체험과 답사를 통해 한국의 역사와 문화에 대해 연구하고 집필 활동을 해왔다.

한국의 샤머니즘과 불교, 중국의 도교, 인도의 브라만 사상 등 여러 종교를 아우르는 산신은 그의 오래된 연구 주제이다.

서울 세종대학교 문화관광학과 교수

백두대간 명예홍보대사

주요 논저

「한국의 산신과 산숭배 전통」,

「한국 불교 백과사전」,

「독성: 고은의 심오한 인생, 지혜 및 유산」

이외에 10여 권의 단행본 저술

수십 편의 학술논문 발표

1 Introduction to Korean Mountain-Spirits

A. Identity of the *Sanshin* Deity, in the Korean Cultural Context

For the more than two thousand years of Korean history, the residents of this mountainous peninsula have believed that the peaks and slopes are spiritually alive, inhabited by a *Sanshin* that can be male or female, one or more per mountain, integral with it, alternatively either manifesting it or being manifested by it. This has long been the main tutelary spirit of most villages and towns, and the guardian of the Korean nation as a whole. Since ancient times Korean kings have funded great ceremonies at grand *Sanshin-dan* altars as symbols of their legitimacy, while the common folk prayed for good weather, bountiful crops, healthy children and protection from ill–fortune at their small village *Sanshin-gak* shrines.[1]

Sanshin has been regarded first among all native Korean deities, perhaps only because Korea itself is mostly mountainous. Korea's legendary founder *Dan-gun Wanggeom* is thought to have become a Sanshin upon retirement from his throne, all of Korea's imported religious traditions acknowledge their importance (even if only in opposition to veneration of it), and its people have always worshipped them before all other deities in their ceremonial orderings. It can well be said to be an axial figure in traditional Korean culture, due to the way in which it connects the various religious traditions to each other, forming the "native center" of the "web" of Korean religions.

Sacred icon-paintings and statues (most usually, the combination of a simpler statue in front of an elaborate painting) of Sanshin have been made in Korea for more than 300 years, and have come to replace the

---

1) Canda 1980; Choi, Joon-sik 2006; Mason 1999.

simple stone shrines that once served for veneration of and offering to the mountain-spirit at the rear of temples. However, Sanshin icons are not only historical treasures. Visitors to temples will find many newly created and enshrined paintings and statues of the mountain-spirits, tending to be ever larger and more elaborate, and more prominently displayed. These works are generally more elaborate than the antiques, incorporating a higher number of symbolic elements that extend the range of religious associations, such as Buddhist, Daoist and Confucian symbols of enlightened authority, ecological wisdom and vibrant health. Many are intricate and complex paintings of high artistic value, offering aficionados a great variation in iconographic elements or artistic styles.

B. Iconography of *Sanshin*

Most Korean Buddhist temples have an altar set up with a painting or statue of the Sanshin, frequently both with the statue partially blocking view of the painting behind it. Two candles, an incense–burner and an uncovered bowl of fresh clean water are on the altar in front of the icons, and possibly other offerings. The thousands of paintings are unique, no two ever quite the same, as their artists have been inspired to individualize them according to the characteristics of the mountain they are intended to represent. Many of the Sanshin paintings belonging to such temples are now valuable antiques over a hundred years old, and represent the best of Korea's folk–painting traditions. Some of those have been stolen by art-thieves and sold for thousands of dollars on the black and gray markets; while quite a few others are now safely kept in museums.

Sanshin is almost always depicted as a seated man with white or gray hair and beard, elderly but still healthy, strong and authoritative. His facial countenance is benevolent and kind, but still stern and dignified, like an ideal family-patriarch. His distinctive clothing, headgear and noble demeanor suggest royal rank or at least a ruling official position. There may or may not be a halo around his head or even body, indicating holiness and/or unusual energy. Shamanist, Buddhist, Confucian, Daoist, nationalist and military symbols are used in myriad combinations in various parts of the thousands of different artworks.

The Mountain-spirit is almost always shown holding objects in one or both hands which symbolize healthy longevity, scholastic or spiritual attainment and his earthly or spiritual powers. These have deep backgrounds in Shamanist, Daoist (and Daoist-military), Buddhist and Confucian philosophies and iconography. The most common such objects are a long wooden staff, often gnarled like the pine trees and with a hollow gourd is tied with a ribbon to its upper end, a stiff (non-folding) fan made of the outer feathers of a white crane on a handle or else silk or even an actual green leaf, a fly-whisk made from the tail of a horse, a sprig of *bullocho*, the 'mythical' fungus–herb of ancient fame that grants immortality or at least great longevity, and an *insam* [ginseng] root, another herb symbolizing health, healing and longevity. All of these may be considered Daoist symbols with native-Shamanic overtones, except for the fly–whisk which is a Buddhist indicator of an enlightened meditation–master, often used in memorial portraits of them.

In most of these paintings, Sanshin is depicted as sitting on a flat rocky cliff–top or clearing in the high mountains with a grand view. Actual such places are easily found while hiking among the crags of the Baekdu-daegan Range[2] and its branches, and are often referred to as *Shinseon–dae* [神仙臺, 신선대, Terrace or Platform for Daoist Immortals]. In the Korean view, this is the sort of place on which Buddhist meditations and Daoist yogic practices are best performed, and where spiritual attainments or enlightenments take place.

----
2) 白頭大幹, 백두대간. See: http://san-shin.org/Baekdu-daegan-index.html

There is almost always a tiger beside the "Mountain-King," his pet–companion, taboo-enforcer and alter-ego. Tigers as the "kings of the animals of the mountains" are the primary symbols of Korean culture, extremely common in traditional folk–paintings and still a favorite motif; the nation or its economy or citizens are often depicted as tigers in cartoons or promotional materials, and a friendly baby tiger was chosen as the symbol of the 1988 Seoul Summer Olympic Games.

A couple of child-attendants, called *dongja* in Korean traditions, are usually standing near their master in these paintings, like the servants of a senior aristocrat in dynastic times. Some of the older paintings don't have any, but almost all modern ones feature at least one and up to five of them. They can be either boys or girls, most typically one of each as a gesture of yin–yang balance, and often at least one of them wears a scarf that floats up behind their shoulders as if blown by a strong wind, indicating that they are angelic beings capable of flight. They grasp sacred objects in their hands, as if offering them to the San-shin or holding them for when he needs them; these could be any of the same objects listed above that the mountain–lord holds, and possibly others such as peaches of immortality or fruits such as pomegranates symbolizing fecundity. Occasionally, one *dongja* boy is crouching in a forward corner of the painting, tending a fire under a kettle of boiling water for either green tea or herbal medicine; sometimes another one is holding a cup on a platter to serve the resulting elixir to his master.

There is always at least one gnarled pine tree beside the Sanshin human-figure; these symbolize longevity and adaptive survival despite adverse conditions. The landscape backgrounds range from simple and cartoonish to more elaborate works derived from the East Asian Daoist/Neo-Confucian tradition of grand landscape-paintings. They usually include sharp mountain peaks and cliffs, a waterfall or two, and swirling clouds and sometimes the sun. Other symbols of good luck, fertility, vitality and durability are included in the most elaborate examples, such as the folk-Daoist-Confucian *Ship-jangsaeng* or "Ten Symbols of Longevity[3]."

C. Sanshin Genders

Most scholars seem to agree that many if not most Sanshin were conceived of as female in ancient times, as beneficent mother-goddess-type deities. However, they are depicted in almost all extant temple or shrine paintings or carvings found along or east of the Baekdu-daegan mountain-system as a grandfatherly male. There are by now increasing instances of mature-female depictions in far-southern and western areas, thought to represent a general *yin-yang*-style division of "male in the east, female in the west."[4] The incomplete transformation seems to have resulted from the increasing Confucianism and other patriarchal cultural forms during Korea's recent millennium. *Yeo-sanshin* [Female mountain–spirits] usually have completely black hair, as opposed to their elderly male counter–parts, but still go by such names as *Sanshin-halmoni* which means "Mountain-spirit-grandmother." They are conceived of as primordial matriarchs and nourishers of all the living beings on around that mountain, including the villages and temples of humans.

D. *Sanshin-je* Ceremonies

Sanshin-je is the most common term for the ritual–ceremonies held to venerate the Mountain-spirit. These ceremonies are performed by

----

3) See: http://www.san-shin.org/Ship-jangsaeng_Longevity-1.html
4) The major exceptional case of a female Sanshin being enshrined and venerated is found around the eastern "Cheonwang–bong" summit of Mt. Jiri-san. Others are readily found at Mt. Gyeryong-san, Mt. Moak-san and Seoul's Mt. Surak-san. The East–West male–female theory here seems unique to Korea, and known or held by only a few traditionalist scholars and Buddhist monks.

the priests or members of Korea's various religious and spiritual traditions, by villagers supplicating their local tutelary Sanshin, and often by mountain–hiking clubs with no religious affiliations. These range from very simple affairs with a single candle, a bowl of water and a brief chanted prayer to elaborate multi-stage ceremonies with orchestras and dozens of costumed officiants stationed before large altars piled high with extensive offerings of animal and vegetable foods. Many Koreans still practice these customs, even if rarely, and visitors to any of Korea's mountainous regions are more than likely to come across one being performed, or at least the signs that one had recently been held.

Official Sanshin-je are held by monastics once or twice daily at the Buddhist temples that enshrine the mountain spirit, with lighted candles, incense, and simple offerings of water and vegetarian food. Informal such rituals are held by lay-believers by themselves at any and all times of the day or night, with additional offerings of cash, alcoholic drinks or packaged foods, according to the whim or decision of the lay men or women. Sometimes, by request or previous arrangement, monks will lead the lay-believers in the ceremony.

All of these types of Sanshin-je held in Korean Buddhist temples involve some combination of chanting, bowing, prostrations and meditation; there is no orthodox established way to perform the ritual, but rather the monks and common people do it the way that they have learned, or the way that they intuit is best. There are by now a couple of fairly standard chants that are usually performed by the monks, accompanied by a *moktak* handheld drum, and sometimes the lay-believers also learn to use that.

Across South Korea, larger-scale "public" Sanshin-je with the explicit themes of national identity, protection, and re–unification have been held with steadily-increasing frequency and prominence, usually in conjunction with traditional lunar calendar holidays or local festivals and held at that area's most famous shrine. Mayors and other high local officials are often seen as leading officiants of these ceremonies. This sort of open government approval of and support for Sanshin worship is truly revolutionary in modern Korea, where officialdom has typically been dominated by Protestant Christians and 'modernists' opposed to almost any public expression of indigenous culture. This seems to be giving way to nationalistic revaluation, appreciation and celebration of indigenous and local cultural assets.

E. The Levels of Mountain Spirits

The concepts, deities and icons of Chinese Daoism became conflated with Korea's autochthonous religious beliefs, resulting in what Dr. Zo Zayong called "Daoistic Shamanism"[5] and other observers call "folk-Daoism." However, it must be acknowledged that it was never a one-way transmission from west to east, as some of the concepts, motifs and practices originated with Korean *Seondo* groups and spread to Chinese Daoists and even Buddhists. One good example is the *Ship-jangsaeng* art-motif already mentioned, and the "Essential Unity of the Three Teachings" concept first conceived by "Go-un" Choi Chi-won[6] (b. 856).

Included in this belief-field are a variety of semi-divine, anthropomorphic figures which serve both as intermediate stages between humanity and divinity, and as intermediators between the realms those stages represent. I have conceptually organized those relevant for this book into a step-by-step progression between 'ordinary human' and 'mountain god.'[7] These 'steps' are not a representation of any progres-

----

5) Zo Zayong 1982, page 33.
6) Mason 2016.
7) The two category-systems in this section are introduced as a way of defining terms and clarifying the relationships between them. They are entirely my own ideas, derived from my dozen years of talking to Koreans about these things and studying the available sources; they are not supported by any particular academic or religious source that I can cite. I simply have found them necessary to make sense

sion known to have been 'actually' followed by the adepts of any re-
ligion, but rather just a conceptual system. Stepping upwards from a
botong saram [ordinary person], we find:

1. *Seonbi*, a virtuous scholar and maturely-developed person, edu-
cated in philosophy, common-knowledge and skills. A long-practicing
layman, immersed 'in the world' but aware of higher realms, following
moral codes.

2. *Do-sa* [Daoist-scholar, or 'Scholar of the Way'], a 'gentleman' liv-
ing in retirement from the corruptions of urban civil life (usually in
some sort of mountain-hermitage), while studying, practicing and then
teaching higher or deeper philosophies and practices.[8] A *Do-sa* may
also be called a person "cultivating the Way." A Neo-Confucian would
call a person at this level a *kun-ja* [princely man, meaning noble-heart-
ed person], opposite of the *so-in* [small man, meaning petty/stingy per-
son]. In Korean Buddhist terms, a *Do-sa* would be roughly equivalent
to a *keun-seunim* [senior, sincere and accomplished monk].[9]

---

of the huge mass of varied data facing me, and very helpful in understanding and
explaining how the different manifestations of Korean mountain-worship relate to
each other and interact with Korea's other religious traditions. I present them to my
readers in just that spirit – no one should think that these hierarchies are rigid or
that there aren't several other valid ways of looking at these terms. Some sources
will contradict these categories by breaking or blurring their boundaries, but this
does not invalidate them as a conceptual tool as much as just underscoring the am-
biguous nature of this subject.

8) a wide range of practices, some ascetic, which result in health, longevity, unusual
powers or spiritual development. The Hindu term "yoga" is similar to what I mean
here. The philosophies may be Daoist or Neo-Confucian in origin.

9) We must note that *Do-sa* has long been used as a title-suffix by modern Korean
fortune-tellers, to increase their credibility (the full title *Sanshin-dosa* is sometimes
used by them, especially when they have gained their powers from a mountain);
and it is also used in contemporary Korean vernacular as a somewhat sarcastic title-
suffix indicating mastery of some skill or technique – an expert at car-repair could
be termed a Car-repair-*do-sa* or a pool-hall-shark could be called a Billiards-*do-sa*.

3. Do-in [Daoist-adept, or "Man of the Way"], a person who has followed this Do-sa path to the point of entering into semi-divine status. No longer just cultivating the Way, but having attained it. Special superhuman abilities might be displayed or used. Do-in is a highly honorific title, indicating a very wise or fully-developed person. A Confucian would call a person at this level a *seong-in* [sage]. In Buddhist terms, a Do-in would be roughly equivalent to a *Dae-seonsa* ["Great Meditation Teacher", a fully-enlightened master-monk].

4. Shinseon [spiritual-immortal, spirit-hermit, or fairy], the next step up. No longer human and subject to human limitations such as mortality, but a fully semi-divine being. Physically purified and psycho-spiritually enlightened to the point where human identity (such as family background, profession, etc.) has ceased to matter. Historical Korean men such as "Go-un" Choi Chi-won are believed to have attained this semi-divine status. *Shinseon* can manifest, disappear, and use magical powers at will. They are thought to live on *Shinseon-dae*, high crags up in deep mountains; the Chinese-character *seon* is made up of the radicals for "person" and "mountain" – a man of the high wilderness, a mountain-hermit – although it has come to primarily mean an Immortal. The Buddhist rough-equivalent would be an Arahant. Shinseon are depicted in Korean icons as Daoist, Confucian and Buddhist types.[10]

5. Sanshin-dosa [Mountain-spirit Daoist-scholar], a completely divine figure. A vague personification of the human-mountain interaction; Sanshin in its role of 'Spirit of the Mountains.' He represents the spiritual power of any and all Korean mountains, in a general way; a

----

10) some sources (such as Korean dictionaries of Chinese) categorize *Shinseon* into four types: *In-seon* = human, *Cheon-seon* = heavenly, *Su-seon* = water-dwelling, and *Ji-seon* = Earthly. I'm not too clear on this, but it seems to be an attempt to categorize all Shamanic spirits, rather than Shin-seon in particular. Perhaps the last category Ji-seon would include the Sanshin...?

simple symbol of human-mountain interaction. He is mostly venerated by Shamans and mountain-travelers.

6. *Sanshin* [Mountain-spirit or Mountain-God]: the fully-personified spirit of a particular mountain, and a complex of symbols of the synergetic co-evolution of mountainous ecosystems and the people who live within them.

Now that those terms are clarified, I must introduce a conceptual system for understanding the religious manifestations of Sanshin. Over the course of writing this book I have developed my own theory, dividing all manifestations of the Korean mountain-spirit and its worship into three vertical levels:

What I will call the "Lower Level" is primitive and direct folk-culture Nature-worship directed towards a mountain – supplication or respect indicated with simple offerings and gestures, before crude faceless symbols. On this Level, the Sanshin is not personified nor given any human or animal form, but the mountain *itself* is worshipped – with only the simplest symbolic representation, if any – often by way of one of its natural residents, such as a prominent/sacred tree, cliff-face, tiger, cairn or boulder. This is impersonal deification of a specific mountain or locality within a mountainous area;[11] this level includes Korean farming-village, mountain-pass and other tutelary shrines.

What I will call the "Middle Level" is when Sanshin is only vaguely personified, and given a stereotyped human iconic form in a paint-

----

11) the Korean suffix –*san* indicates both a single identifiably-separate mountain with one main peak and/or ridgeline, such as *In-wang-san* [Benevolent King Mountain] or *Nam-san* [South Mountain] in Seoul, and also a group of connected peaks, ridges and valleys that may cover a large mountainous area, such as *Buk-han-san* [the North-of-the-Han (River) Mountains] in Seoul and *Sorak-san* [the Snowy-crags Mountains] on the northeast coast. The suffix –*san-maek* indicates an entire range of mountains, such as the *Tae-baek-san-maek* running down the east coast (including Sorak-san). At the other extreme, the suffix –*bong* indicates a single peak.

ing, relief-carving or statue – but remains generalized, representing any and all of the mountains of Korea. This level includes *Shinseon* and *Sanshin-dosa figures,* and the Sanshin appearing in Buddhist *Shinjung taenghwa* guardian-paintings, which represent a generalized ideal of the human-mountain interaction. These icons are not really "worshipped" at all, but used by Shamans as part of their trance-rituals and just "respected" at best by Buddhist monks, Confucianists and common people.

What I will call the "Higher Level" includes the fully and individually personified Sanshin, depicted in *Sanshin Taenghwa* or *Sanshin-do* portraits which often are symbolically complex and have high artistic value. These represent the specific Sanshin of a particular mountain or mountainous area. Their name and/or appearance is sometimes derived from a historical person. It is usually these Higher Level Sanshin who manifest in traditional Korean myths and legends. The roles they play in those stories and the iconography of their *taenghwa* both suggest independent personalities, 'royal' status, and the intention to benefit humankind.

Of course no exact and rigid borders can be drawn between these three levels of Mountain-spirits, just as with Korea's various religions. Some phenomena will have to be categorized as simultaneously within two levels, or between two levels. I only hope that this theoretical construct will assist my readers in comprehending the vast variety of Sanshin manifestations.

2 The Older Style of *Sanshin-gak* Shrines in Buddhist Temples

Those people who visit Korean Buddhist temples located in the mountains will find many manifestations of the Korean's ancient belief in the *Sanshin*, including shrines to these important deities containing vibrant artworks. As far back as we know-of, there have been simple stone shrines to the Sanshin located at the rear of the mountain-temples. For several hundred years, at least, most temples have had a simple wooden shrine, again often at the rear of the temple's compound, replacing or incorporating the previous stone shrine, often a bit up the mountain-slope behind the Main Hall, that contains a painting and/or statue of Sanshin, with a modest altar. These are called *Sanshin-gak*, and have played a crucial role in the functional practice and nationalized identity of Korean Buddhism.[12]

There is a very strong trend in the past few decades, however, for these *Sanshin-gak*'s to be replaced by relatively new and larger shrine buildings called *Samseong-gak* [三聖閣, 삼성각, Three Saints Shrine].[13] This change has profound ideological and philosophical implications for how we regard the identity and function of Korean Buddhism, as well as physical and practical changes for the temples themselves. This paper will now explain the background of this transformation in an introductory way, and investigate what it means for how we understand Korean temples and the religion practiced within them.

Most temples or shrines used to house these icons in a separate shine-building with walls covered with Daoist-themed paintings. These shrines are most usually entitled on their signboard as "*Sanshin-gak*," although other names such as "*Sanryŏng-gak*" [산령각, Mountain-

---

12) Hogarth 1999, 124.
13) Heo 2005, 280; Choi, Joon-sik 2007, 86; and extensive field-research by this author.

spirit Shrine], "*Sanseong-gak*" [산성각, Mountain-saint/sage Shrine], "*Sanwang-gak*" [산왕각, Mountain-king Shrine] or "*Sanshin-dang*" [산신당, Mountain-spirit Shrine] are sometimes found. Note that the suffix -*gak* is used to denote a non-Buddhist shrine, ordinary residential hall or even just a pavilion; while -*dang* is used for the enshrinement of lesser Buddhist deities, practice–halls and major residential halls, while -*jeon* is always used for the larger Halls containing regular Buddhas and Bodhisattvas.[14] There are a few exceptional cases where the shrine has another Buddhist-themed name with a -*jeon* suffix, and one extraordinary case found in the nation of a "*Sanwang-daejeon*" [산왕대전, Mountain-king Great-Hall].[15] There were older names with more of a folk/shamanic flavor that are hardly ever used at temples, such as *Guksa–dang* [National Teacher Shrine].

These shrines were once typically a small building in the far back of the temple compound, built up on the mountain–slope surrounded by forest, and in a traditionally–designed temple they can sometimes be a little difficult to find, requiring a steep uphill climb to visit. This tradition traces back to Korea's shamanic roots, a tradition of enshrining Sanshin as the most important of spirits, with vague-ancestral and "landlord" status. In mountainous areas Sanshin is sometimes found enshrined alone or with a local spirit; in that case the small building is called a *Sanshin-dang*. Sanshin is also one of the most common and primary spirits enshrined in the private *dang* [shrine] of a shaman, usually a large room with paintings of spirits lining the walls.

At most Buddhist temples in Korea, the local Sanshin came to be enshrined in a separate building, starting at least three centuries ago, usually enshrined by itself but sometimes together with other spirits of

14) They are in rare cases entirely mis-named, as a Chilseong-gak, Dokseong-gak or Guksa-dang, whether through sheer carelessness, making fresh use of a former shrine by that name, or just the preference of the abbot.
15) This is at Mt. Jiri-san Sudo-am Temple; this phenomena, however, is considered unorthodox by most.

Korean Shamanist origin. The building is of the same architecture as other Korean Buddhist worship-halls, but was much smaller than those which enshrine Buddhas and Bodhisattvas. Occasionally, unique designs have been used such as improved grottos, artificial caves or cliff-front pavilions; this tendency has been seen to be increasing. In a few such cases, the Sanshin shrine is built up against a sheer cliff, so that one interior wall is the naked granite of the cliff. Sometimes it is far up the slope above the temple, only reached by a hiking-trail and surrounded by thick forest.

Professor Grayson declares (1992, pg. 205) that the inclusion of this shrine within a Korean Buddhist temple-complex is an excellent example of "Low Syncretism," the more superficial accommodation made by a "world-religion" with an indigenous cult, which is usually what is understood in academia to be the process of religious syncretism:

> The most obvious example in Korea of this particular process of syncretism may be observed in the case of Buddhist temples where the sanshin-gak (mountain god shrine) or the ch'ilsong-gak (seven-star <pole star> spirit shrine) have become constituent parts of the layout of the temple precinct. These shrines, which are dedicated to autochthonous deities, have become subsidiary shrines within the total temple complex, and the rituals practised in them have become one component of the total ritual system practised at the temples....the mountain god (is) a master-spirit who has control of all the mountains of Korea, and who is also said to be a guise of Tan'gun, the mythical first king of Korea. These subsidiary shrines are a prime illustration in Korea of a conscious attempt made by a foreign autoch-religion, Buddhism, to absorb the external forms of the indigenous religion without changing the essential character

of the foreign religion.[16]

Most frequently in contemporary times, elaborate Mountain-spirit altars and colorful icons are right at the center of large and uniquely-designed new altar-shrines. As Korea's native culture has gained increasing respect and followers, these shrines have gotten larger, sometimes even equal in size to the Main Buddha Hall / Dharma Hall.[17]

They often have wonderful folk–paintings and supplementary icons on their ceilings, interior walls and exterior walls – *shinseon*, tigers (including the cute "smoking tiger" theme) and mountain-landscapes.

If a temple is too small, poor or new to have a Sanshin-gak, its mountain-spirit painting may be found in the Main Hall off to the side of the main altar, often near the *Shinjung-taenghwa*. This is the case at Bulguk–sa, one of Korea's most-famous and heavily visited monasteries, which does not have a Sanshin-gak in order to preserve its historical authenticity of architectural design from the ancient Shilla Kingdom (4th-9th centuries CE); its Sanshin painting is found in the Amita Buddha Hall, on the left side of the rear wall. Outdoor stone-carved Sanshin shrines are another increasingly popular alternative, with some new temples constructing artificial caves or large relief–carvings on granite cliff–faces.

For greater understanding it should be noted that there is almost always another Sanshin icon found in Korean Buddhist temples, within the *Shinjung Taenghwa* [Spirit–assembly sacred–painting, or "Icon of the Assembly of the Spirits"] large and complex altar–paintings located in the Main Hall and sometimes also in other Buddha halls, and sometimes also in a Samseong-gak. These Sanshin figures are often found among the middle ranks but sometimes up at the top or prominently

---

16) Grayson 1992, pg. 205.
17) The Main Hall enshrining the principal Buddha is usually named *Dae-ung-jeon*, meaning "Great Hero" or "Great Victory" Hall, referring to Sakyamuni's overcoming of delusions to reach enlightenment.

down at the bottom and in front; they have several similarities and differences with those in their individual paintings. He is the same grandfatherly old man with white hair, wearing the same red silk robe and variety of symbolic headgear, and holding the same feather-fan, mushroom-of-immortality-sprig or ginseng-root. However, here the Sanshin is always male and always standing, there is no pine tree and no tiger with him, and no craggy mountain background. In fact this Sanshin often looks like several of the other spirits assembled here, and it can be difficult to pick him out; the giveaway clue is usually the object he is holding, and the kindly wise look on his face. He does not represent the particular mountain that his host-temple resides upon, or any specific mountain at all, but is rather a generalized Mountain-spirit-as-Guardian, regarded as a legitimate minor deity within Korean Buddhism because it is included in the *Hwaeom–gyeong* [*Avata*⊠*saka Sūtra* or Flower-Garland Scripture].

3 The Emerging Style of *Samseong-gak* Shrines

These days more and more temples are reconstructing or newly-constructing "*Samshin-gak*" [Three Spirits Shrine] or, more frequently, "*Samseong-gak*" [Three Saints Shrine, conferring a higher status] buildings, with at least two other folk-deities included, within the main Buddhist-worship area. Occasionally the title *Samseon–gak* [삼선각, Three Immortals Shrine] is used.

The same Chinese characters used by the Koreans to entitle these buildings as *Samseong-gak* are also used on the signboards of orthodox halls of some Chinese Buddhist and Daoist temples, but the deities enshrined inside are entirely different. Chinese Buddhist temples enshrine a certain triad of three principal Buddhas, and Daoist temples enshrine a triad of master-saints; but this type of all is never found in Korean temples under that name, and it seems probable that the borrowing of this name and transfer of its meaning for more indigenous purposes is the origin of its widespread usage for these relatively new folk–spirit shrines in Korean temple–complexes.

Samseong-gak buildings enshrine at least two other major folk-spirits alongside the Sanshin, to make a symbolic triad. They are usually the *Chilseong* [Seven Stars of the Big Dipper, with other star deities] and the *Dokseong* [Lonely Saint, a helpful disciple of Buddha]. In rare cases, each of the three doorways of a *Samseong-gak* has its own signboard, indicating 'three shines in one': *Sanshin-gak*, *Chilseong-gak* and *Dokseong-gak*.

The Chilseong altar (with painting and possibly a statue) is usually placed in the center of the triple-altar display, granting it the highest status, which is formally appropriate by orthodox theory as it represents the spiritual powers of Heaven, as opposed to those of the lower realms of Humanity and Earth. Increasingly, however, the shrines have been found to be arranged with the Sanshin in the center, demonstrating the continued centrality of this deity in all Korean traditional culture, as well as its never-declining high popularity. Occasionally, the *Yong–wang* [Dragon-King] replaces the Dokseong who is enshrined either in his own building, in the Disciple Hall or in the Main Hall, as Dokseong is sometimes regarded as more of an orthodox Buddhist deity than a folk-spirit.

It is essential for the purposes of this study to understand these other figures who are usually enshrined together with Sanshin in the Samseong-gak, in order to understand what this transformation from Sanshin-gak's to the relatively newer types of shrines can tell us about their identity and function within Korean Buddhist compounds.

Of the various other spirits enshrined together with Sanshin, the most common is Dokseong, a little-understood – although frequently worshipped these days – figure. *Deok* means "alone" and thus "lonely"; and *seong* means "sage" in the Daoist or Neo–Confucian sense, or "saint" in the Buddhist sense. Scholars have only recently traced his origins of this popular folk-buddhist Korean deity. Sources indicate that he derives from Chinese icons of the Arhant *Pindola Bharadvaja*, a mythical disciple of Sakyamuni Buddha exiled from Buddhist heavens until the advent of Maitreya the future Buddha, as punishment for pridefully displaying his superhuman abilities in front of crowds, and directed in the meantime to live on the Earth and assist human beings with his magical powers. This would explain why he is "lonely," and why he is treated as a not-really-Buddhist spirit, enshrined together with the native/Daoist/Shamanist *Sanshin*, and supplicated by the laity to gain practical or worldly benefits (longevity, having a son, wealth). His iconography is certainly related to and may derive directly from the "Long–Eyebrow Luohan," China's popular folk-Buddhist figure who is also often conflated with Daoist Immortals.

The third painting of these shrines, usually placed in–between Sanshin and Dokseong, is actually a conglomeration of spirits collectively given the appellation *Chilseong* [Seven Stars],[18] which is filled with several multi-religious associations. Its position at the center of a Samseong-gak trio raises its status in that temple nominally above Sanshin – perhaps because it is iconographically depicted as more of a "Buddhist" deity, and because it represents the collective powers of Heavenly spirits which outrank those of Earth, as said. Some sort of Buddha or Bodhisattva statue is often placed on the altar in front of it. Professor Heo Gyun reports[19] that Buddhists regard it as an image of the "Tathagata of Blazing Perfect Light," and seen in that sense it certainly has a higher status than its two folkish companions. The Chilseong taenghwa shows a seated Buddha–figure holding a small golden wheel, with multi-colored rays of light streaming out from him to form a large round body-halo (strikingly more colorful than usual Buddhist art, a Shamanist or Hindu touch). This figure is called *Cheseok-bul*, and in his current popular usage seems to be a Buddhist version of Korean Shamanism's supreme heaven-god.[20] However, he originally derives from the Hindu god Indra, King or "manager" of all the powerful and protective *Devas* (gods and spirits), with authority over in this "world of desires" that we earthly beings experience, and a servant of Sakyamuni Buddha. He also served in Korea as a household longevity god, a household food or clothing god, and a harvest god. He is usually depicted holding a medicine–container or a small golden wheel, an Indian–Buddhist symbol of the dharma teachings; the former conflates him with the popular *Yaksa–yeorae* [Medicinal Buddha], which is supplicated for the prevention or healing of disease. Several other deities

---

18) Referring to the seven visible stars of the constellation popularly called the Big Dipper or the Great Bear (Ursa Major), the best–known of all constellations. It continuously rotates around the North Star, sort of pointing to it.
19) Heo Gyun 2005, pg. 281.
20) Otherwise called *Cheon-Ji-In-shin*, *Haneul-nim*, *Hwan-in*, the Daoist *Okhwang Sangje*, or the Neo-Confucian *Sangje*.

surround Jeseok-bul in these paintings, including a flanking pair of "*Il-weol* Bodhisattvas" ⊠ one holding a red disk representing the Sun and the other holding a white disk representing the Moon ⊠ symbolizing the balanced duality of Heavenly powers.

Alongside those Seven Stars, usually near one upper corner, is an old man with long white beard and long white eyebrows, a huge bulging–upwards bald head (symbolic of great wisdom), often holding a gnarled wooden staff. He is the *Bukseong-shin* [North Pole–star Spirit], said to control human longevity. His iconography is an import from China (where he is probably the single most popular folk-god), and renders him very similar to both Sanshin and Dokseong. When he is depicted separately in a folk-icon, he is often holding a giant peach and/or riding on a male deer – actions never performed by Sanshin even though those two symbols are closely associated with it and included in its backgrounds.

A more occasional shrine–companion of Sanshin is the *Yong-wang* [Dragon-King], Shamanic Lord of the entire dynamic hydrological cycle that sustains earthly life ⊠ oceans, springs, rivers, lakes and ponds, fish, clouds, rain and storms ⊠ with many myths, powers, associations and traditions of his own. Residing in a "Dragon Palace" in his realm beneath the sea, he serves many roles in Korea's folk–culture, including filler of wells and protector of fishermen. In his own painting he is shown sitting on a throne in that undersea palace, dressed in royal robes with a Korean Joseon-dynasty-style crown. He is always depicted as an old man with while hair; his most distinctive traits are that his beard, moustache and eyebrows are (usually) "spiky" – protruding in sharp points, sometimes resembling coral – and his eyes are often bulging out like those of a fish. He most often holds the flaming Pearl of Wisdom, but sometimes a branch of coral or a sword. Often in his altar-painting enshrined in Buddhist temples, *Gwanse-eum-bosal* the Bodhisattva of Compassion is seen somewhat in the background, next to or riding upon a dragon; sometimes his daughter (a figure in many Korean myths, marrying or birthing some hero) stands near him; fish or other sea–creatures are sometimes included. Occasionally he is enshrined in his own *Yong-wang-gak*, especially in coastal areas or at rivers, springs or wells.

Dragons have long been seen as protectors, whether of the world itself, the person of the Buddha, the Buddhist dharma, or particular communities. In China and in Korean Neo-Confucian culture they are symbols of heavenly powers, and in Geomancy they symbolize Earth-energies (especially as

mountain–ridges, as blue or yellow dragons), but to Korea's folk–culture they have mostly been associated with water-forms in a wide variety of ways. Similarly with Sanshin, the Yong-wang is thought of in both a general collective way and simultaneously as the Spirit of specific sites – the individual Dragon-kings of the Seas surrounding Korea, of the great rivers and the springs that feed them, and so on.

Another deity who might be found sharing a *Samseong-gak* shrine with Sanshin is Korea's 'mythical' first founding-king *Dan-gun Wanggeom*. There are a wide variety of arrangements, according to the whims of the religious leaders operating any particular temple.

4 Significance Found in this Transformation

The original stone *Sanshin-dan* and later *Sanshin-gak* shrines included in Korean Buddhist temples have always played multiple symbolic and functioning roles. The Sanshin spirit is regarded as the landlord of the temple-site, and supplication of it by the resident monks can be seen as a kind of payment of rent, acknowledging that this spirit existed there long before the advent of Buddhism or any other advanced human religion, and so the monks request to be allowed to live there teaching their dharma to humans.

The Sanshin is also supplicated by the monks for their personal health and physical strength, so as to be able to accomplish their meditation programs and advance towards the enlightenment that they aspire to. It further serves as a protective guardian for the temple compound against all sorts of spiritual evils and damages from human or natural forces. It is also very frequently venerated and even worshipped by lay visitors to the temples, seeking real-world practical benefits that it seems inappropriate to ask Buddhas or Bodhisattvas to grant, and its shrines are often very significant sources of cash-donation income for their hosting-temples.[21]

Their inclusion in the temples is also significant in our considerations of the attitude of Korean Buddhism towards the natural landscapes that surround it, heavily influenced by Korea's traditional Pungsu–jiri [geomantic] thinking.[22]

The most popular triad found in the relatively new *Samseong-gak* shrines, of Chilseong taking primary central position flanked by Dokseong and Sanshin, can be interpreted as a meta-representation of the classic trinity found at the root of most East-Asian philosophy and

---

21) Mason 1999, Section III.6.
22) Choi, Won Suk 2010; Park 2010.

religious art and customs: Heaven, Earth and Humanity [*Cheon-Ji-In*]. This cosmic-order trinity is very popular in Korean thought, derived from imported and native Daoism but thoroughly integrated into the Shamanic, Confucian and Buddhist traditions, and is represented in very many of its design-motifs.

In this case the Chilseong as spirits of stars represents the powers and status of Heaven, the Sanshin as spirit of the mountains that make up almost all of the Korean landscape represents the powers and status of Earth, and then the Dokseong as a formerly–human disciple of Buddha represents the powers and status of Humanity. We can further see that this triad represents the maximized ideals of each element of the Trinity: stars are the highest (farthest-away) and most mysteriously beautiful bodies in the heavens, mountains are the apogees of the earth, the closest that landforms come to reaching the sky, and the fully-enlightened Arhant is, at least within the realm of Buddhist thought, the very best status that human beings can hope to attain in their lifetimes.

From this we can tell that the Samseong-gak is more than just a separate enshrinement of the folk-deities that the leaders of Buddhist temples regard as of lesser status than the true Buddhas and Bodhisattvas, but yet are not willing to exclude them from temples altogether.[23] They are in fundamental design representations of the traditional *Cheon-Ji-In* conception of the order of the universe, something that resonates with everyone who has grown up and in East–Asian culture. They are therefore infused with very profound and deeply-layered meanings, although possibly understood by the residents and visitors to the temples more intuitively than explicitly.

This will help to explain why in new constructions of temple compounds the Samseong-gak are now often being placed in the main courtyards, with a status equal to bodhisattva and monastic residential

----

23) except in the case of a few masters such as former Jogye Order Patriarch Seong-cheol Toe-ong, 1912-93, who campaigned against them.

halls, instead of the former locations of Sanshin-gak at the upper rear of temple properties (behind or sometimes beside the Main Halls). This elevated status demonstrates a greater level of inclusion and religious acceptance of legitimacy of what were formally regarded as lower-ranking folk–deities. As described above, the Sanshin icons carry with them strong implications of Korean national identity, especially ethno-cultural identity, and this can be seen as assisting the entire trinity represented within a *Samseong-gak* as achieving a higher status; this will only be further amplified when an icon of *Dan-gun* is included within the shrines.

Shinseon are usually found painted on these special shrines for non-Buddhist deities within Buddhist temple complexes. They are most often painted on upper interior or exterior wall-panels, and on interior top-wall panels and ceilings, but rarely ever in their own formal icons or formally enshrined. They are depicted in a wide and colorful profusion of styles and motifs. Idealized landscape-scenes with spiritually potent animals such is the Korean tiger, and/or those animals and plants included in the *Ship-jangsaeng* [Ten Symbols of Longevity] traditional artistic motif are also frequently painted on the inner and outer walls of Samseong-gak buildings. All these elements represent the inclusion of Daoist philosophy and values within Korean Buddhist temples, a popular syncretic integration made possible because Chinese Daoism never became a separate institutionalized religion in Korea, and thus has not been a serious rival to either Korean Buddhism or Neo–Confucianism during their evolutions.[24]

In the occasional case is noted above where the Yong-wang is enshrined together with Sanshin, he obviously makes a complementary figure to the land–based Sanshin, both being "kings" of seas and earth, and both being uniquely "Korean" spirits — they can serve as a biospheric yin-yang duo.

----
24) see Grayson, 2015, pgs. 3-4.

Teamed with the cosmic Chilseong/Jeseok in some Samseong-gaks, they form a trinity of Heaven, Earth and Ocean — an interesting 'nature-only' alternative to theme the *Cheon-Ji-In* motif explained above. This combination could easily become a spiritual icon useful to the burgeoning "Green" environmental movement of Korea, if it is interested in exploiting traditional religious motifs to amplify the attractiveness of its public image and promotional activities.

5 Conclusion: Modern Flourishing of Folk Traditions and Oriental Philosophical Concepts within Korean Buddhist Temples

Mountain-worship was once found worldwide, with ancient roots and extensive traditions; scholars have reported it in many if not most pre-industrial cultures. Most mountain-worship traditions sharply declined during the twentieth century, however, and are steadily becoming harder to find, as the vectors of modern industrial civilization continuously destroy aboriginal and agrarian cultures and unique, local traditional religions are replaced by modern universalistic ones.[25]

However, various traditions of mountain-veneration and, to a lesser extent, worship of other folk-deities, are still very much alive in South Korea, not only surviving but flourishing out on the edges of what is in most other ways very modern lifestyles; it is even evolving new roles for itself in twenty–first century cultural and political realities. This may be unique to Korea, among all of the technologically-sophisticated industrialized nations. Increasingly, it can be seen as a point of pride to be remaining true to its own ancient national traditions, rather than as a source of shame for "remaining old–fashioned."

The *Samseong-gak* shrines and their resident icons as discussed in this paper are a vibrant and prominent part of this process, as they are increasingly found in very publicly accessible locations within Korean Buddhist Temples. Many of these newly–painted, modernist, retro-folk artworks are quite expensive, and their proliferation indicates that at least these selected folk-spirits are still actually growing in strength and importance within contemporary Korean culture (while many other old Shamanic deities continue to quietly fade away). Samseong-

---

25) Bernbaum 1990.

gaks and the remaining Sanshin shrines steadily attract good amounts of donation-cash from lay believers, and in turn increasing funds are being spent in constructing new ones, with larger and more–elaborate icons. They are also being given noticeably higher stature within temple compounds and in the proliferating independent Shamanic shrines.

Despite their relentless modernization in the past century, Koreans still pay respect to their Sanshin and other key folk–spirits in a wide variety of contexts. Their manifestations are readily found scattered amidst the urbanization and modernization, hoary roots of stable ancient wisdom that can be glimpsed underneath the chaotic neon–lit surfaces. Ceremonies with ancient roots are still being held up on high ridges and deep in remote gorges nationwide, all along the Baekdu-daegan mountain-system, and at shrines overlooking downtowns. Sanshin paintings and their companion icons in Samseong-gaks have also been found to be highly attractive to foreign visitors, who can easily understand their general import of humanistic pantheism. They therefore have good potential to serve as one of the cultural bridges that the Korean government is now building out towards the rest of the world, with Sanshin finding yet another role as a unique symbol of Korea and promotional-factor for its tourism business.

This is happening together with an increasing public "coming out" of Korean Shamanism and official/legal tolerance of and even respect for it.[26] These manifest changes suggest that a new 'religion' may be evolving in South Korea, based on ancient traditions but far more explicit and organized than ever before. It is highly nationalistic in character, based on ancient deities central to Korea's national identity, borrowing from the altar-forms that developed in Buddhist temples but now beginning to express its own independent identity. How popular it will remain our become, or what forms its future development assumes cannot really be predicted; the best we can say is that it seems

----

26) Howard 1998, and many field-research observations by this author.

extremely unlikely to disappear from this nation. Anyone who travels around the country and hikes up on the trails of the craggy mountains will find plenty of both old and newly evolving signs of its ancient traditions of mountain-worship and respect for the Sanshin mountain–spirits and its symbolically-complementary "shrine-friends."

Glossary of *Hanja*
[Chinese characters used in Korean] Terms

Baekdu-daegan 白頭大幹

Bukseong-shin 北星神

Bullocho 不老草

Cheon-Ji-In 天地人

Cheon-shin 天神

Chilseong 七星

Chilseong-gak 七星閣

Daeung-jeon 大雄殿

Dan-gun Wanggeom 檀君王儉

Dokseong 獨聖

Dokseong-gak 獨聖閣

Dongja 童子

Guksa-dang 國師堂

Gwanse-eum-bosal 觀世音菩薩

Gyeryong-san 鷄龍山

Hwaeom-gyeong 華嚴經

Hwan-in 桓因

Il-weol 日月

insam 人蔘

Jeseok 帝釋

Jeseok-bul 帝釋佛

Moak-san 母岳山

Moktak 木鐸

Okhwang Sangje 玉皇上帝

Pungsu-jiri 風水地理

Samseong-gak 三聖閣

Sanryeong-gak 山靈閣

Sanseong-gak 山聖閣

Sanshin 山神

Sanshin-dan 山神壇

Sanshin-gak 山神閣

Sanshin-je 山神祭

Sanshin Taenghwa 山神幀畵

Shilla 新羅

Shinjung Taenghwa 神衆幀畵

Shinseon 神仙

Shinseon-dae 神仙臺

Ship-jangsaeng 十長生

Yaksa-yeorae 藥師如來

Yeom-ju 念珠

Yong-wang 龍王

Yong-wang-gak 龍王閣

≡ Reference List ≡

- Bernbaum, Edwin (1990) *Sacred Mountains of the World*. CA: Sierra Club Books.

- Canda, Edward R. (1980) "The Korean Mountain Spirit." *Korea Journal* 20 (9):11-16. Seoul: UNESCO.

- Choi, Joon-sik (2006) "Folk-religion: The Customs in Korea". Seoul: Ewha Womans Univ. Press.

- Choi, Joon-sik (2007 *Buddhism: Religion in Korea*. Seoul: Ewha Womans Univ. Press.

- Choi, Won Suk (2010) "Interaction between Buddhism and P'ungsu in Korea." *International Journal of Buddhist Thought & Culture* 14:161-86. Seoul: IABTC.

- Grayson, James Huntley (1992) "The Accommodation of Korean Folk Religion to the Religious Forms of Buddhism: An Example of Reverse Syncretism." *Asian Folklore Studies* 51 (2):199-217. Nagoya: Nanzan Institute for Religion and Culture.

- Grayson, James Huntley (2015) "An Undulating Trajectory: The History of Religious Traditions in Korea". Irish Journal of Asian Studies 1/1. Dublin: IJAS.

- Heo, Gyun (2005) *Korean Temple Motifs: Beautiful Symbols of the Buddhist Faith*. Trans. Timothy Atkinson. Seoul: Dolbegae.

- Hogarth, Kim Hyun-key (1999) *Korean Shamanism and Cultural Nationalism*. Vol. 14 of Korean Studies Series. Seoul: Jimoondang Publishing Company.

- Howard, Keith, ed. (1998) *Korean Shamanism: Revivals, Survivals and Change*. Seoul: Royal Asiatic Society.

- Mason, David A. (1999) *Spirit of the Mountains: Korea's Sanshin and Traditions of Mountain-Worship*. Seoul: Hollym.

- Mason, David A. (2016) *Solitary Sage: The Profound Life, Wisdom and Legacy of Korea's 'Go-un' Choi Chi-won*. ISBN: 978-1-329-56593-7. Seoul:

Sanshinseon Publishing Co. and Lulu.com

- Park, Kyoung Joon (2010) "On the Buddhist View of Nature." *International Journal of Buddhist Thought & Culture* 15:27-46. Seoul: IABTC.
- Zo, Zayong (1983) *Guardians of Happiness* Seoul: Emille Museum.

The Eight Immortals in Joseon Dynasty Painting

Nelly Georgieva-Russ

필자 약력

넬리 루스 Nelly Russ

불가리아 태생의 고고미술사학자

러시아 국립 상트페테르부르크 대학교 미술사학과 졸업

상트페테르부르크시 소재 유럽 대학교에서 같은 전공으로 석사학위 취득

한국학중앙연구원 한국학과 석사과정, 문화예술학과 박사과정

현재 고려대학교 고고미술사학과 초빙교수

서울대학교와 중앙대학교에서 각각 러시아어 강좌 진행

관심분야

한국고고미술, 회화에 나타난 한국 도교, 한국 불교미술

주요 논저

「한국의 회화와 문학에서의 여동빈의 양상」(유럽 한국학 학회지) 등 국내외 주요 학술회의에서 여러 논문 발표

Facets of Lu Dongbin in Korean Painting and Literature, European Journal of Korean Studies, Vol. 20, No. 1(2020), pp. 85-133

1 Introduction

In the collection of Dong-A University Museum there is a painting of the Eight Immortals floating on the sea waves attributed to Kim Hongdo. The tightly crowded figures fill the whole space of the painting surface while the waves are hardly noticeable at the bottom part. The painting is square and cropped at the four sides. Zhongli Quan is depicted heavily drunk and supported by Han Xiangzi. This work stands in sharp contrast to Korean depictions of the Eight immortals that gained sway in the 18th - 19th century. With figures in close up and tightly packed, it rather stands in a row with Chinese representations from the Ming and Qing dynasties. The most essential mark though is that it features exclusively the members of the Eight Immortals assembly, with no inclusion of other characters, which is highly unusual for the Korean tradition. In producing this work, Kim Hongdo was most probably inspired by a Chinese original.

The Eight Immortals is only one among the numerous themes derived from China in Korean art. However, its special status in its homeland makes the issue of the ways it was transformed and reinterpreted in Korea a matter of particular interest. Images of the Eight Immortals produced by Korean painters pose a number of questions. Their ubiquitous presence in Korean figure painting from the 17th-early 20th century is a fact. The large majority of small and large group paintings of Daoist immortals include some or all members of the group; however, there is no painting where the whole assembly is featured together as an independent subject. The purpose of this survey is to investigate more deeply the Eight Immortals in Joseon art in order to cast light on this paradox. I will address the following issues: to what extent was the Eight Immortals' integrity preserved following its transmission to Korea, how was the theme domesticated by Joseon painters, and what specifically Korean versions were produced in response to the local discourse.

Pictures of the Eight Immortals were a part of the genre called *Sinseondo* 神仙圖 (Images of immortals) which occupies a significant part of figure painting extant from the Joseon dynasty. *Sinseondo* includes individual and group representations of Daoist sages and illustrations of famous episodes from their mythical biographies. Many professional and literati painters have worked in the *Sinseondo* genre and a considerable number of such paintings are extant in the form of individual and group images in a variety of formats and techniques.

While only one work depicting a Daoist immortal has survived from the early Joseon period[1] the number and quality of these images started to increase by the mid-Joseon period with the rising allure of internal alchemy, the increasing production of local hagiographical literature and the introduction of a number of Chinese illustrated books about Daoist immortals, such as *Liexian Quan Zhuan* (Collected Biographies of Immortals, 列仙全傳) by Liu Xiang of the Han dynasty, printed in 1600, and especially *Xianfo Qizong* (Marvelous Traces of Transcendents and Buddhas, 洪氏仙佛奇踪) by Hong Zicheng, printed in 1602. All characters from *Sinseondo*, including the Eight Immortals, were introduced from China, along with their iconography, that was largely based on these two compendiums.

The members of the group are Zhongli Quan 鍾離權 (Kor. Zhongni Gweon), Lu Dongbin 呂洞賓 (Kor. Yeo Dongbin), Li Tieguai 李鐵拐 (Kor. Yi Cheolgwae), Zhang Guolao 張果老 (Kor. Jang Gwaro), Han Xiangzi 韓湘子 (Kor. Han Sangja), Lan Caihe 藍彩和 (Kor. Nam Chaehwa), Cao Guojiu曹國舅 (Kor. Jo Gukku), and the only female member, He Xiangu 何仙姑 (Kor. Ha Seongo). They lived and attained the Dao in different periods of Chinese history and appear only individually in early re-

----

1) A work by Seokgyeong of the Goddess Mago in the collection of the Gansong Museum of Art.

cords. The Yuan dynasty, when the first literary works featuring them as a group were produced, marked the beginning of their exceptional popularity. The reason for their particular importance in Chinese culture lies in encompassing different faces and statuses from society: wealth (Cao Guojiu) and poverty (Li Tiehguai), old age (Zhang Guolao) and youth (Lan Caihe), women (He Xiangu), and warriors (Zhongli Quan) and scholars (Lu Dongbin) and thus personifying the hope that every human can become an immortal. [2]

----

2) *Shi wu yuan hui*事物原會 by Ji Wang汪伋, originally published in 1796, quoted in Yetts,1922: 399

2 Introduction of the Eight Immortals to Korea

Textual sources and archaeological evidence suggest that the theme of the Yuan Eight Immortals was introduced to Korea during the last phase of the Goryeo dynasty while one of its members, Han Xiangzi, was mentioned in Goryeo poetry from as early as the 12th century, due to his relation to the great Tang dynasty writer Han Yu. The cultural milieu provided a breeding ground for such a theme since Daoism flourished during the Goryeo dynasty due to the ardent patronage of the royal court.

Goryeosa and *Goryeosa jeoryo* contain accounts on the existence of a local cult of the Eight Immortals, different from the Chinese Eight Immortals, starting from the early part of the Goryeo dynasty. The Korean cult of the Eight Immortals was closely related to the local tradition of mountain worship. It was associated with Mount Songak松嶽山in the Goryeo capital Gaegyeong since Silla times and represented a fusion of Daoist, Buddhist, and indigenous deities. According to the genealogy of Taejo Wang Geon, *Pyeonnyeontongrok* 編年通錄 (Full Record of Annals and Chronicles) compiled by Kim Guanui 金寬毅 around 1160, [3] Mount Songak in Gaegyeong was known as the abode of the Eight Perfected Immortals 八眞仙, who were different from the Yuan Eight Immortals.[4]

----

3) *Pyeonnyeontongrok* is not extant but is extensively cited in Volume I of *Goryeosa*, dedicated to the ancestors of Taejo Wan Geon back to the sixth generation.
4) Kim Guanui relates about the geomancy master from the Silla dynasty Palwon 八元who held Mount Songak as the residing place of the Eight Immortals and the story about Emperor Suzong of Tang (r. 756-762). Suzong, at the age of seventeen, during his travel throughout famous mountains, crossed the sea and climbed Gokryeong 鵠嶺 Mountain in Songak 松嶽 (the name Gaesong was referred to in Silla times). Enchanted by the beautiful mountainous landscape, he exclaimed, "This land will certainly become a capital. This is indeed the abode of the Eight Immortals." (*Goryeosa*, Volume I, Taejo) Although inconclusive, this legend suggests that the cult of the Eight Immortals was associated with this area since at least the 8th century.

It also contains a record about the construction there of a temple of the Eight Immortals (*Palseongung*八仙宮) with a shrine of the Eight Spirits of Mountains and Streams, at the very onset of the new dynasty.

The Eight Perfected Immortals are recorded in Volume 127 of *Goryeosa* as follows:

Hogukbaekduak Taebaekseonin Sildeok Munsu Saribosal護國白頭岳 太白仙人實德 文殊師利菩薩 (The Taebaek Immortal of Baektu Mountain who is also the Bodhisattva Manjusri, associated with Mt. Baektusan白頭山)

Yongwiak Yuktongjonja Sildeok Seokkabul 龍圍岳 六通尊者 實德釋 迦佛 (The Venerable One of Six Transcendental Powers of Mt. Yongwiak, who is also Sakyamuni Buddha, associated with Yongwiak, the Embracing Dragon Peak, another name of Mt. Yonggolsan 龍骨山 in North Pyongan Province)5

Wolseongak Cheonseon Sildeok Daebyeoncheonsin 月城嶽 天仙 實 德大辨天神 (The Heavenly Spirit of Wolseongak, the Moon Fortress Peak, who also is Daebyeoncheonsin, the Heavenly Spirit of the Great Change, associated with Mt. Tosan 兎山 in Hwanghae Province)6

Guryeo Pyeongyangseonin Sildeok Yeondeungbul 駒麗 平壤仙人 實德燃燈佛 (The Immortal of Guryeo Pyeongyang who is also Buddha Dipamkara, associated with Mt. Geumsusan 錦繡山, the guardian mountain of Pyeongyang)

Guryeomokmyeokseonin Sildeok Bibasibul 駒麗 木覓仙人 實德毗婆 尸佛 (The Immortal of Mount Mokmyeok, who is also Vipassi Buddha, associated with Mt. Mokmyeok木覓 near Pyeongyang)

Songakjinjugeosa Sildeok Geumgangsaekbosal 松嶽震主居士 實德金 剛索菩薩 (The Hermit of Songak Mountain, who is also Vajrapasa Bodhisattva, associated with Mt. Songak 松嶽山in Kaesong)

----

5) The associated mountains are proposed by Yi Byeongdo, 1980: 204-207
6) Hwanghae Province 黃海道 in the northwestern part of the Korean Peninsula was one of the Eight Provinces of the Joseon dynasty.

Jeungseongak Sinin Sildeok Reukchacheonwang 甑城嶽神人 實德勒叉天王 (The Immortal of Jeungseongak, who is also Virudhaka, the guardian of the South, one of the Four Guardian Kings, associated with Mt. Gukryeongsan 國靈山 near Pyeongyang)

Duak Cheonnyeo Sildeok Budongwubai 頭嶽 天女 實德不動優婆夷 (The Heavenly Maiden of Mt. Duak, who is also the Immovable Upasika – a devout female lay follower of Buddhism, associated with Mt. Marisan 摩利山 on Ganghwa Island) – the only female deity among the eight.

As visible by their names, the Eight Sages were related to mountains in the northern territories near Pyeongyang and the capital Songdo, and represented a fusion of mountain worship and Buddhism.

Palseongung is mentioned in poetical works of a number of Goryeo Confucian literati, such as Yi Jaehyeon 李齊賢 이제현 (1288-1367), Yi Saek 李穡 (1328-1396), Yi Sungin 李崇仁 (1347-1392), etc. Their poems suggest much about the perception of the Eight Immortals by Goryeo literati and the ways they practiced their cult. They show that the Eight Immortals were looked upon as guardians of the country in the framework of a state-protecting faith (similar to the concept of *Hogukbulgyo* 호국불교) and as guardians of common people in private life, protecting them from vicissitudes, illnesses, and granting blessings and longevity. While the former function has faded out over the centuries and practically disappeared, the latter flourished during the late Joseon dynasty and paintings of the Eight Immortals of Chinese origin became conventional auspicious symbols, imbued with the same wishes of good fortune and long life, as their indigenous predecessors.

The Eight Immortals temple existed for more than 600 years, up to the early 16th century, testifying to a strong and vibrant tradition of the indigenous Eight Immortals worship in Korea.

The worship of the Korean Eight Immortals was taken to a new level during the reign of King Injong 仁宗 (r. 1122-1146) and was actively used in political struggles at the time. Following the recommendations of the influential Buddhist monk Myocheong 妙淸 (? -1135), *Palseong-dang* 八聖堂 (Hall of the Eight Sages) was erected in the newly built royal palace in Pyeongyang in 1131, with their portraits enshrined there. During the reign of King Injong's successor, King Uijong 毅宗 (1146-1170), the worship of the Korean Eight Immortals continued to receive special attention and was of foremost importance for political stability.

Goryeo literati became familiar with the Yuan Eight Immortals around the 14th century. The earliest reference to the assembly in poetry appears in the poem "Contemplating the Past on Shamen Dao" 沙門島懷古 by Yi Sungin 李崇仁 (1347-1392) where the Eight Immortals are described as floating in the skies on their way to the immortals islands in the Eastern Sea. While it is not explicitly mentioned which Eight Immortals are referred to, only the Yuan Eight Immortals are related to the five legendary islands in the Eastern Sea (Fangzhang方丈, Yingzhou 瀛洲, Penglai蓬萊, Daiyu 岱輿 and Yuanjiao 員嬌), as they were believed to be their home. This poem gives a clue to the questions, in what context the Yuan Eight Immortals were introduced to Korea and what were the terms of their perception during the Goryeo, where the cultic function was allotted to the Korean Eight Immortals.

The above-cited poem by Yi Sungin, relating the Eight Immortals to the Eastern Paradise demonstrate that the Eight Immortals were introduced and perceived during the Goryeo period in close connection with their abode on Mount Penglai in the Eastern Sea, where they return after the celebration at the Peach Banquet at the abode of Xiwangmu in the Western Paradise at the Kunlun Mountain. Thus, they were devoid of all elements of Quanzhen Daoism and of the religious function to guide the devotee to Daoist transformation and enlightenment, characteristic of the group in Yuan dynasty China. From the onset of their existence in Korea, the Yuan Eight Immortals were associated with Kunlun and Penglai mythology and birthday wishes for longevity and prosperity. The same function is allotted to paintings produced during the late Joseon period.

Archaeological evidence also suggests such a relation. The only extant depiction of the Yuan Eight Immortals from the Goryeo dynasty is found in a bronze mirror from the National Museum of Korea. It is decorated with their figures, placed symmetrically around the central lobe, and their symbolical accoutrements along with the Old Man of the South Pole 南極老人 are depicted at the top of the scene. Longevity wishes are rendered by their grouping with the Old Man of the South Pole, who is responsible for the length of human life and is a common symbol of longevity in painting. The four large characters 百壽團圓 (baeksu danwon One hundred years of life in peace and harmony) are carved at the four sides of the lobe. This mirror, most likely an object of Chinese import, demonstrates that the grouping of the Eight Immortals with the Old Man of the South Pole was already known in Korea during the Goryeo dynasty and adds one more dimension of their perception at the time.

There is no extant painting of the Yuan Eight Immortals from the early Joseon period; however, an important testimony about a painting titled *Palseonyanggido* 八仙養氣圖 (The Eight Immortals Nurturing their Qi) is left by the early Joseon dynasty scholar Seo Geojeong 徐居正 (1420-1488).

The divine, otherworldly landscape described in the poem, suggests that in this painting the Eight Immortals were depicted in the Western Paradise.

3 Group Images of the Eight Immortals in the Joseon Dynasty

As mentioned above, except for the painting of *Eight Immortals Crossing the Sea* attributed to Kim Hongdo at the Dong-a University Museum, but most probably of Chinese origin, there is no extant example of a work by a Korean painter exclusively featuring all members of the group as an independent subject. Nevertheless, the assembly is indispensably present and allotted an essential role in images of a crowd of immortals, where they are depicted along with other immortals and attendants. The earliest examples of this type appeared in the mid. 17th century and the theme gained sway in the second half of the 18th-19th centuries. The Eight Immortals were featured in paintings of:

1) Immortals Celebrating Birthday (*Gunseon gyeongsudo* 群仙慶壽圖) along with the God of Longevity, Shouxing (Kor. Suseong 壽星) or the female deity Mago;

2) Immortals on Waves (*Pasanggunseondo* 波上群仙圖);

3) the Feast at the Yoji Pond (*Yojiyeondo* 瑤池宴圖), where the assembly is depicted as part of the immortals host flocking to the Peach Banquet in the Western Paradise on the Kunlun Mountain;

4) Crowd of Immortals (*Gunseondo* 群仙圖), where the figures of the immortals are depicted against a plain background or in idealized landscape setting.

The depiction of a multitude of immortals in one painting was meant to unite their magical abilities and powers and thus to increase its auspicious symbolism by rendering multiplied blessings. All these types of paintings were closely related to birthday wishes of good fortune, happiness, and longevity, and this functional aspect appeared as more important than the need to depict the group per se. For this reason, although the Eight Immortals were allotted a central role in the painting, they are usually loosely connected, mixed with other immortals and only some members were selected.

The representations of the Eight Immortals in these collective paintings of a Crowd of Immortals exhibit different degree of reception and distance from Chinese prototypes. It is remarkable that the Eight Immortals are mostly depicted floating on waves, thus testifying that the crossing the sea mode was essential in domestication of the assembly in Korea.

In fact, some of the earliest representations of the assembly or its members on bronze mirrors from the Southern Song and the Yuan mural in the Chunyang Hall of Yongle Palace are in the sea-crossing mode. They suggest that the sea-crossing theme was a basic concept for the group and its symbolic function from the initial stage of its existence. In Chinese painting, the motif of the Eight Immortals crossing the sea was in vogue from the Yuan dynasty on, under the influence of Yuan drama.

Crossing the sea mode was particularly favored in representing immortals during the late Joseon dynasty. A number of paintings of individual figures of immortals floating on waves is extant from the 17th century, showing that it was already popular in the mid. Joseon period as an illustrative way to demonstrate their transcendental nature and magical abilities. Depicting a crowd of immortals floating on waves was meant to enhance the auspicious effect of the image and was closely related to its practical function of wishing longevity and blessings for a birthday. The paintings of the type *Gunseon gyeongsudo* of immortals on waves paying homage to the God of Longevity or to the female immortal Magu from the 18th century testify to its early connection to birthday greetings. Immortals crossing the sea as a painting subject came into vogue in the late 18th century and in the 19th century interest in the theme notably increased.

Gunseon gyeongsudo 群仙慶壽圖 (A Group of Immortals Celebrating Birthday) feature the Eight Immortals paying homage to the Star of Longevity Shouxing (Kor. Suseong 壽星), also called Shoulaoren (Kor. Sunoin 壽老人) or Nanji Laoren (Kor. Namgeuk Noin 南極老人), the Old Man of the South Pole. The origin of this deity is rooted in astronomy and is a colorful example of deification and personification of celestial bodies in the Chinese cultural tradition. It designates Canopus, the largest of the stars in the southern constellation of Carina and the second brightest star in the sky after Sirius. The association of Shouxing with longevity is documented in the *Book of Jin* from the 7th century – the star was believed to govern the destiny of the country and the lifespan of its ruler down to every human on earth.

The iconography of the God of Longevity in anthropomorphic form developed between the Tang and Northern Song periods. In the following centuries he became a basic and representative symbol of longevity and heavenly blessings and an essential motif of seasonal paintings and auspicious design in applied arts. His images, serving mainly as wishing for blessings in birthday or New Year's greetings, were of a highly practical nature.

Although the God of Longevity was venerated in Korea since the Goryeo dynasty, the earliest extant Korean images of Shouxing (four paintings by Kim Myeongguk) date from the mid. 17th century. Paintings of the Old Man of the South Pole were a typical present from the king to high officials on New Year's Eve and on special days close to the end of the year.7 Individual images of the Old Man of the South Pole vastly circulated, serving as gifts wishing for longevity at birthday banquets in the homes of the literati. However, there are only a few extant

---

7) An inscription on a painting of the Old Man of the South Pole at the Gansong Art Museum by the late Joseon painter Jang Seungeop 張承業 (1843-1897), presented to King Gojong (r. 1897-1907) reveals the meaning of such a present: "If the South Pole Star is visible, the King will live long and peacefully govern the country (南極見,則人王壽昌, 天下治安).

paintings of the type *Gunseongyeongsudo* where the Eight Immortals are paying homage to the God of Longevity, demonstrating that the subject appeared as a short-lived interest in the 18th century.

Gunseongyeongsudo includes an album leaf by Yun Deokhui 尹德 熙 (1664 - ?) from *Yunonghwacheop* 尹翁畫帖 (A Painting Album of the Old Man Yun), dated to 1732-33, a painting attributed to Kim Hongdo' teacher, Kang Sehwang (1713-1791) and an anonymous painting from the early 18th century.

The Eight Immortals are also depicted in paintings of Immortals on Waves (***Pasanggunseondo* 波上群仙圖**). About twenty works of this type are extant from the Joseon period. They represent a procession of a host of immortals crossing the sea, treading on the surface of the surging waves, all headed in one direction, without indication to their destination. The background is devoid of details and reduced to the waves, variegated with foaming crests and auspicious clouds, thus placing the emphasis on the figures. The Eight Immortals or some of the members form the core of the host and are accompanied by other immortals. The three above-mentioned 18th century works of Immortals Paying Homage to the God of Longevity and Magu have undoubtedly influenced the painting tradition of Immortals on Waves, which was elaborated in the 18th and flourished in the 19th century.

The 18th century scrolls concentrate on the depiction of chosen members of the Eight Immortals assembly while none of them feature a full set of the assembly. A special emphasis is placed on Zhongli Quan and Lu Dongbin as figures of key importance. Their iconography follows the illustrations in *Xianfo Qizong* – Zhongli Quan with an exposed belly and double-knot hairdo and Lu Dongbin in scholar attire and headgear with a sword on his back. A characteristic feature of Lu Dongbin's representation in these scroll paintings is the prominent role of his companion, the Willow Spirit. Unlike *Xianfo Qizong*, where he is leaning out from behind his master, here he is depicted at some distance as an independent personage playing a flute.

Three members of the group of the Eight Immortals are not represented in scroll-type paintings of Immortals on Waves: Zhang Guolao, Lan Caihe, and Cao Guojiu. The latter two appear in *Gunseong gyeongsudo*, thus revealing a conscious selection facing the necessity of the format, which required fewer of figures. The preference of one figure over another also became one of the features of the gradual domestication of the theme in its departure from the Chinese tradition.

A number of paintings of Immortals Crossing the Sea from the 19th century executed in screen format are strongly influenced by Kim Hongdo and mark the next stage of development of the theme. This type features an exceptionally large-scale multi-figured rendering of the subject. During the 19th century, court painters followed, modified, and standardized the style and iconography of Kim Hongdo. The procession of divinities is headed in one direction, whereas each panel features an independent self-sufficient composition. The Eight Immortals are scattered on different panels and hold a central place on each of them.

Screen paintings of the Banquet at the Yoji Pond (**Yojiyeondo** 瑤池宴圖) are another type of group paintings of immortals where the Eight Immortals assembly appears crossing the sea.

As a painting subject, the Banquet at the Abode of Xiwangmu was introduced from Ming China during the mid. Joseon period. In spite of its Chinese origin and specifically Chinese legendary characters, the theme took its own path of development on Korean soil and produced an independent iconographical version. The banquet scene centers on Xiwangmu and her guest King Mu sitting on the Jade Terrace of Xiwangmu Palace on the Kunlun Mountain at tables laden with peaches and cups with elixir of immortality. Waves of a repetitive schematic pattern surge beyond the terrace and serve as a background for the second scene – immortals on their way to the Peach Banquet. A crowd of heavenly beings – Daoist and Buddhist – flocking to the event includes a wide range of personages. The Eight Immortals form the core of the immortals host while the Old Man of the South Pole riding a crane and Buddha surrounded by the Four Heavenly Kings floating on a cloud descend from the sky.

While earlier works are limited to the depiction of the banquet on the Jade Terrace centering on the figures of Xiwangmu and King Mu of Zhou with heavenly maidens dancing and attending to the venue, screens of the late 18th – 19th century are characterized by a symmetrical composition where the scenes of the Peach Banquet and the immortals crossing the sea are treated with equal importance.

The combination of the two scenes into one was designed by Korean painters by the late 18th century from Chinese pictorial sources which handled the two themes separately – Ming dynasty paintings of the Xiwangmu Banquet, such as an album leaf by Qiu Ying (ca.1494-1552), and paintings showing the host of immortals floating on waves, or gathering on the Jade terrace, such as *Immortals at the Jade Pond* by Qiu Ying.

The depictions of the Eight Immortals in painted screens of the *Banquet at the Jade Pond* exhibit strong Chinese influence. Their iconographies draw their origins from Ming and Qing dynasty paintings and printed compendiums. However, as in **Pasanggunseondo**, the importance and special status of the group is degraded by the dissociation of its members, their placement at a greater distance from each other, and mixing with other immortals on equal footing. This peculiarity is in line with the process of deindividuation of the immortals in 19th century Joseon painting, where their collective wondrous ability to grant blessings was favored over exhibiting their individual personalities.

One more representation mode of the Eight Immortals in Joseon painting was the type **Gunseondo** 群仙圖 – a crowd of immortals depicted against a plain background or in a mountainous landscape. *Gunseondo* originated as an offshoot of the Immortals on Waves theme in the second half of the 18th century. It became the last stage in the process of losing the connection with the "Peach Banquet" narrative in the late 18th-19th century and enhancing the symbolic aspect of auspiciousness and longevity. *Gunseondo* from the late 18th-19th century developed under the strong influence of Kim Hongdo, whose work *Immortals*, dated to 1776, is the earliest extant and most prominent representative of the type. The scrolls are marked by a great deal of grotesque, eccentricity and a flair of improvisation in rendering the faces and postures of the figures. This artistic freedom reflected on the attributes of the immortals, which lost their importance as identifying elements and became mixed and typified. The trend of unclear and floating iconographies, already detectable in paintings of Immortals of Waves, became dominant in *Gunseondo* and increased by the late 19th-early 20th century.

Gunseondo executed in the screen format contains small groups of one to three figures in a self-sufficient completed composition on each panel, which multiplied by unfolding the screen and achieved the effect of decorative multi-figured painting. This format became especially popular in the early 20th century and preferred by such painters as Jo Seokjin, An Jungsik, Kim Eunho, and Choi Useok.

Immortals by Kim Hongdo from 1776, features an original, unusual version of immortals painting both in the choice of the characters and the format. It was originally designed as an eight-panel screen but was remounted as three separate scrolls during the Korean War. The figures are divided into three groups of increasing quantity, all heading west in procession. Compositionally, *Immortals* differs from later screens in that the figures are depicted across the surface, without regard to the separate panels as enclosed entities. A general feature of the painting are the unspecific iconographies in the larger group, raising a number of different opinions among scholars about their identification. However, considering that Kim Hongdo was well versed in Chinese printed compendiums, it was obviously the painter's intention to create a sweeping vision of a divine crowd with supernatural powers where iconographical accuracy was not a priority. The choice of the members from the Eight Immortals group and some details of their iconography differs greatly from other multi-figured *Sinseondo*. As in *Immortals on Waves* the procession is led by Magu and He Xiangu. Three members of the group are depicted in the middle section – Zhang Guolao sitting backwards on a mule and reading a book, Han Xiangzi featured as a young man holding a fish drum, and Cao Guojiu holding clappers – and are easily identified due to their similarity to prototypes in Chinese prints and painting. While Li Tieguai and Lan Caihe are not explicitly represented, the figure of a young man peeping into the neck of his calabash with a basket of immortality plants hanging at his back might be a reference to both of them. The motif of peeping into a gourd is characteristic of later representations of Li Tieguai. It is noteworthy that Lu Dongbin and Zhongli Quan, the two most authoritative members of the group, are not depicted, thus, again, separating this work from the rest of multi-figured *Sinseondo*. Therefore, the selective representation of members of the Eight Immortals group is also present here and remains common for *Gunseondo* paintings until the end of the Joseon period.

In *Gunseon juak* (Immortals Performing Music) by Yu Suk 劉淑 (1827-1873) the three main immortals are Han Xiangzi holding a fish drum, Master Jiqiu 稷丘君holding a *gomungo,* and Li Tieguai represented in the unusual guise of a young man dressed in Daoist robes with a staff and a gourd issuing smoke with the figures of two bats. They are accompanied by four immortal boys holding various symbols of immortality. The figures of the boy with a double-knot hairdo at the left shouldering a hoe with a basket of immortality plants and the boy playing a flute are pointing to the transformations, which Chinese immortals underwent in the process of their domestication in Korea. The flute and the hoe with the basket were originally accoutrements of Lan Caihe and Han Xiangzi. However, in a number of Joseon paintings, they came to be carried by immortal boys who accompany the immortals in immortals' processions. These figures were first introduced by Kim Hongdo and became an indispensable feature of Korean *Sinseondo* of the late 18th-19th century. The attributes became de-individualized, departed from their original "owners," and obtained a broader meaning of general symbolism of immortality, rendering a festive and joyous atmosphere to the image.

4 Conclusion

The variability of representational modes of the Eight Immortals in Chinese painting of the Yuan, Ming, and Qing dynasties did not take root in Korea. The starting point of their development on Korean soil was marked by the introduction of a number of iconographical compendiums printed during the Ming dynasty. The illustrations in two of them – *Xianfo Qizong* and *Sancai Tuhui* – defined the appearance, attributes, general features, and posture in Korean depictions of the Eight Immortals of the 17th-19th centuries.

Kim Hongdo marked the beginning of a distinctive Korean tradition of visualization of the figure of the immortal. If painters from the 17th-18th century mainly followed the iconographies of the Eight Immortals fixed in Chinese printed compendiums, painters from the 19th century freely improvised, resulting in an interchange and conflation of attributes, thereby leading to the impossibility of identifying the depicted characters.

The paintings of the Eight Immortals in Korean context reflect the dynamics of the whole genre *Sinseondo* in the late Joseon period. They were not regarded as an independent subject of its own value, as in China, but as prominent representatives of the cohort of immortals. For this reason, their group representations did not obtain popularity in Joseon as a separate theme and the members of the assembly were mixed with other immortals in collective paintings. This happened with a breakdown of the integrality of the group, which was not regarded as a meaningful whole with its own semantic field, and scattering of its members among other immortals. It is also reflected in the selective representation of some of the members and the frequent abbreviation of others. Although the Eight Immortals form the core of multi-figured *Sinseondo,* the connection between them is loose and they stand equally in a row with other immortal figures.

One suggested reason for such a phenomenon came from the use of these images in Joseon society. They were used as pictures giving blessings and good fortune and were presented at festive occasions like birthdays, coming of age banquets, and as New Year paintings. Their function appears as primal to the accurateness in rendering the depicted figures. Group paintings were valued over individual representations since they concentrated the powers and blessings of many divine beings. For this reason, individual images of the Eight Immortals did not obtain vast popularity in Joseon, as well as group paintings on the theme of the Eight Immortals. They were regarded as a part of a larger immortals crowd whose magical function was superior and who would render multiplied gifts of good fortune and longevity.

≡ Bibliography ≡

- Bae, Wonjeong. 2009. Hanyang daehakkyo bakmulgwan sojang haesang gunseondo yeongu (A study on a painting of immortals crossing the sea at Hanyang University Museum). *Gomunhwa*, 73, 87-110.

- Baek, Insan. 2009. Joseon wangjo doseokinmulhwa (Buddhist and Daoist painting of the Joseon dynasty). *Gansong Munhwa*, 105-132.

- Campany, Robert. 2002. *To live as long as heaven and earth: A translation and study of Ge Hong's traditions of divine descendants*. Berkeley: University of California Press.

- Cahill, Suzanne. 1995. *Transcendence and divine passion: The Queen Mother of the West in medieval China*. California: Stanford University Press.

- Cha, Juhwan. 1984. *Hangugae togyo sasang* (Daoist thought in Korea). Seoul: Donghwa Pub.

- Cha, Miae. 2009. Gongjae Yunduseo-ui jungguk chulpanmul-ui suyong (How Chinese publications shaped Yun Du-seo's evolution as a painter). *Misulsahak Yeonggu*, 264, 95-126.

- Cho, Seonmi. 1997. *Joseon sidae sinseondo-ui yuhyeong mit dosangjeok teukjing* (Types of Korean paintings of immortals and specific features of their iconography). *Yesul-gwa Jayeon*, Seoul: Misulmunhwa.

- Eskildsen, Stephen. 2004. *The teachings and practices of early Quanzhen Daoist masters*. New York: State University of New York Press.

- Fong, Mary. 1983. The iconography of the popular gods of happiness, emolument and longevity (Fu Lu Shou). *Artibus Asiae*, 44 (2/3).

- Gang, Gwangsik. 2001. *Joseonhugi gungjunghwaweon yeongu* (A study on court painters of the late Joseon dynasty). Vol. 1-2. Seoul: Dolbaegae.

- *Goryeo Dongyeong*. 2010. *Goryeo dongyeong* (Goryeo bronze mirrors): Special exhibition of the National Museum of Korea. Seoul: National Museum of Korea.

- *Hangugae Dogyo munhwa*. 2013. *Hangugae Dogyo munhwa. Haengbo-*

geuro ganeun gil (Daoist culture in Korea: The road to happiness): Special exhibition of the National Museum of Korea. Seoul: National Museum of Korea.

- Ho, Kwok Man & O'Brien, Joanne. 1990. *The Eight Immortals of Daoism. Legends and fables of popular Daoism.* London: Rider.

- Jeong, Jaeseo. 2006. *Hanguk Dogyo-ui giweon-gwa yeoksa* (Origin and history of Korean Daoism). Seoul: Ehwa Women's University.

- Jin, Hongseop. 1996. *Hanguk misulsa jaryo jipseon* (Compilation of primary sources on Korean art history). Seoul: Iljisa.

- Jin, Junhyeon. 1999. *Danweon Kim Hongdo yeongu* (A study on Danweon Kim Hongdo). Seoul: Iljisa.

- Jing, Anning. 1996. The Eight Immortals: The transformation of Tang and Sung Daoist eccentrics during the Yuan dynasty. M. Hearn & J. Smith (Ed.) *Arts of the Sung and Yuan.* New York: The Metropolitan Museum of Art, 213-29.

- Jo Insoo, 2009. *Jungguk wonmyeongdae-ui sahwepyeondong-gwa dogyo sinseondo* (Social changes during the Yuan and Ming dynasties and images of Daoist immortals). *Misulsahak Yeongu* 23, 2009, 377-406.

- Kim, Yunjeong. 2012. The influence of Daoism on Goryeo celadon. *Journal of Korean Art and Archaeology,* 6, 54 -71.

- Kohn, Livia. 2004. *Daoism and Chinese culture.* Cambridge, MA: Three Pines Press.

- Lee, Sherman & Ho, Wai-kam. 1996. *Chinese art under the Mongols: The Yuan dynasty (1279-1368).* Cleveland, Ohio: The Cleveland Museum of Art.

- Little, Stephen. 1988. *Realm of the immortals. Daoism and the arts of China.* Cleveland, Ohio : The Cleveland Museum of Art.

- Mun, Dongsu. 2010. *Suseong noindo. Sumyeongeul gwanjanghaneun sinseon* (Paintings of the Old Man of the South Pole. The immortal extending life). In Ahn, Huijung (Ed.) *Joseonsidae inmulwa* (Figure painting of the Joseon dynasty). Seoul: Hakgeojae.

- Mun Myeongdae, 1980. Hanguk toseokinmulhwa-e daehan gochal (A survey of Korean Buddhist and Daoist painting), *Gansong Munhwa* 13
- Pregadio, Fabrizio. (Ed.). 2008. *Encyclopedia of Daoism*, Vol. 1-2. London: Routledge